AF300469

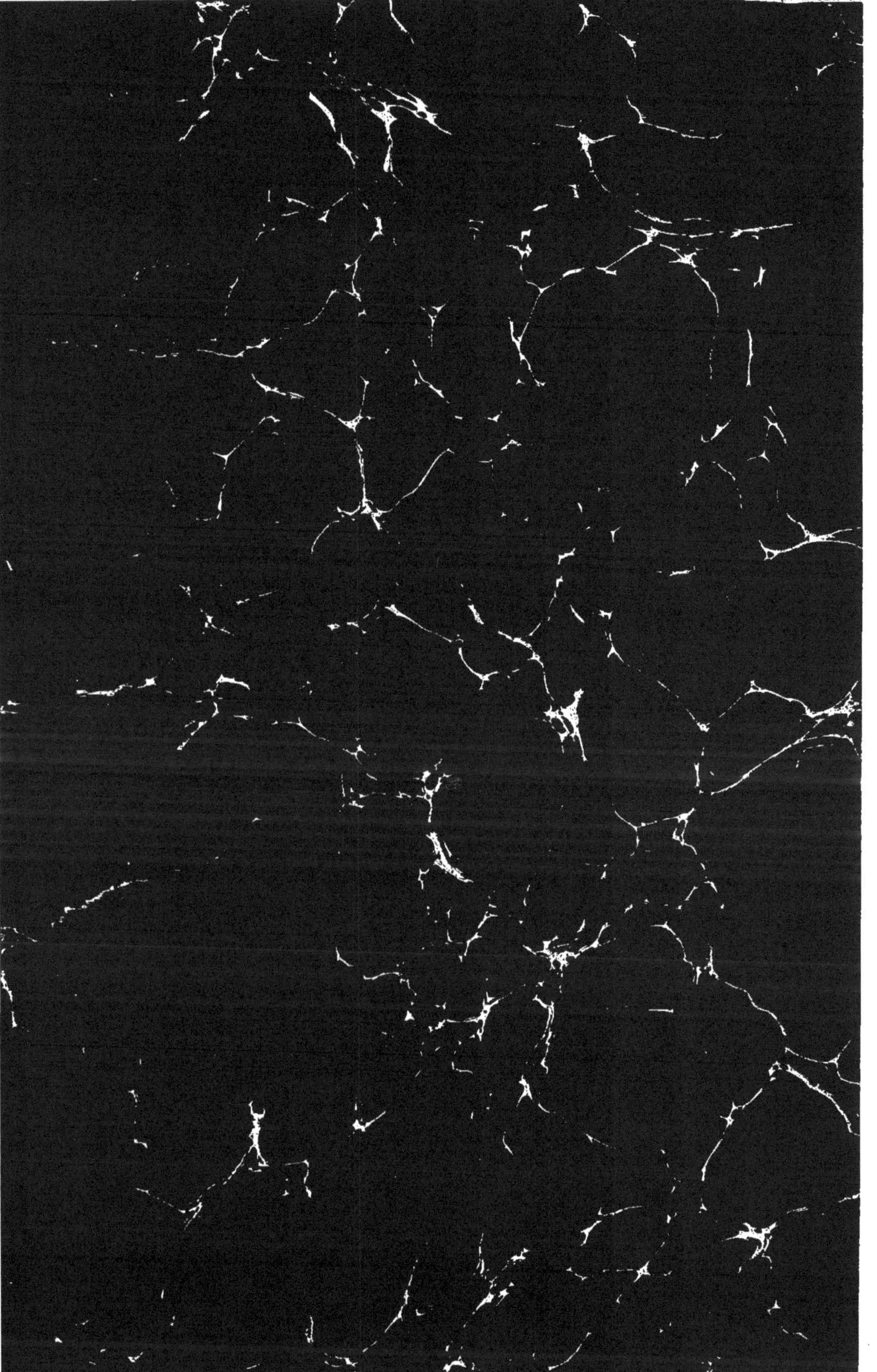

ÉTRENNES

Librairie du **MAGASIN PITTORESQUE**, 29, quai des Grands-Augustins, à Paris.

LES VRAIS ROBINSONS

NAUFRAGES — SOLITUDE — VOYAGES

Par MM. Ferdinand Denis, auteur du *Brame voyageur*, ouvrage couronné par l'Académie française;
et Victor Chauvin.

UN MAGNIFIQUE VOLUME GRAND IN-8, IMPRIMÉ AVEC SOIN SUR TRÈS-BEAU PAPIER, ILLUSTRÉ
DE 85 A 90 GRAVURES. — PRIX, **15** FRANCS

C'est Daniel de Foë lui-même qui a fait naître l'idée de ce livre. On a voulu, par la vérité, atteindre le but auquel il est parvenu en employant une fiction ingénieuse, acceptée par tous les âges. On a interrogé les hommes de tous les siècles et de tous les pays, ceux principalement qui ont triomphé dans la solitude; et la pensée qui voit dans la lutte et la résignation la plus noble école, a fait réunir ces simples récits.

Un bibliographe allemand fait monter à près de 150 le nombre des Robinsonades que l'on connaissait dès le début du siècle : on pourrait aisément doubler ce nombre aujourd'hui. Mais personne n'avait eu l'idée jusqu'à ce jour d'intéresser, par des faits dont l'exactitude est reconnue, ceux qui avaient pris tant de plaisir à des fables. C'est que, pour donner un tel livre, il fallait des études préalables dont ne s'embarrassent guère les romanciers, et qu'il était indispensable d'écarter d'un pareil recueil les vulgaires aventures qui traînent dans les collections de voyages et dans les Histoires plus ou moins authentiques de naufrages.

On ne doit donc point chercher dans ce nouvel ouvrage les Robinsons imaginaires : on n'a voulu exciter ici l'intérêt que pour des infortunes réelles, portant avec elles une haute instruction. Nos Robinsons sont ceux de la nécessité, et ils enseignent avant tout ce que peuvent l'industrie et la résignation. Ils disent aussi parfois tout ce qu'il y a de sublime dans l'oubli de soi-même, et ils réveillent dans le cœur de l'homme ce que Dieu y a mis de plus grand : l'abnégation et la charité.

ALBUM

DU

MAGASIN PITTORESQUE

UN VOLUME GRAND IN-4º, CARTONNÉ AVEC LUXE, DORÉ SUR TRANCHE, CONTENANT CENT GRAVURES CHOISIES DANS LA COLLECTION,
IMPRIMÉES A PART SUR PAPIER SUPÉRIEUR. — PRIX, **15** FRANCS.

Paris. — Typographie de J. Best, rue Saint-Maur-Saint-Germain, 15.

1862

LES VRAIS ROBINSONS

PARIS. — TYPOGRAPHIE DE J. BEST

Rue Saint-Maur-Saint-Germain, 15.

LES
VRAIS ROBINSONS

NAUFRAGES, SOLITUDE, VOYAGES

PAR MM.

FERDINAND DENIS

AUTEUR DU **BRAHME VOYAGEUR**, OUVRAGE COURONNÉ PAR L'ACADÉMIE FRANÇAISE

ET VICTOR CHAUVIN

DESSINS DE YAN' DARGENT

PARIS

LIBRAIRIE DU MAGASIN PITTORESQUE

29, QUAI DES GRANDS-AUGUSTINS, 29

1863

Si tu veux apprendre à prier, va sur la mer.

AVANT-PROPOS

Sans nier le charme dont on a entouré certaines fictions, nous avons dû écarter la fiction de nos récits; elle a fait place à un intérêt puissant, celui qu'on trouve toujours dans la vérité.

Raconter simplement ce qu'il advient de l'homme dès que les hasards de la navigation ou sa propre volonté l'ont privé du secours de ses semblables, peindre le solitaire cherchant en lui-même ce que lui procuraient les efforts des hommes réunis, le montrer dans cette situation presque toujours vainqueur et résigné, ce n'est pas, à coup sûr, le texte d'un médiocre enseignement. C'est, dans tous les cas, un genre de récit qui a le privilége d'émouvoir les plus heureux de ce monde.

Par quelles circonstances mystérieuses, dont notre cœur garde le secret, l'homme isolé offre-t-il un si touchant spectacle à l'homme qui fait partie active de la société? Pourquoi, dans les misères inséparables d'une entière solitude, grandit-il toujours? C'est que, ne pouvant plus parler à ses pareils, il parle à Dieu, et que, n'attendant plus rien de ses semblables, il demande des consolations à Celui qui ne les refuse jamais, et un refuge à l'asile divin qui attend tous les hommes.

C'est ce qu'a compris merveilleusement le grand écrivain anglais, père ingénieux d'une si nombreuse postérité; homme de génie, et qui l'est d'autant plus qu'il s'ignore et que ses jeunes lecteurs oublient eux-mêmes sa personnalité. Mais Daniel de Foë a dû recourir primitivement à des récits authentiques, à des aventures réelles, à l'expression de sentiments qui remueront éternellement les fibres du cœur, parce qu'ils sont vrais. Nous avons puisé aux mêmes sources que lui, sûrs d'attacher encore et même d'émouvoir, uniquement parce que nous aurons dit la vérité.

Le grand mérite de Daniel de Foë, après tout, c'est de s'être approché, à force d'imagination, de cette même vérité. Le jeune lecteur, qui le lit si avidement, laisserait là peut-être son livre s'il croyait ne tenir qu'une fiction. Que d'enfants, depuis Bernardin de Saint-Pierre jusqu'à de célèbres marins bien connus de nos jours, y ont été trompés! Que de jeunes âmes généreuses, quoique téméraires, ont voulu voir jusqu'où iraient leurs forces en l'art de combattre ce genre d'adversité, croyant à moitié le récit de Robinson, et voulant sans doute aller au delà de ce qu'il avait fait, pour se grandir à leurs propres yeux!

Nous ne donnons pas ici les Robinsons imaginaires, mais bien ce qu'on pourrait appeler les Robinsons de la nécessité. Pour exhumer ces curieuses histoires, il a fallu simplement interroger certaines annales oubliées de la marine et de vieilles relations de voyages parfois bien dédaignées. On le verra bientôt en parcourant ces récits : sans que l'imagination y soit pour rien, ils donnent un enseignement dont nul ne pourra contester la valeur, car il est puisé à des sources vraies, dont la certitude fortifie l'action réelle et directe. Robinson Crusoé, avec les ressources offertes par les épaves de son navire, est un Crésus si on le compare au pauvre matelot espagnol jeté sur ce banc de sable qu'Oviedo appelle l'île Serrana, écueil aride et brûlant, n'ayant d'autres habitants que les tortues de mer, qui viennent chaque jour du fond des eaux se chauffer au soleil. Cependant le résolu marin, brûlé par le hâle, dévoré par la soif, vit sur son rocher durant plusieurs années, et remercie Dieu des secours qu'il lui envoie et que sans cesse il renouvelle. L'être unique que porte son île, la tortue, lui donne son sang pour le désaltérer, sa chair pour le nourrir, sa vaste carapace pour l'abriter, et il s'en contente. Quelle leçon pour ceux qui se plaignent si souvent au sein d'une vie remplie, nous ne dirons point de délices, mais offrant du moins au plus malheureux les ressources que présente notre société !

Le plus ancien des Robinsons est un Robinson mythologique. Plutarque parle de certaines îles enchantées dans l'une desquelles vit Saturne, condamné à la solitude et surveillé par le titan Briarée. M. de Humboldt mentionne cette légende : il a soigneusement recueilli, dans les antiques livres

Jupiter lui donnait le sommeil pour lien.

de la Grèce, les aventures de ce dieu puissant descendu à la faible condition des humains. La paisible Ogygie était le lieu où le divin solitaire attendait une autre destinée.

« Dans cette île, qui jouissait d'une douce température, dit Humboldt, Saturne dormait dans un antre profond, car Jupiter lui donnait le sommeil pour lien. Il était entouré de génies qui l'avaient servi quand il commandait encore aux dieux et aux hommes ; les génies rapportaient les rêves prophétiques de Saturne, qui, à son tour, rêvait tout ce que méditait Jupiter. »

Un peu plus tard, dans ces temps héroïques où l'histoire se confond avec la fiction, la légende nous montre déjà l'homme seul aux prises avec la nature et abandonné à ses propres ressources. Chez les anciens comme chez les modernes, l'histoire de Philoctète a été transportée dans les livres et au théâtre; mais il est évident que la fiction y occupe une trop large place pour que nous puissions faire du guerrier grec le premier des *vrais Robinsons*.

D'un autre côté, cette aventure est si populaire qu'elle ne doit pas être négligée complétement dans un livre dont elle est, pour ainsi dire, la préface naturelle. Si la complaisance de la tradition et l'imagination des poëtes ont beaucoup ajouté aux malheurs du compagnon d'Hercule, il est probable, il est certain même que dans cette légende si répandue doit se trouver un fond de vérité. Dès lors Philoctète redevient un de nos héros, et si nous lui refu sons une place parmi les Robinsons authentiques, nous devons au moins, en l'accueillant sous toutes réserves, le présenter au lecteur, dans cet avantpropos, comme le plus ancien des infortunés dont nous entreprenons l'histoire.

C'est dans l'archipel Grec, dans l'île de Lemnos, aujourd'hui Stalimène, que les anciens placent le théâtre de cet intéressant épisode. Ses volcans l'avaient fait regarder comme le séjour de Vulcain. Sauvage et désolée, elle fut longtemps déserte; puis elle reçut, à de longs intervalles, deux colonies de Pélasges, dont la seconde vint l'occuper vers l'an 1100 avant J.-C. Le séjour de Philoctète dans l'île est antérieur à l'arrivée de cette dernière colonie.

Après la mort d'Hercule, Philoctète avait hérité de son arc et de ses flèches, et l'oracle d'Apollon avait déclaré aux Grecs qu'ils échoueraient devant Troie s'ils ne possédaient point les flèches du fils d'Alcmène. Comme on ignorait ce qu'il était devenu, Ulysse s'adressa à Philoctète, et celui-ci, éludant le serment qu'il avait fait à Hercule mourant, frappa du pied la terre à l'endroit où il avait caché ses cendres, puis partit avec Ulysse pour rejoindre l'armée des alliés.

La flotte relâcha à Lemnos Philoctète, voulant montrer à tous ses compagnons la puissance de ses armes, prit une flèche pour percer un daim qui fuyait devant lui, et la laissa par mégarde tomber sur son pied. On sait que ces flèches, trempées dans le sang de l'hydre de Lerne, faisaient des blessures incurables. Aussi la plaie ne tarda pas à répandre un sang noir et corrompu: on désespéra de sauver le blessé, et, dans l'extrémité où il se trouvait, il fut décidé qu'on l'abandonnerait sur l'île et que la flotte remettrait à la voile.

Pour exécuter ce projet, on profita d'un moment où, brisé par la souffrance, il avait cédé au sommeil. Quand il se réveilla, il put voir ses compagnons s’éloigner, et reconnaître qu’il était condamné à ne plus sortir de cette solitude. On lui avait laissé quelques provisions, un pot de bois grossièrement travaillé, et quelques vêtements déchirés dont il se servait pour envelopper sa plaie. Avec son arc et ses flèches, c’était tout ce qu’il possédait.

Lemnos alors était déserte : les naufrages seuls pouvaient, à de longs intervalles, amener des vaisseaux sur ces côtes inhospitalières ; mais le malheureux avait peu d’espoir qu’ils consentiraient à le ramener dans sa patrie. Tous ceux, en effet, qui connaissaient son malheur, le regardaient comme une punition du parjure qu’il avait commis en découvrant la sépulture d’Hercule, et, dans ces temps de vaines terreurs, un navigateur aurait craint de s’attirer la colère des dieux en délivrant celui qu’ils avaient frappé. Ainsi, l’infortuné ne conservait pas même l’espoir de la délivrance.

D’ailleurs, il devait d’abord songer à sa nourriture de chaque jour et à sa guérison. Sa blessure lui permettait à peine de se traîner, et encore ne pouvait-il le faire qu’avec les plus vives douleurs. Il chercha d’abord un abri, et se réfugia dans une caverne : tout près de là coulait une source à laquelle il se désaltérait. Il amassa quelques feuilles dans cette caverne pour se faire un lit. Les provisions qu’on lui avait laissées durèrent peu ; il dut alors avoir recours à ses flèches, et se procura sa nourriture en perçant les oiseaux qui venaient voler autour du rocher sous lequel il s’abritait. Mais quand il avait abattu sa proie, il lui fallait encore aller la chercher en se traînant à terre, puis la préparer au moyen du feu qu’il allumait avec des cailloux. Enfin, à toutes les douleurs que lui apportait chaque journée se joignait encore, pendant la nuit, la crainte des bêtes farouches, à la fureur desquelles il était livré sans défense, car la nuit surtout ses flèches auraient été impuissantes, et sa faiblesse lui interdisait la fuite.

C’est ainsi que, selon la tradition, il passa dix ans, seul, sans secours, sans espérance, livré à d’horribles douleurs, et souvent même aux tourments de la faim. Cependant l’oracle d’Apollon s’accomplissait, et les Grecs, privés des flèches d’Hercule, ne pouvaient s’emparer de Troie. Ils se décidèrent alors à réparer leur injustice et à tirer le malheureux solitaire de son exil. Délivré par Ulysse, qui était un des auteurs de son abandon, et par Néoptolème, fils d’Achille, il se rendit à Troie, où les dieux, jugeant son parjure assez puni par ses longues souffrances, permirent qu’il fût enfin guéri de sa blessure par les soins des deux fils d’Esculape, Machaon et Podalire (¹).

Nous n’insisterons pas sur cette histoire où, comme on le voit, la mytho—

(¹) Sophocle, *Philoctète,* v. 219-316 *et passim.*

Mais quand il avait abattu sa proie, il lui fallait encore aller la chercher
en se traînant à terre.

logie occupe évidemment une bien large place. Il nous suffit d'avoir signalé ce Robinson antique qui, plus malheureux que la plupart des modernes, trouvait dans sa blessure une source permanente de souffrances, et chez lequel la douleur physique se joignait aux regrets du passé et au désespoir que lui inspirait l'avenir.

Il nous faut maintenant franchir une longue période et aborder des faits plus rapprochés de nous. Après l'antiquité et les reclus des églises, dont les soupirs s'éteignaient dans la solitude des cathédrales, le moyen âge a eu ses Robinsons ; mais on ne connaîtra jamais le nombre de ces solitaires, qu'à bien peu d'exceptions près les légendes elles-mêmes ne nous ont point révélés. Il est hors de doute cependant que des navigateurs hardis jusqu'à la témérité, que de pieux missionnaires entreprenaient, tous les ans, des voyages prodigieux sur de frêles embarcations, et que ces navigations, en les conduisant jusque dans les régions de l'Amérique du Nord, multipliaient nécessairement les naufrages. On ignorera toujours quels furent les solitaires contemporains des Thorfinn Karlsefne et des Ary Merson, dont les merveilleuses pérégrinations nous sont aujourd'hui connues.

Ces aventuriers du monde maritime se recrutaient naturellement parmi les Northmans, les Irlandais et les Bretons. Déjà, au quatrième siècle de notre ère, un pieux missionnaire que la Bretagne vénère comme un grand saint, Patrice, s'écriait : « J'ai navigué jusqu'aux extrémités du monde !... » Le seul Robinson connu que puisse réclamer cet âge de foi est en réalité un moine du monastère institué par Patrice. Malheureusement pour l'intérêt de la vérité, son histoire, fort embellie par la légende, se lie intimement à ces fameux voyages de saint Brandan, pour lesquels, à coup sûr, nous sommes bien éloignés de réclamer une croyance même légère.

Le religieux Barintes, issu du sang royal, raconte un jour ses voyages sur l'Océan à un pieux abbé de la Bretagne, nommé Brandan, Brandaines ou Brandon. Celui-ci prétend l'imiter, et se rendre, comme lui, à l'île de Promission. Il est prieur d'un grand monastère, et il s'adjoint quatorze compagnons choisis parmi ses moines. Le voyage qu'on entreprend doit être long, entouré d'obstacles ; les préparatifs sont nombreux. On construit une embarcation qui, pour résister aux dangers de la mer, est soigneusement doublée d'un cuir tanné enduit de poix, comme nous revêtons aujourd'hui nos navires de cuivre ou de zinc. Cette vaste embarcation, munie de ses agrès, reçoit des vivres pour quarante jours, approvisionnement énorme pour le temps, et qui démontre assez l'importance du voyage. Avec les compagnons qui se dévouent à sa fortune, le saint commence le pèlerinage maritime qui doit durer sept

ans. Dans ces mers si mal déterminées géographiquement, il aborde plusieurs
îles où se produisent des prodiges imposants qui tous fortifient la foi reli-

Une loutre merveilleusement dressée gravit les gradins de l'île
et vint offrir au cénobite un beau poisson.

gieuse des voyageurs. Nous ferons grâce au lecteur de ces détails merveilleux,
que l'on retrouve, en partie du moins, dans les pérégrinations orientales de
Sindbad le Marin, et qui prouvent, à l'aurore du monde moderne, une com-

munauté de traditions bien plus générale qu'on ne le croit généralement. Nous avons hâte de rencontrer, sur sa roche désolée, le cénobite dont le saint nous a transmis les aventures. Par une étrange similitude dont certainement de Foë ne put avoir connaissance, ce Robinson du moyen âge apparaît sur son rocher stérile comme la tradition figurera, mille ans plus tard, le solitaire écossais. Ses cheveux l'inondent de toutes parts; les peaux rugueuses de la vieillesse lui font comme un vêtement de peaux de bêtes. Né en Irlande, et moine gardien du cimetière où devaient être enterrés les religieux mendiants du couvent de Saint-Patrice, c'est par un ordre émanant du saint lui-même qu'il a quitté la verte Érin et qu'il s'est abandonné aux vagues de l'Océan. Il était en mer depuis quelque temps, lorsqu'un jour sa nef a d'elle-même abordé une petite île de roche dénudée, parfaitement ronde, mais de peu d'étendue. Les pierres y étaient comme superposées, et formaient, pour ainsi dire, deux étages : elle était d'ailleurs égale en hauteur et en largeur, et il n'y avait pas même de terre végétale à son sommet. Nul port caché dans les anfractuosités de l'île n'en permettait l'accès. Par une grâce spéciale de la Providence, le bon moine put escalader cette espèce de tumulus battu des vagues. Mais comment vivre sur cette roche privée complétement de végétation? Le ciel y pourvut par un miracle que le moyen âge seul pouvait admettre : une loutre merveilleusement dressée gravit les gradins de l'île, et vint offrir au cénobite un beau poisson, puis une charge de menu bois pour le faire cuire. En abordant le rocher, le moine avait abandonné son esquif au caprice des flots, mais en se privant ainsi volontairement de tout commerce avec les hommes, il s'était muni d'un fer; il avait frappé la pierre avec cette sorte de briquet, et s'était procuré du feu. Le poisson fut donc cuit et mangé, sans que le cénobite manquât à la règle qui lui était imposée par son ordre. Tous les trois jours la même provende se renouvelait, apportée discrètement par le même messager. Chaque dimanche seulement, le moine voyait sourdre un peu d'eau claire d'une petite fontaine arrondie en pierre, sorte de proéminence naturelle située au sommet de la roche. Il pouvait ainsi, dit la chronique naïve, se désaltérer pour une semaine et se laver les mains. Ceci dura trente ans; mais, ce terme écoulé, deux fosses contiguës se creusèrent d'elles-mêmes dans la roche vive, et une fontaine plus abondante commença à jaillir. Ce fut de cette eau vivifiante que le moine se soutint pendant un demi-siècle.

En arrivant devant l'île qui ne présentait aucun port, saint Brandan avait compris, par intuition sans doute, que le religieux pourrait être péniblement affecté par l'arrivée inopinée de tant de monde. Il laissa donc ses compagnons dans la nef amarrée non loin de l'île, et gravit seul la roche qui conduisait au séjour de l'ermite. En l'apercevant, celui-ci lui reprocha, pour ainsi dire, cette réserve, car il s'écria : « Quelle douce chose, quelle chose aimable pour un frère que de se confondre dans l'amour des siens! » Puis il lui commanda aussitôt d'appeler ses compagnons, et leur fit à tous le récit de ses aventures.

Toutefois, malgré la joie qu'il manifestait en les voyant, il leur avoua qu'il ne les accompagnerait pas quand ils songeraient à prendre congé de lui. Il devait attendre sur son rocher le dernier jour du jugement. Mais, avant de les congédier, il leur fit un don précieux. Pensant qu'ils devaient rester en mer quarante jours, jusqu'à la Pâque prochaine, il leur laissa emporter deux grands vaisseaux pleins de l'eau vivifiante qui devait les soutenir pendant le reste du voyage sans qu'ils prissent d'autres aliments. Après leur avoir octroyé cette faveur presque divine, il leur donna sa bénédiction, et ils partirent pour chercher l'île où ils devaient célébrer la solennité pascale. Alors, dit le vieux récit, ils naviguèrent à l'opposé de l'orient pendant tout le carême, et les promesses du solitaire ne leur firent pas un moment défaut.

Les aventures de saint Brandan ont été reproduites, dès le treizième siècle, sous trois formes différentes, en latin, en français, et en empruntant le caractère du poëme. Le moyen âge, comme on le voit, n'a pu s'en rassasier, et cette imposante fiction avait sans doute un fond de vérité, car les siècles où tant de religieux se vouaient à d'austères pénitences ont dû voir plus d'un pieux cénobite allant dans une île isolée chercher la paix et se livrer à la méditation. Avec le temps toutefois, le récit de saint Brandan a subi de notables modifications, et dans les dernières narrations, au seizième siècle par exemple, loin de diminuer le merveilleux, on a pensé qu'il fallait l'augmenter. Le géant Mildus, sortant de sa tombe de pierre, remplace le moine du couvent de Saint-Patrice, et le solitaire qui a médité pendant près d'un siècle au bruit des vagues de l'océan du Nord soulève avant le temps la dalle funèbre qui ne devait être enlevée par les anges qu'au jour du jugement.

Dans cette seconde version, l'île d'Ima, qu'on ne rencontre pas dans notre géographie moderne, mais dont Sigebert de Gemblours nous transmet la topographie, devient la demeure de Mildus. Ce géant vivait plongé dans les ténèbres de l'idolâtrie. Il a le bonheur d'être racheté de ses péchés en recevant l'eau du baptême de la main même de saint Maclou, dont les modernes ont fait saint Malo.

Ce saint breton est un constructeur d'embarcations bien audacieux. Pour gagner l'île où vit Mildus, il s'embarque avec Brandan sur une fragile nacelle tressée en osier et simplement recouverte de cuir. Ce dernier récit, transmis par les récits du seizième siècle, ne donne pas de compagnons aux deux saints

Le géant Mildus, sortant de sa tombe de pierre...

voyageurs. Ils s'embarquent à l'aventure sur l'océan du Nord, et s'en vont ainsi sauver l'âme du géant prédestiné.

Ces Robinsons fantastiques, dont la légende naît avec le père de la poésie, traversent le moyen âge et se perpétuent jusqu'à la fin du seizième siècle pour arriver jusqu'à nous. Il n'y a personne aujourd'hui qui n'ait entendu parler de la secte insensée des *sébastianistes*, à laquelle se rattachent tant d'adhérents convaincus en Portugal et jusque dans les forêts du Brésil. Selon une poétique croyance bientôt vieille de trois cents ans, dom Sébastien n'est pas mort victime de son courage téméraire. Du champ d'Alcaçar-Kebir, où périt son armée en 1578, Dieu l'a transporté vivant dans l'île *Incoberta*, l'île cachée. Il y vit solitaire, attendant le moment de régénérer le monde, et n'ayant pour compagnons que deux lions à la fauve crinière qui le suivront comme des messagers redoutables lorsqu'il devra reparaître parmi les hommes. L'île Incoberta n'est pas si bien voilée par les nuages dans les profondeurs de l'Océan que des sectateurs fervents du jeune monarque ne l'aient visitée : Sébastien a été contemplé encore en 1610 avec ses deux lions. Pleins d'amour pour le *roi sans bonheur*, comme dit le poëte, deux Portugais ont vu le régénérateur futur du monde et l'ont admiré dans sa grandeur solitaire.

Si nous sortons complétement de ce monde fantastique qui côtoie perpétuellement le monde réel au moyen âge et même à l'époque de la renaissance, nous retrouvons, dès les premières années du seizième siècle, une série de navigateurs isolés, vrais Robinsons jetés par les hasards de la mer sur des îles complétement désertes. Les aventures de ces pauvres marins ont été dites malheureusement en deux mots et sans qu'on ait recueilli des renseignements suffisants pour en tirer des *histoires vraies :* aussi devons-nous nous contenter de les mentionner brièvement, les récits imaginaires devant être écartés à dessein de notre recueil. Oviedo, si curieux de ces *catastrophes maritimes*, comme on disait de son temps, en avait recueilli un bien plus grand nombre que celles dont la primitive Histoire des naufrages a pu s'enrichir. La plupart de ces chapitres, indiqués par le vieil écrivain, n'ont pu se retrouver, et la magnifique édition publiée récemment par l'Académie de Madrid n'a pas elle-même comblé cette lacune.

Au temps où vivait le page de la grande Isabelle, les longues soirées d'hiver étaient charmées, en Galice et en Andalousie, par trois ou quatre aventures dont les détails sont ignorés, mais dont la tradition n'a pas péri. Tantôt c'était l'«histoire admirable» d'un matelot vénitien qui demeura perdu dans une île pendant deux ans, tandis qu'un autre marin, sorti de Gênes, se trouvait, non loin de sa solitude, sur une autre île où il avait séjourné huit ans (¹). Les

____

(¹) *Oviedo*, c. xxiv. Le récit n'a pu être retrouvé : on n'en a publié que le sommaire.

deux matelots s'étaient réunis sur les mêmes plages désertes, et, après avoir
été fortuitement rejoints par d'autres naufragés, ils avaient été laissés dans
leur premier abandon pour revenir bientôt, avec le secours de la Providence,

Dom Sébastien n'est pas mort... Dieu l'a transporté dans l'île Incoberta.

dans les lieux habités. D'autres fois, on rappelait les aventures bien réelles de
deux pauvres femmes espagnoles naufragées, en 1511, sur les côtes du Yucatan,
vrais Robinsons féminins, que le pieux Las Casas arracha à leur épouvantable
situation et que plus tard il maria avec de braves soldats de l'armée commandée

par Panfilo de Narvaez. L'une d'elles avait quarante ans, l'autre eût pu être sa fille et n'en avait pas plus de dix-huit. Elles arrivèrent devant le noble évêque vêtues de longues feuilles recueillies dans la forêt (¹).

Puis c'était l'histoire de Celiano, l'un des premiers habitants chrétiens de la capitale du Mexique, qui avait fait naufrage, lui troisième, sur un îlot de la côte de Panuco, et que Fernand Cortès avait sauvé avec ses deux compagnons. Ces pauvres gens n'avaient eu pour lit, durant des mois entiers, que le sable mouvant de la plage, et pour nourriture que la chair des loups marins, à laquelle faisait parfois diversion une baie acide et sucrée semblable à la figue du nopal : ils demeurèrent dans cette situation durant deux mois (²).

Mais le plus illustre de ces solitaires, celui dont le terrible exil se lie dans l'histoire de la navigation aux plus mémorables découvertes, ce fut encore un Robinson espagnol. En 1519, don Juan de Cartagena, l'audacieux rival de Magellan, est exposé sur une pointe de terre désolée par les aquilons, et cet homme, accoutumé au luxe vraiment oriental des cours de l'Andalousie, ne reçoit de son ennemi mortel, pour tout moyen de subsistance, qu'un certain nombre de caisses renfermant du biscuit, quelques bouteilles de vin et son arquebuse, dont il pouvait faire usage, il est vrai, pour accroître ses provisions. Un malheureux voyageur, qui avait partagé sa violente opposition, partagea aussi son sort; c'était un ecclésiastique : on le nommait Pero Sanchez de Reina.

Si l'on s'en rapporte à l'opinion, admirablement exprimée d'ailleurs, d'un de nos navigateurs les plus illustres, il s'en faut bien que le climat du détroit de Magellan soit aussi affreux qu'on l'a prétendu. Dumont d'Urville a réhabilité, sans doute, dans l'opinion des géographes ce coin reculé du monde, mais il n'a pas songé, à coup sûr, qu'on pût en faire un lieu de délices. Cartagena en ressentit d'autant plus l'horreur que les Puelches irrités s'en étaient enfuis. Et d'ailleurs, pour se faire une idée du supplice que dut endurer l'ancien inspecteur général de la flotte, il ne faut pas envisager seulement le dénûment de la solitude où son implacable ennemi venait de le confiner, il faut se rappeler les sentiments d'amers regrets dont son âme était agitée. Exposé sur une plage déserte, à l'extrémité d'un monde dont on ne soupçonnait pas l'étendue, il ne pouvait pas raisonnablement supposer qu'un navire quelconque pût jamais le venir trouver; il devait d'ailleurs se représenter, avec la rage intérieure dont on le voit toujours animé, le glorieux triomphe de son mortel ennemi; il sentait vaguement que la grande découverte était accomplie, il ne

<hr>

(¹) Le P. Antonio Remesal, *Historia de Guatemala.*
(²) Bernal Dias del Castillo, *Historia verdadera de la conquista.*

pouvait deviner de quelle destinée funeste Magellan allait payer sa gloire. Le supplice des deux exilés ne fut pas de durée bien longue : déposés dans le fort de Saint-Julien le 24 août 1520, dès le mois de novembre ils étaient recueillis à bord du *Santo-Antonio* par un autre traître, le pilote Esteban Gomez, et l'année suivante, au mois de mai, ils débarquaient à Séville (¹).

Certes, s'il y eut au début du siècle une aventure dramatique, ce fut celle de Cartagena et de son compagnon ; mais les détails en sont restés à peu près ignorés ; on sait seulement que dans leur douloureux exil ils ne se trouvaient pas réunis.

Un autre Robinson, plus inconnu encore de ceux qui nous ont précédés, se lie à la mémorable expédition de Magellan, et offre sans contredit l'un des plus curieux exemples d'une vie absolument solitaire qui ait été conservé dans les annales de la marine : le commandeur Loaysa, dont la fin devait être si funeste, trouva dans l'île Borla, vers l'extrémité nord du groupe des Mariannes, un marin espagnol nommé Gonçalo de Vico ; ce matelot avait appartenu à l'équipage de la *Trinidad;* il avait quitté volontairement, à ce qu'il parait, le bâtiment sur lequel il naviguait ; on le reprit à bord de l'amiral en 1523, mais ses aventures avaient tellement frappé l'esprit des Indiens, que lorsque Legazpi alla prendre possession de ces iles quarante ans plus tard, les naturels qui se portaient au devant de lui sur ces plages fertiles allaient répétant à diverses reprises le nom de Gonçalo (²).

Nous ne dirons rien ici ni de Cristoval de Sanabria, dont les aventures remontent à l'année 1534 (sa compagnie était peut-être un peu trop nombreuse pour lui faire jouer un rôle ici), ni des deux Portugais que l'on retrouva sur l'ile aux Rats et qui, selon Thévet, furent ramenés en France par des navires normands revenant du Brésil : les détails nous manquent encore sur ces existences solitaires. Nous ne saurions passer sous silence un personnage célèbre de l'histoire orientale : lorsque Limahong, ce fameux corsaire chinois qui désolait les Philippines, fut las de ses conquêtes sanglantes si fréquemment renouvelées, il se retira dans une île déserte de ces parages et, selon la tradition, il y mourut.

Le dernier Robinson du seizième siècle dont les malheurs aient été seulement esquissés est encore un Castillan. Hernandez n'était qu'un pauvre colon qui faisait partie de l'expédition malheureuse envoyée par Philippe II pour peupler le détroit de Magellan. Sur quatre cents individus qui avaient survécu à des maux sans nombre et surtout au manque absolu de vivres, il fut le seul qui, en

---

(¹) Fernandez de Navarrete, *Coleccion de viajes,* t. IV.
(²) Freycinet, *Voyage autour du monde.*

Un jour vint où les derniers trépassés ne purent recevoir la sépulture et où il pria seul.
Il allait être sauvé cependant.

1589, eût résisté, et il demeurait sans espoir dans ce désert lorsque l'amiral Cawendish le recueillit; le nom terrible de port Famine resta au lieu où ses compagnons avaient succombé.

Théâtre des plus déplorables catastrophes, jamais ces rives désertes n'en virent une seule qu'on puisse comparer au lent supplice qu'endura Hernandez. Pendant quelques mois, ses derniers compagnons, affamés comme lui, plantèrent pieusement des croix sur la tombe des morts et eurent assez de force pour prier; mais un jour vint où les derniers trépassés ne purent recevoir la sépulture et où il pria seul... Il allait être sauvé cependant : une voile apparut au moment où ses forces l'abandonnaient; ce fut par lui que l'Espagne apprit le malheur de sa colonie oubliée.

Un grand nom se présente encore, c'est celui du navigateur fameux qui a imposé son nom au golfe immense dont le sévère paysage est dans tous les souvenirs. Si l'on s'en rapporte à la tradition, Henri Hudson aurait eu un sort analogue à celui de Selkirk; après ses mémorables découvertes, vers 1610, les vivres manquaient, l'équipage se révolta. Selon les uns, le commandant de l'expédition fut abandonné aux flots sur un frêle esquif, n'ayant d'autre compagnon que son fils qui ne voulut pas le quitter; selon une autre tradition, les révoltés le déposèrent dans une île déserte, et toutes les perquisitions faites par la suite pour le retrouver furent inutiles.

Les Robinsons dont nous allons retracer les aventures ont laissé de plus intéressants souvenirs et ont eu tous de fidèles historiens.

LES VRAIS ROBINSONS

ANNA D'ARFET ET MACHAM

1344

A côté de l'histoire officielle, et faisant partie de l'histoire elle-même, se perpétuent dans le souvenir du peuple certaines traditions qu'il n'oublie pas parce qu'elles l'ont touché : ces traditions sont tour à tour acceptées et démenties; l'histoire sérieuse ne peut s'en dégager. N'est-il pas plus juste de les recueillir que de les nier? Nous reproduirons ici dans sa simplicité l'histoire d'Anna d'Arfet.

Sous le règne de cet Édouard III dont les prétentions furent si funestes à la France, et qui montra devant Calais l'inflexible sévérité de son caractère, Londres était déjà le séjour de plusieurs familles patriciennes qui, sous les rois précédents, vivaient isolées dans leurs manoirs. L'une d'elles est bien connue encore dans les Généalogies du royaume. Les Arfet faisaient remonter leur origine au temps de l'heptarchie. Une jeune fille très-riche et très-belle était l'héritière unique de cette grande maison. Elle inspira une passion funeste à un jeune gentilhomme nommé Robert Macham, très-pauvre, dit la légende; très-riche en toutes ses actions, dit le souvenir populaire.

Mais il y eut un acte de réprouvé en sa vie loyale, ajoute encore la légende, ce fut celui où il fit jurer à Anna d'Arfet qu'elle serait sa femme sans que nul autre serment pût la dégager de sa promesse. Contrainte par sa famille, Anna d'Arfet donna sa foi, en apparence, à un noble et riche habitant de la cité de

Bristol. Un seul historien anglais, car tous les autres se taisent sur cette aventure, fixe la date du mariage d'Anna à 1344.

Alors Robert Macham prit une résolution que légitimaient, à ses yeux, les serments par lesquels il se croyait lié lui-même d'une façon indissoluble. Il persuada à Anna que son devoir était de le suivre en France.

Pour parvenir à ce but, il eut recours à un moyen qu'on reléguera, si l'on veut, parmi ces expédients étranges admis seulement dans les romans de chevalerie, mais que se transmettent sans difficulté chacun des auteurs qui ont abordé ce récit. Un des amis les plus dévoués de Macham se déguisa en valet et parvint à se faire admettre dans les écuries de l'époux d'Anna en qualité de palefrenier. Une fois que ces coupables intelligences eurent été établies, il devint possible de combiner un projet qui devait amener la fuite d'Anna.

La jeune dame se promenait parfois aux environs de Bristol sur sa haquenée. Le prétendu valet profita de cette circonstance pour mener à fin son déplorable projet. Depuis plusieurs mois, Macham avait loué une embarcation sur laquelle il semblait prendre le plaisir de la promenade sans quitter le bord de la mer; il s'était adjoint plusieurs compagnons, et nul ne faisait attention à ces excursions maritimes. Un jour que le vent du nord soufflait, temps impatiemment attendu par Macham et par celui qui le servait dans ses projets, on vit accourir vers la plage une cavale montée par une jeune dame qui pressait encore sa course; dans le lointain, des cavaliers la suivaient sans la pouvoir atteindre. L'animal fougueux emportait sa maîtresse au milieu des flots; affolé par le bruit des vagues, il ne semblait plus rien connaître. On s'était servi, en effet, d'un stratagème étrange pour l'attirer ainsi jusqu'aux bords de l'Océan. La charmante bête avait été laissée en proie à la soif durant trois jours entiers, et Anna, accompagnée de son époux, ne l'avait pas plutôt montée qu'elle s'était élancée, dans son emportement, vers les lieux où elle entendait l'eau gronder. L'embarcation était prête, la fugitive y fut recueillie, et l'on vogua bientôt avec rapidité vers l'un des petits bâtiments qui se montraient mouillés assez loin de la terre dans la rade de Bristol.

Par une circonstance qui n'était pas complétement fortuite, ce navire n'avait point en ce moment son équipage; ce jour était un jour de fête, et les hommes du bord s'étaient rendus à terre pour chômer quelques heures en l'honneur du patron du jour. Lever l'ancre, mettre toutes voiles dehors, s'abandonner aux vents avec l'espoir de gagner les côtes de la France, tout cela fut l'affaire de quelques instants, et s'exécuta avant qu'on eût la possibilité de trouver une embarcation pour aller à la poursuite des fugitifs. Anna d'Arfet croyait si bien qu'elle se rendait sur les côtes de la France, ou tout au moins dans

quelque pays de la chrétienté, comme on disait alors, qu'elle avait emporté
avec elle un coffret rempli de ses pierreries ; un christ magnifique en or, sur
lequel se trouvaient enchâssés quelques diamants, était parmi ces joyaux ce

L'animal fougueux emportait sa maîtresse au milieu des flots.

qu'il y avait de plus précieux ; l'antique légende ne manque pas de le dire.

Au point du jour on était déjà bien loin des côtes d'Angleterre : ce n'était plus
un vent frais qui emportait l'embarcation, une vraie tempête s'était déclarée ;
on sentait parfaitement que l'on s'éloignait de plus en plus des terres habitées,

mais nos marins inexpérimentés se gardaient bien de l'avouer à la jeune dame.

Le simple récit portugais que nous suivons ici de point en point a soin de le faire remarquer : en ces temps de chevalerie, chacun de ces marins improvisés, victimes de leur propre ignorance, eût sacrifié sa propre vie pour le repos de la fugitive ; ils ne croyaient pas commettre un rapt condamné par la loi. Ils conduisaient la noble Anna d'Arfet en un sûr asile où la clôture religieuse lui devait permettre de garder son serment ; et à l'abri de toute condamnable pensée, dit le vieil historien, naviguait ainsi son honneur !

Plusieurs jours s'écoulèrent sans que la terre qu'ils allaient chercher apparût à leurs yeux ; les compagnons de Robert ne lui avouaient pas leur inquiétude, mais il leur était désormais impossible de se faire illusion ; nul d'entre eux n'avait assez de connaissances maritimes pour savoir en quelles régions on se trouvait, mais en même temps ils comprenaient vaguement qu'ils abandonnaient les parages de l'Europe. Le treizième jour seulement, à l'aube, une ligne sombre se dessina à l'horizon. Bientôt des collines verdoyantes, entremêlées de roches basaltiques, se montrèrent parées de leur vigoureuse végétation ; cette vue rendit le courage à tout le monde, mais surtout à Anna d'Arfet, qu'une vague inquiétude aussi bien que la fatigue du voyage avaient singulièrement abattue. Il lui semblait qu'une nouvelle existence allait se faire pour elle sur cette terre nouvelle.

Quelques jeunes gens de l'équipage improvisé débarquèrent sur ces plages désertes. Les bois retentissaient du chant des oiseaux, et ces chants variés ne cessèrent pas à l'approche des hommes ; aussi divers par leur aspect que par leur couleur, ils avaient cela de commun qu'ils étaient tous joyeux, tous remplis de la même sécurité. Nos jeunes marins de Bristol virent bien qu'où les oiseaux se montraient si tranquilles à l'aspect des hommes, les hommes n'avaient jamais dû paraître. Robert avait voulu être l'un des premiers à débarquer, il lui tardait de savoir quel était l'asile qu'on pourrait offrir à sa compagne de voyage.

Ce fut un débarquement bien étrange que celui de la pauvre Anna, et il marquait bien les sentiments dont elle était animée : guidée par Robert, elle tenait à la main le crucifix qui ne l'avait plus quittée, et douze de ses compagnons affidés la suivaient ; les autres restèrent à bord. Elle s'avança ainsi dans un étroit vallon, bien différent du lieu où s'est élevée depuis la capitale au milieu des champs odorants de fenouil. Cette petite vallée a gardé presque sans altération le nom de l'infortuné Macham, et l'on peut dire qu'à défaut d'autre monument, cette dénomination persistante, que les siècles n'ont pu abolir, est bien une preuve du voyage des deux jeunes Anglais.

La vallée de Machico (¹) était parée, comme elle l'est encore, de beaux
lauriers et de cèdres; mais dans la partie supérieure il y avait un arbre de
dimensions énormes, qui n'appartenait pas aux espèces de l'Europe et que nul
de nos nouveaux débarqués ne sut reconnaître. Cet arbre gigantesque, qui
n'était peut-être autre chose qu'un baobab, était creux intérieurement, et
cette caverne végétale était tapissée d'une mousse épaisse. L'absence d'insectes
nuisibles ou d'animaux dangereux permit à Anna d'Arfet de chercher un asile
en cet endroit. Une petite rivière descendant en cascade de la colline s'en allait
en serpentant se perdre dans l'Océan et ajoutait encore au charme du paysage.

Trois jours entiers s'écoulèrent dans ce lieu tranquille. Un oratoire avait été
élevé dans la solitude; Anna d'Arfet y avait déposé son crucifix, et elle passait
dans la prière une partie des journées, lorsqu'un incident inattendu vint
changer tout à coup la situation de nos solitaires. Le quatrième jour, comme
Robert engageait plusieurs de ses compagnons à explorer l'île afin de s'assurer
si elle n'offrait pas quelque habitation ignorée, le vent du nord-ouest souffla
avec violence; la nuit était venue, le vent croissant toujours fit chasser sur ses
ancres le petit bâtiment qui avait amené les Anglais dans l'île; au point du
jour il avait disparu, la tempête l'emportait vers les côtes du Maroc.

Il ne leur resta plus qu'à faire des vœux pour que la tourmente épargnât
l'existence de ces jeunes insensés qui, en réalité, s'étaient dévoués au salut de
tous.

Lorsqu'elle ne vit plus le petit navire dans le port, Anna d'Arfet comprit
qu'il n'y avait réellement plus d'espoir pour elle. Son projet de retraite dans
un monastère de la France était changé en un perpétuel exil · au scandale de
sa fuite il n'y avait maintenant nul remède; le sang reflua vers son cœur, elle
perdit complétement la parole, et, comme dit la légende portugaise, ce que
son âme pensait encore avec tant de douleur, sa voix ne l'exprimait plus, ses
yeux seuls disaient son angoisse.

Trois jours furent accordés à son repentir; elle mourut enfin les yeux fixés
sur son crucifix. Au repos de ses traits on devinait la réconciliation intérieure
que donne seul un vrai repentir : ce fut là toute la consolation de Robert; il
enterra lui-même Anna au pied de l'autel sur lequel brillait le crucifix. Mais il
s'était cru plus fort en cette douloureuse circonstance qu'il ne l'était en réalité;
un long évanouissement suivit ces funérailles, la fièvre s'empara de lui; il
mourut au bout de cinq jours.

Sa dernière volonté fut suivie religieusement : il fut enterré dans la fosse

______
(¹) La vallée de Machico donne son nom à un district de l'île.

Elle passait dans la prière une partie des journées.

solitaire qu'occupait déjà Anna d'Arfet ; une croix de bois fut plantée sur ce tombeau, dit la chronique.

Robert avait écrit son histoire en vers latins, comme le pouvait faire un jeune bachelier du moyen âge. Il disait à la fin : « Gens qui suivez la loi du Christ, si quelque vent vous pousse en ce désert, par révérence pour le Crucifié, bâtissez-y un monastère comme Béthel, où s'éleva jadis un temple ; c'est un lieu propre à louer le Sauveur. »

La croix chargée de cette inscription subsista longtemps dans l'île, à ce que l'on assure ; si elle fût venue jusqu'à nous, elle eût fait évanouir bien des doutes ; mais, pour dire toute la vérité, le plus ancien des chroniqueurs portugais, Azurara, n'en parle point.

En la dépouillant des incidents par trop romanesques dont l'ont parée tant d'écrivains, l'histoire des deux jeunes solitaires est tout à fait conforme à ce qu'admettait le seizième siècle. Un des plus valeureux capitaines qui aient honoré le Portugal par leur courage et par leur savoir, Antonio Galvam, raconte à peu près comme nous l'avons fait l'histoire d'Anna et de Robert. Voici maintenant comment l'Europe en fut instruite.

Les imprudents compagnons de Robert Macham n'avaient aucune raison pour demeurer à tout jamais dans cette île déserte. Il leur restait la chaloupe du navire, et ils résolurent de l'employer pour quitter au plus tôt cette terre verdoyante dont pouvaient s'arranger tout au plus des solitaires de la Thébaïde. Ils firent de l'eau, la chose n'était pas bien difficile dans un lieu où coulent les ruisseaux les plus limpides du monde ; ils tuèrent grand nombre d'oiseaux, rien de plus aisé au milieu de bois qui en étaient peuplés, et après avoir fait sécher à la fumée les nombreux volatiles dont ils approvisionnèrent leur embarcation, ils se remirent courageusement en mer. Ils ignoraient malheureusement combien étaient voisines les terres de la Barbarie ; le vent les poussa bientôt vers les côtes du Maroc, et, comme le dit leur dernier historien, ils passèrent bientôt de l'esclavage de la mer à celui des Mores. Tombés au pouvoir de l'empereur du Maroc, ils retrouvèrent, parmi les Européens que l'on tenait en captivité, ceux de leurs anciens compagnons que la tempête avait entraînés loin de Madère.

A cette époque, les prisons souterraines qu'on désigne encore dans nos possessions d'Alger sous le nom de *matmoras* regorgeaient de chrétiens dans tout l'État de Maroc. Parmi ces prisonniers, il y avait un Espagnol, né à Séville, que l'on appelait Juan de Morales. C'était un excellent marin, très-pratique de la mer ; il ne tarda pas à se lier avec les jeunes Anglais devenus ses compagnons de captivité.

Cette captivité dans les sombres masmoras africaines fut longue; Juan de Morales eut le temps de se faire donner tous les détails géographiques au moyen desquels on pouvait retrouver un jour l'île inconnue, et il se promettait bien intérieurement, si jamais il recouvrait la liberté, de ne pas laisser périr les révélations qui lui avaient été faites par les jeunes Anglais, devenus comme lui des vieillards. Un prince chrétien plein de charité ardente, don Sanche, dernier fils du roi d'Aragon, le mit bientôt à même de réaliser ses projets. Par ses dernières dispositions, faites en 1446, ce descendant des rois, qui était aussi grand maître de l'ordre de Calatrava, ordonna que ses biens fussent consacrés en grande partie au rachat des captifs qui gémissaient dans les prisons du Maroc; l'un des premiers esclaves qui recouvrèrent la liberté fut Juan de Morales, et dès lors l'île de Madère fut retrouvée.

Rencontré en mer par la petite flotte de Zargo qui s'en allait à la découverte des îles par les ordres de l'infant don Henrique, il sut, dit-on, guider le commandant portugais qui avait déjà découvert, pour le compte de l'ordre du Christ, la petite île de Porto-Santo.

La légende de l'histoire de Madère (nous ne disons pas ici l'histoire) veut que ce soit Juan de Morales qui le premier, guidant les Portugais, ait retrouvé l'île enchantée où succomba Anna d'Arfet. Après s'être embarqué, vers 1419, pour reconnaître les terres que l'on entrevoyait vaguement des rochers de Porto-Santo et que l'imagination des navigateurs peuplait de géants formidables combattant au sein des flots, il arriva devant l'île charmante où toute idée sinistre devait s'éteindre. Là, plein des souvenirs qu'il avait recueillis avec tant de sollicitude dans les masmoras, il reconnut sans hésitation les rives où les jeunes Anglais avaient débarqué; il marquait, dit la légende, leur station dans les lieux qu'ils avaient découverts, et les noms qu'on leur donna sont encore ceux que le peuple a conservés.

Ils arrivèrent dans la vallée des deux tombeaux, et ils trouvèrent encore la croix debout; les coups de vent qui règnent parfois dans ces parages l'avaient respectée. Tout confirma les récits recueillis par Morales dans les sombres prisons de Fez ou de Tarudant, et il ne resta pas le moindre doute dans l'esprit des Portugais sur la vérité de cette touchante histoire.

La saison était déjà fort avancée; il fallait retourner au cap Saint-Vincent, dans cette petite ville de Sagres où veillait sans relâche l'œil investigateur de l'infant don Henri. Ce prince comprit ce que valait sa pacifique conquête; dans sa pensée, Madère devait être une sorte d'élysée chrétien où viendraient fleurir toutes les productions du monde oriental, réservées jusqu'alors aux musulmans. Les dragonniers gigantesques, à la résine vermeille, auxquels

on prêtait alors tant de vertus imaginaires, suffisaient d'ailleurs, par leur
présence, pour que l'infant multipliât les expéditions vers la terre heureuse
qui les produisait. Il ne se contenta pas d'apprécier ces richesses natales, il
envoya des messagers vers la Sicile pour qu'on lui expédiât des cannes à
sucre que l'île nouvellement découverte allait bientôt recevoir. La Bourgogne,
où régnait une fille du Mestre d'Avis, lui fournit ses ceps généreux. Dans la
pensée du prince, *prévision était richesse;* c'était en réalité ce que signifiait sa
devise : « Talent de bien faire. » L'année suivante, lorsqu'il renvoya Jean
Gonçalvez, son diligent écuyer, vers l'île encore si peu explorée, celui-ci se
fit suivre par Morales, et ce fut alors qu'on édifia l'église consacrée au Christ
Sauveur. Dans la pensée des pieux fondateurs, ainsi se réalisait le vœu de
Robert Macham. L'arbre qui avait ombragé l'autel rustique baigné si souvent
des larmes d'Anna d'Arfet tomba alors seulement; ses branches magnifiques
formèrent en partie la charpente du nouvel édifice, et le temple s'éleva au-
dessus des deux petites tombes de terre si longtemps délaissées.

FERNAND LOPEZ

1516

S'il vous arrivait de pénétrer dans quelque cabane isolée de l'île de Ternate, dont le pic volcanique jette encore des feux et dont l'atmosphère est toujours embaumée par les senteurs pénétrantes des arbres aux épices, il pourrait se faire qu'un chant monotone des Malais célébrât encore à votre approche la gloire d'Antonio Galvam, qu'on aima si longtemps parmi les Indiens et qu'on oublia en Europe. Antonio Galvam n'était point un Robinson, mais c'était un grand voyageur, et, ce qui vaut mieux encore, c'était un de ces héros de l'humanité que les peuples n'oublient jamais.

Nous ne voudrions pas d'ailleurs affirmer que dans le cours de ses navigations prodigieuses il n'ait pas été jeté par un naufrage sur quelque île inhabitée, comme il y en avait tant alors. Ce qu'il y a de vraiment douloureux à dire, c'est qu'après avoir vécu l'égal des rois de l'Orient, avoir même refusé généreusement une couronne, cet homme intrépide, chez lequel l'amour du pouvoir n'avait jamais fait taire la voix de l'humanité, alla mourir sur un lit d'hôpital : il était devenu le bon pauvre d'un hospice de Lisbonne, et il le fut durant dix-sept ans.

C'est le premier qui ait donné à l'Europe une histoire suivie des grandes navigations exécutées de son temps, et indépendamment des fonctions élevées qu'il avait dû exercer comme gouverneur, il était allé chercher dans mille régions inconnues les matériaux de son précieux ouvrage. Que de misères il avait vues avant de mourir lui-même de misère! Et puis, ce grand esprit était, sans qu'il s'en doutât, un prophète; c'est lui qui, le premier, raconte l'histoire de la découverte de Sainte-Hélène, vue en mer, dès 1502, par cet intrépide navigateur qu'on appelait Joam de Nova et que ses contemporains appelaient plus familièrement *Jean le Galego,* parce que ce brave marin était du pays de Galice, qui a fourni tant d'intrépides matelots au Portugal. Or quand il nomme le rocher verdoyant dont le Galego venait de prendre possession pour Emmanuel, Galvam s'écrie : « Sainte-Hélène, territoire bien petit, mais aussi bien célèbre! »

Lorsque l'ancien gouverneur de Ternate parlait ainsi, ce roc perdu au milieu de l'Océan était complétement désert, et l'on voyait s'y renouveler un phéno-

mème qui ne trouve plus guère de croyants, mais auquel, dans tous les cas,
l'activité humaine a mis fin de nos jours. Les oiseaux des forêts et même ceux
du rivage venaient s'y poser près de l'homme et se jouaient sans crainte à
quelques pas de lui, si même ils ne venaient se poser familièrement sur son
épaule. Était-ce un mythe renouvelé de la Fleur des saints? Transportait-on
dans ces régions ignorées la touchante histoire du naïf saint François qui, dans
les peintures murales de Rome, cause d'une façon si intime avec les oiseaux?
Nous ne savons, mais ce qu'il y a de sûr c'est qu'à Sainte-Hélène, comme à
Bourbon, comme à l'île de France, les oiseaux s'en allaient voltigeant sans
crainte près du voyageur qu'ils ne redoutaient pas. Ce grand cirque de pierre,
tapissé intérieurement de forêts séculaires, était donc un séjour de paix profonde
que les oiseaux du ciel visitaient parfois, mais que ne parcourait aucun grand
quadrupède. Or voici comment lui vint son premier habitant; c'est le fils du
fameux conquérant portugais qui nous le raconte.

Il fit des élèves de porcs et de chèvres.

Lorsque Alphonse d'Albuquerque se fut emparé de la forteresse de Benestarim sur un capitaine turc nommé Roçal-Khan, il infligea aux renégats chré-

tiens qui se croyaient en sûreté dans cette place un épouvantable châtiment que les mœurs du temps peuvent seules faire comprendre, sans l'excuser. Comme il avait juré de leur laisser la vie, il se contenta, dit la chronique, de leur faire couper à tous la main droite et le pouce de la main gauche; le bourreau eut ordre également de leur abattre les oreilles et le nez. Parmi ces malheureux ainsi mutilés et devenus en horreur à eux-mêmes, il y avait un Portugais nommé Fernand Lopez. Entre tous les renégats de Benestarim, c'était l'homme le plus éminent. Il demeura dans l'Orient tant que vécut Albuquerque; mais quelque temps après sa mort, c'est-à-dire vers 1516, il s'embarqua pour retourner en Portugal. Mais, soit qu'il craignît les persécutions religieuses, soit qu'il redoutât l'impression que devaient produire les affreux stigmates dont il portait les traces longtemps sanglantes, en arrivant à Sainte-Hélène, île découverte dix ans auparavant par Joam de Nova, il résolut de se fixer dans cette île avec un seul esclave, disent les Commentaires d'Albuquerque, et d'y achever ses jours. Ce fut le premier qui y édifia une case et un ermitage; il planta des arbres en grand nombre et fit des élèves de porcs et de chèvres qui furent de grande ressource pour les Portugais lorsqu'ils revenaient des Indes (1).

(¹) *Comentarios do grande Affonso d'Albuquerque*; Lisb., 1576, p. 440.

ALONSO ÇUAÇO

1521

Il s'agira cette fois d'un personnage qui fit grand bruit en son temps, car il était allié d'Hernand Cortez; ses aventures furent racontées par lui-même au chroniqueur des Indes, Oviedo, et son récit porte en soi tous les caractères de la sincérité. Nous ferons en sorte de conserver à notre récit le caractère naïf qu'on trouve dans cette vieille narration.

Le licencié Alonso Çuaço était un homme d'une instruction rare, qui avait été nommé, vers l'année 1520, juge à la cour suprême, à Saint-Domingue. Il lui arriva, dans le lieu de sa résidence, diverses choses fâcheuses à propos des Indiens, et il s'en alla à l'île de Cuba, au temps où Velasquez gouvernait cette île. Or l'adelantado que nous venons de nommer ayant été créé par Charles-Quint gouverneur général de la province de Panuco, qui dépendait de Cortez, et prévoyant les difficultés que pouvaient amener ses anciennes discussions avec le conquistador, pria le licencié de devenir son intermédiaire dans cette affaire délicate et de se rendre à Mexico auprès de son parent. Bien qu'il fût d'une assez faible complexion, habitué à toutes les aises de la vie, Alonso Çuaço n'hésita pas et dit qu'il se mettrait en route sur-le-champ, heureux d'arranger le différend qui existait depuis plusieurs années entre deux hommes qu'il estimait, et dont l'un remplissait alors le monde de sa renommée.

Un navire en assez mauvais état et qui avait jadis appartenu au fameux chroniqueur des Indes, Oviedo, qui pensa y périr, avait été frété à cette occasion pour le voyage du licencié; c'était une de ces fines embarcations que l'on désignait sous le nom de caravelles. On avait supposé qu'elle serait assez solide pour accomplir un voyage de quelques jours; mais, par le fait, elle était bien petite, car elle ne jaugeait que quarante-cinq tonneaux.

Le licencié s'en alla à Xagua, s'entendit sur tous les points en litige avec Francisco Velasquez, et, charmé sans doute de remplir le rôle de conciliateur, s'embarqua sans hésiter à bord de la caravelle, emportant avec lui grande quantité de bagages et même de livres, et se faisant suivre par nombre de gens auxquels il avait accordé le passage.

On se dirigea sans retard vers les côtes du Mexique ; mais, arrivé dans ces parages, le petit bâtiment, énormément chargé, fut accueilli par une tempête épouvantable qui se prolongea durant plusieurs jours et durant laquelle il devint impossible de gouverner la frêle embarcation. Privés même de l'usage du compas, ces pauvres gens furent entraînés sur des bas-fonds qui n'étaient pas bien clairement indiqués sur leurs cartes marines et que l'on crut être les Alacranes, dont le nom de sinistre augure n'était que trop significatif.

C'était la quatrième journée depuis qu'on avait quitté Cuba, et, vers minuit, on sentit que la petite caravelle talonnait d'une façon épouvantable parmi des récifs qu'on n'avait pas su éviter. Les vagues déferlaient avec fureur sur des roches à fleur d'eau qui se prolongeaient au loin. La petite caravelle fut bientôt mise en pièces, mais presque tous ceux qui étaient à bord s'élancèrent sur les écueils et purent se sauver, en partie du moins, sans qu'on eût le temps néanmoins de rien enlever du bâtiment. Les livres du licencié, dit naïvement Oviedo (qui faisait, lui aussi, de gros livres), les joyaux sans prix que Çuaço avait embarqués, tout avait péri. C'était beaucoup qu'il n'en fût pas de même de tous ces misérables passagers qui s'en allaient chercher fortune à la Nouvelle-Espagne. Lorsque le soleil commença à éclairer cette matinée désastreuse, le licencié se vit sur une roche plus élevée que les autres, à peu près nu et environné de cadavres. On se compta : il restait quarante-sept personnes environ ; tous les autres étaient morts. Les survivants n'avaient échappé au sort de leurs compagnons que parce qu'ils avaient eu la bonne fortune d'atteindre le sommet des rochers. Mais voilà qu'à la marée haute le flot commença à envahir les pointes de rochers auxquelles ces pauvres gens se tenaient étroitement embrassés, tandis que d'autres, accroupis entre de grosses pierres, contemplaient d'un air hébété la vague qui montait. Il y avait là des femmes qui se lamentaient sur le sort de leurs maris, et de pauvres enfants qui pleuraient.

Nulles provisions de bouche, nous l'avons déjà dit, n'avaient pu être sauvées, et sur ce roc on n'avait pas même une goutte d'eau fraîche pour alléger la souffrance de ce monde désespéré. Ce fut bien pis encore au bout d'une heure, lorsque, la mer montant toujours, on vit, dit Oviedo, que les pointes extrêmes allaient être atteintes par la vague, et que, de temps à autre, de grandes vagues passaient sur cette misérable compagnie, arrachant de la pierre ceux qui s'y cramponnaient et les clouant sur les rochers. Mais, chose étrange, à cet instant terrible du naufrage, personne ne périt.

Dans ce moment d'angoisse suprême, le licencié, qui n'avait pas perdu son sang-froid, aperçut un canot échoué sur le sable, entre des roches un

Le flot commença à envahir les pointes de rochers auxquelles ces pauvres gens
se tenaient étroitement embrassés.

peu élevées que la mer n'envahissait pas, ou, pour mieux dire, que la vague
laissait voir en se retirant. Au premier coup d'œil on jugeait qu'il avait pu

contenir environ cinq personnes. Le licencié le désigna du doigt à son monde,
et aussitôt qu'il eut laissé deviner son dessein, toutes ces mains débiles, qui
l'instant d'avant se levaient au ciel, se mirent à écarter le sable, travaillant
à qui mieux mieux. Lorsqu'on eut écarté ainsi, et en s'y reprenant à diverses
reprises, le blanc sablon dont la pirogue était entourée, on vit combien cette
embarcation avait souffert d'avaries; en effet, elle devait être là depuis bien
longtemps. Le licencié fit porter remède au dommage du mieux qu'il put, et
bien des gens se dépouillèrent de leur dernier vêtement pour étancher la voie
d'eau que tout le monde remarquait en regardant cette misérable barque; bref,
le canot se soutint sur la vague. Don Alonso Çuaço monta dedans avec trois
hommes. En s'embarquant ainsi le premier, son but n'était pas, tant s'en fallait,
de quitter le théâtre du sinistre; il voulait seulement découvrir un endroit que le
flot n'atteignit pas et où l'on pût se préparer en paix à la mort; car songer seulement à sauver sa vie, c'était, selon lui, une prétention fort exagérée. Ainsi
monté sur son méchant canot, il ne voyait nul lieu de refuge, et il n'apercevait
sur les flots que ses chers livres et son menu bagage que les vagues emportaient.

L'important était de porter un prompt remède au désespoir croissant de tout
ce monde; le licencié prit une résolution subite : il retourna vers le groupe de
roches où ses tristes compagnons se tenaient comme échelonnés, et il leur
déclara d'un ton de voix plein de confiance qu'il avait trouvé la terre; elle
était loin, il est vrai, mais il allait faire de nouveaux efforts pour l'atteindre,
et il viendrait bientôt les retrouver.

Puis, seul à quelque distance avec ses trois hommes, auxquels il avait communiqué son dessein, il eut recours, en ce moment suprême, à un moyen
fréquemment employé dans le seizième siècle : il jeta les sorts, comme on disait
alors, au moyen d'une pièce de monnaie qu'il avait conservée. Les sorts décidèrent qu'il fallait se diriger à l'est; ce conseil de la Providence fut suivi, et,
comme on le verra bientôt, on s'en trouva à merveille : au bout de quelques
heures le canot atteignit une petite plage toute couverte de blanche arène,
pouvant avoir cent cinquante pas de long sur dix de large. Les quatre malheureux naufragés abordèrent sans peine cette bande étroite de terre, et le premier
mouvement du licencié fut de se jeter à genoux pour remercier Dieu de ce
qu'on avait enfin trouvé un lieu de refuge pour ces pauvres gens qui se déses-
péraient à quelque distance. Au moment même où il évoluait parmi les roches,
monté dans son canot, l'un des naufragés lui avait jeté un demi-épi de maïs,
cadeau inestimable dans les circonstances où il se trouvait. Il en mangea une
demi-douzaine de grains; mais en jetant les yeux autour de lui, il ne tarda
pas à s'apercevoir qu'un banquet plus substantiel lui était, par la suite, réservé

à lui et à ses compagnons : des loups marins d'une dimension vraiment énorme,
puisque plusieurs d'entre eux avaient jusqu'à dix-sept pieds, vinrent, en pous-
sant leurs sourds mugissements, se reposer sur le rivage. Le soir arriva; on
laissa ces animaux en paix. Mais ce fut en vain que le licencié engagea ses
trois compagnons à ramer vers les roches pour rassurer les naufragés; ils allé-
guèrent la fatigue dont ils étaient réellement accablés. On tira le canot sur
la plage, on le dressa au moyen de forts bâtons qu'on rencontra à la superficie
du sable, et sous cette espèce de toit improvisé, les quatre compagnons s'endormirent. A la première aube du jour, ils ne furent pas médiocrement surpris
de voir arriver sur l'îlot trois Indiens qui faisaient partie de l'équipage de la
caravelle. Allant de roche en roche, et parfois nageant, ils avaient gagné
leur refuge, mais dans quel état! L'un d'eux, cruellement blessé par un
requin, avait été happé au passage par le monstre; il y avait laissé une portion
de sa chair, et il mourut quelques heures après son arrivée sur l'îlot. Le passage
indiqué par ces hardis pionniers était désormais connu, et au moment où l'on
allait mettre le canot à la mer pour aller chercher les naufragés, profitant du
reflux, ils arrivèrent successivement, plus ou moins harassés, sur l'île stérile
où se trouvait le licencié.

Quand on fut ainsi réuni, grande fut l'anxiété parmi tous ces pauvres gens :
on était brûlé par le soleil et l'on n'avait absolument rien pour étancher une
soif dévorante bien plus terrible que la faim. Tandis que les plus résignés
sentaient leur courage défaillir, cinq grosses tortues, comme on en rencontre
fréquemment dans ces parages, s'avancèrent lentement sur la plage. Le licencié
les laissa marcher en silence; il ordonna qu'aucun mouvement ne fût fait qui
pût les éloigner et les obliger à plonger dans la mer par un de ces mouvements
subits qu'ont pu observer ceux qui ont vu ces animaux sortir lentement des
eaux : c'était une manne céleste pour ces pauvres affamés; aussi le cœur du
licencié débordait-il de reconnaissance. Voyant dans cette apparition subite
la preuve inattendue d'une protection divine, il commença par se mettre en
prière et, selon la dévote coutume de son siècle, voua les cinq tortues aux cinq
plaies du Christ.

Les tortues furent tournées adroitement par les Indiens qui venaient en la
compagnie du licencié; mais grand était l'embarras de tout ce monde à la vue
de ces animaux, car on n'avait nul moyen de faire du feu, et l'idée de se nourrir
de leur chair sans la faire cuire répugnait également à tous les pauvres naufragés. A la fin, comme toujours cela arrive d'ailleurs dans ces déplorables
extrémités, le besoin de satisfaire la soif l'emporta sur la faim. Le licencié fut
le premier à ordonner qu'on éventrât l'une des tortues, et rappelant à ses com-

pagnons d'infortune que le sang de ces animaux n'avait rien de malfaisant, qu'on l'employait au contraire en mainte occasion pour se guérir de certaines maladies, il saisit une coquille que lui offrait le sable de la plage, et il but avec délices ce sang vermeil qui, en toute autre occasion, lui eût fait horreur. L'exemple était donné, les plus délicats l'imitèrent. Il y avait déjà cinq jours que nul d'entre eux n'avait bu, et il y eut bientôt telle presse pour se désaltérer qu'on eût dit, à les voir tous penchés au-dessus de l'énorme tortue, qu'ils avaient fait la découverte inattendue de quelque tonneau rempli d'un vin excellent, ou tout au moins qu'on venait de rencontrer une source d'eau fraîche et limpide pareille à celle que fournit le Tage non loin de Tolède.

La tortue était une femelle, et sa panse se trouva remplie d'œufs; on en fit en commun un premier repas qui, pour être supportable, n'exigeait pas absolument la cuisson. Mais les œufs ne durèrent pas toujours; il fallut couper par lanières la chair crue des chéloniens et s'en nourrir : bien des gens tombèrent malades à la suite d'un tel régime.

Du banc d'arène blanche où tous ces pauvres gens s'étaient réfugiés on apercevait, dans le lointain, une autre terre de fort peu d'étendue qui pouvait bien être à trois lieues de distance : il y avait quelque chose à tenter sur ce point. Le licencié était toujours demeuré l'homme aux promptes résolutions; il sentait néanmoins que sa présence sur le banc de sable était encore nécessaire pour maintenir la tranquillité parmi ses nombreux compagnons. Il ne songea donc pas à entreprendre ce voyage, assez périlleux d'ailleurs, si l'on fait attention à l'état où se trouvait la misérable embarcation dont il fallait se servir pour atteindre cette terre promise. Par son ordre, cinq hommes résolus s'embarquèrent; ils étaient sans doute bons nageurs; ils se dévouèrent pour leurs compagnons, car à tout prix il fallait se procurer de l'eau. On peut se figurer ce qu'était l'attente pour tous ces pauvres gens, exposés à un soleil vertical qui, sans relâche, les dévorait de ses rayons. Les cinq matelots revinrent au bout de quelques heures; mais hélas! ils n'avaient pas plus rencontré de source sur cet îlot lointain qu'on n'en avait trouvé sur le banc de sable. Ils apportaient néanmoins une grande nouvelle : l'îlot exploré par eux (et il ne fallait pas employer grand temps pour en faire le tour) était littéralement couvert d'oiseaux occupés à couver leurs œufs, et ces oiseaux, appartenant tous à la même espèce, se montraient si peu farouches qu'en apercevant nos marins la plupart d'entre eux n'avaient quitté un moment leur nid que pour s'y reposer aussitôt. Le caquetage seulement était grand parmi cette foule de volatiles, dont parfois le vol obscurcissait tout à coup les airs. Un conseil des plus avisés fut tenu immédiatement parmi les naufragés : l'émigration en masse fut résolue, toujours sous la direction du licencié. Celui-ci fit alors ce que fait toujours un capitaine dont le navire est en détresse, il ordonna d'embarquer cinq par cinq tout son monde, en commençant par les enfants, et quand il ne resta plus personne à sauver, il monta dans le canot et rejoignit ses compagnons.

Durant les premiers jours, les œufs d'oiseaux qu'on se procura sans le moindre travail firent une heureuse diversion à la fade nourriture qui avait soutenu cette multitude. Le blanc mucilage de ces œufs remplaçait l'eau aux yeux de ces pauvres gens. Quelques-uns d'entre eux n'hésitaient pas d'ailleurs à remplacer le sang des tortues par le sang des volatiles sans nombre qu'ils abattaient à coups de bâton. Bientôt cette nourriture animale, que ne modifiait pas la cuisson, amena de cruelles maladies, et plusieurs des naufragés succombèrent à cet affreux régime.

Dans les sables qui formaient cette petite île, la mer avait enseveli bien des fragments d'un bois plus ou moins compacte que l'ardeur excessive du soleil avait complétement desséché. Le licencié n'ignorait pas avec quelle facilité certains Indiens des Antilles obtenaient du feu en frottant rapidement un morceau de bois cylindrique dont on a introduit l'extrémité arrondie dans une planchette de bois fort tendre. Il tenta l'expérience, et elle réussit; dès lors la situation changea complétement. Non-seulement on fit rôtir une foule de ces oiseaux qu'on se procurait si aisément et dont les œufs avaient soutenu uniquement les naufragés, mais on mangea de même les tortues qu'on put se procurer. Ces rôtis excellents, salés avec le sel déposé sur la grève, eurent bientôt un grave inconvénient : ils allumèrent une soif inextinguible à laquelle il n'y avait pas d'autre moyen de remédier qu'en avalant, comme par le passé, des blancs d'œufs. Bien des gens mouraient, et, chose extraordinaire, Alonso Çuaço, qui était d'une complexion infiniment plus délicate que la plupart de ses compagnons, résistait admirablement; sa vigueur morale, la modération qu'il mettait à satisfaire ses appétits, le conservaient sans doute au milieu de tous ces gens désespérés. Non-seulement il allait donner des consolations aux nombreux malades qui sentaient arriver la mort avec désespoir, mais c'était encore lui qui leur rendait les derniers devoirs, et il trouvait toujours assez de force pour accomplir l'office, comme il le disait plus tard, de capitaine et de chapelain.

On fut ainsi plus de douze jours sans qu'aucun liquide bienfaisant vînt soulager ces gens exténués par la soif et que le sang frais des oiseaux ou des tortues ne pouvait plus désaltérer. Un phénomène effrayant se manifesta alors parmi ceux qui se trouvaient soumis à cette effroyable torture : malgré la nourriture animale qu'ils prenaient, l'émaciation des membres se manifestait de la façon la plus effrayante; peu à peu leur corps présentait l'aspect de momies véritables, et ils succombaient en offrant l'aspect d'une décrépitude anticipée.

Parmi les gens qui mouraient ainsi sur ces sables brûlants, il y avait une

On fit rôtir une foule de ces oiseaux qu'on se procurait si aisément.

pauvre petite fille de onze ans à peine qu'on appelait Inesica, et dont les forces s'étaient épuisées lentement sans qu'il fût possible d'apporter le moindre remède au tourment qu'elle endurait. Au moment de succomber, elle dit d'une voix mourante qu'elle avait un grand secret à communiquer. Émus

de curiosité autant qu'ils étaient touchés peut-être, trois hommes s'approchèrent de la jeune fille; neuf personnes ayant déjà succombé au mal affreux
qui la dévorait, ils pensaient que la pauvre petite allait leur demander,
comme tous les autres, ce qu'il n'était pas en leur pouvoir de lui donner.
Inesica était plus résignée qu'ils ne croyaient; soit qu'un rêve consolateur
l'inspirât admirablement, soit qu'une de ces intuitions mystérieuses qu'on
n'a pas su encore définir éclairât son esprit au dernier moment, elle annonça
qu'on trouverait bientôt de l'eau dans l'île, mais qu'il ne lui serait pas donné
de se désaltérer à cette source vive, une merveilleuse apparition qu'elle avait
eue la veille lui ayant annoncé à la fois et son passage dans la région céleste et
la découverte de cette eau si ardemment souhaitée. Inesica mourut; personne

Elle annonça qu'on trouverait bientôt de l'eau dans l'île, mais qu'il ne lui serait pas donné
de se désaltérer à cette source vive.

probablement ne la pleura, car elle semblait à ses misérables compagnons
comme une vraie prédestinée échappant aux angoisses de cette terre désolée.
Mais les trois hommes qui avaient recueilli ses dernières paroles ne crurent
pas devoir les cacher au licencié Çuaço. Touchés, au contraire, d'une espérance

qui les avait complétement abandonnés, Gonçalo Gomez, Francisco Ballester et Jûan de Arenas vinrent raconter immédiatement à celui dont on prenait toujours les ordres dans l'île ce qui venait de se passer. Leur avis était qu'il fallait creuser la terre sans retard, et que les paroles de la jeune sainte se réaliseraient.

Le licencié ne dédaigna nullement leur récit. Il avait remarqué que l'îlot qui leur servait de refuge n'était guère plus étendu que la grande place de Séville, mais que, fort différente du rocher qu'on avait abandonné, cette petite étendue d'un terrain uniquement composé de sable possédait çà et là trois sortes de végétation bien humbles, il est vrai, mais attestant néanmoins une certaine humidité intérieure dans le sol de l'île. Le discours de ses gens frappa son esprit d'une idée nouvelle; néanmoins, en homme qui comprenait l'influence d'une foi sincère sur le cœur humain, il voulut que l'idée religieuse n'abandonnât pas ceux qui allaient peut-être devenir victimes d'une nouvelle déception, et il résolut de ne rien précipiter. Par ses ordres, on se prépara à la découverte d'une source si mystérieusement annoncée en se livrant à des prières ferventes et en accomplissant religieusement une procession autour de l'île, la croix en tête. A un moment donné, la terre fut creusée par ces bras naguère défaillants avec une sorte de frénésie, et chose prodigieuse, on n'eut pas plutôt enlevé le sable à la profondeur d'un demi-mètre que l'eau apparut. Elle n'était pas parfaitement douce, mais enfin elle pouvait se boire, et dans nul autre endroit de l'île pareille fontaine n'apparut, malgré les efforts multipliés qu'on fit encore pour accroître cette provision; ce fut en vain qu'on perfora le terrain ou plutôt le sable en divers endroits de l'îlot, aucune fontaine ne jaillit. Bien qu'elle fût parfois horriblement saumâtre, car son goût variait selon les révolutions régulières des marées, cette eau parut tellement délicieuse aux naufragés que plusieurs d'entre eux se sentirent incapables de mettre quelque modération dans l'usage qu'ils en faisaient. Pour son malheur, le pilote fut de ce nombre; il but, dit la relation, avec une telle continuité qu'à la fin de la journée il était mort.

A partir du moment où la prophétie de la pauvre petite s'était réalisée, la situation des naufragés n'avait plus été la même : on avait l'eau et le feu : un peu d'industrie améliora encore la situation. Les troncs d'arbres, par exemple, qu'on parvenait à extraire des sables du rivage étaient parfois entourés de concrétions pierreuses qui en rendaient la combustion fort difficile. Lorsqu'on eut abattu plusieurs loups marins parmi ceux qui venaient se reposer au grand soleil sur la plage, on mit en réserve leur graisse, on la fit fondre; répandue adroitement entre les concrétions dont nous venons de parler, elle donnait à la flamme une intensité qui permit d'allumer de grands feux dans la nuit. On se convainquit aussi qu'en employant certaines précautions, les épaisses carapaces des tortues de mer, qu'on avait toujours recueillies, pouvaient former au besoin de vastes chaudières dans lesquelles on étuvait les viandes. Il y avait telle de ces marmites improvisées qu'on enduisait de terre mouillée pour la préserver de l'action trop directe des flammes, et qui recevait douze gros oiseaux ou la moitié d'un loup marin. Cette nourriture plus saine, et que désormais on pouvait varier, arrêta le progrès de certaines maladies et empêcha bien des gens de grossir le nombre des morts.

Vers ce temps-là un étrange épisode occupa fort la petite colonie et prouva qu'il ne fallait pas se fier toujours à la mansuétude apparente des phoques. Le licencié avait emmené avec lui un petit page qui avait admirablement supporté les vicissitudes du naufrage et qui avait conservé au milieu de la misère commune sa bonne humeur et son agilité ; mais soit que Juanito s'accommodât difficilement de l'eau saumâtre de la fontaine, soit qu'il fût bien aise de varier le régime monotone auquel toute la colonie se trouvait condamnée, il eut une idée bizarre et dont l'exécution, sans nul doute, ne s'est jamais renouvelée. Après s'être assuré, par une observation attentive, de la façon dont les phoques allaitaient leurs petits, il se glissa en rampant sur le sable jusqu'à l'un de ces énormes amphibies et se prit à teter vigoureusement la *loba marina*, comme si c'eût été une de ces bonnes chèvres qui nourrissent parfois les enfants. L'énorme animal y fut trompé quelques instants, mais le pauvre Juanito paya cher son audacieuse tentative ; la loba, ayant reconnu quel était l'indiscret nourrisson qui puisait ainsi à ses mamelles puissantes, lui déchargea avec une telle violence un coup de l'un de ses robustes ailerons qu'elle faillit le tuer. Juanito en fut quitte heureusement pour une entaille qui mit l'os de la jambe à nu. Après s'être montré zélé chapelain, parfois médecin actif, le digne licencié se vit contraint cette fois à se montrer habile chirurgien ; il pansa le petit page, dont la blessure était plus effrayante que dangereuse. Mais depuis ce temps Juanito se promit bien de ne plus empiéter, comme il l'avait fait, sur les droits des petits loups marins.

On ne mourait plus de faim sur l'ilot, à la rigueur on pouvait étancher sa soif ; mais les journées étaient bien monotones, les pauvres animaux dont on se trouvait entouré ne donnaient aucune peine à leurs agresseurs lorsqu'il s'agissait de faire bouillir les vastes marmites qu'on dressait pour tout ce monde sur l'ilot. On était toujours dévoré par le soleil, et l'on s'ennuyait mortellement à contempler l'horizon pour voir si quelque voile secourable n'apparaîtrait pas.

Pour occuper les esprits qui s'engourdissaient et peut-être pour varier le régime auquel, faute de mieux, la colonie se soumettait, le licencié eut une idée lumineuse et qui ne pouvait germer que dans un esprit aventureux qui s'était complu, en sa jeunesse, aux jeux terribles dans lesquels un audacieux toréador se joue des plus grands dangers; cette fois seulement, l'animal qu'on allait attaquer était peut-être plus redoutable encore que le taureau le plus furieux, et c'était dans l'élément où il conserve sa prestesse de mouvement

Il se glissa en rampant sur le sable... et se prit à teter vigoureusement la *loba marina*.

et sa vigueur qu'il le fallait attaquer. Le brave Çuaço organisa sans délai une pêche au requin. L'idée que réveille dans l'esprit cette pêche serait insuffisante pour peindre les dangers auxquels il allait ainsi s'exposer volontairement.

L'îlot était sans cesse entouré de ces terribles vivipares qu'on a surnommés avec raison les tigres de l'Océan; ils étaient sans doute attirés dans ces parages par les débris sanglants d'animaux que les naufragés abandonnaient perpétuellement aux vagues. Il n'était donc pas difficile de se trouver en présence de ces monstres de la mer, qui heureusement ne se réunissent guère pour attaquer leur proie.

Pour en venir à ses fins, le licencié commença par choisir dans les épaves
du naufrage, qu'on avait toujours recueillies, un fort crampon de fer dont la
pointe fut aiguisée; on l'emmancha tant bien que mal dans un fort morceau
de bois, et lorsque cet étrange instrument de pêche se trouva prêt, Alonso
Çuaço déroula son projet à un agile et vigoureux matelot.

On avait remarqué en plus d'une occasion avec quelle avidité les requins de
la côte engloutissaient les morceaux de phoque qu'on leur jetait. Se procurer

Pêche au requin.

un lambeau considérable d'un de ces animaux, qu'on devait lancer sur la vague
aux yeux du requin, n'était pas bien difficile, puisque c'était de loups marins
que se nourrissait en grande partie la colonie. Quand il eut à sa disposition
cet énorme appât, don Alonso Çuaço, ne conservant que ses caleçons, entra
bravement dans la mer, suivi de son compagnon. Il lança à l'animal son lambeau de chair, et sûr de ses appétits gloutons, le fit échouer sur le sable, où le
vigoureux matelot qui l'attendait lui enfonça son harpon et lui ôta toute possibilité de rentrer au milieu des flots. Cette pêche hasardeuse, dont nous avons
abrégé singulièrement les détails, se renouvela plus d'une fois, et la colonie

s’en trouva à merveille, bien que le morceau qu’on lui offrait ne fût pas des plus délicats; néanmoins il est probable que les risques de subir une mort effroyable qu’affrontait ainsi le licencié ne tardèrent pas à la faire cesser.

Tout allait passablement, comme on voit; mais au bout de six semaines d’abondance, voilà que ces nombreux oiseaux dont le banc était peuplé s’envolèrent spontanément après avoir fini leur couvée. Il fallut bien alors pourvoir aux grands approvisionnements qui manquaient; on n’osait quitter l’ilot où la source d’eau saumâtre permettait de vivre, mais on regrettait parfois l’île qu’on avait habitée d’abord et que hantaient les tortues. On expédia vers cette terre lointaine la petite pirogue démantelée, et ses voyages ne se bornaient point à alimenter la colonie des tortues grasses que l’on parvenait à tourner; mais la petite embarcation rapportait toujours quelques portions de la caravelle, dont on espérait construire plus tard une barque pour gagner le continent. Ce fut ainsi qu’on mit successivement en sûreté sur l’ilot les mâts, les agrès principaux, une partie des cordages du bâtiment échoué, qu’on disputait chaque jour aux flots; tout cela était réuni entre les mains d’un brave charpentier nommé Jehan Sanchez, fort expert aux choses de la mer, dit Oviedo.

Ces voyages vers l’écueil où la caravelle avait péri ne se renouvelaient pas sans que ceux qui les entreprenaient courussent, hélas! de grands dangers. On en eut bientôt la triste certitude : un jour qu’un des braves naufragés, nommé Pedro de Medina, s’était embarqué pour l’île aux tortues avec cinq noirs qui appartenaient au licencié et qu’on n’avait pas sans doute consultés sur l’opportunité du voyage, la frêle embarcation chavira avec son équipage; le canot ne reparut pas.

En bien des circonstances, on avait déjà songé aux moyens dont on devrait faire usage pour se tirer de cette affreuse position. Dans l’esprit de ces pauvres gens, il n’était pas absolument impossible de gagner le continent. Après le déplorable accident dont nous venons de parler, la vie devenant plus difficile, trois hommes qui avaient résolu de se faire franciscains se décidèrent à tenter le trajet du bras de mer qui les séparait de la Nouvelle-Espagne. Pour cela, ils construisirent une nouvelle embarcation avec le reste des épaves. Ce travail difficile, qui s’exécutait sous la direction de l’industrieux Jehan Sanchez, ne dura pas moins de trois mois. Au bout de ce temps, les naufragés se trouvèrent avoir à leur disposition une de ces petites barques qu’on désignait alors sous le nom de *copanele*, et qui portaient un mât. Quatre personnes pouvaient la manœuvrer. Lorsque tout fut prêt, G. Gomez, Ballester, Juan de Arenas, se jetèrent résolument avec un petit Indien dans ce fragile esquif. Les hommes dévoués qui s’étaient ainsi embarqués sans hésitation pour sauver le licencié

Çuaço et ses compagnons avaient un terrible trajet à parcourir avant d'atteindre la côte. Ils n'emportaient avec eux qu'une certaine quantité de tortues fumées et quelques carapaces remplies d'eau saumâtre. Nous ne raconterons pas ici les tristes péripéties de ce voyage aventureux, ni les souffrances infinies que fit endurer la faim à nos courageux Castillans. Les eaux du golfe, d'ordinaire si agitées, se maintinrent heureusement paisibles. Après une navigation des plus incertaines, qui ne dura pas moins de dix-huit jours, ils abordèrent à une partie déserte de la côte ; ils se crurent un moment perdus, lorsque des traces de chevaux leur prouvèrent qu'ils étaient parvenus dans un pays soumis à la domination des Européens. Ils baisèrent humblement la terre et rendirent grâces à Dieu, puis se mirent en marche pour atteindre la terre des chrétiens. A trois lieues de là s'élevait déjà, en effet, la ville de Medelin, qu'occupait un gouverneur espagnol délégué de Cortez. En voyant le misérable équipage des pauvres naufragés, ce gouverneur, fort peu compatissant, que l'on nommait Ocampo, ne se hâtait point de leur faire des offres de service, quand l'un d'eux tira de son sein un petit morceau de parchemin flétri, couvert de caractères tracés avec le plus beau vermillon : c'était un fragment de carte marine que le licencié avait coupé, et sur lequel il avait écrit son message à l'aide de la liqueur pourpre trouvée dans un *murex* du rivage des Alacrans. Il suppliait tout Castillan auquel ce mot pourrait être remis d'instruire Hernan Cortez, son parent, de la déplorable situation à laquelle il se trouvait réduit, et de lui porter provisoirement quelques secours.

Ocampo, qui s'était montré d'abord si peu compatissant, devina à merveille l'impression qu'allait produire sur l'esprit du gouverneur de la Nouvelle-Espagne le petit mot écrit ainsi à la hâte, et qui, après tout, ne réclamait qu'un faible secours que nul chrétien ne pouvait refuser à un compatriote. Sa conduite fut dès ce moment bien différente ; il entoura les naufragés de bons soins, et l'issue des événements lui prouva qu'il ne s'était pas trompé. En effet, lorsqu'un des pauvres naufragés se fut mis en route par ces chemins difficiles, et que dès son arrivée à Mexico il eut fait remettre à Hernan Cortez son message, celui-ci, qui était à table, laissa là son dîner commencé et ordonna à l'un de ses pages d'éperon, comme on disait alors, de se rendre sans retard à Medelin et de faire expédier un bâtiment sur le lieu du sinistre, ajoutant que si Ocampo ne l'avait déjà fait, il avait manqué à tous ses devoirs d'homme et de chrétien. L'embarcation voguait déjà lorsque le page de Cortez arriva à Medelin ; elle avait gagné le large, munie de toutes les provisions qui pouvaient ranimer les pauvres naufragés ; mais elle n'avait pas compté sur les mauvais temps qui parfois règnent dans ces parages durant des mois entiers. La navigation fut difficile. Ceux des naufragés qui avaient voulu demeurer à bord pour secourir leurs malheureux compagnons calculaient silencieusement qu'entre leur départ du triste archipel et le moment de l'année où l'on se trouvait bien plus d'un mois s'était écoulé ; ils se demandaient intérieurement si les phoques, les tortues et les oiseaux de mer, manne de ce désert, n'avaient pas manqué tout à coup, si l'eau du puits déjà si amère n'était pas devenue plus saumâtre. Lorsqu'on aperçut les rochers fatals, on se sentit terrifié en se rappelant qu'un espace de temps vraiment mortel s'était écoulé depuis le naufrage ; les passes étaient difficiles ; il fallait diriger habilement sa route au milieu de ces écueils. On supposa qu'on ne pourrait trouver les pauvres naufragés, si on les trouvait encore en vie, qu'au bout d'un jour ou deux. Mais quelque douloureux que fût le spectacle qu'on allait peut-être subir dans quelques moments, il ne fallait pas se laisser périr d'inanition. Ces braves marins prétendaient bien secourir leurs compatriotes, mais ils ne voulaient pas, comme eux, mourir de faim. Le coq du petit navire se surpassa, et le brave Oviedo nous a laissé le menu exact du dîner. Il y avait une *olla* de volaille avec force *garbanzos*, flanquée de quelques bonnes tranches de porc frais, relevées par le fumet exquis du jambon.

Que faisaient, pendant ce temps, les solitaires désolés? Ils comptaient les heures ; ils cherchaient à découvrir, dans un horizon chargé de nuages, les voiles du bâtiment qu'ils attendaient toujours et qui devait les sauver ; ils suivaient dans les airs les combats de certains oiseaux de mer, qui s'arrachent avec une dextérité singulière les beaux poissons qu'ils enlèvent du sein des flots, et qu'ils vont dévorer sur un roc solitaire. C'était là leur principal divertissement ; ils étaient quelque peu las sans doute de cet amusement monotone, mais il s'en fallait qu'ils fussent morts de faim, comme le craignaient, non sans quelque fondement, leurs anciens compagnons. La Providence y avait pourvu, et précisément au moment où les vivres frais manquaient à peu près complétement. L'un des pauvres exilés, qui s'était mis en prière, avait vu une fois cinq grands phoques poursuivis par des requins s'élever subitement du sein des flots et se jeter sur le rocher où il se tenait en oraison. L'un d'eux avait été tué, et de nouveau la marmite d'écaille de tortue avait pu bouillir. Une autre fois, certains oiseaux qui ne paraissaient jamais en cette saison dans ces parages s'étaient montrés tout à coup, et leurs œufs avaient sauvé la colonie. Aussi le licencié Çuaço n'avait-il jamais laissé chômer ses compagnons de dévotes instructions, puis d'oraisons que l'on chantait en chœur sur le rocher. C'étaient, après tout, de belles prières ; elles venaient du cœur.

La culture de la science succédait chez le bon licencié aux exercices religieux. Il avait un almanach sur lequel il comptait les fêtes pour les faire célébrer à ses compagnons ; mais il se trouva plus tard qu'il avait erré d'un jour, et que ses calculs dès lors avaient été si erronés qu'il avait fallu de

Il avait vu cinq grands phoques poursuivis par des requins.

toute nécessité se rejeter, aux yeux de la cour céleste, sur les bonnes intentions. Le licencié avait fait aussi de la géographie. L'archipel sur lequel il se croyait obligé à vivre encore longtemps dans la solitude avait reçu trois noms divers, destinés à rappeler les misères si longtemps endurées. La première île sur laquelle on s'était réuni haletant de soif s'était appelée *Sitis san-guinea Turtucarum;* la seconde, où les provendes venues de la mer s'étaient montrées si abondantes, avait été appelée, d'un verset même de l'Évangile, *No penseis en la comida;* la troisième station de la même île enfin, où l'on ne buvait que des eaux amères, s'était appelée *Fontinalia Elisei.* Nous supposons que ces belles dénominations conservées par Oviedo étaient tracées avec la teinture vermeille du murex, par le digne licencié, sur le revers de quelque carte marine dont on avait tiré un bout de parchemin pour tracer le billet laconique parvenu à Cortez.

Quelque insignifiants que puissent être en apparence de pareils détails, ils eurent une prodigieuse influence sur les malheureux que des souffrances de tout genre avaient décimés; ils les maintinrent dans une sorte d'activité morale qui plus d'une fois avait été bien près de les abandonner; ils les aidèrent aussi à supporter de nouvelles privations. Il s'en fallait de beaucoup, en effet, que l'espèce d'abondance qui avait régné dans l'île au début de leur naufrage fût la même qu'autrefois. Les oiseaux couveurs s'étaient envolés, les phoques avaient disparu ; il leur avait fallu se contenter durant longtemps de la chair des cinq tortues que leur avaient laissées leurs compagnons lorsqu'ils avaient entrepris leur périlleux voyage. Il est même probable qu'ils fussent morts de faim si, la saison venant, certains oiseaux qu'on nomme des *rabihorcados* ne s'étaient enfin abattus sur l'îlot désolé, et ne leur avaient apporté ainsi un secours pour ainsi dire inattendu.

On était si bien persuadé du lent désespoir qui les minait qu'en les apercevant errants sur les rochers de leur île, deux hommes de l'équipage se jetèrent à la mer parmi les brisants et vinrent leur apporter des paroles de consolation. L'embarcation ne tarda point à mouiller devant l'île, et tout prouva à ces malheureux que leur dénûment avait été compris. Du pain, du vin, des conserves d'Europe, avaient été embarqués à leur intention ; et pendant qu'ils faisaient un repas devenu bien nécessaire, leurs libérateurs s'étonnaient du courage qu'il leur avait fallu pour se contenter de l'eau qui leur avait paru être un si grand bienfait : elle leur semblait horriblement saumâtre, et ils ne comprenaient pas qu'on pût s'en désaltérer.

Le moment de l'embarquement arriva enfin. Seize personnes seulement, reste de tant de malheureux, entrèrent dans la caravelle avec le courageux licencié. En vue même de ces rochers désolés, ces pauvres gens entonnèrent religieusement un *Te Deum.*

On mit à la voile sans retard ; mais il ne fallut pas moins de treize jours pour que la caravelle abordât la côte du Mexique. Impatient de revoir son

De Médecine à Mexico ce ne fut qu'une succession de fêtes.

parent, Cortez avait donné des ordres pour qu'il fût reçu avec une pompe
inusitée et comme s'il se fût agi de sa propre personne. A partir du moment

où tout péril cessa pour lui, le licencié Çuaço ne se départit pas du sang-froid presque jovial qu'il avait montré au fort du danger. Comme on l'interrogeait sur le rivage, sans savoir qui il était, sur le succès de l'expédition, il répondit au demandeur de nouvelles par ce refrain du *Cancionero* :

> « Buenas las traemos, señor,
> « Pues que venimos acá. »

> (Nous les rapportons bonnes, monsieur,
> Puisque vous nous voyez ici.)

De Medelin à Mexico, ce ne fut qu'une succession de fêtes. On dressa même sur le passage des naufragés plusieurs arcs de triomphe de feuillage ; des chevaux richement caparaçonnés avaient été envoyés au-devant des voyageurs par le conquistador, et l'on raconte que les pauvres Indiens, qui n'avaient rien perdu encore de leur ancienne admiration pour ces beaux animaux, accouraient de toutes parts avec des guirlandes de fleurs et de feuillage qu'ils balançaient devant eux en dansant avant de les en couronner.

Par la haute capacité qu'il avait acquise, par la connaissance approfondie des lois de son pays, qu'il possédait comme s'il eût vieilli dans l'exercice de la magistrature, le licencié était destiné à jouer un rôle important dans l'histoire de la conquête ; il occupa, en effet, plusieurs emplois considérables. Son nom est oublié aujourd'hui, tandis qu'on se rappelle celui d'un audacieux conquistador. Le sang-froid qu'il conserva dans son île lui mérite bien un souvenir.

L'authenticité de l'histoire du licencié Çuaço ressort d'un plus grand nombre de récits contemporains qu'on ne le croirait au premier abord : le hardi et sincère compagnon de Cortez, Bernal Dias del Castillo, en parle à propos des différends qui, en 1525, faillirent arriver entre Garay et le conquérant du Mexique. Sa narration, bien que moins détaillée, n'omet aucun des détails principaux exposés par Oviedo. Le récit parut alors assez important pour que Fernand Cortez en fît dresser un acte authentique qu'on expédia à Guazacualco. Une circonstance du naufrage qui est omise par Oviedo explique parfaitement comment les naufragés purent faire cuire leurs aliments. Deux naturels de Cuba se trouvaient embarqués à bord, et ce fut grâce à ces deux sauvages qu'un briquet en bois, façonné à la manière indienne, permit de se procurer du feu. (Voy. *Historia verdadera de la conquista de la Nueva-España*, p. 171.)

GONÇALO DE VIGO

AUX ILES MARIANNÉS

1526

Cédant à ses prières, Loaysa le reçut à bord et lui pardonna sa désertion.

Ce ne fut que cinq ans après leur découverte que les Mariannes furent visitées une seconde fois, le 4 septembre 1526, par l'Espagnol Loaysa. Pendant qu'il faisait des échanges avec les insulaires, il fut très-surpris de voir un Européen venir à lui de l'île Borta, une des plus septentrionales du groupe des Mariannes. Cet homme, nommé Gonçalo de Vigo, était un Robinson volontaire. Il avait appartenu au vaisseau *Santa-Trinidad*, commandé par Espinosa, un des capitaines de Magellan, et lorsque celui-ci, revenant des Moluques, après avoir vainement tenté de faire voile pour la Nouvelle-Espagne, s'était décidé à relâcher aux Mariannes, Gonçalo de Vigo avait déserté avec deux autres matelots. Ses compagnons furent tués peu de temps après par les naturels, et lui-même n'échappa à la mort que par la fuite. Il parvint à vivre caché jusqu'à l'arrivée des vaisseaux espagnols. Cédant à ses prières, Loaysa le reçut à bord et lui pardonna sa désertion.

Le nom de ce matelot resta gravé dans la mémoire des insulaires. En 1565, Miguel Lopez de Legaspi, dans son trajet d'Acapulco aux Philippines, prit possession de l'archipel des Mariannes au nom du roi d'Espagne. Les navires étaient encore à plus de deux lieues de terre quand les naturels s'avancèrent à leur rencontre sur leurs pirogues en répétant fréquemment le nom de Gonçalo, reparti quarante ans auparavant avec Loaysa : ils se tinrent cependant toujours à la distance d'un jet de pierre.

Les aventures de Gonçalo de Vigo eurent un grand retentissement au temps où elles arrivèrent : c'est pour cela qu'on les a mentionnées à deux reprises différentes dans ce recueil ; mais quelque misérable qu'eût été Gonçalo, sa fin fut moins malheureuse que celle du navigateur illustre qui le recueillit. Le commandeur Jofre de Loaysa avait été choisi par la cour d'Espagne pour continuer, en 1524, les magnifiques découvertes de Magellan, et il montait le *San-Gabriel* à la tête de cinq autres navires destinés à entreprendre la conquête des Moluques ; les fatigues qu'il endura pendant cette rude navigation furent telles qu'arrivé par les 4 degrés de latitude nord, il succomba à la maladie en donnant des preuves de la plus admirable résignation : son corps fut jeté à la mer. Ses dépêches furent ouvertes solennellement, et le premier marin espagnol qui eût fait le tour du monde, Sébastien d'Elcano, y était désigné pour commander la flotte. Quatre jours plus tard, on abandonnait aux flots de l'Océan cette nouvelle victime.

MESTRE JUAN

AU CAP DÉSERT DE L'ILE APPELÉE DEPUIS SERRANA

1528

Ce Robinson espagnol vivait vers l'an 1528. Il naviguait dans la mer des Antilles et se dirigeait vers Saint-Domingue, lorsque, emporté par une violente tempête, il alla donner en plein sur le cap de Serrana. Cette île était si petite que, durant la tempête, les gens de la vigie ne l'avaient point aperçue. Le navire fut mis en pièces; mais l'un des marins, avant de se jeter à l'aventure dans les flots, eut la bonne pensée de s'emparer d'un flacon de poudre et de se fourrer à tout hasard dans la bouche un morceau d'amadou, espérant un peu vaguement qu'il pourrait quelque jour obtenir du feu au moyen de ces deux objets : celui qui avait eu cette bonne pensée était mestre Juan. Il gagna l'ilot, en effet, et parvint à construire seul un radeau avec des fragments de mâts et des bouts d'amarres; il fut assez heureux pour sauver alors une partie de l'équipage, mais ce fut en vain qu'il chercha à obtenir ce feu si vivement désiré dès le début du naufrage; faute d'un simple caillou, la chose lui devint impossible. Il fallut que ces pauvres gens se contentassent pour toute nourriture de la chair des loups marins, et pour boisson du sang de ces animaux. Trois de ces matelots trouvèrent à la longue cette vie si misérable, qu'après avoir fait un nouveau radeau ils s'abandonnèrent à la mer; il ne resta plus sur l'îlot que trois malheureux. L'un d'eux s'appelait Moreno; il fut saisi d'une telle douleur en voyant s'éloigner ceux dont cependant il n'avait pas voulu partager le sort qu'il mourut de désespoir. Une horrible démence s'était emparée de lui; il courait le long du rivage en se dévorant les bras.

Il n'y eut plus alors sur l'île qu'un homme et un enfant; le plus âgé, mestre Juan, consola le plus jeune, et il est certain qu'avec le temps la situation de ces deux infortunés s'améliora. Le plus robuste d'entre eux creusa le sable de l'îlot avec une carapace de tortue dont il avait fait une sorte de pelle; nos deux hommes purent étancher la soif qui les dévorait, bien qu'on ne pût tirer de ces espèces de puits qu'une eau saumâtre presque aussi salée que celle de la mer : les deux naufragés la buvaient mêlée au sang des loups marins, et elle ne leur semblait plus ainsi d'un goût aussi détestable. Ils maintenaient les parois de ces cavités, qui leur coûtaient bien des efforts à forer, en les garnissant de peaux de phoque. Octobre arriva, un grand changement se fit dans leur position : il plut; ils purent recueillir un peu de l'eau du ciel dans des coquilles, car la pluie était promptement absorbée par le sable. En faisant usage de cette eau douce, ils se maintinrent en santé.

Après l'eau douce vint le feu, et voici comment ils s'en procurèrent : ils firent avec des peaux ce qu'on appelle une *balsa*, sorte d'embarcation bien connue le long des côtes du Pérou, et ils se dirigèrent par ce moyen vers le lieu où le navire avait péri; ils erraient à tout hasard sur ce point du golfe, où rien n'apparaissait, lorsqu'ils firent une grande découverte : un gros caillou se montra au fond de l'eau; ils s'en saisirent et l'emportèrent dans leur balsa. Grâce à leur poudre et à leur amadou, ils eurent du feu, et dès lors, chaque soir, ils allumaient une sorte de phare avec le bois que leur amenaient les vagues, espérant attirer ainsi quelque navire qui viendrait à leur aide.

A deux lieues de là, et sans qu'ils en eussent connaissance, vivaient sur un autre îlot deux naufragés; ces pauvres gens, attirés par le feu qui brillait perpétuellement sur l'Océan, joignirent nos hommes du phare au moyen d'une balsa. Cinq ans se passèrent ainsi, cinq ans d'une monotonie désespérante; au bout de ce temps, une grande résolution fut prise par les naufragés : ils se mirent à attraper à la nage les poutres que le vent conduisait vers leur île, et, ayant eu le bonheur de rencontrer quelques fragments de fer à l'endroit même où le navire avait péri, ils parvinrent à en fabriquer une scie; avec cette scie on se mit à construire une barque dont les voiles n'étaient autre chose que des peaux de loup marin. Malheureusement nos industrieux matelots s'étaient vus contraints de remplacer le brai par un mélange de graisse et de charbon. Mestre Juan, qui dirigeait la construction, comprit qu'il était impossible de se rendre à la Jamaïque, comme on avait voulu d'abord le faire, sur une pareille embarcation; il prit le parti de rester dans son île avec l'un des nouveaux venus. L'enfant, son premier compagnon, qui était presque un jeune homme, se mit résolûment en mer avec l'autre marin; mais depuis on n'en a jamais ouï parler.

Fixé de nouveau sur son île avec le fidèle compagnon qui avait voulu partager sa fortune, mestre Juan fit des efforts d'imagination pour améliorer son sort et celui de l'autre naufragé. Nos deux solitaires commencèrent par construire avec leurs cuirs de loup marin de toutes petites barques, au moyen desquelles ils exploraient les bas-fonds dont l'île était entourée. Ils étendirent ainsi leurs voyages à une douzaine de lieues, dans des endroits qui souvent n'avaient pas plus d'une brasse de profondeur ; ils visitèrent même dix-sept îlots, dont cinq, nous dit Herrera, avaient seuls de l'importance et doivent être signalés pour la sûreté des navigateurs.

Ils mangeaient habituellement les œufs de tortue, plus nombreux sur ces petites îles que sur la grande ; quant à leurs vêtements, ils les renouvelaient au moyen de leurs peaux de phoque, tenues toujours en réserve pour cet usage. « A la fin, dit Herrera, ils entreprirent un grand travail et se mirent à construire deux tourelles sur la grande île, une au sud, l'autre au nord ; ils les édifièrent au moyen de pierre calcaire sèche ; elles avaient seize brasses de tour et n'étaient pas bien hautes ; ils s'étaient contentés de leur donner quatre brasses d'élévation. Ils s'y réfugiaient pour deviser, continue le vieil historien, et ils allumaient des feux au sommet afin de faire connaître leur situation aux navires qui traversaient l'Océan. Ils creusèrent aussi un étang n'ayant pas moins de vingt-deux brasses de tour et revêtu intérieurement de pierre. Ils y conservaient leur poisson ; mais la pierre leur coûtait cher à aller chercher, il fallait la tirer de la mer.

Ils construisirent une maisonnette qu'ils couvrirent de cuir de phoque. Durant cinq mois environ de l'année, ils se nourrissaient d'œufs de tortue frais ; ils en salaient pour l'autre saison : avant de leur faire subir cette opération, ils les lavaient à grande eau, puis les faisaient sécher. Lorsqu'ils les enfouissaient durant une quinzaine de jours, le blanc des œufs se tournait en eau et était alors fort buvable, surtout pour des gens condamnés à étancher leur soif avec de l'eau saumâtre.

Ils mangeaient de temps à autre des cormorans et se trouvaient heureux quand pareille aubaine leur arrivait. Lorsqu'ils parvenaient à prendre quelques-uns de ces oiseaux à force d'industrie, ils leur faisaient dégorger le poisson qu'ils venaient de pêcher au milieu des flots pour le porter à leurs petits, et cela variait un peu leur nourriture : l'île leur fournissait d'ailleurs certaines racines semblables aux *verdulagas*. Ainsi trois ans, ajoutés aux cinq années de solitude qu'avait subies mestre Juan, s'étaient écoulés dans cette vie monotone plus encore qu'elle n'était misérable, lorsqu'un jour, à midi, nos deux marins aperçurent du rivage une voile. Ils montèrent à leurs tourelles, allumèrent des feux et firent en sorte qu'une épaisse fumée indiquât leur séjour. Ils furent compris ; le pilote de cette embarcation s'en vint les trouver avec l'écrivain du navire. Dieu sait si la vue de nos solitaires leur causa de l'étonnement, si leurs vêtements surtout leur semblèrent étranges !

On leur fit alors raconter en détail ce qui leur était arrivé ; ces pauvres gens avouèrent que ce qui leur avait causé le plus d'incommodité avait été l'abondance des petits crabes et des insectes de mer qui ne les laissaient pas dormir.

Mestre Juan avoua une chose plus terrible encore. Honteux de sa quasi-

Une sorte de griffon avec des ailes de chauve-souris lui était apparu alors.

nudité, accablé par le manque de toute chose, il s'était plaint un jour avec amertume à Dieu, et il avait appelé à lui l'ange des ténèbres. Une sorte de griffon avec des ailes de chauve-souris lui était apparu alors; mais cet être monstrueux se soutenait sur des jambes d'homme, et son horrible tête hérissée de cheveux

noirs laissait voir de toutes petites cornes. Lorsque cette vision l'avait troublé,
le pauvre Juan avait appelé son compagnon et s'était fait donner une croix;
ç'avait été la croix à la main que les deux pauvres matelots avaient fait le tour
de l'île, disant leur chapelet. Les apparitions dès lors avaient cessé. Cependant
quinze jours s'étaient écoulés à peine qu'il leur avait semblé entendre des pas
sur le rivage, puis tout était retombé dans le silence.

Mestre Juan raconta également que durant ces temps d'exil forcé il avait été
par deux fois malade, et toujours durant le mois d'août; il s'était saigné lui-
même, et la guérison était venue. Herrera, qui raconte avec une bonne foi si
naïve les hallucinations du solitaire, ne nous apprend pas ce qu'il éprouva
lorsqu'il fut rendu au monde civilisé; nous n'ajoutons rien au récit qu'il nous
a laissé.

PEDRO SERRANO

ET L'ILE SERRANA

Seizième siècle.

Entre la côte de Carthagène et la Havane, il existe une île rocheuse qu'abordent seulement les tortues, et sur laquelle allaient se poser jadis en quantité prodigieuse les oiseaux de mer. Ce fut sur ces rives désertes que se trouva porté, vers le milieu du seizième siècle, un matelot espagnol nommé Pedro Serrano, dont le navire avait fait naufrage sur les bas-fonds.

L'île que nous venons de nommer a deux lieues de tour environ; on lui a donné depuis le nom du pauvre marin qui y trouva un asile, et elle s'est appelée *isla Serrana :* à cette époque, les Indiens lui avaient peut-être imposé une autre dénomination, mais elle est demeurée inconnue. La *Serranilla* est une île comparativement plus petite qui s'élève aussi dans le voisinage. Lorsque le navire auquel il appartenait fut brisé, Pedro Serrano, qui était un prodigieux nageur, gagna la plus considérable de ces deux terres; mais il ne ressentit qu'une bien faible consolation en voyant de quelle nature était la plage désolée où, grâce à sa vigueur, il venait de trouver un asile. En effet, il n'y avait sur cette île, toujours battue des flots, ni eau douce, ni bois, ni végétaux dont on pût tirer quelque secours. Dans ce dénûment apparent de toutes les choses nécessaires à la vie, attendre qu'un navire passât était, au premier aspect, chose presque impossible, et l'on devait périr de faim et de soif avant que quelque chance heureuse amenât une embarcation; mieux eût valu mourir noyé. Ce fut dans ces dispositions que Serrano passa la première nuit après son naufrage; il ne put dormir et il pleura abondamment; il gémissait à l'avance des maux que lui réservait la journée. Aussitôt que le soleil vint à luire, il se mit à errer çà et là dans l'île, et il trouva sur la rive quelques coquillages abandonnés par la mer, et parmi ces coquillages il y avait des crabes, des crevettes surtout; il en recueillit de quoi apaiser sa grosse faim, mais il fut contraint de les manger crus, car il n'entrevoyait d'abord nul moyen de se procurer du feu. Ce fut ainsi qu'il se nourrit jusqu'à ce qu'il vit arriver lentement sur le rivage de grosses tortues qui, sortant de la mer, se dirigeaient

vers l'intérieur de l'île. Il en suivit une qui s'était éloignée de la mer, et il la
tourna adroitement, c'est-à-dire qu'il la vira sur la partie convexe de sa carapace et lui ôta ainsi le moyen de fuir ; il en fit de même à l'égard de toutes
celles qu'il put joindre. Alors seulement il put étancher la soif qui le dévorait,
bien que tout autre eût reculé devant une pareille ressource ; saisissant un
couteau qu'il tenait pendu à sa ceinture et qui ne l'avait pas quitté durant le
naufrage, il tua l'une de ces tortues captives et en but le sang ; et la nécessité

Elles s'en allaient le portant sur leur dos à la mer.

le contraignit à renouveler plus d'une fois cette répugnante opération, dont
son salut dépendait. Quant à la chair de ces nombreuses victimes, il en faisait
ce qu'on appelle en Amérique du *tasajo,* c'est-à-dire qu'il la coupait en fines
lanières et que, les exposant à un soleil ardent, il leur donnait ainsi une sorte
de cuisson. Soigneusement nettoyées, les carapaces des tortues de mer lui
donnèrent bientôt le moyen de se procurer une boisson moins nauséabonde.
Grâce à ces vases naturels, il put recueillir l'eau pure des ondées qui tombaient fréquemment sur l'île : la Serrana, comme on sait, reçoit des pluies
abondantes. Ce fut d'abord ainsi que les tortues furent pendant plusieurs

jours l'unique ressource de Pedro Serrano. Il y en avait d'ailleurs autour de lui de toutes les dimensions : les unes étaient de la grandeur des plus grandes targes, d'autres ne dépassaient pas la circonférence d'un écu propre aux tournois ou simplement d'une rondache. Il n'y avait, disait-il plus tard, qu'un choix à faire. La vérité est qu'il lui était impossible de tourner les grandes, parce qu'elles présentaient trop de résistance, et que, bien qu'il grimpât sur elles pour les fatiguer et les arrêter sur un point unique, il ne pouvait en venir à bout, elles s'en allaient le portant sur leur dos à la mer; si bien qu'en renouvelant maintes fois ces promenades étranges, il finit par reconnaître parfaitement celles de ces bêtes avec lesquelles il pouvait mesurer ses forces. Ses provisions d'eau douce furent d'ailleurs bientôt considérables, car il y avait telle carapace qui contenait jusqu'à deux arrobas et au-dessus de liquide. Se voyant à l'abri de la soif et de la faim, Pedro Serrano pensa avec juste raison que s'il pouvait obtenir du feu il aurait fait une grande conquête, et que non-seulement il aurait de la viande rôtie, mais que les tourbillons de fumée qui s'échapperaient de l'île donneraient tôt ou tard aux navires de passage l'indice de son infortune. En conséquence, son unique souci fut de rencontrer un ou deux cailloux dont il pût faire des pierres à feu, le dos de son couteau devant lui servir de briquet. Malheureusement l'île n'était couverte que de sable fin et n'offrait point à ses yeux de silex. Il entra alors dans la mer et se mit à plonger, cherchant sur tous les points ce qui était devenu l'unique objet de ses souhaits; à la fin, il réussit dans ce rude travail : il trouva des cailloux et rapporta à terre ceux qu'il put saisir; il les brisa les uns contre les autres, afin d'obtenir ainsi des parties anguleuses que le fer pût frapper. Tout lui réussit à souhait, et, faisant de la charpie fort menue d'une portion de sa chemise qui, à vrai dire, avait tout l'air par son aspect de coton couleur d'amadou, il en fit un amadou réel. La persévérance aidant, l'adresse d'ailleurs ne faisant pas défaut, après de longues tentatives, Pedro Serrano eut du feu, et avec le feu il eut grande joie, dit Oviedo. Pour alimenter ce précieux trésor, il recueillit les algues que la mer jetait sur la rive; il en fit même des amas considérables; il eut le bonheur de rencontrer des lits d'*uvas marinas* ou raisin des tropiques, et cela, avec quelques débris de navires que lui apportaient les flots, sans négliger même de ramasser les arêtes de poissons et d'autres débris animaux, lui permit d'alimenter son foyer : seulement, pour que les fortes ondées ne vinssent pas à l'éteindre tout à coup, il éleva une sorte de cabane avec les plus grandes carapaces de tortues qu'il put réunir. Tout son souci était d'entretenir ce feu qu'il avait eu tant de peine à obtenir, et qu'un moment d'oubli pouvait éteindre ou laisser disperser par les vents. Au bout de deux mois, il se vit comme il était venu au monde; la pluie, la chaleur humide de ces régions, avaient pourri complétement ses vêtements. Le soleil avec son ardeur dévorante le fatiguait beaucoup, car il n'avait plus ni habits ni ombrage pour se défendre quelque peu de ses ardeurs perpétuelles. Quand il se sentait trop fatigué, il entrait dans l'eau pour se défendre des chaleurs accablantes qu'il subissait. Ce fut de cette façon monotone qu'il vécut durant trois ans, et pendant cet espace de temps, il vit passer plusieurs navires; mais bien qu'il élevât sans cesse des tourbillons de fumée, ces embarcations ne donnèrent aucun signe qu'on l'eût aperçu. Peut-être aussi craignaient-elles les bas-fonds qui entourent l'île; toujours est-il qu'elles passèrent au large. A la fin, Pedro Serrano fut si accablé de cet apparent dédain des hommes pour son malheur qu'un moment il pensa à mourir. On suppose que la clémence du ciel fit croître sur lui si excessivement les petits poils du corps qu'il finit par être presque aussi velu qu'un animal; ses cheveux et sa barbe descendaient jusqu'à la ceinture.

Au bout de trois ans, un soir, au moment où il y pensait le moins, Pedro Serrano vit un homme dans son île; ce nouvel arrivant s'était perdu la nuit précédente sur les bas-fonds, et une planche du navire naufragé l'avait porté sur la rive. Au point du jour, il avait vu la fumée du feu allumé par Serrano, et soupçonnant que l'île était habitée, aidé par son épave et d'ailleurs nageur habile, il s'était dirigé vers l'endroit d'où la fumée partait. Quand ces deux hommes se virent vis-à-vis l'un de l'autre, on ne saurait dire quel fut le plus épouvanté. L'esprit déjà troublé par les sombres idées que lui avait inspirées la solitude, Serrano crut à l'apparition subite du mauvais esprit sur ces plages désertes pour lui souffler des idées de désespoir. De son côté, en lui voyant ces longs cheveux, cette barbe démesurée, ce cuir velu comme celui d'une bête, le nouvel hôte de Serrana crut à l'apparition du démon. Après s'être contemplés un moment, ils s'enfuirent; mais, en fuyant, le maître souverain de l'île s'écria : « Jésus, Jésus, soyez mon recours! » Or, en entendant ces mots, le naufragé retourna sur ses pas et lui dit : « Frère, ne vous éloignez pas, je suis chrétien comme vous. » Et pour lui donner plus de certitude de ce qu'il déclarait ainsi à la face du ciel et de la mer, il se prit à réciter le *Credo*. Pedro Serrano, l'ayant entendu, ne fit plus difficulté de retourner vers lui, et ils s'embrassèrent même avec grande tendresse; ils pleuraient, ils gémissaient douloureusement en se voyant ainsi réunis par un même malheur, sans espoir d'en sortir; chacun d'eux conta brièvement à l'autre ce qu'avait été sa vie passée. Pedro Serrano, n'ayant pas de peine à comprendre ce que souhaitait avant tout son compagnon, lui donna à boire et à manger de ce qu'il tenait en réserve, et celui-ci se sentit un moment soulagé de sa première angoisse. Ils accommodèrent alors leur vie le mieux qu'ils le purent faire, divisant entre eux les heures du jour et de la nuit, et assignant à chacune d'elles son genre d'occupation. Ce fut ainsi qu'en certains moments ils cherchaient ensemble des coquillages bons à manger, du varech, du bois, puis, en d'autres instants, de grands os de poissons et mille autres épaves de la mer pour alimenter le feu. Mais, sur toute chose, ils se marquaient réciproquement des heures de veille continue pour que ce feu ne vînt pas à s'éteindre; c'était leur grande préoccupation.

Ils vécurent ainsi en bon accord durant quelques jours; mais, hélas! un grand espace de temps ne s'écoula pas sans qu'ils se querellassent; ils dressèrent leur pauvre abri loin l'un de l'autre; il s'en fallut de peu même qu'ils n'en vinssent aux mains (et ceci est sans doute un exemple bien douloureux de l'ardeur irréfléchie des mauvaises passions). Qui le croirait? la cause première du désaccord était venue d'une observation bien simple : ils s'étaient mutuellement reproché de manquer de diligence durant la veille; de fâcherie en fâcherie, de parole en parole, ils s'étaient séparés; mais, reconnaissant leur égarement par la réflexion intérieure, ils vinrent se demander pardon réciproquement et demeurèrent amis fidèles. Ce fut ainsi qu'ils vécurent durant quatre ans. Pendant ce temps, ils virent passer plusieurs navires; ils allumèrent leurs feux et firent tournoyer dans les airs des colonnes de fumée; mais ce fut peine perdue, toute cette diligence fut inutile : à chaque apparition d'un bâtiment qui voguait au loin, leur chagrin redoublait; il leur semblait qu'ils n'avaient qu'à mourir.

Au bout de ces longues années d'exil, il arriva qu'un navire passa si près d'eux qu'on aperçut à bord la fumée de leurs feux : une embarcation fut détachée du bâtiment et les vint chercher. Or ces pauvres gens avaient pris un aspect si repoussant et si formidable que, se rappelant l'impression qu'ils avaient ressentie en présence l'un de l'autre, ils se mirent à dire leur *Credo* devant les matelots et à invoquer à haute voix le nom de Dieu. Ils firent bien, dit le vieux chroniqueur qui nous fournit ce récit, car ils n'avaient plus figure d'hommes. On les transporta au navire, où ils excitèrent la plus vive surprise, surtout lorsqu'ils eurent raconté leurs souffrances passées. Comme on se dirigeait sur les côtes d'Espagne, le compagnon de Serrano mourut en mer. Quant à Pedro, il arriva en Europe, et de Castille passa en Allemagne, où était alors l'empereur Charles-Quint, dont il désirait vivement obtenir une audience; il se fit voir avec sa peau velue, exhibant partout cette triste preuve de son naufrage et des souffrances par lesquelles il avait passé : il gagna même beaucoup d'argent à se montrer par les villages qu'il rencontrait sur sa route.

Il se fit voir avec sa peau velue, exhibant partout cette triste preuve de son naufrage
et des souffrances par lesquelles il avait passé.

Quelques chevaliers et des personnes notables, auxquels il s'était fait voir, le mirent à même de s'acheminer vers l'endroit où la cour se trouvait réunie, et l'empereur, après l'avoir entendu, lui fit une pension de 4 800 ducats à valoir sur les fonds tenus en réserve au Pérou. Il ne put jouir de cette faveur, car il mourut à Panama comme il allait se faire payer de sa rente.

SANCHEZ DE VARGAS

1542

Après avoir pris part à la conquête du Pérou, Gonçalo Pizarre, le frère du fameux conquistador, avait quitté la ville splendide de los Reyes, et, sans crainte des dangers qu'on lui annonçait, il pénétra, en 1542, dans les immenses forêts qui devaient le conduire aux sources de l'Amazone. Il avait reçu le titre d'adelantado; en explorant ces régions alors inconnues, il exerçait un droit de sa charge. Mais le but secret de son expédition, celui dont il ne faisait même nul mystère aux nombreux aventuriers qui le suivaient, c'était la recherche d'une ville inconnue, d'une sorte d'Eldorado, renfermant plus de richesses que son frère n'en sut conquérir. Emporté par la soif de l'or, Gonçalo Pizarre ne craignit pas de s'avancer avec ses quatre cents compagnons jusqu'aux lieux déserts où des milliers de rivières s'entre-croisant vont porter leur tribut au Maranon. La famine se déclara bientôt, la mortalité se mit dans le camp; aucun résultat utile ne couronna les efforts de Pizarre; mais une importante découverte s'accomplit, celle du plus grand fleuve du monde.

On s'est demandé fréquemment si Orellana, auquel on doit la première exploration connue de cette rivière magnifique, était un traître ou bien un ambitieux. Envoyé par Gonçalo Pizarre à la recherche d'une région fertile où l'on pût s'approvisionner de vivres, tandis qu'il cherchait nous ne savons quelle ville enchantée dans le désert, il ne retourna jamais au camp de son chef et descendit jusqu'à l'Océan. Si l'on en croit le chapelain de sa flottille, mille obstacles s'opposaient à son retour, et il ne pouvait pas, sans mettre en péril la vie de ses compagnons, revenir sur ses pas. Parvenu au confluent du rio Coca avec le Napo, cette grande question du retour fut mise aux voix, et le jeune capitaine qui s'était avancé jusqu'à ces solitudes à travers mille périls n'eut plus le choix; ses compagnons le dégagèrent de son serment, lui donnèrent le titre d'adelantado, et ne jurèrent de lui obéir qu'à une condition unique, celle de gagner les rives d'un autre océan.

Parmi ces aventuriers intrépides, un seul homme eut la religion du serment. Plutôt que de rompre la promesse solennelle faite à son ancien chef, Sanchez de Vargas préféra un abandon qui pouvait être suivi d'une mort cruelle. Les détails

Gonçalo Pizarre ne craignit pas de s'avancer dans les déserts avec ses
quatre cents compagnons...

précis nous manquent sur ce Robinson volontaire, victime de la foi jurée. Nous savons seulement par Velasco, dont le témoignage n'est pas sans valeur, qu'il fut le seul sur cinquante hommes d'équipage à prendre le parti héroïque qu'il suivit. Il était bon gentilhomme, a soin de faire remarquer son historien, et avait le cœur vraiment castillan. Sanchez de Vargas vivait en un temps où nul établissement d'Européens n'existait sur ces rives, où tout était dévolu aux capricieuses et rares incursions des Indiens. Il commence la série de ces pauvres solitaires des forêts dont les misères nous ont tous, jadis, si vivement touchés. On doit le placer dans l'histoire de ces vastes solitudes avant Mme Godin des Odonais, dont les terribles aventures ont ému déjà trois ou quatre générations; avant Ferrer, le missionnaire intrépide; avant le courageux Osculati, qui faillit périr naguère sur les rives du Cosanga. Il avait encore moins de chances d'échapper à la mort que ces illustres abandonnés. Vargas fut laissé sur le rivage sans qu'on nous ait appris si des provisions suffisantes lui furent accordées pour qu'il pût subsister dans cette effrayante solitude; mais en y réfléchissant, la chose n'est nullement probable : l'abondance ne régnait guère plus chez Orellana que chez Pizarre, et, dans les premiers temps de son exil volontaire, il ne dut rien rencontrer sur ces plages encombrées d'une végétation luxuriante, mais inutile, et qui offrent bien moins de ressources que les bords de la mer.

Tandis qu'Orellana, faisant taire ses remords, poursuivait sa course aventureuse et se voyait contraint, par ses insolents compagnons, d'accepter le titre d'adelantado que sa conscience lui défendait de prendre, Vargas vivait soutenu, nous dit-on, par sa foi intérieure, par son amour du devoir, satisfait de ne s'être pas laissé ébranler dans sa résolution, et il admirait le spectacle que les bords du fleuve renouvelaient pour lui. Il ne savait pas combien de temps devait durer son exil; Pizarre, auquel il se sacrifiait, pouvait rétrograder, vaincu par la faim; les Indiens eux-mêmes pouvaient, durant des années, suivre une direction opposée à celle qu'il occupait dans ces grands bois : il ne perdit rien de son inaltérable courage, il avait fait ce que la loyauté lui commandait.

On peut supposer que l'intrépide solitaire ne manqua pas de faire tourner à son profit les moindres circonstances propres à adoucir sa déplorable situation.

En premier lieu, comme tout conquistador, il avait une arquebuse, et l'on ne comprendrait guère qu'on eût osé lui enlever cette arme. Nous n'ignorons pas que la prodigieuse humidité de ces grandes forêts et l'imperfection de la poudre, telle qu'on la fabriquait au seizième siècle, pouvaient la rendre inutile. S'il lui fut donné d'en faire usage, il est certain que les grandes espèces de gallinacés, telles que celles qu'on désigne dans le langage des indigènes sous le nom d'*atallpa,* ne lui manquèrent pas d'une façon absolue. Un hocco nourrit un homme durant plusieurs jours ; les grandes perdrix qu'on désigne sous le nom de *mama-yutu* sont une ressource presque aussi précieuse. Les oiseaux aquatiques, tels que le *huanana* ou le *pato real,* ne sont pas moins utiles et sont toujours plus nombreux. Sans nul doute, les œufs de ces divers oiseaux, que l'on parvient à trouver quand on les cherche avec persévérance, lui offrirent une alimentation moins incertaine. Nous supposons aussi que le secours d'une arquebuse venant à lui manquer, il n'était pas dans ce désert sans la possibilité d'y allumer un ardent foyer. Parmi les cinquante hommes dévoués formant la suite d'Orellana et qui avaient été les compagnons du solitaire, il s'en était trouvé quelques-uns, sans aucun doute, qui lui avaient procuré du feu ou qui s'étaient mis en mesure, par quelque don particulier, d'adoucir sa position.

Il ne faut pas oublier une circonstance qui contribua à maintenir le pauvre solitaire dans une situation moins précaire que s'il se fût trouvé abandonné plus au sud. Ses anciens compagnons l'avaient quitté, par bonheur, au confluent de deux grandes rivières dont les bords étaient d'une fertilité exubérante et propres à la pâture de certains animaux ; mais précisément à cause de cette activité de la nature qui ne laissait aucune portion du sol sans le couvrir d'arbres ou de plantes, il se trouvait perdu, comme dit si bien le P. Velasco, dans un véritable océan végétal, et les fruits nécessaires à la nourriture de l'homme n'apparaissaient qu'à de bien rares intervalles. Ces fruits des forêts, quand ils se montraient de loin en loin, ne valaient pas, pour la subsistance de Sanchez Vargas, les moindres épis de maïs ou ces camotes nourrissantes que l'on rencontre dans les montagnes.

Cependant l'*hatum chonta,* ou grand palmier, put lui donner la pulpe oléagineuse et substantielle de son fruit énorme ; le *vira chonta,* cet autre palmier qui élance sa tige élégante au-dessus des bois interminables du Rio Coca, lui offrit, à une distance quelque peu effrayante du sol, il est vrai, son fruit butyreux. Il put même rencontrer dans ces parages une espèce de dattes telles que celles qu'on trouve en Syrie et qu'on recueille sur le *quillu chonta.* Mais, pour dire la vérité, rien n'est plus difficile, pour un homme déjà épuisé par le jeûne et affaibli encore par des fatigues prolongées, que d'atteindre au sommet de ces grands palmiers, et souvent on a plus tôt fait de les abattre que de monter jusqu'à leur tête verdoyante, dont la cime n'offre pas toujours un appui solide. Ce fut à ce dernier moyen qu'eut recours très-probablement le pauvre abandonné, car les fruits des palmiers ou ceux des *lecythis* sont encore la vraie manne de ces déserts ; peut-être fut-il assez heureux pour rencontrer, dans certaines éclaircies des bois, ce qu'on appelle l'*inchic* à Quito et le *mandubim* dans les terres fertiles du Brésil. Cette petite amande, cachée sous la terre, n'est autre chose que notre pistache terrestre, et mieux lui valait, sans doute, pour prolonger sa vie, avoir recours à ce petit fruit si humble, dont les chapelets croissent sous la terre, qu'aux fruits parfumés dont sont embaumés les vergers du Pérou. Il n'est pas bien certain d'ailleurs que ces merveilleuses ressources végétales se soient offertes à lui en temps opportun, et il est bien plus raisonnable de supposer, puisqu'il vécut si longtemps au sein des forêts dans un complet abandon, qu'il rencontra, sur les bords des fleuves tributaires de l'Amazone, ces essaims de tortues fluviatiles dont les œufs nourrissants se rencontrent en grande abondance, mais qu'il faut savoir découvrir.

Il est cependant un fruit admirable croissant dans ces forêts, et que recherchent, dans la saison, toutes les classes de la population péruvienne. Les descendants des Européens en font leurs délices; les Indiens, lorsqu'il est parvenu à sa maturité, abandonnent leurs rustiques habitations pour le recueillir. Durant un temps, il devient leur nourriture exclusive : c'est l'*uva camayrona,* qui tombe de la tige par laquelle il est soutenu en grappes si abondantes et qui se mêle à un feuillage analogue à celui de notre mûrier.

S'il rencontra ce fruit bienfaisant, Vargas ne dut pas redouter beaucoup les conséquences de son exil volontaire; les historiens ne nous ont pas transmis, malheureusement, les détails de cette vie étrange au sein des plus grands bois du monde, où tant de voyageurs ont péri. Son séjour fut assez long pour qu'il ait dû passer forcément par toutes les vicissitudes de cette vie abandonnée; et ce qu'il y a de plus étrange, c'est qu'il demeura volontairement dans le même lieu où l'avait déposé le brigantin que commandait Orellana.

Un jour qu'il réfléchissait peut-être intérieurement aux moyens à mettre en usage pour sortir de ces bois sans issue, il vit apparaître, sur la rive opposée à celle où le confinait sa triste position, quelques hommes qu'il prit d'abord pour des spectres, tant ils étaient pâles et décharnés. Ceux-ci le vinrent joindre à la nage, et il les reconnut bientôt : c'étaient ses anciens camarades, les compagnons affamés de Gonçalo Pizarre, qui, poursuivant leur route aventureuse, descendaient ainsi au confluent du grand fleuve en quête d'Orellana. Le jeune capitaine, ces pauvres gens le supposaient du moins, avait trouvé certainement dans le désert la ville inconnue cherchée depuis tant de mois, et s'y plongeait avec les siens dans mille délices, sans se mettre en peine des absents. Païtiti, la cité aux toits d'or, était pour eux, sans nul doute, une Capoue nouvelle; mais qu'il montrât la ville à ses compagnons affamés, et personne ne lui tiendrait rancune. Dans cette rencontre inattendue, tout ne fut pas déception, il y eut au moins un heureux : Vargas put soulager la misère de ses compagnons; il

put du moins aller sans honte au-devant de Gonçalo Pizarre, et ce fut sans
rougir qu'il lui raconta la suite de tribulations par lesquelles il avait passé

Il vit apparaître... quelques hommes qu'il prit d'abord pour des spectres,
tant ils étaient pâles et décharnés.

dans cette majestueuse solitude, où tout conviait à l'admiration sans que rien
pourvût aux premiers besoins du voyageur abandonné.

Un pauvre chapelain d'Orellana, celui qui le premier a donné une faible
idée des splendeurs de l'Amazone, vante la bonté de cœur du jeune chef qui

gagna sa renommée au prix d'une trahison ; il nous dit son courage, les merveilleuses aventures qui l'attendaient au pays des femmes guerrières (¹). En le lisant, on voudrait croire qu'il y a une erreur dans les récits contemporains et que cet ambitieux n'eut pas conscience absolue de tous les maux auxquels il livrait ses compagnons. Ce qui n'est que trop réel, c'est l'affreux dénûment du pauvre solitaire et la misère non moins horrible des Espagnols qui le rejoignaient en ce moment. Las d'attendre son lieutenant, Pizarre avait fait construire quelques nouveaux canots, en employant à ces constructions improvisées les arbres gigantesques qu'il avait autour de lui. Son intention bien arrêtée était de suivre les traces d'Orellana ; mais il ne pouvait imaginer que celui-ci, non content d'emporter une immense somme en or réservée à la couronne, l'abandonnât à tout jamais et se fît ainsi son bourreau.

Il est certain que Gonçalo Pizarre fut le vrai type du conquistador et que nul sentiment tenant de la bassesse ne pouvait germer dans son cœur. Avant de prendre la décision qui semblait ranger Orellana parmi les traîtres, il avait enduré tout ce qu'on peut souffrir dans le désert : il s'était nourri le premier des animaux les plus vils ; mais ses compagnons s'étaient vus contraints sous ses yeux, en mainte circonstance, à creuser la terre pour rencontrer çà et là quelques racines comestibles, qu'ils ne trouvaient d'ailleurs jamais en quantité suffisante pour apaiser leur faim.

Sous les arbres magnifiques qui bordent le tributaire du Napo, Vargas fit à Pizarre le récit de ce qui s'était passé, et il fallut bien qu'il parlât de sa lutte prolongée contre ses compagnons : jamais plus sombre solitude n'avait recueilli une histoire plus triste. Oviedo nous apprend que, tandis que le solitaire parlait, Pizarre se sentait emporté par une telle colère qu'il faillit en mourir, et qu'il s'en fallut de bien peu qu'on ne célébrât ses funérailles dans ce coin de la grande forêt où la trahison avait eu lieu. L'heure du conquistador n'était pas encore venue ; tout son courage lui restait, et il ne se laissa pas abattre. A ses yeux, le salut des hommes qu'il commandait tenait désormais à la promptitude de sa résolution : il jeta un regard mélancolique sur le désert magnifique dont les mystérieux ombrages cachaient encore à ses regards la ville enchantée, et, suivi de ses compagnons intrépides, il rétrograda vers les lieux qu'il avait abandonnés si imprudemment.

Vargas fut le premier, sans doute, à demander une place dans l'avant-garde. Il n'y a guère d'exemples qu'un Européen sauvé de cette solitude ne se soit pas trouvé heureux d'échapper à cette stérile magnificence.

(¹) C'est uniquement dans l'édition d'Oviedo, publiée récemment par l'Académie de Madrid, qu'on peut lire ce récit original qui concorde avec d'antiques traditions recueillies par la Condamine.

MARGUERITE ROBERVAL

DANS L'ILE DE LA DAMOISELLE

1547

Lorsqu'il était en ses moments de joyeuse humeur, François Ier appelait Roberval : « Mon petit roi de Vimeux ! » Le mot du roi chevalier renferme, au fond, tout le secret de l'histoire qu'on va lire. François de la Roque, sieur de Roberval, nommé, dès 1540, amiral et gouverneur des terres neuves du Canada, était atteint au fond de l'âme d'une telle vanité qu'il trônait dans ses terres, et que tous ses inférieurs, en parlant de lui, répétaient le mot du seizième siècle : « Où se montre orgueil, il y a escrasement de toute charité. »

La gloire des découvertes dont profitait la France revenait cependant à un simple marin de Saint-Malo, à ce Jacques Cartier dont le nom est devenu immortel, et qui n'était que le premier pilote de Roberval. Ce courageux Malouin avait découvert, dès l'année 1535, ce qu'on appelait dès lors la Nouvelle-France, et le magnifique territoire qui devait devenir plus tard notre belle colonie du Canada, lorsqu'en l'année même où il succomba, François Ier crut devoir créer un véritable royaume en Amérique, et, pour n'avoir rien à envier sans doute à Charles-Quint et à Jean III, envoya un vice-roi par delà les mers. François de la Roque reçut cette dignité en titre d'office, et Jacques Cartier resta pilote. Les bons Indiens, qui regrettaient leur chef Donacouana, maintenant captif sous les lambris dorés de Fontainebleau, allaient voir ce que c'était qu'un amiral de France prétendant tenir cour plénière, fût-ce même pour des sauvages.

Après tout, c'était la première colonie que fondait la France par delà la mer Océane, comme on disait alors : depuis Colomb, la Méditerranée ne comptait plus. Rien ne manqua aux préparatifs qu'on fit pour cette expédition : cinq grands vaisseaux, montés par douze cents hommes, furent armés à grands frais ; matelots et soldats reçurent une grasse paye, et si l'on veut se rappeler ce qu'avaient été les armements du même genre confiés à Gama, à Magellan, aux Pizarre même, on conviendra que l'amirauté de France avait fait les choses magnifiquement. Pour que rien ne manquât à cette expédition mémorable, on fit en sorte que quelques femmes se décidassent à émigrer; c'était une colonie entière que l'on transportait à la Nouvelle-France.

Parmi les jeunes dames originaires de la Picardie qui s'en allaient ainsi résolûment vers cette étrange capitale des Canadiens que l'on nommait Hochelaga, il y en avait une très-proche parente du vice-roi lui-même, qui s'appelait Marguerite. On affirme que c'était la propre fille d'un de ses frères. Elle n'entreprenait pas seule ce grand voyage : on l'avait confiée aux soins d'une gouvernante dont l'âge offrait toutes les garanties apparentes de prudence; la vieille Bastienne avait dépassé ses soixante ans et était originaire de Normandie. Roberval ne partageait pas les préjugés qu'avaient, surtout en ce temps, la plupart des Bretons à l'égard de leurs voisins; pour lui, Bastienne venait du pays de Sapience : c'était, au seizième siècle, le beau nom que portait la Normandie. Elle était discrète personne, comme on disait alors; Roberval, la voyant assidue près de sa nièce, ne prit plus d'autre souci que de mener à bien l'expédition. Il eût pu être tranquille d'ailleurs sur ce point : Jacques Cartier était à bord d'une des roberges, et venait pour la quatrième fois dans ces parages dont, mieux que les Espagnols et les Portugais, il avait exploré toutes les côtes.

Marguerite n'avait probablement pas quitté la France de son plein gré; c'est ce que, sans être bien pénétrant, on peut inférer des réticences de son vieux biographe; elle connaissait la froide cruauté de son oncle, elle craignait de se voir sacrifiée aux vues ambitieuses du parent et du vice-roi. La triste jeune fille voulut se donner un protecteur; elle contracta une union secrète avec un jeune gentilhomme dont le nom est resté ignoré. Embarqué à bord du navire sur lequel étaient réunies les jeunes femmes qui abandonnaient l'Europe, il avait su se faire bien voir de la vieille gouvernante, et, trompant la confiance de l'amiral, Bastienne avait prêté les mains à la secrète intelligence des deux jeunes gens; un ecclésiastique la seconda, dit-on, et ce mariage clandestin fut longtemps tenu secret. La vérité, que nous suivons scrupuleusement, nous oblige à le dire, maître André Thevet, dont les papiers, dédaignés peut-être injustement, nous fournissent cette histoire, ne dit pas un mot de cette dernière circonstance; mais il l'admet tacitement, puisqu'il donne au jeune gentilhomme le titre d'époux. Nous l'acceptons d'ailleurs avec les conteurs audacieux qui vinrent après lui et qu'il semonce si aigrement.

Le nom de Roberval figure honorablement parmi ceux de nos hardis marins; mais si le faste dont il aimait à s'entourer lui était joyeusement reproché par le roi lui-même, une seule phrase d'un de ses admirateurs les plus fervents laisse deviner tout ce qu'il y avait en lui de dureté systématique et même de

froide cruauté. Nous aimons à supposer que ses rigueurs pouvaient être salu-
taires; elles expliquent, dans tous les cas, les terreurs de Marguerite.

« Si quelqu'un défailloit, dit le vieux moine qui l'a si bien connu, soigneusement il le fesoit punir. En ung jour, il en fit pendre six encore qu'ils fussent
de ses favoris, entre autres un nommé Galloys, puis Jehan de Nantes. Il y en
eut d'autres qu'il fit exiler ayant les fers aux pieds pour avoir esté trouvés en
larcin d'objets qui vaudroient cinq sols tournois; d'autres furent fustigés pour
mesme fait, tant hommes que femmes, pour s'estre simplement battus et
injuriés. » (¹)

C'était la loi par trop expéditive de ces temps rudes; un gouverneur de
colonie ne marchait point sans le bourreau, et le terrible exécuteur prenait
seulement à bord le titre honorable de prévôt.

Toutes les précautions employées par les coupables ne purent tenir secrète
une faute que le représentant du roi de France, en sa morale inflexible, ne
pouvait pardonner. Le choix de la peine qu'ils devaient encourir fut fait par
Roberval sans hésitation : comme Michel Galloys et Jehan de Nantes qu'il aimait
tant naguère, il ne les fit pas pendre à la vergue d'un navire, mais il les livra
en sa pensée à une mort lente et pleine d'horreur qui devait leur rappeler ce
qu'il en coûte pour avoir offensé en son honneur un lieutenant du roi de
France. Chose étrange et cependant certaine, la colère de Roberval épargna
le jeune gentilhomme; peut-être craignit-il d'offenser une famille puissante;
tout son courroux tomba sur la pauvre Marguerite et sur la vieille gouvernante,
déjà condamnées dans son for intérieur : il résolut de les abandonner sur
une île inhabitée. L'époux fut transporté à bord d'un autre navire et demeura
libre de ses actions; on verra bientôt comment il agit.

Roberval n'avait pas été nommé seulement lieutenant pour le roi des
terres continentales d'Hochelaga, il avait encore dans son vaste gouvernement
ce pays de Terre-Neuve qu'on appelait alors l'île des Baccalaos, et lorsqu'il
fut instruit de la cruelle injure que, selon lui, il recevait en son honneur, il
parcourait ces froids parages. Jacques reçut l'ordre d'explorer les îles, ignorées alors, qu'on y rencontre sur différents points. La chose était d'autant plus facile qu'on était au milieu du rapide été qui finit si vite dans ces
contrées. On se trouva bientôt par les 50° 40' de latitude environ, à trente-
six lieues des côtes. Deux petites îles furent reconnues successivement, pour
obtempérer aux ordres du gouverneur : l'une s'appelait l'île du *Blanc-Sablon*,

---

(¹) Voy. le *Grand Insulaire*, manuscrit de la Bibliothèque impériale de Paris. Cet ouvrage, exécuté
sur le modèle de l'*Isolario* de Porcachi, renferme des détails que le brave cordelier s'est bien gardé
de placer en sa *Cosmographie*, et qui le rendent vraiment précieux.

et elle prenait son nom de la blancheur de son terrain. On affirme que Marguerite y fut descendue et y demeura quelques heures seulement. L'autre parut à la fois plus sûre et d'aspect moins effroyable ; on la choisit pour le lieu de ce terrible exil, et dès lors elle eut un nom : elle s'appela l'île de *la Damoiselle*.

Elle pourrait être retrouvée facilement aujourd'hui, et sans doute elle a reçu plus d'une fois des pêcheurs qui ont modifié son aspect en la privant de ses grands sapins. A cette époque, elle offrait le caractère agreste de toutes les terres qui avoisinent cette portion du continent américain. Le grand navigateur qui la découvrit ne nous laisse aucune illusion sur les ressources qu'elle pouvait offrir, et il qualifie lui-même ces petits archipels de véritables terres de Caïn, impropres ou à peu près à la culture. A l'exception, en effet, de petites vallées assez profondes où la végétation se trouvait à l'abri des rafales du nord, l'île où l'on avait descendu Marguerite ne produisait guère que des mousses, certains lichens et des buissons rabougris, dominés çà et là par de grands sapins. Ce qui était plus précieux, sans doute, que les pignons de ces grands arbres pour les deux pauvres abandonnées, ce fut le nombre prodigieux d'oiseaux pélagiens auxquels l'île servait de refuge. Quelques années auparavant, Jacques Cartier en avait été lui-même émerveillé. Ses gens, armés de bâtons, en avaient abattu sans peine, dans l'espace de quelques heures, de quoi nourrir ses équipages. Rien, sous ce rapport, n'avait changé.

Ce fut dans ce séjour peu attrayant, dont la saison déguisait l'horreur, qu'on débarqua secrètement Marguerite Roberval avec sa vieille gouvernante. A trois degrés de là, on eût trouvé, pour notre exilée, un lieu comparativement enchanté. Le lieutenant du roi, se constituant juge suprême en ce qui concernait sa famille, ne voulut pas que cela fût ainsi ; il ne voulut pas non plus la mort immédiate de la coupable : aussi ordonna-t-il qu'on débarquât sur le rivage certaines provisions et la plupart des objets indispensables pour supporter cette longue captivité. Autant qu'on le peut entrevoir par le récit assez confus du vieux cordelier, les deux époux, séparés durant la seconde partie du voyage, auraient pu se réunir un moment dans la petite île canadienne où l'on avait débarqué d'abord. Là ils s'étaient entendus, avaient pu combiner leurs efforts et s'étaient affermis dans leurs projets.

Le gentilhomme breton était retourné au petit bâtiment de conserve que Roberval lui avait assigné pour s'y maintenir durant le reste du voyage. Il n'eut pas plutôt appris qu'un canot parti du vaisseau amiral avait conduit deux femmes à terre, qu'il n'hésita pas un moment. « Oubliant le péril de mort auquel il se lançoit, dit Thevet, qui est fort explicite sur ce point, escartant les récits épouvantables qu'on lui avoit faits de cette terre, il prist son harquebuze, se jeta dans une embarcation et rejoignit la damoiselle. »

Par bonheur pour la pauvre exilée, son jeune époux avait une autorité suffisante sur l'équipage pour qu'on le laissât accomplir son dessein. Aussi profita-t-il de l'intérêt qu'il avait su inspirer. Il ne se contenta pas de rejoindre Marguerite, il fit débarquer sur le rivage quelques muids de biscuit, du cidre, des ferrements, du linge, et une foule d'objets de nécessité première qu'il avait fait embarquer pour la colonie, et qui devaient rendre plus supportable un séjour de plusieurs mois, de quelques années peut-être, dans cette île complétement déserte. Roberval ne pouvait ignorer ce dévouement; il eut connaissance des circonstances dont il fut accompagné. Il craignit de s'y opposer trop ouvertement, redoutant sans doute le crédit d'une famille puissante; il les laissa, « marry du tort que sa famille lui avoit fait, dit Thevet, joyeulx de les avoir puniz sans se souiller les mains en leur sang. »

Nous laisserons le terrible *lieutenant du Roy ès terres d'Amérique* rejoindre le bon Cartier, auquel il avait ordonné de suivre sa route jusqu'au Canada, et nous nous occuperons de nos solitaires, types ignorés des premiers Robinsons.

Nous ne tenterons point de peindre ici les joies de la réunion, on les devine; mais on conçoit aussi de quel douloureux sentiment elles furent suivies quand les dernières voiles disparurent à l'horizon. Une impérieuse nécessité amena des distractions forcées à ces regrets de la patrie. Il fallait s'arranger pour vivre dans cette île si peu hospitalière. Nos jeunes époux « dressèrent leur petit ménage, » dit encore Thevet; ils commencèrent par bâtir une loge telle qu'on en voit tant au Canada : véritable *rancho*, comme on dit dans l'Amérique du Sud. Tandis que le gentilhomme façonnait les pieux de la nouvelle habitation, les femmes allaient faire provision de branches de sapin. La maison des exilés en fut bientôt couverte avec art. Les lits qu'on se dressa sous cet abri se composèrent de ces mêmes feuilles superposées avec la régularité que savent garder les Indiens quand ils improvisent leurs couches rustiques. Élasticité, senteur saine et aromatique. tout se trouvait réuni en ces lits verdoyants, dont la cabane était parfumée.

Les oiseaux du rivage ne se lassaient point de pondre, et leurs œufs étaient une manne permanente; le gros gibier se montrait abondant en l'île, l'arquebuse du jeune gentilhomme pourvoyait donc aux premiers besoins. Le biscuit, d'ailleurs, dura pendant un certain temps. Bastienne le ménageait, c'était son office; mais quand il fut consommé. il n'y eut nul moyen de le remplacer. Nous l'avouons ici sans peine, ne donnant pas une histoire imaginaire, il

Il ne se contenta pas de rejoindre Marguerite, il fit débarquer une foule d'objets
de nécessité première.

fallut se contenter de quelques fruits sauvages, de quelques bulbes trouvés dans les bois.

Toute difficile qu'elle se présentât dans l'avenir, cette façon de vivre n'était pas sans charme. On eût pu la continuer sans des regrets trop amers, si nul accident imprévu n'eût modifié l'ensemble de la situation ; par son dévouement, que servait d'une façon admirable une incessante activité, le mari de Marguerite avait su pourvoir à tout. Hélas ! il n'avait pas prévu que ces soins touchants allaient être interrompus quand ils étaient le plus nécessaires : il mourut sur son pauvre lit de feuillage, laissant sa compagne enceinte.

Au moment des funérailles, il n'y eut plus en réalité de consolation pour Marguerite que dans une seule pensée : Dieu voulait qu'elle vécût, puisqu'elle allait être mère. Sa triste compagne lui répétait aussi qu'elle devait être forte en son malheur, puisque son unique ami, celui qui avait tout quitté pour elle, ne devait avoir d'autres oraisons que celles qu'elles pouvaient dire, elles, pauvres femmes, pour ce beau gentilhomme privé d'une dernière demeure en terre chrétienne. Mais après qu'elle eut prié un moment sous ces grandes voûtes, que de larmes répandit la pauvre abandonnée en se penchant sur ce lit de mousse où elle venait de déposer le mort ! quels longs adieux elle lui adressa ! Ah ! il y eut alors prières et sanglots, nous dit le vieux moine, et l'on sent en lui comme un repentir de n'oser en révéler davantage. Il fallut que les deux pauvres femmes pourvussent à tout ce qu'accomplissait ce jeune courage, sans jamais proférer une plainte. Déjà avancée en sa grossesse, il fallut que la nièce d'un seigneur puissant servît sa propre servante tombée malade, qu'elle entrât sans terreur dans les bois, et qu'elle se mît résolûment à chasser. Son intrépidité égala heureusement sa force, nous dirons aussi son agilité. Dès les premiers temps de son veuvage, elle parvint à abattre trois ours, dont un seul appartenait, il est vrai, à l'espèce la plus féroce, à celle des ours polaires. Pour mener à bonne fin ces chasses périlleuses, dont elle raconta plus tard le détail, Marguerite n'usait pas seulement de l'arquebuse à mèche que lui avait laissée son mari, elle se servait courageusement de l'épée. Avec la pratique, toutefois, son tir était devenu si juste « qu'il n'étoit bête farouche qu'elle redoutât. »

Ce fut dans cet état de choses, mais ayant encore une compagne dévouée, qu'elle accoucha. Son jeune enfant fut baptisé par elle ; elle put le nourrir de son lait, en dépit des terribles émotions qui s'étaient succédé pour elle depuis le moment où elle avait quitté tout ce qu'elle aimait en France pour voir succomber sur ces plages affreuses ce qui lui eût fait oublier son exil. L'amour maternel la soutenait, comme elle le dit plus tard ; mais laissez faire

à son mauvais destin, ajoute encore André Thevet, « voici la fortune qui va
lui donner un aultre assaut. »

Dix-sept mois s'étaient à peine écoulés depuis que ces femmes résignées et

Que de larmes répandit la pauvre abandonnée!

courageuses avaient été déposées sur l'île de la Damoiselle, lorsque la vieille
gouvernante, dont les forces s'étaient insensiblement épuisées, suivit le gentilhomme breton dans la tombe qu'elle avait aidé à lui creuser sous les grands
sapins de la forêt. Marguerite mit sa confiance en Dieu, et ne succomba pas;

mais, exposé sans doute aux intempéries que la mère dévouée ne pouvait plus combattre, dans ces âpres solitudes, l'enfant devint languissant. En vain Marguerite l'enveloppa-t-elle dans les chaudes fourrures des bêtes fauves qu'elle avait tuées à la chasse, et qu'elle préparait comme on lui avait dit que les préparent les Indiens d'Hochelaga, la pauvre petite créature s'éteignit dans les bras de sa mère : il fallut aller pleurer sur trois tombes.

Faute de détails suffisants, il est malaisé de se représenter ce que furent les dix-huit mois de solitude absolue pendant lesquels Marguerite Roberval résista avec une indomptable énergie à tous les maux qui s'accumulèrent sur elle, dès qu'elle n'eut plus une âme humaine à qui confier ses douleurs. Nous renonçons à peindre ici les péripéties de cette vie solitaire, car nous prétendons, avant toute chose, ne rien donner aux vagues suppositions. Mais si Thevet, qui a recueilli les souvenirs de l'exilée, a omis, en nous les transmettant, bien des renseignements curieux, bien des incidents extraordinaires auxquels lui-même sans doute n'attachait aucun prix, il s'explique avec trop de naïveté sur certains effets de la solitude et enfin sur les élans religieux de Marguerite pour que nous ne lui empruntions pas encore quelques lignes.

« C'est ici, dit-il, qu'il se faut représenter la pauvre créature sans nul renfort, n'ayant plus à qui parler, si ce n'estoit aux bestes, contre lesquelles elle estoit en guerre nuict et jour, et si la grâce de Dieu ne l'eût soutenue, c'estoit pour la faire entrer en désespoir, veu que, comme elle m'a dit, elle fut plus de deux mois que toujours elle avoit devant les yeux des visions les plus estranges qu'homme sauroit imaginer ; mais tout aussitôt qu'elle prioit Dieu ces fantômes s'évanouissoient. »

Les pensées consolantes, dues à la protection divine, que Daniel de Foë met dans le cœur de son héros imaginaire, et dont tout le monde a si bien compris le sens admirable, Marguerite les eut deux siècles avant l'apparition de ce chef-d'œuvre devant lequel s'effacent les plus puissantes réalités.

On suppose peut-être qu'avec le temps Roberval prit en pitié l'horrible situation des exilés. On se trompe : cette âme dure était encore trop ulcérée pour pardonner, à sa nièce surtout, l'injure qu'elle avait faite à son honneur, et ce que, dans son orgueil, il regardait comme une tache sur son blason. Plus il avait montré naguère de confiance à Marguerite, puisqu'il paraît certain qu'il lui dévoilait tous ses secrets, allant même jusqu'à lui demander des conseils en des occasions importantes, moins il fut accessible, par la suite, à tout sentiment de commisération. Il en eût été autrement, sans doute, si le généreux Jacques Cartier eût été instruit des malheurs qui s'étaient successivement accumulés sur la tête de Marguerite ; il eût été probablement la chercher dans

Au moment du départ..... un douloureux regret la saisit,
un pieux souvenir l'arrêta.

cette belle roberge qui connaissait si bien la côte. Il était alors très-probablement malade, à Belle-Isle du Canada, de la cruelle maladie dont les Indiens le guérirent au moyen d'une précieuse écorce dont Thevet vante les effets souverains.

Il y avait déjà deux ans et cinq mois que Marguerite était dans l'île de la Damoiselle, vivant probablement de coquillages, ou des œufs qu'elle rencontrait parfois dans les bois, lorsque les feux qu'elle entretenait à dessein sur le rivage furent aperçus par des navires partis des ports de la basse Bretagne, qui s'en allaient dans ces parages tenter la pêche de la morue. Ces gens, à ce qu'il paraît, hésitèrent pendant assez longtemps à se rendre aux signaux qu'elle leur faisait. Les idées superstitieuses du seizième siècle les éloignaient de parages sur lesquels circulaient des bruits peu rassurants. A la fin, l'humanité l'emporta sur leurs craintes; ils reçurent Marguerite à bord et l'embarquèrent avec les pelleteries qu'elle avait jadis rassemblées; car nous savons que, depuis plusieurs mois, elle n'allait plus du tout à la chasse. De la basse Bretagne où elle débarqua, elle se rendit dans le Périgord, fuyant sans doute son oncle, qui annonçait son retour en France. Ce fut dans une petite ville du midi où elle s'était réfugiée qu'elle raconta ses aventures au cosmographe du roi (1).

Une chose bien remarquable, et dont elle fit ingénument l'aveu au religieux qui l'interrogeait, c'est qu'au moment du départ, quand elle dut abandonner pour jamais cette île qui gardait sur ses rives désertes ce qu'elle avait le mieux aimé, un douloureux regret la saisit, un pieux souvenir l'arrêta; elle fut sur le point de rentrer dans ses sombres forêts, pour laisser partir ceux qu'elle-même avait appelés, ceux qui la voulaient sauver, comme lui disaient ces rudes marins, touchés à la fois de sa misère et de sa résignation. Marguerite fut sauvée... mais non consolée.

Si l'on tient à savoir ce que devint Roberval, nous le dirons ici en peu de mots. Bien avant que la ville de Québec fût fondée (elle ne le fut en réalité que sous le grand Champlain, dont on ne vante pas assez les utiles travaux), le lieutenant du roi avait fait bâtir une sorte de château où il essayait de trôner. Il faut manger dans un palais : les vivres lui faisaient défaut. Il écrivit en vain au successeur de François Iᵉʳ; les approvisionnements n'arrivaient pas. Il retourna en France. André Thevet le rencontra non loin des Saints-Innocents; il parla au moine qui était un de ses amis, et revint avec amertume

---

(1) C'est le titre que prend complaisamment André Thevet et qu'il avait droit de prendre, ayant servi en qualité de géographe et de garde des curiosités sous cinq rois. Il ne mourut qu'en l'année 1590.

sur les griefs qu'il avait contre sa nièce. Si l'on s'en rapporte au récit du cordelier, il n'eut pas le temps d'accorder à Marguerite un pardon trop tardif. Il
trouva la mort dans les rues de Paris ([1]).

Les aventures de Marguerite, si bien oubliées de nos jours, eurent un grand
retentissement au seizième et au dix-septième siècle ; elles touchèrent parce
qu'elles étaient vraies ; on voulut les rendre plus émouvantes encore, on les
altéra. Thevet, qui avait été le premier à les raconter, se plaint avec amertume
de ces « narrateurs oultrecuidés » qui ont changé si maladroitement le récit
qu'on lui avait fait jadis sans lui demander le secret. Simon Goulard, dont
on connaît l'admirable loyauté, s'étend avec complaisance sur les malheurs
de la parente de Roberval, mais il a puisé à des sources imparfaites. Nous
pourrions en dire autant du fameux iconographe flamand Cats ; son livre,
publié en 1635 et si recherché des amateurs, représente Marguerite ainsi que
son jeune époux dans l'île de la Damoiselle. Il fait de ce lieu d'exil un vrai
paradis planté de palmiers ! Il fallait revenir à la source première, et c'est
ce que nous avons fait.

[1] Un voyageur contemporain bien connu, Alphonse le Saintongeois, dont les manuscrits originaux
se trouvent à la Bibliothèque, cite plusieurs fois l'île de la Damoiselle.

HANS STADEN DE HOMBERG

LE ROBINSON DES FORÊTS DU BRÉSIL

1554

Les grandes forêts de l'Amérique font aussi bien la solitude que l'Océan ; ces cimes onduleuses qui se succèdent avec tant de majesté et qui se prolongent par delà des horizons sans fin enserrent aussi bien l'homme en sa demeure perdue que les flots de la mer. La solitude est encore plus grande si dans les bois on ne se préoccupe point des productions variées répandues autour de soi ; où tout est variété pour le savant de profession, il n'y a que fleurs et verdure monotones pour le naïf voyageur qui ne demande qu'à vivre de la vie ordinaire de ses pareils. Dans les forêts profondes qui se prolongent encore le long des rives du rio Negro, on peut cheminer des semaines entières, et notre assertion n'a rien d'exagéré, sans apercevoir la moindre trace d'un être humain, sans rencontrer le moindre vestige de notre civilisation. Nous avons connu au Brésil un pauvre menuisier français qui ne connaissait guère que le chêne ou le sapin, et qui avait accompli tout seul un des plus étonnants voyages que puisse faire à pied un Européen oublieux de tous les dangers, et certes il ne s'en doutait pas. On lui avait donné les directions, et il marchait. « Mais qu'avez-vous rencontré de la Bolivie à San-Salvador ? » lui disait-on, car il offrait à tout le monde pour travailler ses bras affaiblis par d'horribles privations. « Des bois, toujours des bois !... rien que des bois », ajoutait-il parfois d'une voix basse et mélancolique ; évidemment il n'y faisait point de différence... « La mer, toujours la mer ! » dit le pauvre matelot abandonné sur une île.

Au seizième siècle, il y a eu un Robinson des forêts ; ce Robinson était un Allemand du pays de Hesse. L'histoire qu'il écrivit, en 1555, ravit ses contemporains ; mais depuis trois cents ans on n'en parle guère. Nous allons essayer de la faire revivre.

Hans Staden de Homberg n'avait que la cape et l'épée ; comme bien d'autres soldats de ces temps aventureux, il avait quitté l'Europe afin de s'enrichir, et il s'était embarqué à deux reprises pour cette terre d'Amérique qui était bien alors un monde nouveau, et sur laquelle son compatriote Federmann avait répandu tant de récits merveilleux, tant de contes populaires touchant les Eldorado. Une première expérience eût dû le guérir; il recommença, mais sans amis, sans argent; après avoir failli être la victime d'une ruse fort originale des Indiens, il tomba dans la détresse. Il était assez bon canonnier, comme on le devenait dans les armées de Charles-Quint; c'était un talent fort prisé au Brésil : on lui proposa, à Itamaraca, d'aller commander un petit fort abandonné sur les frontières des possessions espagnoles, où il pourrait vivre paisiblement, avec un ou deux compagnons, de viande sèche, de petits haricots noirs parfois un peu durs et de farine de manioc, dont la provision ne se renouvelait pas fréquemment. Dans le fort de Brikioka, dont l'aldée de Bertioga a pris son nom, il devait être parfaitement tranquille, à l'abri des visiteurs (éloignés de plusieurs lieues) qui craignaient les Indiens, à l'abri des Indiens qui redoutaient les couleuvrines et surtout la poudre à canon, la voix de Tupan, comme ils disaient en leur naïveté.

La solitude était complète, pendant des mois on ne voyait là âme qui vive; les braves Tamoyos eux-mêmes avaient fui le fort de Bertioga; on n'entendait dans cette solitude que l'éternel murmure des grands bois; les yeux ne pouvaient s'y reposer que sur la verdure qui brille toujours, mais qui ne se renouvelle jamais. Sous sa rude enveloppe, Hans Staden avait un cœur de poëte; il aimait à prier dans la solitude et animait par de ferventes oraisons ces magnificences des forêts américaines, trop continues pour être aimables, et qu'il eût troquées d'ailleurs contre un bouquet d'ormeaux se parant de feuilles nouvelles au printemps.

Dès le début du siècle, la grande confédération des Tupinambas, par lesquels ces forêts immenses étaient parcourues naguère, avait fait alliance avec les navigateurs normands qui, depuis 1509, fréquentaient ces parages dans le but de trafiquer de ce bois de teinture qu'on appelle encore l'*ibirapitanga* (¹). Ces sauvages nommaient indistinctement tous les Français *leurs parfaits alliés;* ils confondaient, au contraire, sous la dénomination injurieuse de *Perros* (²) ceux des Portugais qui osaient s'avancer contre eux, en leur offrant courageusement le combat. S'emparaient-ils de leur personne, ils en faisaient d'épouvantables festins. Les *Irin-Magé,* les Français, erraient librement dans leurs aldées; au besoin, on eût donné sa vie pour eux, les meilleurs morceaux de l'*oca* leur appartenaient; mais il fallait bien qu'ils se gardassent d'entrer dans

---

(¹) Ce fut l'*ibirapitanga,* ou bois du Brésil, qui donna sa dénomination à la contrée.

(²) *Perro* signifie chien en portugais; mais il est probable qu'en cette circonstance les Indiens avaient été frappés de l'abréviation du nom de Pedro, fort usité chez les Portugais.

les villages des *Margaias*. Ceux-ci étaient les amis des Portugais, et sans hésiter se faisaient tuer pour eux ; sans hésiter aussi ils mangeaient les Français. Cela se passa ainsi durant près de soixante ans ; et encore de nos jours, il n'est pas rare d'entendre les bonnes femmes de la Normandie menacer leurs nourrissons de la dent redoutée des Margaias ; le nom de ces terribles anthropophages figure même dans le Dictionnaire de l'Académie ; l'élégant Malherbe en parle en vantant les Topinambous.

Le fort de Bertioga, assis dans une si profonde solitude, avait cependant été construit en pierre. Ce n'était pas une sorte de blockhaus comme on en voit tant de nos jours ; les rusés Tupinambas l'avaient exploré sur tous les points où ses canons pouvaient atteindre, ils n'ignoraient nullement qu'il n'y avait pour eux que des coups à recevoir en s'approchant de ses bastions. Leurs flèches incendiaires, garnies de coton enflammé, étaient impuissantes contre ses murailles : ils le savaient et ne se servaient pas de ces armes redoutées partout ailleurs ; ils ne simulaient même plus d'attaques, comme ils l'avaient fait jadis ; mais pour cela ils n'abandonnaient point leurs grands bois.

Hans Staden avait fait d'abord son marché avec les nouveaux colons qui tentaient de peupler ces déserts, pour demeurer durant quatre mois dans le fort ; ce temps une fois écoulé, il redevenait libre de rentrer dans les lieux habités. Sa diligence à fourbir les armes et à tenir en bon état l'artillerie avait été singulièrement appréciée. Il en eut la preuve lorsque l'illustre amiral de Jean III, Thomé de Souza, fut venu le visiter dans sa solitude reculée. Non-seulement ce personnage le combla d'éloges, mais il le décida à servir durant deux années entières où il n'avait prétendu séjourner d'abord que pendant un temps limité. Le pauvre Hans Staden s'était soumis à subir cet exil volontaire sur la promesse que d'honorables certificats lui seraient délivrés et lui permettraient d'aller réclamer une récompense légitime auprès de la cour de Lisbonne. Il se voyait déjà, en pensée, pouvant se retirer avec une honnête aisance dans ce bon pays de Hesse que ses souvenirs ne quittaient guère. On le verra bientôt, les choses n'en étaient pas là.

C'était, sans doute, une vie bien pénible que cette vie de reclus volontaire que notre brave Allemand menait entre les murs de sa triste casemate ; il en fait lui-même l'aveu et fait penser involontairement à ces pauvres prisonniers cellulaires qu'une clémence apparente condamne à la folie, et cependant, il l'avoue franchement, trois hommes formaient alors sa garnison, et sur ces trois soldats il y avait un Indien Carijo, allié des Portugais. A la longue, on le comprend sans peine, la conversation devenait monotone, les jours se traînaient dans leur lente uniformité, la différence des idiomes créait pour chacun

de ces hommes un isolement plus complet. Aussi, quand le digne Hessois avait
aspiré durant des heures la senteur embaumée des grands bois; quand, imi-

Les rusés Tupinambas avaient exploré le fort sur tous les points
où ses canons pouvaient atteindre.

tant même la coutume indienne qui commençait à se répandre parmi les
Européens, il avait fumé ces énormes cigares de *pétun* qu'on n'appelait pas

encore le tabac (¹), il ne lui restait plus qu'à se balancer dans son *inis* (²), au chant lointain du *ferrador* (³). Ce joli oiseau, que les Indiens appelaient l'*araponga*, lui apportait au moins quelques instants de distraction. Son bruit sonore, on ne saurait dire son chant, imite à s'y méprendre le bruit retentissant du fer qu'on frappe sur l'enclume. Il rêvait alors au village paternel. L'illusion n'était pas, il est vrai, d'une durée bien longue, et l'ennui arrivait toujours.

Mais pourquoi ne chassait-il pas? va-t-on nous dire. Il y avait sans doute des époques où la chasse était sans danger aux environs de Bertioga, et c'était là, nous n'en disconvenons pas, une distraction puissante. Toutefois, pour s'y livrer, il fallait savoir d'une façon bien précise dans quelles directions marchaient les jeunes guerriers des tribus redoutées à si bon droit. Il y avait des temps où une sortie intempestive hors du fort pouvait amener les plus grands périls. La plus redoutable de ces époques tombait surtout dans le mois de décembre, parce que durant ce mois les épis de maïs ont fini de se dorer au soleil et permettent de préparer la bière enivrante dont les Indiens font tant d'excès, toujours avant leurs festins. Alors les Tamoyos, les Tupiniquins, les Tupinambas, erraient à l'aventure dans les forêts, en quête de leur proie; ils cherchaient un prisonnier, quel qu'il fût, qu'on pût sacrifier et dont la mort animât leurs fêtes. Pour en venir à ces fins, aucun péril ne les arrêtait. Faire tomber solennellement un ennemi sous les coups de l'*yvera-pème* ou de la massue tranchante du sacrifice était alors, à leurs yeux, le plus glorieux des exploits. On se scarifiait douloureusement en se faisant plusieurs plaies sanglantes dont les traces ne s'effaçaient plus, et le guerrier qui avait cette bonne fortune non-seulement s'honorait à tout jamais aux yeux de ses compatriotes, mais honorait sa tribu; sa gloire rejaillissait sur elle. On pouvait aller plus loin : cette gloire si impatiemment attendue n'appartenait pas uniquement au maître du prisonnier; on la communiquait à ses proches en leur donnant un esclave condamné d'avance à mourir. L'honneur suprême était d'abattre la victime et puis de changer de nom.

Hans Staden n'ignorait aucune de ces circonstances, il était parfaitement au fait des coutumes bizarres de ses belliqueux voisins; mais s'il ne se souciait nullement d'avoir à danser la danse du sacrifice et de prononcer les paroles pleines de jactance qu'on exigeait d'un brave avant de lui donner la mort, il

---

ne prenait guère de précautions pour se dérober au danger; la solitude lui pesait de telle sorte qu'il lui préférait les émotions qu'on ressent au milieu du péril; il chassait à peu près dans tous les temps. Il le faisait surtout sans hésiter quand, à de bien grands intervalles, un hôte intrépide, franchissant les forêts immenses qui le séparaient de la colonie naissante, venait lui apprendre ce qu'on faisait à Saint-Vincent.

Jeté aux confins du monde habité, le pauvre commandant du fort Bertioga demandait parfois un charitable souvenir à ceux qui vivaient dans la société des humains. Il fallait qu'il s'adressât par un long message à plusieurs lieues de là : les braves seuls acceptaient l'invitation; mais, pour tout dire, fort peu avaient ce courage; la solitude de ces bois faisait peur.

Comme on était à l'époque redoutée où l'abondance de certain gibier amenait de nouveau les Indiens vers cette portion des forêts, il arriva cependant que le solitaire de Bertioga attendit deux visiteurs : l'un d'eux était Espagnol et lui avait rendu de notables services lorsqu'il avait dû s'établir dans cette région reculée; l'autre était un Allemand comme lui et s'appelait Héliodore Hessius : c'était le digne facteur d'une assez belle sucrerie, d'un *engenho*, comme on disait alors, et le brave Hans Staden se faisait une joie de causer avec lui de la patrie allemande entre un jambon de pécari et une jarre de bière de maïs qui certes ne valait pas la bonne bière de Homberg, mais qu'au besoin on pouvait boire quand les Indiens ne s'étaient pas chargés de sa préparation (¹).

Sachant à n'en plus douter qu'il devait avoir sous peu à traiter ces hôtes, le gouverneur de Bertioga fit la revue de son garde-manger, et s'il le trouva convenablement approvisionné en farine d'*avati*, en *carima* ou farine de manioc recuite, en *bejous,* tourteaux blancs de fine cassave, en poudre savoureuse de poisson, sorte de *pimmikan* fort estimée des Indiens, il pensa que nulle pièce de venaison n'était pendue à son croc, et qu'ayant à nourrir des citadins, il serait bon de préparer son arquebuse et, s'il le fallait, d'aller dans la forêt pour tenter les hasards de la chasse : un *paca,* un *agouti,* un *hocco,* étaient alors, comme aujourd'hui, l'honneur d'un festin brésilien; mais on rencontrait alors sans peine ces excellents gibiers, et il faut aujourd'hui faire plusieurs lieues dans le désert pour surprendre quelques-uns de ces animaux.

(¹) Tous les genres de *caouin* ou de bière indienne, qu'ils eussent pour base le manioc, le maïs ou même le cajou, étaient préparés d'après la même méthode. Graines, fruits ou racines, tout était mastiqué à belles dents et rejeté dans un vase immense pour subir les dernières préparations. Les Tupis étaient imbus de ce principe qu'on entend encore répéter parmi nous : « La fermentation purifie tout. »

Hans Staden se fit précéder dans les bois par son Carijo chasseur, dont l'habileté lui était connue; ceci était une précaution sage, et ses hôtes futurs, au risque d'être moins bien traités, l'eussent approuvé certainement de l'avoir prise; mais où la prudence fit réellement défaut au gouverneur de Bertioga, ce fut quand, ne voyant pas revenir assez promptement l'Indien, il s'en alla résolûment au bois, imprudemment emporté par le désir de bien recevoir la compagnie. N'avait-il pas d'ailleurs agi de même en plus d'une occa-

Vingt bras vigoureux le saisirent et le renversèrent la face contre terre.

sion? En était-il résulté pour lui le moindre danger? Les cauteleux sauvages avaient eu vent, sans doute, de ses sorties téméraires; ils l'épiaient avec cette ténacité silencieuse que les Indiens seuls peuvent garder, le temps n'ayant à leurs yeux aucun prix, et les heures étant toujours bien employées quand elles amènent à leur suite la perte d'un ennemi. Hans Staden ne chemina pas longtemps sans comprendre quelles allaient être pour lui les conséquences de sa témérité : une effroyable clameur, semblable, comme il le dit lui-même, aux cris des démons, l'avertit, à quelques pas du fort seulement, qu'il était le prisonnier d'ennemis impitoyables. Vingt bras vigoureux le saisirent en même temps et le renversèrent la face contre terre; il devina si bien ce que signifiait cette clémence apparente qui lui laissait pour un moment la vie, qu'on l'entendit crier en tombant : « Le corps est perdu, Seigneur; Seigneur, ayez pitié de mon âme! » Puis le courage revenant tout à coup au cœur du soldat, il se releva et se prit à entonner un psaume, priant ainsi la tête haute, bravant ses ennemis.

—Il chante résolûment, dit l'un. — Il parle à son Dieu, ajouta un autre Indien, frappé de l'expression religieuse du hardi prisonnier. — C'est un brave! s'écrièrent plusieurs autres... Honneur à qui le frappera de l'yvera-pème. — Mais qui l'a touché le premier? clamèrent plus de vingt voix à la fois. Celui-là seul pourra changer de nom. Tuer un *Perro* est un double honneur. Dévorer un chef blanc est le fait d'un puissant Morbischaba.

Nous n'ajoutons rien à cet étrange dialogue et à ses conclusions, nous reproduisons les expressions des vieux historiens et de Hans Staden lui-même. Pour comprendre ce que nous venons de raconter, il faut avoir une idée exacte des principes bizarres sur lesquels reposait entièrement la société puissante, mais rudimentaire, des anciens Tupinambas. Depuis le rio de la Plata jusqu'au fleuve des Amazones, ces principes étaient partout les mêmes et s'alliaient cependant parfois aux sentiments les plus généreux. L'esprit de vengeance conduisait avant tout ces hommes et leur faisait accomplir très-souvent des actions héroïques; mais c'était en tout l'opposé du christianisme, qui se base sur la charité. L'anthropophagie avec toutes ses horreurs était la conséquence des préceptes religieux imposés par Temendaré.

Cet horrible usage n'avait pas pour principe, néanmoins, un goût dépravé pour la chair humaine, comme cela a lieu parmi les Néo-Zélandais. L'amour de la famille en était l'origine. Un guerrier tamoyo ou tupinamba ne devait vivre que pour immoler les ennemis exécrés qui avaient tué ses frères dans un combat ou qui les avaient sacrifiés à la suite de cérémonies épouvantables. Ses fils étaient immolés comme lui; on devenait noble parmi ses pareils quand un prisonnier de guerre était tombé solennellement sous vos coups; comme nous l'avons dit, on transmettait volontairement le droit de frapper à qui l'on voulait, et l'heureux mortel auquel pareille faveur était faite grandissait aux yeux des siens, parce qu'il était devenu ainsi un ministre de la vengeance nationale. Un prisonnier chargé de l'anathème originel se mariait dans la tribu, avait des enfants sujets comme lui à un genre de mort épouvantable, et pouvait vivre à l'abri de toute injure vingt et trente ans parmi ses maîtres. Il tombait alors sans se plaindre, quand le jour était arrivé. C'était la loi, on ne cherchait pas à s'y dérober.

L'héroïsme américain consistait parfois chez les victimes à enseigner leurs bourreaux : « Vous n'entendez rien à faire souffrir un homme, disait un de ces fiers sauvages. J'ai eu en ma possession l'un de vos guerriers; je l'ai hérissé sur tout le corps de petites chevilles pointues taillées dans le mélèze; par ce moyen, je l'ai revêtu de flammes. Il a brûlé comme je brûlerai, sans pousser un cri : essayez, je suis brave comme il était brave. » Ceci avait lieu dans les régions du Nord, sur les rives de l'Ontario. Dans l'Amérique du Sud, près du fort de Bertioga, on entourait d'abord le prisonnier de toutes les douceurs de la vie sauvage : on l'engageait à s'étendre mollement dans un hamac, on le nourrissait de gibier choisi, on lui amenait même une épouse renommée par sa beauté, et il assistait à des danses auxquelles il pouvait prendre part si le cœur lui en disait; mais d'ordinaire ces joies avaient bientôt un terme. Lié un jour à l'aide de la *massuruna* ou de la corde consacrée spécialement au prisonnier, le malheureux était conduit sur la place du sacrifice; la corde qui lui ceignait le corps était tout à coup relâchée : il avait le droit de se défendre en lançant des pierres jusqu'à ce qu'un coup terrible de la tacape lui enlevât la vie. Sa femme elle-même prenait part au festin; son enfant, s'il en avait eu un de son mariage, devait être sacrifié après lui : la vengeance s'éternisait.

On envoyait une faible portion de la victime aux tribus qui n'avaient pu prendre part à la fête; un seul doigt desséché au feu du *mooken,* transmis à un village lointain, était regardé comme un cadeau précieux et suffisait pour qu'on organisât une fête.

La loi, car c'était une loi immuable, permettait qu'un guerrier réputé fort dans les combats donnât généreusement son prisonnier à un moins heureux que lui; nous venons de le dire, la gloire du sacrifice rejaillissait dès lors sur celui qui se trouvait maître du prisonnier. Il se tailladait les bras et la poitrine, et se couvrait de chevrons sanglants.

Étrange organisation de nations déjà puissantes, et qui ne mettaient pas moins de quinze mille hommes sous les armes lorsque l'occasion l'exigeait. Et à côté de ces lois inflexibles, destructives de tous liens sociaux, il y avait une charité de cœur touchante, un dévouement au frère malheureux qui étonna les chrétiens. Plutôt que de sacrifier un allié, tout un village où il aurait été reçu se serait livré volontairement à la mort. Les Tupinambas étaient les alliés des Français; les trafiquants de la Normandie étaient sacrés à leurs yeux. Hans Staden n'ignorait pas cette circonstance; elle laissa pénétrer une lueur d'espérance en son âme au moment même où il jetait ce cri de détresse qui remplit ses ennemis de joie.

Le pauvre gouverneur du fort solitaire de Bertioga, poussé violemment à terre par les sauvages, s'était cruellement blessé à la jambe; tandis que ses ennemis vociféraient à qui mieux mieux pour savoir qui l'avait touché le premier, il fut entraîné avec rapidité vers une de ces longues embarcations creusées dans un vaste tronc d'arbre et que tous les Indiens de la côte désignaient sous le nom d'*iragé,* surtout quand elles étaient destinées aux expéditions guerrières. Douze ou quinze hommes manœuvraient une embarcation pareille,

Il fut entraîné vers une de ces longues embarcations...

avec une vélocité prodigieuse, à l'aide de leurs pagaies, et en quelques coups de ces avirons indiens la barque, chargée du prisonnier, eut bientôt gagné une plage assez éloignée de Bertioga.

On avait bien fait prisonnier un *Perro,* un blanc, et c'était pour les Tupinambas un heureux événement; mais il fallait de belles plumes rouges pour célébrer dignement, sans doute, le festin où il devait remplir, il ne le savait que trop, le rôle principal. On le conduisit vers une petite île voisine du rivage, où les guaras, ces beaux ibis couleur de feu qui étaient alors répandus par milliers, faisaient leurs nids. Les plumes de ces oiseaux magnifiques étaient, en réalité, le seul trésor que recherchassent, avec les pierres de jade et les beaux vignots blancs, nos hardis sauvages. Ils commencèrent par interroger leur prisonnier avec cette naïveté indienne qui ne doute pas que, l'affaire du sacrifice une fois convenue, on doive garder son sang-froid et se conduire comme faisant partie désormais de la famille. Il leur importait fort de savoir, en effet, si les Tupiniquins, alliés déclarés des Portugais, n'avaient pas déniché les nids qu'ils convoitaient, et enlevé les beaux oiseaux qu'ils savaient prendre sur leur couvée; mais Hans Staden avait eu à peine le temps de donner une réponse affirmative que nos Indiens se virent une grosse affaire sur les bras. Le Carijo dont notre brave Allemand était accompagné était parvenu à s'échapper et était allé donner l'alarme dans le fort de Bertioga; par des signaux convenus, la tribu alliée des Portugais avait été appelée : en un instant, le rivage s'était couvert de puissants archers décochant des milliers de flèches sur les embarcations ennemies. Cette attaque spontanée de ses valeureux alliés rendit plus critique encore la position déjà si terrible du pauvre artilleur hessois. Les Tupinambas avaient reçu en présent un fusil de leurs amis les Français; c'était une occasion merveilleuse pour essayer la puissance de l'arme redoutée. Rien de mieux, dans la logique sauvage, que de forcer celui qui n'était plus qu'un esclave à tirer sur ses amis. Hans Staden fit d'autant moins de résistance, pour avoir l'air de leur obéir, qu'il savait à merveille comment on peut décharger innocemment la meilleure des arquebuses et viser en apparence sans que personne soit touché. En résumé donc, si cette démonstration hostile fut sans aucun profit pour lui, elle ne causa pas grand dommage à ceux qui l'avaient capturé; trois de ces derniers avaient été, il est vrai, blessés, mais lorsqu'ils se décidèrent à quitter la partie et à gagner le large, ce fut sans la moindre perte qu'ils essuyèrent le feu de deux fauconneaux tirés du fort de Bertioga. Hans Staden, qui portait toujours la *massurunu* qu'on lui avait attachée au cou, dut perdre tout espoir d'être sauvé.

Ses nouveaux maîtres surent bien lui faire comprendre de quelle nature était le rude esclavage qui pesait sur lui et quelles précautions on allait prendre, parce qu'on avait affaire à un blanc. A la première halte, dans une petite île où ils s'arrêtèrent pour passer la nuit, ils fixèrent solidement à un pieu fiché en terre la corde qui le retenait par le cou, et ils lui dirent : *Schere inbauende* (Tu es mon animal et je te retiens à l'attache) (1).

Ces paroles étaient significatives; le pauvre prisonnier ne tarda pas à en

---

(1) Ces phrases et quelques autres qu'on a reproduites exactement sont tirées du texte original. Comme Lery, Hans Staden avait été à même d'apprendre tant bien que mal la langue des Indiens Tupis.

connaître le sens réel. Cependant une circonstance en apparence peu importante lui restitua bientôt sa dignité d'homme aux yeux des Indiens. L'horizon était devenu menaçant, une furieuse tempête allait se déclarer, lorsque les guerriers qui emmenaient le pauvre captif se prirent à lui dire, avec l'amère dérision qu'emploient parfois les sauvages vis-à-vis de leur ennemi : « Prie ton Dieu, dis-lui de détourner cet orage. » Et le pauvre prisonnier, tournant ses yeux résignés vers le ciel, lui adressa cette belle prière :

« Dieu tout-puissant, souverain Seigneur du ciel et de la terre, toi qui, dans tous les temps, as écouté et secouru ceux qui t'ont appelé à leur aide, montre-moi ta miséricorde au milieu des infidèles, afin que je reconnaisse que tu es encore avec moi et que les païens qui ne t'adorent pas voient que mon Dieu a écouté ma prière. »

Et du fond du canot où il était garrotté, tournant le dos à l'horizon chargé de tempête, le prisonnier entendit ces mots : *Oqua moa amanasu!* (L'orage se dissipe!) L'intercession du malheureux se convertit en action de grâces!

Il avait demandé sans doute la résignation, et, plus que jamais, elle allait lui devenir nécessaire.

Le lendemain, la flottille arriva à Vrattibi, village tupinamba composé de sept cabanes. On peut juger des sentiments de terreur qui durent s'emparer du pauvre prisonnier par la harangue que, selon l'usage, il dut adresser aux vieillards et aux femmes. A tous ceux qui le venaient voir, il fallait qu'il répétât ces terribles paroles : *A junesche been ermi pramme* (Voici votre nourriture qui vous arrive). Dès ce moment, les guerriers l'abandonnèrent dédaigneusement et rentrèrent dans leurs cabanes. Les femmes seules l'entouraient en entonnant la chanson du prisonnier et en lui faisant subir mille tourments.

Hans Staden ne connaissait pas encore tous les usages des Indiens; il supposait qu'on allait le sacrifier immédiatement. Il ne savait pas que la mort du prisonnier de guerre était différée souvent durant des années, et qu'on l'offrait parfois en présent à un ami qui, en le sacrifiant durant une fête solennelle, s'illustrait. Il apprit bientôt qu'il avait été donné par son premier maître à un certain Ipperu-Ouassou, qui désormais devenait l'arbitre de sa destinée. Quand on le conduisit enchaîné, au milieu des danseuses, devant la cabane d'un chef nommé *Wratinge-Ouassou* (le Grand-Oiseau-Blanc), il était déjà résigné à mourir. Il apprit bientôt que cette fois on se contenterait de lui couper la barbe; ce fut la couleur de cette barbe qui fit différer son supplice et qui par la suite le sauva.

Dans les discussions qui s'élevaient au sein du village, il s'aperçut bientôt qu'il était traité par les Indiens de *Perro* ou de Portugais, et qu'on lui rappelait sans cesse les motifs de haine que l'on avait contre cette nation, dont les redoutables efforts chassaient les Tupinambas de tout le littoral. Ce fut un trait de lumière pour l'intelligent prisonnier; il déclara qu'il n'appartenait en aucune façon à ces injustes ennemis de la race de Temendaré, qu'il était Français, ami dévoué des Indiens, et que la preuve la plus certaine de sa sincérité, la nature elle-même la lui avait donnée : sa barbe était rousse; celle des *Perros* ou des Portugais se faisait remarquer par sa teinte foncée, quand elle n'était pas du plus beau noir.

Dès lors, grand émoi dans la tribu; les Français avaient, en effet, la barbe ou blonde ou rousse; les *Perros* l'avaient d'un noir foncé, on l'avait remarqué plus d'une fois. Le prisonnier disait vrai, on ne pouvait manger un *Maïré*, un Français; l'heure de son supplice, dans tous les cas, devait être indéfiniment éloignée.

Le pauvre Hans Staden avait malheureusement compté sur la charité des interprètes normands, la pire espèce des aventuriers de cette époque qui visitaient la côte. Mis en présence d'un de ces misérables, qui faisait partie de l'équipage de la *Marie-Belette* et qui pouvait d'un mot le sauver, celui-ci se contenta de dire : « Tuez-le et mangez-le; ce scélérat qui a tué vos frères est sans nul doute un Portugais. » Son supplice fut résolu de nouveau. Cependant des doutes restaient encore sur le pays où il était né. On le conduisait de village en village, et il eut l'honneur de se trouver en présence d'un de ces chefs dont le nom oublié retentissait sur toute la côte au seizième siècle; il vit Konyam-Bebe, ce guerrier qui se vantait hautement d'avoir mangé sa part d'une armée de prisonniers. Konyam-Bebe était l'ami déterminé des Français. Notre Allemand ne comprenait qu'imparfaitement leur langue; aucune des paroles louangeuses dont il put user pour vanter ses exploits n'eut le pouvoir de l'adoucir. Il se promena bien devant lui dans sa fierté sauvage, il daigna rappeler ses hauts faits, mais il finissait toujours la conversation par ce terrible raisonnement : « J'ai mangé ma part de cinq cents prisonniers portugais. On n'en eût pas mangé un seul si on les eût écoutés; c'étaient tous de rusés menteurs, et, à les en croire, ils étaient de nos alliés, ils appartenaient à cette race française que nous aimons. »

Tout conspirait donc contre la destinée du gouverneur de Bertioga. Avait-il un affreux mal de dents qui s'opposait à ce qu'il mangeât, on lui disait que s'il se laissait maigrir il faudrait en finir sur-le-champ avec lui, de peur qu'il ne fût plus présentable à un festin solennel. Les Portugais envoyaient-ils un bâtiment le long des côtes pour traiter de son rachat, ils donnaient une haute idée de son importance sans qu'on se décidât à en faire un objet de trafic,

parce qu'on préférait le plaisir de la vengeance à la richesse de certains présents. A chacune de ces épreuves, les danses, accompagnées des bruits assour-
dissants du maraca, redoublaient autour de lui. Tout semblait devoir hâter la
catastrophe. Un beau clair de lune le sauva.

Un soir que *Yaci*, c'est le nom de cet astre chez les Tupis, brillait de tout
son éclat, le pauvre prisonnier, environné des Indiens, contemplait son disque
lumineux et lui prêtait, dans son désespoir, les sentiments dont il était lui-
même animé. Un des guerriers lui demanda ce qu'il pensait en ce moment de
la lune qu'il regardait : « Elle est en colère contre votre tribu, qui veut sacrifier
un innocent ; elle vous maudit… » En vain voulut-il modifier ces paroles, qui
venaient d'exciter une sombre irritation parmi les assistants et qui pouvaient
hâter sa fin, les mots sinistres du prisonnier avaient produit leur effet sur ces
âmes superstitieuses, et tout en lui disant qu'il eût à se préparer au sacrifice,
ils ne lui firent plus aucun mal. Bientôt même, une de ces terribles épidémies
comme il s'en manifestait au seizième siècle chez les Indiens s'étant déclarée,
on se rappela jusqu'aux expressions dont il s'était servi : « La lune est en
colère, c'est elle qui nous fait mourir », s'écriait-on. Puis on en vint aux paroles
suppliantes. Il avait sans doute le pouvoir d'apaiser la divinité puissante dont
il connaissait le langage ; il fallait qu'il multipliât ses oraisons, qu'il se fît
écouter de l'astre irrité. Les morts succédaient aux morts. Son crédit s'accrut.
Jepipo-Ouassou, le grand chef lui-même, tomba malade ; Hans Staden promit
de prier pour lui. Par un de ces revirements de fortune qui adviennent si souvent quand on se trouve parmi les sauvages, celui que l'on injuriait naguère
était traité avec respect, on pourrait dire avec tendresse. Il nous l'affirme
lui-même, les vieilles femmes du village, celles qui l'avaient le plus maltraité,
commencèrent à s'apaiser et à lui dire *Schereaire* (Mon fils). On convint que
lorsqu'on l'accablait d'injures ou qu'on le frappait, c'est qu'on le prenait pour
un de ces Portugais dont on en avait tant pris et mangé sans que leur Dieu
s'irritât ; le sien s'était déclaré, il ne fallait plus le confondre avec les *Perros*.
Puis l'histoire de la barbe revenait souvent dans le conseil ; on concevait plus
que jamais des doutes véhéments touchant sa nationalité. Jepipo-Ouassou
guérit complétement. On fit honneur de cette cure merveilleuse à l'étranger :
il resta prisonnier. Il semblait juste de le retenir dans la tribu, mais on ne
pouvait plus le sacrifier.

Hans Staden n'était pas encore au bout de ses souffrances. Tous les doutes
sur sa vraie patrie ne s'étaient pas effacés. En vain le Français qui l'avait
si cruellement dévoué à une mort certaine s'était repenti et tâchait de le
servir ; ses maîtres ne lui accordaient guère plus de liberté que par le passé.

« Elle est en colère contre votre tribu, qui veut sacrifier un innocent : elle vous maudit. »

En parlant à l'interprète normand qui l'avait accusé d'être Portugais, il avait
fait appel aux sentiments du chrétien : il était trop tard. Celui-ci désavouait
bien ses paroles, mais il ne pouvait plus le tirer de captivité. D'après les

coutumes en vigueur chez les Indiens, deux individus avaient seuls le droit de venir réclamer parmi eux le prisonnier, en le rachetant par des présents dont on discutait la valeur. Le père ou même le frère d'un esclave se présentait hardiment dans un village ennemi; nul n'avait le droit de maltraiter le suppliant qui se dévouait ainsi, et souvent sa prière était exaucée.

Grâce à la prophétie que lui avait inspirée un moment de désespoir, Hans Staden jouissait sans doute d'un crédit réel parmi les Tupinambas, mais il en était encore plus redouté qu'il n'en était aimé. Ils lui attribuaient un pouvoir n'ayant pas de bornes; ils le croyaient capable de lire leur destinée dans les astres, et s'ils lui voyaient parcourir un livre portugais qu'un prisonnier avait abandonné dans une de leurs *ocas* (1), ils prétendaient qu'il remuait les peaux du tonnerre et qu'il se donnait ainsi le malin plaisir de troubler leurs fêtes en suscitant des orages. C'était, aux yeux de ces hommes naïfs, ce qu'on appelait alors en Europe un vrai tempestaire. Aussi ses moindres actions avaient-elles de perpétuels surveillants. Il lui était donc fort difficile de se mettre en rapport avec les rares bâtiments qui venaient faire le trafic du bois du Brésil le long de la côte. A deux ou trois reprises différentes, il parvint bien à persuader aux sauvages qu'il avait dans ces navires des frères dévoués qui venaient pour le racheter, mais ce stratagème si simple n'aboutissait qu'à lui faire trouver sa captivité plus déplorable. Tantôt ses patrons se montraient trop exigeants, en d'autres circonstances les capitaines des navires craignaient de se compromettre pour lui aux yeux des Indiens, et il retombait dans un désespoir d'autant plus motivé que, dans l'aldée où il était captif, il avait un ennemi irréconciliable. Cet ennemi était un Indien de la nation des Carijos (2), voué primitivement à la mort comme lui, et que jusqu'alors on avait épargné. Comme tous les hommes de sa race, cet homme se riait du supplice qui l'attendait, mais il prétendait faire subir le même sort à l'homme blanc qui partageait sa captivité. Il excitait les guerriers contre lui; il l'avait vu combattre, disait-il, au milieu des Portugais; il fallait l'immoler avec lui dans les fêtes qui se préparaient. Cet homme tomba malade avant le sacrifice; Hans Staden le soigna pieusement : il fit voir ainsi aux Indiens ce qu'était la charité chrétienne et combien elle l'emportait sur leur étrange morale. Le Carijo, tout malade qu'il était, n'en servit pas moins à un odieux festin; mais une sorte de respect s'attacha de nouveau au prophète qui lui avait prêté son secours et qui avait déjoué ses calomnies.

(1) On appelait ainsi les longues tonnelles de verdure qui servaient de demeures aux Indiens.

(2) Infiniment moins féroces que leurs voisins, les Carijos s'étaient attachés, dès l'origine de la conquête, à la fortune des Européens.

Pendant que les faits que nous racontons avaient lieu, le grand Konyam-Bebe, le chef le plus redouté dont on ait conservé le souvenir, préparait une expédition contre les Portugais; il arriva dans le village où Staden était prisonnier, et réclama le concours des guerriers qui l'habitaient pour marcher contre les ennemis de sa race. On partit le 14 août 1554, afin de terminer rapidement cette guerre implacable. C'était le moment où de nombreux poissons de l'espèce du chabot quittent la mer et remontent les fleuves; les Indiens profitent de ces circonstances, d'une faible importance aux yeux des Européens, pour commencer leurs expéditions; les festins succèdent aux festins, et l'on marche joyeusement au combat. C'était chaque jour des danses qui se prolongeaient au son du maraca : puis, le soir arrivé, le camp se formait, les hamacs étaient suspendus aux arbres, le grand chef invitait ses guerriers à demander au *Tupan* des songes prophétiques qui pussent guider la tribu. C'était souvent d'après ces mystérieux enseignements qu'on entreprenait une attaque. Hans Staden fut requis surtout de dire ses rêves : on avait foi dans les songes du prisonnier; *Anhanga* ou *Jerupari* (¹) l'avait doué du don de seconde vue.

L'entreprise des Indiens fut couronnée de succès; ils firent même six prisonniers. Parmi ces malheureux, il y avait deux chrétiens, Georges Ferreira et Hyeronimo, parent d'un homme considérable qu'on connaissait dans la colonie sous le nom de Diego de Braga. Hans Staden fit tous ses efforts pour les consoler, et il est certain qu'en ce moment on le laissait aller librement par tout le camp. Il n'était qu'à six milles environ de Bertioga; il eût pu aisément s'échapper et gagner l'établissement portugais : il n'en fit rien par dévouement pour les deux pauvres prisonniers; mais ceux-ci n'en furent pas moins sacrifiés quelques jours après, devant une montagne qui portait le nom d'*Occara-Ouassou*. D'autres captifs s'échappèrent, mais plusieurs de ceux qui étaient tombés entre les mains du redoutable Konyam-Bebe furent impitoyablement massacrés. Quels raisonnements pouvait-on opposer à ce terrible chef qui se comparait orgueilleusement au jaguar, et qui se vantait de ne ressentir quelque joie qu'au milieu des festins de chair humaine dans lesquels l'homme blanc devait figurer tôt ou tard?

Hans Staden vivait au milieu de ces anxiétés, lorsque ses maîtres, se défiant peut-être du pouvoir qu'ils lui attribuaient, l'offrirent en présent à un chef puissant de la côte, qui résidait au village de Taquara-Sutibi. Ce Morbischaba avait établi des relations permanentes avec les marins normands qui venaient charger du bois du Brésil dans ces régions, et il avait réuni un nom français à

(¹) Les génies du mal dans la religion des Tupis.

son nom indien. On l'appelait Abbati-Bossange. Ce vieux guerrier, familiarisé
depuis longtemps avec les coutumes des Européens, traita humainement le
prisonnier et le laissa se mettre en relation avec un bâtiment parti des côtes
de Normandie, qui venait trafiquer dans la baie de Rio-Janeiro, connue alors
sous le nom de *Nitheroï* (l'Eau cachée). Le capitaine normand eut pitié des
souffrances d'un Européen dont le malheur commençait à avoir quelque célébrité; il envoya deux de ses hommes dans un village voisin du lieu où résidait Hans Staden. Nos marins le virent; ils furent touchés de sa misère et lui
donnèrent d'abord leurs propres vêtements pour couvrir sa nudité. Ce début
était d'un augure favorable; la conduite des deux matelots ne se démentit
pas, ils jouèrent parfaitement la petite comédie au moyen de laquelle notre
Allemand devait recouvrer sa liberté première sans blesser aucun des usages
indiens.

Il fut convenu, entre le captif des Tupinambas et les deux marins normands
faisant partie de l'équipage de *la Sainte-Catherine* de Vatteville, que les deux
étrangers se diraient ses frères et qu'ils s'annonceraient comme étant chargés
d'un message de leur père adressé aux maîtres de Hans Staden. Abatti-
Bossange n'éleva aucun doute sur une pareille réclamation; elle était parfaitement dans les habitudes de son peuple, et un grand respect s'attachait pour
lui à une démarche de cette nature. Elle attestait la puissance des liens de la
famille, toujours respectés parmi les sauvages. Il fallait néanmoins que ce
message, pour être accepté, fût suivi de présents assez considérables dont on
constituait une sorte de rançon. Le chef indien les réclama. Hans Staden fit part
de cette demande au capitaine; mais là était le point embarrassant : le pauvre
prisonnier ne possédait rien au monde, et le commandant de *la Sainte-
Catherine,* quoique tout prêt à l'obliger, ne se montrait nullement disposé à
donner pour lui une grande quantité de marchandises: En cette circonstance,
il faut bien l'avouer, la bonne foi naïve des Indiens fut exploitée par les navigateurs normands, et la franchise germanique ne se prêta que trop bien à ce
drame intime, qui faisait sans doute honneur à l'imagination des étrangers,
mais dont la droiture pouvait être contestée.

Le capitaine, Guillaume de Moner, ayant reçu à son bord Abbati-Bossange,
l'environna de tous les genres de séductions qu'on pouvait employer à l'égard
des Indiens; mais ici nous laisserons parler Hans Staden lui-même, pour ne
pas affaiblir les derniers traits du tableau.

« Le vaisseau étant sur le point de mettre à la voile, tous les Français se
rassemblèrent à bord, où j'étais avec mon maître. Le capitaine fit dire au chef
qu'il le louait fort de m'avoir épargné... Et il ajouta, pour avoir un prétexte de

ne pas me laisser partir, qu'il comptait me donner quelques marchandises pour rester encore un an parmi les sauvages, afin que je fusse à même de rassembler du poivre et d'autres denrées. Alors mes prétendus frères commencèrent à s'y opposer et à dire qu'ils voulaient que je partisse avec eux. Le capitaine feignit de chercher à les persuader, mais ils persistèrent à vouloir m'emmener, disant que notre vieux père désirait me voir avant de mourir. Le capitaine fit dire alors au chef, par l'interprète, qu'il était à la vérité le chef du vaisseau et qu'il voulait me renvoyer à terre, mais que, puisque mes frères s'y opposaient, il ne pouvait m'y forcer, puisqu'il n'était qu'un seul homme contre tous. Cette scène se jouait ainsi parce qu'il voulait se séparer amicalement des sauvages. Je dis aussi à mon maitre que je ne demandais pas mieux que de m'en aller avec lui, mais qu'il voyait bien que mes frères ne voulaient pas me laisser partir. Il commença alors à pleurer, en disant que puisque je voulais partir je devais promettre de revenir par le premier vaisseau; car il m'avait regardé comme son fils, et il avait été très-irrité contre ceux de Vattibi, qui avaient voulu me dévorer.

» Une de ses femmes, qu'il avait amenée à bord, vint pleurer sur moi, selon leur habitude, et je pleurai aussi à leur manière. Le capitaine lui donna ensuite pour cinq ducats de marchandises en couteaux, haches, miroirs et peignes, avec lesquelles il retourna à son village (¹).

» C'est ainsi que le Seigneur tout-puissant, le Dieu d'Abraham, d'Isaac et de Jacob, m'ôta des mains de ces barbares. Qu'il soit loué et béni, ainsi que Jésus–Christ, son fils. »

Après cet élan de piété reconnaissante, le bon Hans Staden nous donne la fin de ses voyages aventureux. *La Catherine* mit à la voile et entra dans le port de Nitheroï; un petit navire qui trafiquait avec les Indiens dans cette baie magnifique envoya une barque le chercher, afin qu'il servit d'interprète auprès des fiers Tamoyos, dominateurs de la contrée; mais ses discours, prononcés dans le meilleur langage des races tupiques, n'eurent aucune influence sur ces indomptables Indiens. On se battit, et durant cette échauffourée dont il n'avait pas prévu les conséquences, le brave Hans Staden fut blessé dangereusement. Il vit le moment où il ne lui serait pas accordé d'aller mourir en terre de chrétiens; mais peu à peu ses forces revinrent, et le dernier jour d'octobre 1554

(¹) L'usage de pleurer à l'arrivée et au départ des hôtes était universellement répandu parmi les tribus nombreuses dont se composait la grande nation des Tupinambas. Il semble que ce touchant usage ait dû avoir sa source dans un des sentiments les plus délicats du cœur humain. On pleurait sur les souffrances que venait de subir le voyageur au milieu des grandes forêts; on gémissait aussi sur celles qu'il allait endurer.

il put mettre à la voile du Brésil pour retourner en France. C'était un an environ
avant que le fameux chevalier de Villegagnon allât fonder, sur un rocher

Une de ses femmes, qu'il avait amenée à bord, vint pleurer sur moi.

inculte de la baie de Rio-Janeiro, ce qu'il appela, un peu pompeusement peut-
être, notre première colonie de la France antarctique.

Hans Staden ne fut guère plus heureux dans sa traversée d'Amérique en
France que notre Jean de Lery, qui resta, comme on sait, plus de cinq mois

en mer. La traversée fut démesurément longue : les vivres s'épuisèrent, et sans une troupe de marsouins dont on pêcha un bon nombre, la famine se fût déclarée à bord. Heureusement on ne fut obligé de sacrifier, comme cela arrivait d'ordinaire en ces occasions, ni les gentils perroquets, ni les beaux aras qu'on avait achetés au Brésil et qui, avec le bois de teinture, formaient le plus clair de la cargaison. Tout cela fut débarqué à Honfleur, le 22 février 1555. Il y avait quatre mois qu'on n'avait entrevu la terre ; le voyage se fait aujourd'hui à jour fixe, sans qu'on dépasse vingt-cinq jours.

Hans Staden aida au déchargement du navire, car il était réellement reconnaissant du service immense qui lui avait été rendu ; il ne put toutefois se décider à faire un second voyage parmi ces terribles Indiens dont il avait été si bien à même d'observer les mœurs et de connaître les usages cruels. Guillaume de Moner et le pilote François Deschamps l'en prièrent en vain, et redoublèrent leurs supplications sans qu'il se laissât ébranler. Sur leur demande, toutefois, l'amiral de France délivra un passe-port à notre pauvre Hessois. Muni de cette pièce importante, il visita le Havre, qui faisait prévoir à peine, en ce temps, ce qu'il serait un jour ; puis il se rendit au port de Dieppe. Ce fut là qu'on lui apprit que *la Marie-Belette*, dont un des marins s'était si cruellement conduit à son égard, avait dû périr corps et biens. Partie trois mois avant *la Catherine* de Vatteville, on l'attendait sans qu'elle parût. Le cœur ulcéré de ses vieux souvenirs, Hans Staden raconta aux femmes et aux enfants qui se pressaient autour de lui pour avoir des nouvelles comment une voix impie l'avait voué naguère aux plus horribles tourments en engageant ses maîtres à le dévorer. Au récit d'une iniquité pareille, la désolation fut générale ; le voyageur se sentit touché, mais il n'était plus en lui de retirer les cruelles paroles qu'on venait d'entendre, et il essaya vainement de faire renaître l'espoir dans tous ces cœurs qu'il venait de briser. Jamais *la Marie-Belette* ne revit les rivages de Dieppe.

Quant au voyageur si miraculeusement échappé aux périls de la mer et surtout à ceux d'une effroyable captivité, il passa immédiatement en Angleterre. C'était alors la seule voie qu'il pût employer pour revoir son pays. Au bout de quelques jours il quitta Londres pour passer en Zélande ; de la Zélande il gagna Anvers. Ce fut, selon toute apparence, de cette place si commerçante au seizième siècle qu'il put regagner sa ville natale. Deux ans environ après qu'il y fut rentré, il publia la naïve relation dont toutes les collections de voyages se sont emparées. Notre bon Lery fit plus tard la rencontre de Jean Stadius, comme on disait dans tous les doctes recueils du temps ; il lui rendit toujours une éclatante justice et se maintint garant de sa sincérité. Cependant,

comme cela devait être, sa touchante simplicité avait disparu sous l'enlumi-
nure latine de Jean de Bry. M. Ternaux seul nous l'a restituée, et c'est dans
sa collection qu'il faut lire « la Véritable histoire de Hans Staden et sa vie
» parmi les sauvages nus, féroces et anthropophages, de ce nouveau monde
» qu'on appelle l'Amérique. Terre inconnue, ajoute le titre, dans le pays de
» Hesse avant et depuis la naissance de Jésus-Christ! » C'est aujourd'hui un
des voyages les plus précieux que l'on puisse consulter sur une race malheureuse qui a complétement disparu.

PEDRO PALACIOS

1558

Par une de ces circonstances étranges qui se renouvellent quelquefois dans l'histoire primitive des colonies, le lieu où les Européens abordèrent le Brésil fut jadis celui qui se peupla le plus lentement. Un demi-siècle après la conquête, des Indiens appartenant à une race farouche descendirent des forêts et détruisirent tout ce qui se trouvait sur leur passage. La plus épouvantable solitude se fit alors sur la côte orientale.

Il faut lire les anciennes chroniques du Brésil pour se faire une juste idée des ravages exercés par les *Aymorès* sur ces contrées fertiles, mais inhabitables dans quelques parages. On ne vit plus un seul Européen qui osât se maintenir dans ces régions désolées, tant on redoutait l'arc formidable des Indiens et les terribles festins qui succédaient à leurs attaques. Les Aymorès étaient les farouches ancêtres des Botocoudos, qui erraient naguère sur les bords du Belmonte et du Rio-Doce.

Ces plages désertes, qui étalent toutes les splendeurs de la végétation des tropiques, eurent leur Robinson au seizième siècle. C'était un bon moine espagnol nommé Fray Pedro Palacios, qui ne craignit pas, vers 1558, d'aller s'enterrer vivant dans cette solitude. Voyant son courage et l'innocence de ses mœurs, les Indiens le laissèrent s'établir sur la plage, non loin du Rio-Doce. Il bâtit lui-même au bord de la mer, sur une roche d'aspect sauvage, une chapelle qu'on voyait encore il y a quelques années; elle n'avait pas plus de dix pieds de haut, mais elle était solidement construite. Il faut avoir visité ces belles régions et la complète solitude qui y règne encore pour être bien persuadé que nul être vivant ne venait troubler Fray Palacios dans ses méditations.

Ce dévot ermite n'était pas même prêtre. Né à Medina, il était venu se faire recevoir frère lai en Portugal, et avait reçu l'hospitalité des franciscains d'Arrabida. De là il était passé en Amérique, n'ayant pour tout bien qu'une image de Notre-Dame de la Penha. Ce Robinson si religieux eut un Vendredi; c'était

un noir qui n'avait pas craint de s'enfoncer dans cette morne solitude. Il
servait le pauvre ermite; mais il ne prolongea pas son séjour auprès de lui
au delà de quelques années : un autre, dit-on, le remplaça. Fray Pedro avait
aussi un chien et même un chat qu'il ne put conserver, sans doute, durant
le temps que dura son exil volontaire, car son exil dura dix-sept ans.

Il a fallu une bien forte volonté pour vivre ainsi, et il eût été peut-être
impossible à l'ermite du Rio-Doce d'y subsister s'il n'eût eu, dans tous les
temps, à sa disposition une sorte de manne que ne dédaignent pas encore les
pauvres habitants de ces contrées. Nous voulons parler de ces myriades de
carangueijos, ou de gros crabes violets, qui habitent les terres noyées qu'enva-
hissent les mangliers parés de leur verdure éternelle. Rien n'est prompt et
facile comme cette espèce de pêche, et lorsque le carangueijo a été cuit dans
l'eau de mer, ses pattes charnues, séparées du corps, forment comme une
sorte de chapelet que l'on conserve sans inconvénient durant quelques jours,
et fournissent un aliment agréable. Ceci, joint à quelques œufs de tortue et
et à une petite quantité de farine de manioc, put suffire aux premiers besoins
de nos deux anachorètes. L'eau est vraiment délicieuse sur toute cette côte,
et les ruisseaux qui sortent des forêts ne peuvent être comparés pour la limpi-
dité qu'aux sources si fraîches et si claires qui sillonnent en tous sens la baie
de Rio-Janeiro.

Palacios ne songea pas un moment, durant près de vingt ans, à quitter
cette solitude où jamais personne ne le visitait, par terreur surtout des
Aymorès. Il mourut comme il avait vécu, en priant. Il fut trouvé par son noir,
immobile, à genoux, les mains jointes, appuyé contre l'autel du pauvre ermitage. Cette vie paisible, environnée de tant de privations, s'était prolongée
jusqu'au 2 mai de l'année 1575. Quand elles eurent connaissance de la mort
de notre ermite, les populations lointaines, qui ne l'avaient jamais vu, en
firent un saint véritable, et la légende voyageant rapidement dans le désert,
on racontait que les esprits invisibles avaient sonné la cloche qui s'était fait
entendre au loin, et que la fosse du solitaire avait été creusée par les anges.

L'époque à laquelle vivait ce cénobite présente bien d'autres exemples de
vies absolument solitaires et dont on se rend compte difficilement quand on
sait de quelles privations se trouvèrent entourées de pareilles existences. Les
missionnaires les plus célèbres du Brésil ne se reposaient de leurs travaux
qu'en s'exilant volontairement dans de magnifiques déserts où la déchéance
morale de l'homme sauvage ne venait plus les troubler. L'un de ces hommes
extraordinaires, dont l'Amérique du Sud a conservé le souvenir, Anchieta,
se vouait ainsi durant des mois entiers à une solitude absolue. Après avoir

évangélisé les redoutables Tamoyos dans le voisinage de la baie de Rio, il
s'en alla loin des hommes, et se fixa sur une vaste plage que bornaient

Il fut trouvé par son noir, immobile, à genoux, les mains jointes, appuyé contre l'autel
du pauvre ermitage.

seulement la mer et les forêts. On aurait sans doute peine à le croire, si lui-
même ne l'avait attesté : mais ces vastes espaces sablonneux, couverts d'une
fine arène, devinrent pour lui un lieu de méditation et de paix qu'il mettait

bien au-dessus des riantes campagnes où s'étaient établies les missions. Anchieta, isolé ainsi du monde, devint poëte après avoir été un missionnaire fervent. Il n'avait emporté au désert rien de ce que la civilisation accorde au plus pauvre. Il n'avait ni plume, ni papier; l'*ibirapitanga* aurait pu lui fournir, au besoin, son encre de pourpre; en réalité, tout lui manquait pour fixer dans sa pensée une œuvre littéraire de longue haleine. En contemplant dans sa rêverie cette plage que baignaient les flots mourants et que n'avait jamais foulée le pied des hommes, une pensée subite frappa l'esprit du solitaire. Quelles pages, fût-ce celles d'un livre paré de tout le luxe qu'y mettait le moyen âge, méritaient mieux de recevoir ses vers, consacrés à la Vierge, que la blanche arène se déroulant à perte de vue? Armé d'un léger roseau, l'élève de Sannazar commença à écrire sur le sable son poëme consacré à Marie (¹), et il ne s'arrêta que lorsqu'il lui eut donné la forme durable sous laquelle il nous est connu.

(¹) Ce poëme, aussi remarquable par l'élégance du style que par l'élévation des idées, est plutôt une collection d'hymnes en l'honneur de la mère de Dieu qu'un ouvrage régulier. L'auteur y suit pas à pas la Vierge, depuis la Conception jusqu'au moment où elle va s'asseoir dans les cieux. Vasconcellos l'a reproduit pour ainsi dire tout entier : il est écrit en latin. Comme l'a fait très-bien remarquer M. Pereira da Sylva, après l'Exaltation de la Vierge, le poëte consacre à sa louange des chants d'allégresse, et plus tard ces hymnes, divisés selon les heures du jour, furent répétés en chœur par les enfants des missions.

PAYEN

A L'ILE BOURBON

1665

L'ile imposante qu'avait découverte Pedro Mascarenhas, en 1513, resta longtemps déserte : elle eut enfin son Robinson.

En 1665 un Français qui avait vécu pendant sept ans à Madagascar, fut saisi d'admiration à la vue de cette solitude que les hommes dédaignaient. Il s'appelait Payen et était originaire de Vitry-le-Français. « On le remarquait à cause de sa bonne mine, dit un voyageur contemporain, et sa conversation était infiniment agréable. »

Si Payen avait, comme Leguat, une âme vouée à la contemplation, quelle terre plus splendide eût-il pu trouver pour s'y abandonner à la rêverie? quelle région plus belle que l'île privilégiée où le regard se porte sur des paysages qu'il ne peut plus oublier?

D'ailleurs Payen ne s'était pas embarqué pour Mascareigne sans prendre ses précautions. Il avait emporté avec lui nombre de graines utiles, et, craignant l'ennui qui le pouvait atteindre, il s'était fait suivre par un compagnon, une sorte de Vendredi qui lui était subordonné.

Les deux solitaires s'étaient établis près d'une fontaine, mais on ne nous dit point dans quelle partie de l'île. Carpeau du Saussay avait bien trouvé, dès 1663, une vingtaine de travailleurs européens à l'île Bourbon, mais ils s'y maintenaient sur un point opposé. Payen était donc livré à l'isolement et abandonné à ses propres ressources. Il naturalisa le tabac dans ses nouvelles possessions; il forma aussi de vastes enclos dans lesquels il nourrissait quantité de porcs et de chèvres.

Il vécut ainsi pendant quatre ans; mais quand la colonisation envahit son île, il se retira devant cette population naissante, et voulut revoir la France. Dans ce trajet, il devint prisonnier des Anglais en 1669. Ce qu'il avait réuni de curiosités pendant son séjour à Madagascar, les divers objets qu'il rapportait de sa solitude, tout fut perdu pour lui. Payen devait être compris

Quelle terre plus splendide eût-il pu trouver pour s'y abandonner à la rêverie?

plus tard dans les échanges internationaux. Revenu en France, il se fit ermite Souchu de Rennefort, son unique historien, suppose qu'il vivait encore en 1687.

L'INDIEN MOSQUITO

DE L'ILE JUAN-FERNANDEZ

1681-1684

Dans l'ordre chronologique que nous avons suivi, un pauvre Indien de ces tribus mêlées et misérables qu'on rencontre sur la côte de l'Amérique centrale devait figurer ici après Payen et avant l'Écossais, dont les aventures ont acquis une célébrité universelle. Nous ne dirons rien ici de Juan-Fernandez. Avant de recevoir son illustre solitaire, cette île avait eu pour habitant l'Indien dont il va être question dans notre livre. Les critiques réunissent même d'ordinaire ce personnage au type primitif du Robinson. Pour restituer les sources réelles où puisa de Foë, nous emprunterons à un grand navigateur anglais, dont la sincérité est préconisée à bon droit, ce qu'il dit du prédécesseur de Selkirk dans la solitude agreste que baignent les mers du Chili.

« Le 22 mars 1684, nous arrivâmes en vue de l'île (Juan-Fernandez), et le lendemain nous jetâmes l'ancre dans la baie méridionale, par vingt-cinq brasses d'eau, et à moins de deux encâblures de la côte. Nous mîmes ensuite le canot à la mer, et nous allâmes à terre pour chercher l'Indien Mosquito que nous y avions laissé quand nous en avions été chassés, en 1681, par trois navires espagnols, un peu avant d'aller à Rica, le capitaine Watlin étant notre commandant, après le départ du capitaine Sharp.

» Cet Indien vivait là seul depuis trois ans, et bien que les Espagnols, qui savaient qu'on l'avait laissé dans l'île, l'eussent cherché plusieurs fois, ils n'avaient cependant jamais pu le trouver. Il était dans les bois à chasser les chèvres quand le capitaine Watlin rappela ses hommes, et le navire était sous voiles avant qu'il fût de retour au rivage. Il avait avec lui son fusil et un couteau, avec une petite corne de poudre et quelques balles; quand il les eut épuisées, il trouva moyen, en entaillant son couteau, de scier en petits morceaux le canon de son fusil, et il en fit des harpons, des lances, des hameçons et un long couteau, en passant d'abord chacun de ces morceaux dans un feu qu'il allumait en battant le silex de son fusil avec une partie du canon, pro-

cédé qu'il avait appris lorsqu'il vivait avec les Anglais. Quand les morceaux de
fer étaient chauds, il les battait et les courbait à sa volonté avec des pierres, et

Un Indien Mosquito, courant à son compatriote, se jeta à plat ventre à ses pieds.

les sciait avec son couteau dentelé, ou les aiguisait en les frottant longtemps,
puis les durcissait par une bonne trempe quand il y avait lieu. Tout cela peut
sembler étrange à ceux qui ne connaissent pas la sagacité des Indiens, mais
ce ne l'est pas davantage que ce que ces Mosquitos ont l'habitude de faire dans

leur pays, où ils fabriquent sans forge et sans enclume leurs instruments de pêche et leurs armes : seulement, ils passent beaucoup de temps à ce travail.

» Mais, pour revenir à notre Mosquito de l'île Juan-Fernandez, avec les instruments qu'il fabriqua ainsi, il se procura toutes les provisions que produisait l'île, chèvres ou poisson. Il nous dit que d'abord il s'était vu forcé de manger du veau marin, ce qui est un très-mauvais aliment, mais que cela avait eu lieu avant qu'il eût fabriqué ses hameçons. Dans la suite il ne tua plus de veaux marins, sinon pour se faire des lignes, parce qu'il coupait leurs peaux en lanières. Il avait une hutte ou petite maison, à un demi-mille de la mer, qu'il avait revêtue de peaux de chèvre; sa couche, composée de bâtons placés à environ deux pieds de terre, était recouverte de même, et il n'avait pas d'autre lit. Il ne possédait plus d'habits, ayant usé ceux qu'il avait emportés du navire de Watlin; il n'avait qu'une peau pour cacher sa nudité. Il vit notre navire la veille du jour où nous vînmes à l'ancrage, et crut que nous étions Anglais : c'est pourquoi il tua trois chèvres le matin, avant notre arrivée, et les apprêta avec des choux pour nous régaler quand nous viendrions à terre. Il gagna la côte afin de nous féliciter sur notre heureuse arrivée. Quand nous débarquâmes, un Indien Mosquito, nommé Robin, sauta le premier à terre, et, courant à son compatriote, se jeta à plat ventre à ses pieds; celui-ci le releva, l'embrassa, et se jeta à son tour aux pieds de Robin, qui le releva de la même manière. Nous restions là avec plaisir à examiner la surprise, la tendresse et la solennité de cette entrevue, qui était extrêmement affectueuse des deux côtés, et quand ils eurent fini leurs cérémonieuses politesses, nous aussi, qui nous étions arrêtés à les contempler, nous nous approchâmes, et chacun de nous embrassa celui que nous venions de trouver, et qui était ravi de voir tant de vieux amis venus sur cette rive avec l'intention, comme il le pensait bien, de le chercher. Il se nommait Will, et l'autre Robin. Ces noms leur avaient été donnés par les Anglais, car ils n'ont pas de nom chez eux, et ils regardent comme une grande faveur d'être nommés par quelqu'un de nous; ils se plaindraient de cette privation si nous ne leur imposions pas quelque dénomination quand ils sont avec nous. Ils disent d'eux-mêmes qu'ils sont de pauvres gens et qu'ils n'ont pas de nom. »

LEGUAT

DANS L'ILE RODRIGUE

1691

Le héros de ce récit, François Leguat, gentilhomme bressan, appartenait à la religion réformée, et, au mois d'août 1689, il fut forcé de quitter la France pour se retirer en Hollande, où se trouvaient déjà beaucoup de ses coreligionnaires chassés par la révocation de l'Édit de Nantes. Peu de temps après son arrivée, il apprit que le marquis Duquesne, avec l'autorisation des États généraux et des directeurs de la Compagnie des Indes orientales, se préparait à fonder un établissement dans l'île de Mascareigne. Fatigué du monde, n'ayant plus rien à perdre et désirant mourir en paix loin de toute agitation politique ou religieuse, Leguat sollicita et obtint la permission d'être compris au nombre des émigrants.

Cet homme, qui se condamnait ainsi volontairement à un avenir si aventureux, n'était pas sans quelque mérite. Âgé de plus de cinquante-deux ans, il avait la double expérience de l'âge et du malheur; sa résolution n'était pas un caprice passager, mais bien le résultat d'un plan fortement arrêté, dont il ne se repentit jamais tant qu'il put, par sa prudence et sa fermeté, conjurer les événements que devaient amener l'inexpérience et l'ardeur inconsidérée de ses compagnons. Il a publié lui-même le récit de ses aventures (¹), et, d'après ce livre, il est facile de voir que c'était un homme intelligent, sensé, d'un esprit agréable et cultivé, sincèrement honnête et religieux.

Une petite frégate, nommée *l'Hirondelle*, portant six pièces de canon et dix hommes d'équipage, fut préparée pour transporter les réfugiés. Vingt-cinq s'étaient fait inscrire; mais le courage manqua à la plupart, et, au moment du départ, ils ne restèrent plus que dix, dont voici les noms d'après la relation de Leguat :

1° François Leguat, écuyer, de la province de Bourgogne, âgé de plus de cinquante-deux ans, désigné pour diriger ses compagnons;

(¹) 2 vol. in-8; Amsterdam, 1708.

2° Pierre Be...le, fils d'un marchand de Metz, vingt ans;

3° Jacques de la Case, trente ans, fils d'un marchand de Nérac, et ancien officier dans les troupes de Brandebourg;

4° Jean Testard, droguiste, vingt-six ans, fils d'un marchand de Saint-Quentin;

5° Isaac Boyer, vingt-sept ans, fils d'un apothicaire des environs de Nérac;

6° Jean de la Haye, vingt-trois ans, orfévre, de Rouen;

7° Jacques Guiguer, vingt ans, fils d'un marchand de Lyon;

8° Jean Pagny, trente ans, prosélyte et praticien à Rouen;

9° Robert Anselin, dix-huit ans, fils d'un meunier de Picardie;

10° Pierrot, de Rouen, âgé de douze ans.

L'Hirondelle partit d'Amsterdam le 10 juillet 1690. Le voyage eut lieu sans autre incident remarquable que la mort de Jean Pagny, l'un des émigrants, qui mourut du scorbut vers la fin de la traversée.

Le 25 avril 1691, on aperçut l'île Diego-Ruiz ou Rodrigue, terme du voyage, car on avait été forcé de renoncer à l'île Mascareigne, désignée d'abord comme séjour de la future colonie. Après plusieurs jours passés sans pouvoir débarquer, on descendit à terre le 30 avril.

L'île Rodrigue fait partie du groupe des Mascareignes, ainsi nommées jadis en souvenir d'un habile navigateur portugais, Pedro Mascarenhas. Selon les anciens géographes dont notre voyageur avait adopté les calculs, elle serait située par 60° 54′ de longitude est, et 19° 40′ de latitude sud. Elle a trente kilomètres de long sur six de large (¹).

Leguat et ses compagnons étaient débarqués dans la partie nord-ouest de l'île. Ce fut là qu'ils s'établirent, au bord de la mer, et dans un beau vallon que traversait un gros ruisseau. Lorsqu'ils eurent visité plus tard l'île à loisir, ils trouvèrent qu'ils ne pouvaient rencontrer d'emplacement plus convenable, et ils restèrent au lieu où le hasard seul les avait amenés d'abord.

Le navire resta quinze jours en rade, jusqu'à ce que les émigrants se fussent installés à terre un peu commodément. On leur laissa des ressources précieuses : du biscuit, des fusils et d'autres armes; de la poudre et du plomb; des instruments d'agriculture et des outils pour la construction des cabanes.

(¹) On a reproduit ici le calcul de Leguat : il est erroné. Un savant astronome du dernier siècle, le P. Pingré, fut envoyé, en 1761, à Rodrigue pour y faire des observations; il y demeura trois mois et demi. Selon lui, l'île a près de 11 000 toises de long; sa plus grande largeur n'est que d'environ 4 600 toises. Elle s'étend entre 19° 40′ et 19° 46′ de latitude. Sa longueur est entre 80° 44′ et 80° 57′, en comptant depuis le premier méridien. Le P. Pingré rend hommage à la bonne foi de notre solitaire. On peut voir le plan qu'il a donné de l'île à la Bibliothèque Sainte-Geneviève, où il est déposé avec les autres manuscrits de Pingré.

tels que scies, haches, clous, marteaux et ciseaux ; des ustensiles de ménage, jusqu'à des moulins et un tourne-broche ; des toiles, des filets à pêcher. Chacun avait, en outre, ses habits et ses provisions particulières. On oublia seulement de leur laisser des médicaments, et quoiqu'ils n'en aient guère eu besoin, cette privation leur fut sensible, en raison de l'inquiétude qu'elle leur donna.

La mort de Jean Pagny les avait réduits à neuf ; cette perte fut compensée par suite de la décision que prit Pierre Thomas, un des pilotes du navire, de rester avec eux, après s'être brouillé avec le capitaine. Mais ce dernier, étant venu à terre la veille de son départ, enleva deux des émigrants, Jacques Guiguer et Pierrot, de sorte qu'en définitive il ne resta que huit hommes sur l'île, en y comprenant Thomas le pilote.

La colonie s'établit, comme nous l'avons dit, au bord d'un petit ruisseau, et Leguat donne un plan curieux de l'habitation. Deux cabanes furent construites sur la rive gauche, l'une près de la mer, habitée par Pierre Be...le et Isaac Boyer, l'autre plus avant dans les terres, où vivait Jean Testard. Entre ces deux cabanes et tout près de la seconde se trouvait le jardin général, ayant cinquante ou soixante pieds en carré, et entouré d'une palissade à hauteur d'homme et fort serrée pour empêcher l'entrée des animaux rongeurs.

Indépendamment de ce jardin commun, chaque cabane avait son jardin particulier.

A la hauteur du jardin général, un pont conduisait sur l'autre rive. Ce pont se trouvait jeté sur le ruisseau à la pointe d'un îlot au milieu duquel Pierre Thomas le pilote avait voulu s'établir. Leguat le peint comme un *fort bon garçon*, le seul de la compagnie qui fumât. Quand son tabac fut fini, il fuma des feuilles. Surpris dans son île par un débordement du ruisseau, il se réfugia pendant l'inondation sur un arbre où il passait son temps à chanter, à jouer de la flûte ou à causer avec ses amis.

Le pont qui faisait face au jardin général aboutissait, sur la rive droite, au point central de la petite colonie. Là se trouvait un bâtiment deux fois plus grand que chacun des autres, et que Leguat appelle plaisamment l'*hôtel de ville*. C'était la demeure de Robert Anselin, et en même temps la cuisine, la salle à manger en cas de mauvais temps, et le lieu de réunion commun. Mais on y mangeait très-rarement. Tout près de la porte, au bord du ruisseau, s'élevait un arbre grand et touffu sous lequel ils avaient établi une table circulaire, et c'était là que les repas avaient lieu. Ce fut aussi dans le tronc de ce même arbre, qui était fort dur, qu'ils creusèrent une espèce de niche et qu'ils déposèrent leurs mémoires et d'autres objets quand ils quittèrent l'île.

Au-dessus de l'hôtel de ville, en remontant vers l'îlot de Pierre Thomas,

était la cabane de Jean de la Haye, l'orfévre. Celui-ci avait installé une forge
chez lui et chantait des psaumes en travaillant ou même en se promenant.

Il se réfugia, pendant l'inondation, sur un arbre où il passait son temps à chanter,
à jouer de la flûte...

Au-dessous de l'hôtel de ville, en revenant vers la mer, se trouvait d'abord
la cabane de François Leguat, abritée par un gros arbre, puis celle de Jacques
de la Case.

Ces cabanes avaient, en général, de dix à quinze pieds carrés. Les murs

étaient faits en troncs de latanier, et les grandes feuilles de ce palmier en
couvraient les toits. Les environs étaient très-boisés, mais les colons arrachèrent un grand nombre d'arbres, et ne laissèrent que ceux qui leur convin-
rent pour avoir de l'ombre et se faire une promenade.

Leur premier soin fut de défricher le jardin et d'y semer leurs graines.
Celles qu'ils avaient apportées de Hollande s'étaient gâtées et ne produisirent
rien ; heureusement ils en avaient pris au cap de Bonne-Espérance quelques-
unes qui s'étaient mieux conservées. Ils obtinrent ainsi des melons ordinaires
et des melons d'eau, du froment, de la chicorée, des artichauts, du pourpier,
des raves, de la moutarde. Les raves furent détruites par les vers avant d'être
mûres ; les artichauts ne donnèrent qu'un médiocre résultat ; la chicorée vint
à merveille, mais elle était extrêmement amère ; le froment dégénéra et ne
produisit, en fin de compte, qu'une espèce d'ivraie, ce qui força nos solitaires
à se passer de pain. Mais ils furent dédommagés de cette privation par les
melons, qui vinrent en grande abondance et atteignirent une grosseur prodigieuse tout en conservant un goût exquis.

Le ruisseau qui coulait au milieu de leur petite colonie leur fournit aussi
de précieuses ressources ; ils y pêchaient des anguilles d'une grosseur prodigieuse, et ces poissons étaient tellement nombreux qu'ils en prenaient facilement autant qu'ils voulaient.

L'île abondait en palmiers, en lataniers surtout, dont les fruits augmentaient encore leurs provisions de bouche.

Enfin une quantité prodigieuse de tortues de terre et de tortues de mer leur
assurait des aliments inépuisables. Les premières, dont quelques-unes pesaient
jusqu'à cent livres, se montraient souvent par troupes de deux à trois mille,
et tellement serrées qu'on pouvait marcher sur leurs carapaces sans toucher
terre. Les tortues de mer, beaucoup plus grosses encore, n'étaient guère moins
nombreuses ; ils n'en faisaient nul cas, parce qu'ils préféraient les autres.
Ils prenaient aussi beaucoup de poissons de mer, soit avec des lignes, soit
avec des filets ; mais la nature même semblait avoir voulu leur épargner toute
peine à cet égard : deux anses qui se trouvaient près de leur habitation se
remplissaient à marée haute ; dans l'une était un banc d'huîtres ; à l'entrée de
l'autre, ils tendaient un filet quand la mer se retirait, et n'avaient plus qu'à
ramasser le poisson qui restait à sec.

L'île ne contenait pas d'animaux malfaisants à proprement parler ; cependant elle servait de refuge à quelques espèces au moins incommodes. Des
myriades de mouches gâtaient les provisions et désolaient réellement les
promeneurs ; des lézards de toutes les couleurs fourmillaient sur les palmiers ;

mais le fléau le plus redoutable fut la multitude des rats, qui rongeaient non-seulement les graines à peine semées, mais encore tout ce qu'ils trouvaient dans les cabanes (¹). Le jardin avait encore d'autres ennemis dans les crabes de terre, qui jour et nuit arrachaient les plantes, et venaient même les détruire en creusant sous terre au-dessous des cages placées là pour les garantir. Leur nombre était si grand que souvent Leguat et ses compagnons en tuaient plus de trois mille dans un soir à coups de bâton, et que ces exécutions ne paraissaient point diminuer la multitude des envahisseurs. Les melons étaient aussi exposés aux attaques de petites chenilles vertes qui paraissaient de février à avril. Enfin les ouragans, très-violents, comme on sait, dans ces régions, venaient quelquefois détruire les travaux et les plantations.

En somme, l'existence des réfugiés n'était nullement malheureuse : ils passaient leur temps à se promener ensemble dans l'île, à cultiver leurs jardins, à pêcher. Ils jouaient quelquefois aux échecs, au trictrac, aux dames, aux quilles. Ils ne négligeaient point leurs exercices de piété et se réunissaient tous les jours pour s'en acquitter en commun. Ils instruisaient des perroquets, et leurs soirées mêmes n'étaient pas ennuyeuses, car on leur avait laissé des lampes qu'ils alimentaient avec de la graisse de tortue. Ils étaient bien portants et satisfaits de leur manière de vivre : l'absence de pain n'était même pas une privation pour eux, car ils possédaient deux grands barils de biscuit et n'en usaient que rarement.

Une année s'écoula ainsi, mais à cette époque l'ennui commença à se manifester chez quelques-uns des plus résolus au début de l'entreprise. D'après ce qu'on leur avait promis, ils s'attendaient à recevoir tous les ans des nouvelles de Hollande; mais aucun vaisseau n'ayant paru, ils se crurent oubliés, et le découragement fit chez eux de rapides progrès. Les plus jeunes surtout regrettèrent leur résolution, et se repentirent de s'être ainsi condamnés, à la fleur de l'âge, à végéter pour toujours loin du monde et à vieillir dans une accablante oisiveté. Leguat ne partageait nullement ces regrets, mais ses raisonnements ne pouvaient convaincre la majorité. Bientôt les choses en arrivèrent à ce point qu'on prit la décision de rentrer dans cette société si vivement regrettée. L'entreprise était difficile : il ne s'agissait de rien moins que de gagner l'île Maurice, c'est-à-dire de faire une traversée de plus de cent soixante lieues. Il fallait aussi construire une embarcation assez grande, et non-seulement aucun d'eux n'avait les connaissances nécessaires, mais encore les outils qu'ils possédaient étaient bien insuffisants, et le goudron, les cordages,

<hr>

(¹) Le P. Pingré constata encore l'existence de ce fléau.

les ancres, la boussole, mille autres objets de première nécessité, leur faisaient complétement défaut.

Cependant leur désir de sortir de l'île était tel qu'ils passèrent outre et se mirent courageusement à l'œuvre.

Ils n'avaient d'autres outils qu'une grande scie, une seconde scie plus petite et quelques clous. Jean de la Haye, l'orfévre, fabriqua de son mieux ce qui fut absolument nécessaire. Quelque temps auparavant, la mer avait jeté sur l'île une grosse poutre de chêne taillée en carré et longue de soixante pieds. Ils la scièrent pour avoir des planches; mais, comme la scie était mauvaise et les ouvriers maladroits, les planches étaient pour la plupart d'épaisseur inégale.

Ils arrondirent leur embarcation par les deux bouts, et lui donnèrent vingt-deux pieds de long, six de large et quatre de haut. Ils la calfatèrent avec du vieux linge, à l'aide de gomme recueillie sur les arbres et délayée avec de l'huile de tortue. Ils firent des cordages assez forts, mais manquant de souplesse, avec les filaments qu'on obtient des feuilles du latanier. Enfin ils fabriquèrent une voile tant bien que mal, et se pourvurent, en guise d'ancre, d'une roche dure qui pesait environ cent cinquante livres.

Ce travail leur demanda près d'une année. Quand ils l'eurent achevé, ils chargèrent le bateau de provisions, écrivirent le récit de leur histoire en français et en flamand, et le déposèrent dans une niche pratiquée au centre du gros arbre sous lequel ils se réunissaient pour prendre leurs repas; ils quittèrent l'île le samedi 19 avril 1693, vers midi, après avoir imploré la Providence, qui seule pouvait les sauver dans un si périlleux voyage.

Ils n'allèrent pas loin : en franchissant les brisants qui entourent une grande partie de l'île, la barque toucha et s'ouvrit. Ils faillirent tous se noyer; cependant, comme il n'y avait guère que six pieds d'eau en cet endroit et qu'ils n'étaient éloignés de terre que d'une demi-lieue, ils purent se sauver à grand'-peine en profitant de la marée qui se retirait. Le lendemain, ils parvinrent à ramener la barque avec une grande partie de ce qu'elle contenait : ils perdirent beaucoup d'objets précieux dans ce naufrage, mais ils avaient couru un tel danger qu'ils s'estimèrent trop heureux d'avoir la vie sauve.

L'un d'eux pourtant, Isaac Boyer, devait payer cette tentative de sa vie. Il paraissait le plus fort et le plus vigoureux de tous; mais en abordant nu et transi au rivage, il s'était couché, brisé de fatigue, sur le sable brûlant. Il languit quelques jours, puis fut saisi d'une fièvre violente et mourut chrétiennement au milieu de ses compagnons, le 8 mai. Il n'avait que vingt-neuf ans.

Cette mort fit une vive impression sur les aventuriers, mais elle ne changea en rien leur résolution, et, malgré le mauvais succès de leur première tentative,

ils résolurent de réparer leur embarcation, qui n'était d'ailleurs que légère-
ment endommagée, et de repartir à la pleine lune prochaine. Leguat s'y opposa
vainement : il dut céder au nombre. Il se contenta d'ajouter dans la fiole qui
contenait leur histoire ses adieux à cette île qu'il regrettait tant, et une feuille
de vélin sur laquelle il dessina deux colonnes avec leurs noms et la date de
leur départ. Le 21 mai, ils quittèrent l'île pour la seconde fois, et ils réussirent
enfin à franchir heureusement la ligne des brisants.

Cependant leur situation n'était rien moins que rassurante; l'embarcation
mal construite n'obéissait pas au gouvernail, et il fallait se servir de l'aviron
pour porter au cap; de plus, ils avaient eu l'imprévoyance d'emporter deux
rames seulement. L'une d'elles ne tarda pas à se rompre, ce qui les força
d'aller à la voile, sans pouvoir se diriger convenablement. Ils errèrent ainsi
pendant sept jours à l'aventure, puis furent assaillis par une violente tempête
à laquelle ils n'échappèrent que par miracle. Cette tempête amena du reste
leur salut, car elle les porta malgré eux en vue de l'île Maurice, dont ils se
croyaient fort éloignés. Ils y abordèrent après neuf jours de traversée, le
29 mai, et, en suivant la côte, arrivèrent à la rivière Noire, où ils trouvèrent
quelques colons hollandais qui leur firent bon accueil.

Les sept aventuriers restèrent un mois avec ces colons pour se remettre de
leurs fatigues. Ce temps écoulé, ils résolurent d'aller annoncer leur arrivée au
gouverneur. C'était un Genevois nommé Rodolphe Diodati, et il habitait au
lieu nommé Frédéric-Henri, à vingt-huit lieues de là. Cinq hommes furent
députés vers lui, et Leguat resta avec un autre à les attendre. Pendant leur
absence, le gouverneur, faisant sa tournée annuelle, vint précisément à
l'établissement où se trouvait Leguat. Celui-ci s'empressa d'aller le trouver,
et fut fort bien accueilli. Diodati assura les nouveaux venus de sa protection; cependant, malgré toutes ces promesses, ils furent obligés de transporter
leurs bagages à pied, à travers des forêts sans chemin tracé où ils s'égaraient
quelquefois, et ils n'atteignirent qu'avec beaucoup de fatigues la Loge (c'est
ainsi qu'on nommait la résidence du gouverneur).

Ils retrouvèrent là un de leurs anciens camarades, Jacques Guiguer, que
le capitaine hollandais leur avait enlevé en quittant Rodrigue, et qu'il avait
laissé peu de temps après à l'île Maurice.

Le gouverneur avait promis à Leguat de le renvoyer en Europe, ainsi que ses
compagnons, par la première occasion qui se présenterait. Il changea bientôt
de sentiment à leur égard. Les motifs de ce revirement de conduite sont assez
obscurs, car on n'a à cet égard que le témoignage de Leguat. Quoique celui-ci
paraisse un homme fort honorable, il faut peut-être se défier un peu de ses

Ils errèrent ainsi pendant sept jours à l'aventure, puis furent assaillis par une violente tempête.

allégations dans cette circonstance, car, aigri par le malheur et les souffrances,
il a pu se laisser entraîner à présenter les faits sous le jour qui lui était le plus

favorable. Il est difficile d'admettre que ses compagnons et lui aient été persécutés pour des raisons aussi frivoles que celles dont il parle : quoi qu'il en soit, la persécution eut un tel caractère de barbarie et de froide cruauté que le gouverneur fut, sinon absolument injuste, au moins d'une dureté odieuse et certainement exagérée. En quittant leur île déserte, les malheureux étaient venus se jeter dans un abîme de maux qui dut leur faire regretter vivement leur paisible solitude.

Jean de la Haye, l'orfévre, qui avait nombre d'outils lourds et incommodes en voyage, en vendit une partie à un homme de sa profession qu'il rencontra à Maurice. Il possédait en outre un morceau d'ambre gris, pesant à peu près six livres, qu'il avait trouvé à Rodrigue, mais dont il ignorait la nature. L'acheteur lui ayant dit que c'était une sorte de gomme sans valeur, la Haye se décida à l'abandonner pour un prix minime avec les outils. Mais ayant su le lendemain qu'il avait été dupé, il alla trouver son acheteur et réclama l'ambre. L'autre refusa de le rendre; l'affaire fut portée devant le gouverneur, qui donna tort à la Haye et devint, à partir de ce moment, hostile aux nouveaux venus. Leguat prétend que le gouverneur, s'étant laissé corrompre par l'acheteur, avait partagé avec lui le bénéfice de l'affaire, et dès lors n'avait plus eu d'autre pensée que de se débarrasser à tout prix d'hommes qui pouvaient le compromettre en l'accusant de malversation.

Les événements ultérieurs viennent à l'appui de cette imputation. D'abord, par un acte d'arbitraire inexcusable, le gouverneur s'empara de leur barque sans les en prévenir et la fit brûler. En dépit de toutes les réclamations, il garda les voiles, qui étaient faites en bonne toile de Flandre, et les donna à ses chasseurs pour s'en faire des habits. Il enrôla au service de la Compagnie le pilote Thomas et Robert Anselin, ce qui réduisit à cinq le nombre des réfugiés. Il désigna pour habitation à ces derniers une hutte dont ils ne pouvaient s'éloigner de plus de mille pas, et où ils n'avaient d'autre nourriture que les restes laissés par les serviteurs de la Compagnie.

Ces rigueurs donnèrent à deux des aventuriers, la Case et Testard, la tentation de s'y soustraire, même par la force. Toutefois ils dissimulèrent leur projet à leurs trois compagnons, dont ils craignaient l'opposition. Seulement, comme ils avaient besoin de quelque secours pour réussir, ils tentèrent de mettre dans le complot un soldat nommé Jean Namur, qu'ils savaient en mauvais termes avec le commandant. Ils lui proposèrent d'enlever avec eux une chaloupe de la Compagnie et de se sauver à Mascareigne, qui n'est qu'à trente-cinq lieues de là. Namur alla tout révéler au commandant, qui se contenta d'abord de faire surveiller les coupables afin de les prendre en flagrant délit; mais, voyant au bout de quelques semaines qu'ils n'agissaient pas, il envoya, dans la nuit du 15 janvier, une troupe de soldats pour arrêter les cinq aventuriers et les amener devant lui. Il commença par déclarer qu'il connaissait parfaitement l'innocence de Leguat, de Be...le et de la Haye; il interrogea ensuite la Case et Testard, qui avouèrent le fait, puis ajoutèrent pour leur justification qu'ils ne voulaient prendre qu'une embarcation de valeur moindre que celle qu'on leur avait brûlée, qu'ils avaient d'ailleurs l'intention de laisser de l'argent en partant pour la payer, allégations qui furent reconnues vraies par le soldat même qui les avait dénoncés. Malgré cela, on les jeta tous cinq au cachot, où ils restèrent deux jours et deux nuits au cep. Enfin on relâcha pour quelques jours les trois innocents, mais la Case et Testard demeurèrent dans les entraves et furent en outre chargés de fers.

Leguat et les deux autres, délivrés de la prison, étaient gardés à vue jour et nuit : ils ne restèrent pas longtemps dans cette demi-liberté. On confisqua tout ce qu'ils possédaient, excepté leurs habits, leurs lits et quelques livres, puis on les mit dans une chaloupe où ils retrouvèrent leurs deux camarades accusés, qui étaient nus en chemise et qui avaient les fers aux pieds.

A deux lieues de terre s'élève un rocher d'un aspect réellement affreux. Long de deux cents pas, large de cent, il est sans arbres, sans verdure, sans végétation d'aucune espèce. Les cinq malheureux y furent conduits. Ils n'y trouvèrent pour s'abriter qu'une misérable cabane à demi ruinée et qu'ils ne pouvaient réparer, privés de tout comme ils l'étaient. On leur apporta des provisions d'abord tous les huit jours, puis de quinzaine en quinzaine, et enfin à des intervalles plus éloignés encore. Ces provisions consistaient en viandes salées et très-souvent corrompues; l'eau qu'on leur apportait était puante et presque toujours en insuffisante quantité. Ils demandèrent des filets pour pêcher et quelqu'un de leurs tonneaux pour recueillir au moins de l'eau de pluie : on les leur refusa. Leguat, épuisé par ce régime et par les fatigues, fut attaqué par un flux de sang des plus violents qui le réduisit à la dernière extrémité. En vain un chirurgien, envoyé pour le visiter, déclara que le séjour de la terre lui était absolument nécessaire, le gouverneur resta inflexible et refusa même d'envoyer de la viande fraîche au malade, qui ne dut son salut qu'à la force de sa constitution. La Case et Testard eurent la même maladie; mais, plus jeunes, ils y résistèrent mieux. Cette situation durait depuis quatre mois, lorsque arriva à Maurice le vaisseau hollandais *la Persévérance*, qui, d'après la loi du pays, devait emmener tous les accusés, coupables ou non, au Cap ou à Batavia pour être jugés. Les exilés apprirent de leurs pourvoyeurs qu'ils ne partiraient point par ce navire : le gouverneur voulait évidemment éviter des explications judiciaires. Dans cette conjoncture, Leguat, Be...le et la Haye résolurent de tâcher d'aller à terre pour se plaindre aux officiers de la conduite du gouverneur. Mais comment faire ce trajet de deux lieues sans embarcation? Ils l'essayèrent pourtant, et firent une espèce de radeau en entassant des herbes marines qu'ils lièrent avec les deux barriques dans lesquelles était l'eau qu'on leur envoyait. Be...le et la Haye, jeunes, vigoureux et bons nageurs, se hasardèrent sur cet esquif, et en douze heures gagnèrent l'île.

Ils trouvèrent les officiers du vaisseau chez le gouverneur, qui fut stupéfait de tant d'audace, et là ils exposèrent vivement leurs griefs. Diodati répondit qu'il y avait à la vérité trois innocents et deux coupables, mais qu'il ne pouvait pas plus se fier aux uns qu'aux autres, parce qu'ils étaient tous Français et associés. Puis il les envoya en prison, où on leur mit des entraves, et le lendemain on les ramena à leur écueil. De plus, pour prévenir toute tentative du même genre, il fut ordonné qu'on mettrait l'eau dorénavant dans une seule barrique n'ayant qu'un fond.

Les officiers du vaisseau n'étaient pas en droit de lutter contre la volonté du gouverneur; ils se contentèrent de venir voir les malheureux sur leur rocher, et, touchés de leur misère, ils leur remirent en cachette trois cents livres de riz, du biscuit, quelques flacons d'eau-de-vie et du vin d'Espagne. Ces provisions leur furent bien utiles par la suite, car souvent ils se trouvaient dans une disette absolue soit par la négligence de leurs pourvoyeurs, soit par la malveillance du gouverneur.

Comme le navire n'était qu'à une demi-lieue de l'îlot, la Case, qui était très-bon nageur, résolut d'essayer de s'y rendre, espérant qu'on voudrait bien le garder à bord. Ses compagnons le délivrèrent de ses fers en les usant avec des pierres, et il partit. Ses forces le trahirent avant la fin du trajet, et il se serait noyé si les matelots n'étaient venus à son secours. On l'emporta sur le vaisseau, où on lui permit de réparer ses forces; mais le capitaine, craignant de se compromettre, n'osa pas le garder, et le fit ramener sur l'île.

Le lendemain, le bâtiment s'éloigna d'une grande lieue. La tentative de la Case était bien faite pour décourager les autres; mais, désespérés et décidés à tout, ils résolurent d'essayer d'un autre moyen, et de se rendre tous au vaisseau s'ils le pouvaient. Ils firent donc une espèce de radeau en liant tous leurs coffres ensemble, et, la nuit venue, s'abandonnèrent aux flots sur cette étrange embarcation; malheureusement ils rencontrèrent des courants qu'ils ne purent franchir, et furent tout heureux de regagner sains et saufs leur triste rocher. Quelques jours à peine s'étaient écoulés depuis cette équipée lorsque

le vaisseau partit. Peu de temps après, le gouverneur se maria, et à cette occasion il permit que Leguat vint à terre pour quelque temps, et il envoya un peu
de viande fraîche aux quatre exilés restés sur le rocher. Jamais secours ne
vint plus à propos; ils étaient tous très-souffrants et affaiblis par le flux de
sang. Un ouragan furieux vint mettre le comble aux maux des habitants du
rocher; il détruisit leur cabane et les aurait emportés eux-mêmes s'ils ne

Ils firent une espèce de radeau en entassant des herbes marines sur des coffres et des barriques.

s'étaient réfugiés dans une caverne. Quelques jours après, Leguat rejoignit
ses compagnons, qui s'affaiblissaient de plus en plus par la faim, le froid et
les maladies.

Ils parvinrent cependant, à force d'industrie, à se procurer quelques adou-
cissements qui les aidaient à supporter leur misère. De chaque côté de leur
rocher étaient deux ilots accessibles quelquefois à marée basse, et dont l'un
portait quelques palmiers. Ils se mirent à faire des chapeaux de feuilles de latanier, et leurs pourvoyeurs trouvèrent ces ouvrages tellement de leur goût
qu'ils leur apportaient de temps en temps des provisions nouvelles en échange.
Ayant trouvé un grand clou dans une vieille planche qu'on leur avait ap-

portée pour faire du feu, ils l'aiguisèrent, l'emmanchèrent dans une perche échappée à la ruine de leur cabane et s'en servirent pour darder du poisson, ce qui augmenta un peu leurs ressources. Une seule fois ils parvinrent à s'emparer d'une tortue de mer.

Comme ils étaient plus que jamais possédés du désir de s'évader, ils pensèrent à construire une embarcation pour en profiter s'ils voyaient un bâtiment à leur portée. Grâce aux petits chapeaux qu'ils fabriquaient, ils obtinrent de leurs pourvoyeurs, d'abord quelques perches, puis plusieurs peaux de cerf et de bœuf dont ils prétendirent avoir besoin pour se couvrir et se faire des chaussures. Ils parvinrent aussi, sous divers prétextes, à se procurer une certaine quantité de goudron. Avec les peaux cousues ensemble et les perches, ils firent une espèce de bateau dont ils furent satisfaits; mais ils le démontèrent et en cachèrent soigneusement les pièces, car ils craignaient qu'on ne leur enlevât cette fragile embarcation avant qu'ils eussent l'occasion de s'en servir.

Comme cette occasion n'arrivait pas, Testard, de plus en plus malade et découragé, résolut de tenter seul un effort suprême et de gagner l'île pour y vivre dans les bois. Ses compagnons essayèrent vainement de le dissuader : il construisit un mauvais radeau avec quelques bottes d'herbe attachées à des perches, et se prépara à partir. Pendant qu'il disait adieu à ses amis et leur annonçait qu'à certaines époques il ferait du feu sur le rivage de l'île pour communiquer avec eux par ce signal, la mer qui montait emporta son radeau et l'entraîna vers la pleine mer, dans une direction opposée à la côte. Il eût donc péri infailliblement s'il eût pu s'embarquer; ses compagnons insistèrent vivement pour le lui faire comprendre et lui démontrer le péril certain de toute tentative de ce genre. Leurs efforts furent inutiles. Alors Leguat, voyant son obstination, le prévint qu'ils l'empêcheraient, même par la force, de partir ainsi. Il parut se rendre à toutes ces raisons, mais il construisit en secret un nouvel esquif avec des peaux de cerf qu'il déroba à la communauté; il y mit un poêlon, un verre ardent pour allumer du feu, un livre de prières et quelques hardes, puis il s'embarqua sans rien dire, dans la nuit du samedi au dimanche 10 janvier 1696. Les autres ne s'en aperçurent que le lendemain à leur réveil, car Testard avait laissé deux lettres, une pour eux et une pour le gouverneur. Il périt certainement dans son voyage, car Leguat et ses compagnons n'en eurent jamais de nouvelles depuis, malgré toutes les recherches qu'ils firent, et ils n'aperçurent jamais sur l'île les feux que le fugitif devait allumer périodiquement s'il réussissait.

Il ne restait donc plus sur le rocher que quatre exilés. Le malheureux destin de Testard ne les détourna pas du désir qu'ils avaient de recouvrer à tout prix

la liberté. L'un d'eux, la Case, se décida aussi à tenter l'aventure, et il se
hasarda sur un esquif de peaux de cerf, pourvu d'une natte de toile de latanier qui lui servait de voile. Grâce à cette voile et poussé par un vent favorable, il parvint à franchir les courants qui avaient sans doute causé la perte
de Testard ; sa machine tourna deux fois, mais, comme il était excellent nageur,
il parvint à l'île et annonça son arrivée en allumant du feu, puis il s'enfonça

Il parvint à l'île et annonça son arrivée en allumant du feu.

dans les bois. Il y erra durant huit jours, et serait mort de faim s'il n'avait eu
quelques provisions qu'il avait emportées en partant. Le huitième jour, il
pêcha une anguille et la mangea toute crue. Le lendemain, rencontré par un
habitant du pays, il fut livré au gouverneur.

Celui-ci, effrayé de cette double évasion, et craignant la contagion de
l'exemple, se décida enfin à faire venir à terre les trois exilés restés sur l'îlot.
Leguat, en partant, laissa dans une caverne, comme il l'avait fait à Rodrigue,
le récit de leurs aventures. Ils avaient passé trois ans sur cet affreux rocher,
où tant de misères avaient dû leur faire regretter l'île fortunée qu'ils avaient
si imprudemment quittée pour courir de nouveaux hasards.

Du reste, leur retour à terre ne précéda que de quelques jours leur départ de l'île. Les officiers de *la Persévérante* avaient raconté leurs malheurs, et le navire *Suraag* arriva avec l'ordre de les emmener à Batavia. Ils furent aux arrêts pendant la traversée, et jetés en prison en arrivant, pendant qu'on instruisait leur affaire. Au bout de quelque temps, on les força à se faire soldats pour gagner leur nourriture, et Be...le, qui parlait flamand et écrivait fort bien, fut employé comme écrivain du fort.

Enfin, après un délai de six mois, on leur déclara qu'ils étaient libres, qu'ils pourraient retourner en Hollande par le premier navire en partance, et que là ils poursuivraient en justice, s'ils le voulaient, le gouverneur de Maurice, la cause n'étant pas de la compétence de Batavia.

Quelques jours après, de la Haye mourut du flux de sang.

Les trois survivants durent encore rester à Batavia près de six mois : ils en partirent le 28 novembre 1697 avec une flotte de dix-sept vaisseaux, séjournèrent un mois au cap de Bonne-Espérance, où ils apprirent la signature de la paix de Riswick, relâchèrent à Sainte-Hélène, et arrivèrent à Flessingue le 28 juin 1698. Ils avaient été absents huit ans moins douze jours.

Ainsi, des dix émigrants partis ensemble et auxquels s'était joint Thomas le pilote, trois seulement revirent l'Europe. Paguy mourut en mer pendant la traversée; Guiguer et Pierrot revinrent à Maurice avec le capitaine hollandais; Boyer mourut à Rodrigue; Anselin et Thomas furent incorporés à Maurice au service de la Compagnie; Testard se noya en voulant s'évader du rocher; la Haye succomba à Batavia, au moment où il venait de recouvrer la liberté. Seuls, Leguat, Be...le et la Case échappèrent à tant de périls et de misères, et dans les loisirs de sa vieillesse, le premier écrivit les détails de cette aventureuse odyssée.

DAMPIER

SUR L'ILE DE L'ASCENSION

1701

Ils arrivèrent bientôt à des cavernes où un certain nombre de matelots s'établirent.

Les longs et intéressants voyages de l'illustre Dampier se terminèrent par un naufrage et un séjour forcé de quelques mois dans une île alors inhabitée. Le 22 février 1701, une voie d'eau se déclara à son navire en vue de l'île de l'Ascension. L'équipage fit de vains efforts pour y remédier. Le 24, les hommes étaient brisés de fatigue et les pompes ne suffisaient plus pour arrêter l'envahissement de l'eau. Dampier fit alors construire un radeau sur lequel on transporta dans l'île les coffres, les lits, qu'accompagnèrent une partie des matelots; il y envoya également un sac de riz et deux barriques d'eau douce, l'une de quatre-vingt-quatre gallons et l'autre de trente-six; mais malheureusement une partie de ces provisions fut gaspillée avant que les officiers n'arrivassent à terre. Le 25, Dampier, qui avait perdu dans ce sinistre la plupart de ses livres et de ses papiers, quitta lui-même le navire avec ses officiers et le reste de l'équipage, et ils emportèrent les voiles afin de s'en servir pour se construire des tentes.

Le lendemain du débarquement, des hommes envoyés à la découverte trouvèrent, à huit milles de là, de l'autre côté de la montagne au pied de laquelle ils campaient, une belle source d'eau douce; ils rencontrèrent aussi un grand nombre de tortues. Dampier partit le jour suivant avec ses officiers pour aller visiter la source; ils se procurèrent dans ce trajet beaucoup de chèvres et d'écrevisses de terre (ils désignaient ainsi certaines espèces de crabes). Ils explorèrent aussi les environs, et arrivèrent bientôt à des cavernes où un certain nombre de matelots s'établirent pour profiter non-seulement du voisinage de l'eau, mais de celui des chèvres, des crabes terrestres, des *guerriers* et des *boubis* qui se trouvaient en abondance dans cette partie de l'île. À deux milles sud-est de la source, Dampier vit aussi plusieurs petits arbres, sur l'un desquels on avait gravé à la surface de l'écorce la figure d'une ancre avec un bout de câble et le millésime MDCXLII.

Après les premiers travaux d'installation, les naufragés prirent facilement patience, car les vivres ne leur manquaient pas, et ils étaient presque certains qu'il ne s'écoulerait pas un long espace de temps avant qu'ils ne vissent paraître des vaisseaux européens dans ces parages. En effet, on ne tarda pas à en voir deux, et Dampier fit tourner une vingtaine de tortues pour leur offrir des vivres s'ils venaient à terre; mais ils disparurent dans la nuit, et l'on rendit la liberté aux tortues. Le 2 avril, onze navires parurent au large; mais ils passèrent sans approcher. Le lendemain, on en vit quatre autres qui touchèrent à l'île : l'un appartenait à la Compagnie des Indes orientales; les trois autres étaient des vaisseaux de guerre anglais. On répartit entre ces trois derniers l'équipage de Dampier, qui monta lui-même avec trente-cinq hommes sur l'*Anglesey*, et quitta le 8 avril l'île de l'Ascension, après un séjour de plus de six semaines.

SELKIRK

A L'ILE JUAN-FERNANDEZ

1705-1709

Selkirk est le type avoué de Robinson Crusoé, c'est le père reconnu de l'innombrable famille : nous prétendons le faire revivre de sa vie réelle, et en écartant le charme d'une fable qui est maintenant dans tous les souvenirs. Nous revenons ici à dessein au récit primitif de ceux qui l'arrachèrent à sa solitude, et ce qui paraîtra peut-être étrange, c'est que, dans notre langue du moins ce récit se présente comme étant à peu près neuf, tant la vieille traduction des Voyages de Woodes Rogers a subi des altérations graves (¹); ce qui paraîtra plus étrange encore, c'est l'excessive rareté du texte original parmi nous. Une seule bibliothèque de la ville de Paris, celle du dépôt de la marine, a pu nous fournir ce texte méconnu, que nous traduisons avec une exactitude rigoureuse.

Le navigateur auquel on dut la découverte de l'île dans laquelle vécut Selkirk ne nous a été indiqué sommairement lui-même que par l'illustre Navarrete, l'historien de Colomb. C'était au seizième siècle; un habile pilote, qui entreprenait de pénibles traversées du Chili au Pérou, avait remarqué combien sa navigation devenait plus facile lorsqu'il s'élevait en pleine mer. Dans un de ses voyages, il rencontra les deux îles volcaniques auxquelles on imposa son nom. Il se contenta de les appeler Mas-a-Tierra et Mas-a-Fuera, selon leur disposition géographique.

Indiquées seulement par Fernandez, ces îles ne servirent guère d'asile qu'à des pirates, jusqu'au moment où le solitaire écossais vint y faire son séjour; il y succédait, dit-on, à un pauvre Indien Mosquito. Après le départ de Selkirk, ou, ce qui est plus exact, de *Selcraig*, l'île redevint solitaire, quand elle n'était pas visitée, toutefois, par des forbans. Elle resta dans cette situation jusqu'en l'année 1750 : à cette époque, un gouverneur du Chili, don Domingo Ortiz de

---

(¹) *Voyage autour du monde*, commencé en 1708 et fini en 1711, par le capitaine Woodes Rogers. Amsterdam, vᵉ Paul Marret, 1716; 2 vol. in-12.

Rosas, homme énergique et intelligent, y envoya une garnison, et dès lors ces îles cessèrent d'offrir un asile aux pirates.

A cette époque, l'île de Juan-Fernandez proprement dite fut soumise à de terribles tremblements de terre; cette masse basaltique se souleva d'une façon épouvantable le 24 mai 1751, et la colonie naissante fut engloutie par une lame immense que vomit l'Océan et qui entraîna, en se retirant, les habitations qu'on avait bâties imprudemment trop près de la mer. Le gouverneur, sa famille et trente-cinq colons périrent dans ce cataclysme effroyable.

Au moment des troubles politiques qui désolèrent le Chili, l'île déjà célèbre devint un lieu de déportation, et plus d'un exilé politique nous a transmis le récit de ses douleurs sur cette terre bouleversée. Il y a vingt-cinq ans à peine, M. T. Sutcliffe avait été nommé directeur d'une colonie bien différente, car elle se composait de convicts; une éruption sous-marine pensa engloutir l'île de nouveau.

Nous avons voulu faire connaître par quelques mots la patrie réelle de Robinson. Nous allons laisser parler son libérateur, en conservant à notre traduction la naïveté un peu rude de sa rédaction.

« *1er février 1709.* — Vers deux heures de l'après-midi, nous mîmes notre pinasse à la mer. Le capitaine Dover y descendit avec l'équipage de la chaloupe pour aller à terre, quoique nous n'en fussions pas éloignés de moins de quatre lieues. Aussitôt après le départ de la pinasse, j'allai à bord de *la Duchesse*, où l'on s'étonnait que notre embarcation essayât de gagner la côte à une pareille distance : c'était du reste contre mon gré, mais seulement pour faire plaisir au capitaine Dover, que j'avais consenti à le laisser partir. Dès qu'il fut nuit, nous vîmes une lumière à terre. Notre canot était alors à une lieue de l'île environ, et il revint dans la direction des bâtiments dès qu'il aperçut les feux. Nous allumâmes aussi des lumières pour guider l'embarcation, quoique quelques-uns d'entre nous fussent d'avis que les feux que nous voyions provenaient de la pinasse; mais quand la nuit vint, ils nous parurent trop considérables pour cela. Nous tirâmes un de nos canons du gaillard d'arrière et quelques coups de mousquet, pendant que nous placions des lumières sur notre misaine et les haubans de l'avant, afin que notre barque pût nous trouver, pendant que nous nous efforcions de nous maintenir du côté de l'île opposé au vent. Vers deux heures du matin, l'embarcation revint à bord, ayant été deux heures à bord de *la Duchesse,* qui l'avait remorquée à son arrière. Nous fûmes contents de leur retour, parce qu'il commençait à venter. Nous étions tous convaincus que les feux partaient du rivage, et nous réso-

Le gouverneur, sa famille et trente-cinq colons périrent dans ce cataclysme effroyable.

lûmes de préparer tout pour le combat, pensant que c'était des navires français à l'ancre, et qu'il nous fallait ou les attaquer ou manquer d'eau.

» *2 février*. — Nous nous tînmes en arrière, le long de la pointe méridionale de l'île, afin d'y aborder en profitant du premier vent du sud qui, au dire du capitaine Dampier, soufflait généralement tous les jours. Le matin, ayant dépassé l'île, nous virâmes de bord pour atterrir au plus près; vers dix heures, nous aperçûmes la pointe méridionale et nous nous dirigeâmes directement vers le point où commence la côte nord-est. Un vent violent soufflait de terre, et nous fûmes forcés de carguer nos huniers quand nous découvrimes la baie du milieu, où nous nous attendions à trouver nos ennemis. Mais nous n'aperçûmes quoi que ce soit: il n'y avait de navires ni dans cette baie, ni dans l'autre qui est près de la pointe nord-ouest. Ces deux baies sont les seules où les vaisseaux puissent mouiller pour se ravitailler sur cette île, mais celle du milieu est de beaucoup la meilleure. Nous pensâmes que des navires y étaient venus, et toutefois qu'ils étaient partis en nous voyant. Nous envoyâmes notre yole à terre vers midi, avec le capitaine Dover, M. Frye et six hommes, tous armés. Pendant ce temps nous essayions, ainsi que *la Duchesse*, d'entrer dans la baie; mais il soufflait de terre un vent tellement violent que nous nous vîmes forcés de filer nos écoutes en bandes, employant tous les hommes à retenir nos voiles, dans la crainte que le vent ne les emportât. Mais quand ces bourrasques furent passées, nous eûmes peu ou point de vent. Elles venaient du plateau central de l'île qui est très-élevé. Notre embarcation ne revenant pas, nous envoyâmes notre pinasse avec des hommes armés pour connaître le motif du retard de la yole, car nous craignions que les Espagnols n'eussent une garnison sur l'île et ne se fussent emparés des nôtres. Nous hissâmes un signal convenu, et *la Duchesse* arbora le pavillon français. Aussitôt notre pinasse revint de terre, apportant une grande quantité d'écrevisses, et nous aperçûmes tout d'abord un homme vêtu de peaux de chèvre, qui paraissait plus sauvage que les premiers possesseurs de ces animaux.

» Il avait demeuré sur l'île durant quatre ans et quatre mois, y ayant été laissé par le capitaine Stradling qui commandait *les Cinq-Ports*. Son nom était Alexandre Selkirk, l'Écosse son pays; il avait été maître d'équipage sur *les Cinq-Ports*, navire qui était venu précédemment avec le capitaine Dampier. Celui-ci me dit que c'était un des meilleurs hommes du bord, de sorte que je l'enrôlai aussitôt en qualité de second. C'était lui qui avait fait pendant la dernière nuit le feu que nous avions vu de nos bâtiments, lesquels il jugea être anglais. Pendant son séjour dans l'île, il vit passer plusieurs navires, mais deux seulement vinrent au mouillage. Étant accouru pour les voir, il trouva que c'étaient des Espagnols, et s'enfuit: ils tirèrent sur lui. Si c'eût été des Français, il se serait livré: mais il aimait mieux s'exposer à mourir seul sur l'île que de tomber entre les mains des Espagnols dans ces parages, parce qu'il craignait d'être tué par eux ou jeté comme esclave dans les mines. Il redoutait, en effet, qu'ils n'épargnassent pas un étranger qui pouvait être capable de découvrir la route de la mer du Sud. Les Espagnols avaient débarqué avant qu'il ne s'aperçût de leur arrivée, et ils vinrent si près de sa personne qu'il eut beaucoup de peine à s'échapper ; car non-seulement ils firent feu sur lui, mais encore ils le poursuivirent dans les bois. Il y grimpa au haut d'un arbre au pied duquel ces hommes firent de l'eau et tuèrent plusieurs chèvres ; mais ils s'en retournèrent sans l'avoir découvert.

» Il nous dit qu'il était né à Largo, dans le comté de Fife, en Écosse, et qu'il avait été marin depuis sa jeunesse. Le motif de son délaissement sur l'île s'expliquait par une querelle qu'il avait eue avec son capitaine : cette circonstance, jointe au mauvais état des navires qui faisaient eau, fit qu'il aima mieux d'abord rester là que de poursuivre le voyage jusqu'au bout ; quand plus tard il voulut bien repartir, le capitaine refusa de le recevoir. Précédemment il était venu dans l'île faire de l'eau et du bois, à l'époque où deux hommes de son équipage y avaient été laissés pendant six mois, jusqu'au retour de leur navire, qui en avait été chassé par deux bâtiments français de la mer du Sud.

» Il avait avec lui ses habits et son lit, un fusil, de la poudre, des balles, du tabac, une hache, un couteau, un chaudron, une Bible, quelques outils, puis ses livres et des instruments de mathématiques. Il se procura le mieux qu'il put des provisions, il tâcha de se distraire, mais, pendant les huit premiers mois, il eut beaucoup de peine à surmonter sa mélancolie et son effroi en se voyant abandonné seul dans un lieu si désolé. Il bâtit deux huttes avec des arbres à piment, les couvrit au moyen de longues herbes, et les revêtit avec les peaux des chèvres qu'il tuait à coups de fusil quand il en avait besoin ; cela eut lieu aussi longtemps que dura sa poudre : il n'en avait pas plus d'une livre. Quand il l'eut presque entièrement dépensée, il se procura du feu en frottant l'un contre l'autre, sur ses genoux, deux morceaux de bois de piment. Dans la plus petite des huttes, qui était à quelque distance de l'autre, il ramassait ses provisions ; dans la plus grande il dormait, s'occupait à lire, à chanter des psaumes et à prier ; de sorte qu'il s'était vu, disait-il, meilleur chrétien dans cette solitude qu'il ne l'avait jamais été auparavant, et qu'il craignait même de ne plus l'être jamais autant à l'avenir. D'abord il ne mangeait en aucune circonstance sans y être poussé par la faim, tant à cause de son chagrin que parce qu'il manquait de pain et de sel. Il n'allait au lit que lorsqu'il ne pouvait veiller plus longtemps. Le bois de piment, qui donne une flamme très-claire, lui servait à la fois de feu et de lumière, et le récréait par son agréable senteur.

» Il aurait pris du poisson en quantité suffisante, mais le défaut de sel l'empêchait d'en manger, parce que cette nourriture lui causait certains dérangements, à l'exception toutefois des écrevisses, qui sont là aussi grosses que nos homards et excellentes. Quelquefois il les faisait bouillir, d'autres fois il les grillait. Il en usait de même pour la chair de ses chèvres, dont il faisait de très-bon bouillon, car elles n'ont pas une odeur de bouc comme les nôtres. Il tenait un compte d'après lequel il en avait tué cinq cents pendant son séjour dans cette île, et il en avait pris un bien plus grand nombre qu'il marquait à l'oreille et laissait aller. Quand la poudre lui manqua, il les prit à la course; car son genre de vie et ses exercices continuels de promenade et et de course l'avaient débarrassé de toutes les humeurs dont le corps est alourdi, de sorte qu'il courait avec une merveilleuse légèreté à travers les bois, sur les rochers et les montagnes, comme nous le vîmes nous-mêmes quand nous l'employâmes à prendre des chèvres pour nous. Nous avions un boule-dogue que nous envoyâmes avec quelques-uns de nos plus agiles coureurs pour l'aider dans cette espèce de chasse; mais il dépassait et fatiguait le chien et les hommes, prenait les chèvres, et nous les apportait sur son dos. Il nous dit que son agilité à poursuivre ces animaux avait failli une fois lui coûter la vie : il en poursuivait une avec tant d'ardeur qu'il parvint à la saisir sur le bord d'un précipice dont il ne se défiait pas, parce que des broussailles le lui cachaient : de sorte qu'il tomba avec la chèvre d'une grande hauteur au fond du précipice. Il fut tellement étourdi et meurtri de cette chute qu'il pensa perdre la vie; quand il reprit ses sens, il trouva la chèvre morte sous lui. Il resta là environ vingt-quatre heures, pouvant à peine se traîner jusqu'à sa hutte, éloignée d'un mille environ, et dont il fut dix jours sans pouvoir sortir.

» Le goût pour les aliments sans sel et sans pain lui vint peu à peu; dans la saison, d'ailleurs, il avait beaucoup de bons navets, qui avaient été semés là par les hommes du capitaine Dampier, et qui couvraient maintenant plusieurs arpents de terrain. Il se procurait une certaine quantité de choux d'une saveur agréable (¹) qu'il recueillait sur les arbres, et qu'il assaisonnait avec le fruit de piment, qui est le même que le poivre de la Jamaïque et qui a une odeur délicieuse. Il trouva là aussi un poivre noir appelé *malagita* (²), qui était souverain contre certains maux d'estomac.

(¹) Il est inutile de dire qu'il s'agit ici de spathes de palmier.
(²) Il faut lire *malagueta*; mais il y a là erreur de la part de Woodes Rogers; la malaguette, ou

» Il eut bientôt usé tous ses souliers et ses habits en courant à travers les
bois, et à la fin, se voyant forcé de marcher sans cela, la plante de ses pieds

Il tomba avec la chèvre d'une grande hauteur au fond du précipice.

devint si dure qu'il courait partout sans souffrance. Quand nous l'eûmes
trouvé, il fut quelque temps avant de pouvoir porter des souliers, car ses pieds,

le poivre de l'Afrique, ne croissait pas à Juan-Fernandez : on désigne sous ce nom une amome d'une
saveur âcre et piquante. Dans l'origine, on appelait *malagueta* même le poivre des Indes orientales.

n'étant plus habitués à une si longue réclusion, enflaient dès qu'il essayait de les emprisonner ainsi.

» Après avoir surmonté sa mélancolie, il se récréait quelquefois en gravant sur les arbres son nom, l'époque de son abandon et le temps de son séjour dans l'île. Il fut d'abord très-incommodé par les chats et les rats, qui s'étaient multipliés en grand nombre, quelques individus de ces deux espèces s'étant échappés à terre des navires qui s'arrêtaient là pour faire du bois et de l'eau. Les rats rongeaient ses pieds et ses habits pendant qu'il dormait, ce qui l'obligea à attirer les chats en leur présentant pour appât de la chair de chèvre. Il en résulta que beaucoup de ces derniers devinrent si familiers qu'ils l'entouraient par centaines, et le délivrèrent bientôt des rats. Il apprivoisa également quelques chevreaux, et pour se distraire il chantait et dansait de temps en temps avec eux et ses chats, de sorte que, grâce à la Providence, grâce aussi à sa vigueur et à sa jeunesse, ayant atteint alors l'âge d'environ trente ans, il parvint à la fin à triompher de tous les inconvénients de sa solitude, et à se trouver très-heureux. Quand ses vêtements furent usés, il se fabriqua lui-même un habit et un chapeau de peaux de chèvre, qu'il cousit avec de petites lanières de cette même peau découpées au moyen du couteau. Il n'avait pas d'autre aiguille qu'un clou, et quand son couteau fut usé jusqu'au dos, il en fabriqua d'autres de son mieux avec quelques cerceaux de fer qui avaient été laissés à terre, et qu'il aplatit et aiguisa sur des pierres. Possédant encore quelque linge de toile, il s'en fabriqua des chemises qu'il cousit avec son clou et le fil que lui fournissait les plus mauvais de ses vieux bas, qu'il effila à ce dessein. Il en était à sa dernière chemise quand nous le trouvâmes sur l'île.

» Dans les premiers jours de son arrivée à bord, il avait tellement oublié à parler, par défaut d'habitude, que nous pouvions à peine le comprendre, car il ne semblait prononcer que la moitié des mots. Nous lui offrîmes un verre de liqueur, mais il ne voulut pas le toucher, n'ayant bu absolument que de l'eau depuis son séjour dans l'île; il fut quelque temps avant de pouvoir prendre goût à nos aliments.

» Il ne put nous signaler dans l'île d'autres productions que celles que nous avons mentionnées, excepté de petites prunes noires qui sont excellentes, mais difficiles à atteindre, les arbres qui les portent croissant sur les hautes montagnes et les rochers. Les arbres à piment sont nombreux, et nous en vîmes quelques-uns de soixante pieds de haut et de deux yards d'épaisseur: il y avait des arbres à coton plus hauts encore, et dont le tronc mesurait près de quatre brasses de tour.

» Le climat est si favorable que les arbres et les gazons sont verts toute
l'année. L'hiver ne dure pas au delà de juin et de juillet, et il n'est point rude,
car il n'y a à redouter qu'un peu de gelée et de grêle; il tombe quelquefois de
grandes pluies. La chaleur de l'été est également modérée, et il ne se déclare
pas beaucoup de tempêtes, ni d'ouragans d'aucune espèce. Nous ne vîmes
point dans l'île d'animaux venimeux ou sauvages, ni d'autres bêtes que les

Pour se distraire, il chantait et dansait de temps en temps avec ses chèvres et ses chats.

chèvres dont il a été parlé plus haut. Les premières d'entre elles y avaient été
introduites pour se reproduire, par un Espagnol, Jean Fernando.(¹), qui
habita là avec plusieurs familles pendant quelque temps, jusqu'à ce que le
continent du Chili commençât à se soumettre aux Castillans. Ce dernier
séjour, étant plus avantageux, les décida à quitter cette île, qui peut contenir
bon nombre d'habitants et être assez fortifiée pour que la prise n'en devienne
pas facile.

» Ringrose, dans le récit qu'il nous donne du voyage du capitaine Sharp et
d'autres boucaniers, parle d'un homme qui s'échappa et vint à terre sur cette

(¹) Juan Fernandez, vers 1572.

ile, son vaisseau ayant échoué et l'équipage ayant complétement péri. Il dit que ce naufragé vécut là cinq ans, seul, avant de trouver l'occasion d'un autre navire pour s'embarquer. Le capitaine Dampier parle d'un Indien Mosquito, qui appartenait au capitaine Watlin, et qui, étant à chasser dans les bois quand le capitaine quitta l'ile, y vécut trois ans seul, et se tira d'embarras de la même manière que M. Selkirk, jusqu'à ce que le capitaine Dampier vînt là en 1684 et l'emmena. Le premier qui gagna la côte était un de ses compatriotes, et ils se saluèrent tous deux en se prosternant alternativement à terre, puis en s'embrassant. Mais, quoi qu'il en soit de ces histoires, je sais que celle de M. Selkirk est vraie; sa conduite ultérieure me donne lieu de croire au récit qu'il m'a fait touchant la manière dont il a dépensé son temps et résisté à une affliction durant laquelle nul, sinon la divine Providence, n'aurait pu soutenir un homme. Par lui on peut voir que la solitude et l'éloignement du monde n'amènent pas un genre de vie aussi insupportable que bien des gens le croient, surtout lorsqu'on y est appelé ouvertement ou jeté inévitablement, comme le fut cet homme. Dans une hypothèse contraire il aurait, selon toute probabilité, péri sur mer, car le vaisseau qui l'abandonna fit naufrage peu de temps après, et très-peu de gens de l'équipage échappèrent à la mort. Nous pouvons voir par cette histoire la vérité de la maxime, que La nécessité est la mère de l'invention, puisque notre matelot trouva moyen de suffire à ses besoins d'une manière très-naturelle, et de soutenir son existence sinon confortablement, du moins avec autant de succès que nous pouvons le faire en empruntant le secours de tous nos arts et de la société. Cela peut également nous montrer combien un genre de vie simple et tempéré conduit à la santé du corps et à la vigueur de l'esprit, deux biens que nous sommes portés à détruire par les excès, surtout par ceux des liqueurs fortes et la variété aussi bien que la nature de nos aliments et de nos boissons. Cet homme, en effet, quand il fut revenu à nos habitudes et à notre régime de vie, quoiqu'il fût assez sobre, perdit beaucoup de sa vigueur et de son agilité. Mais il me faut laisser ces réflexions, qui sont plutôt du ressort d'un philosophe ou d'un théologien que de celui d'un marin; revenons à notre sujet.

» ...Nous allâmes à terre, afin de nous refaire et de construire des tentes pour nos hommes malades. Le gouverneur (nous aurions pu aussi bien dire le monarque absolu de l'ile), car nous appelions ainsi M. Selkirk, nous apporta deux chèvres dont il fit d'excellent bouillon, mêlé avec des navets et d'autres légumes, pour nos malades qui étaient au nombre de vingt et un en tout, mais dont deux seulement se trouvaient atteints dangereusement.

» *3 février.* — Le gouverneur ne manquait jamais de nous apporter deux ou trois chèvres par jour pour nos impotents; grâce à cette viande, aux légumes et à la bonté de l'air, ils se rétablirent bien vite du scorbut, qui était la maladie générale.

» *11 février*. — Hier au soir, ayant peu ou point besoin de la pinasse, nous l'envoyâmes à la pointe méridionale de l'île pour chercher des chèvres. Le gouverneur nous dit que, pendant son séjour, il ne pouvait descendre des montagnes où il vivait jusqu'à cette pointe, tant elles étaient escarpées et rocailleuses, mais qu'il y avait là des chèvres en abondance et que cette partie de l'île était plus unie. Le capitaine Dampier, M. Glendal et le gouverneur, avec dix hommes, partirent ensemble dans l'embarcation de *la Duchesse* et entourèrent un grand nombre de chèvres, qui sont d'une plus forte espèce et moins farouches que celles du plateau de l'île où vivait le gouverneur. Mais nos hommes ne les surveillant pas bien, elles s'enfuirent par-dessus les rochers, de sorte qu'au lieu d'en prendre environ un cent, comme ils le pouvaient faire facilement avec quelque précaution, ils sont revenus ce matin avec seize bêtes très-grosses seulement, quoiqu'ils en aient vu près d'un mille. Si quelque navire visite cette île, le meilleur moyen pour s'approvisionner est de tenir quelques hommes et des chiens sur ce point, et de leur envoyer un canot toutes les vingt-quatre heures, parce qu'ils peuvent fournir des vivres à une troupe nombreuse. Je ne doute pas que, parmi ces chèvres, ils n'en trouvent quelques centaines portant à l'oreille la marque que leur fit M. Selkirk. » (¹)

(¹) Voy. les notes à la fin du volume.

NAUFRAGE DU P. CRESPEL

RELIGIEUX DE L'ORDRE DES RÉCOLLETS, AU LABRADOR

1736

Le P. Emmanuel Crespel faisait partie des missions d'Amérique depuis l'année 1724 ; sa vie avait été laborieuse. Il sentit douze ans plus tard le besoin de revoir l'Europe. Il avait desservi plusieurs paroisses au Canada, et rempli pendant quelque temps les fonctions d'aumônier militaire. C'est en cette dernière qualité qu'il s'embarqua, le 3 novembre 1736, à bord de *la Renommée,* navire de 300 tonneaux et de 14 canons, neuf et bon voilier, commandé par le capitaine de Freneuse. L'équipage et les passagers formaient un total de cinquante-quatre personnes.

Dès les premiers jours, *la Renommée* eut à lutter contre un temps affreux, et le 14 novembre elle échoua à un quart de lieue de terre, sur un banc de roches plates. Elle se trouvait alors à huit lieues de la pointe méridionale de l'île d'Anticosti, qui, on le sait, est placée à l'embouchure et presque au milieu du fleuve Saint-Laurent.

Au moment du sinistre, le plus grand désordre régnait à bord : seul, le maître canonnier conserva un certain calme, et mit en sûreté quelques fusils, un baril de poudre et une caisse de gargousses. On s'occupa ensuite de lancer le canot à la mer, et vingt hommes seulement purent y prendre place. Mais dans le trouble commun on prit mal les précautions indispensables, et, la boucle du palan antérieur ayant manqué, l'embarcation se trouva suspendue dans une position qui précipita à la mer plusieurs de ceux qui s'y trouvaient. Enfin on parvint à se mettre en route ; mais le canot disloqué faisait eau de toutes parts, la pluie tombait à torrents, et, battus par une mer furieuse, les naufragés perdirent bientôt tout espoir de salut. Dans cette extrémité, Crespel les exhorta à la mort, leur donna l'absolution, récita avec eux le *Miserere,* et s'enveloppa la tête dans son manteau pour attendre l'instant fatal. La violence des vagues, qui devait les perdre, les sauva : une bourrasque les lança tout à coup à terre meurtris et contusionnés, mais enfin provisoirement délivrés de tout péril. Un d'eux eut même la présence d'esprit de saisir vivement l'amarre de la cha-

loupe, qui sans cette précaution eût été emportée par les vagues, et ils conservèrent ainsi leur embarcation ; elle leur rendit encore de grands services,
malgré toutes les avaries qu'elle avait éprouvées.

Quand ils purent se rendre compte de leur position, ils reconnurent qu'ils
se trouvaient, non sur l'île, mais sur une étroite pointe de sable séparée de
l'île même par une rivière profonde. Ils parvinrent sans accident, mais non
sans danger, à franchir cette rivière et à porter de l'autre côté le peu qu'ils
possédaient ; puis ils firent du feu et séchèrent leurs vêtements. Dans l'après-
midi, six hommes du navire vinrent les rejoindre avec le canot. Il restait

L'embarcation se trouva suspendue dans une position qui précipita à la mer
plusieurs de ceux qui s'y trouvaient.

encore dix-sept personnes à bord, et l'on ne pouvait espérer trouver d'autres
aliments que les provisions du navire. Il fallait donc, à la fois par humanité
et par prudence, s'assurer des communications avec *la Renommée*; or, comme
la chaloupe était fortement endommagée, on résolut d'attendre au lendemain,
de peur de compromettre le canot ce jour-là, car la mer était toujours affreuse.
La nuit fut très-froide ; les naufragés qui étaient à terre souffrirent plus que
ceux qui restaient en mer, et qui avaient au moins un abri.

Le lendemain, la mer étant plus calme, le canot apporta à terre le reste de l'équipage, les outils du charpentier, du goudron, une hache et des voiles. Les voiles furent surtout d'une utilité immédiate pour abriter les malheureux contre la neige, car il en tomba plus de deux pieds pendant la nuit. Le jour suivant ils s'occupèrent de réparer la chaloupe, dont la quille, l'étambot et plusieurs des bordages du fond étaient brisés. On délibéra ensuite sur le parti qu'on devait prendre.

Il n'y avait à bord que pour deux mois de vivres au moment du départ : dans le naufrage, tout le biscuit avait été perdu, et une partie des autres provisions était gâtée. On pouvait à peine espérer de les faire durer cinq semaines en y mettant la plus grande économie et en faisant un seul repas par jour. Le froid était intense, une épaisse couche de neige couvrait la terre, les rivières étaient gelées et la mer même commençait à se couvrir de glaces. Il fallait pourtant prendre une résolution : le P. Crespel proposa d'aller chercher des secours à Mingan, au Labrador, où hivernaient des Français qui faisaient la pêche du loup marin. Quoiqu'il y eût au moins quarante lieues à franchir dans la neige et douze lieues de mer à traverser, ce conseil parut le seul praticable.

Mais au moment du départ une nouvelle difficulté se présenta : les deux embarcations ne pouvaient contenir que trente hommes, et nul ne voulait rester. Crespel dut encore intervenir : il déclara qu'on allait laisser des vivres en quantité suffisante, offrit de rester lui-même, et, cette proposition n'ayant pas été acceptée, s'engagea personnellement et par serment à envoyer du secours aux gens qui se dévoueraient aussitôt qu'on aurait pu s'en procurer. Ces promesses persuadèrent vingt-quatre hommes, et les autres se préparèrent au départ.

Crespel les réunit tous une dernière fois et célébra la messe du Saint-Esprit. Nos gens s'embarquèrent ensuite, le 27 novembre, au nombre de treize dans le canot et de dix-sept dans la chaloupe. La mer était affreuse, et ils souffraient cruellement du froid ; cependant, comme tout retard pouvait être fatal, ils n'hésitèrent pas à partir, n'ayant pour toute nourriture qu'un peu de morue sèche, et de la colle qu'ils faisaient avec de la farine délayée dans la neige fondue. Le 2 décembre, en doublant une pointe de rochers, la chaloupe faillit périr ; le canot, qui la suivait à quelque distance, fut probablement moins bien dirigé, car il ne reparut plus depuis.

Les voyageurs descendaient à terre tous les soirs pour se préserver un peu du froid : ils attendirent dans cet endroit jusqu'au 7 décembre, espérant toujours, mais en vain, que le canot reparaîtrait. Après avoir tué deux renards qu'ils joignirent à leurs provisions, ils reprirent leur route; mais le froid augmentait de jour en jour, et la mer houleuse, en se couvrant de gros glaçons, rendait leur navigation des plus dangereuses. Ils ne tardèrent pas à être complétement arrêtés : un matin, quand ils voulurent partir, ils trouvèrent leur embarcation tellement prise dans les glaces qu'ils ne purent la dégager. Il leur fallut donc renoncer à aller plus loin, et à tout prix attendre le printemps dans cet endroit.

Ils construisirent trois cabanes grossières : une grande pour les matelots, une petite pour les chefs, et une de moindre dimension destinée à renfermer les provisions; nul n'avait le droit d'entrer seul dans cette dernière. Il restait encore un peu de viande et quelques livres de pois. On régla la nourriture de la manière suivante : le matin, on donnait deux livres de farine délayée dans de la neige fondue; le soir, deux livres de viande bouillie : une fois la semaine on y joignait des pois. Ces quatre livres d'aliments quotidiens devaient se partager également entre dix-sept personnes. Outre ces misérables et insuffisantes provisions, les naufragés ne possédaient qu'un pot de fer, une hache, des habits et quelques couvertures à moitié brûlées. La rigueur de la saison leur interdisait tout espoir de se procurer des aliments au dehors, et c'était avec beaucoup de peine qu'ils parvenaient, en se relayant, à déblayer la neige qui s'accumulait autour d'eux, et à couper le bois nécessaire à l'entretien de leur feu.

Crespel, qui paraît avoir été un homme fort énergique, soutenait ses compagnons par des exhortations religieuses et par son exemple. Le 25 décembre, il les réunit, célébra la messe de Noël et leur adressa des paroles d'encouragement et de résignation. L'année 1737, qui devait mettre le comble à leurs misères, commença pour eux de la manière la plus funeste : le 1er janvier, des pluies torrentielles brisèrent les glaces, le vent s'éleva, et dans la débâcle la chaloupe fut emportée. Ce nouveau malheur jeta la consternation parmi ces malheureux. Crespel les réunit de nouveau le 5 janvier, chercha à relever leur courage, et célébra une messe du Saint-Esprit, à l'issue de laquelle deux des plus robustes, Vaillant et Foucault, se dévouèrent pour le salut commun, et résolurent de partir à la recherche de la chaloupe. Ils furent à peine deux heures absents, et revinrent annoncer à leurs compagnons qu'ils avaient découvert tout près de là, dans une petite cabane de sauvages, deux canots d'écorce, une hache et de la graisse de loup marin. Cette trouvaille apporta un peu de calme dans les esprits. Le lendemain, les deux matelots se remirent en route, et réussirent dans leur périlleuse entreprise : ils trouvèrent nonseulement la chaloupe, mais encore une malle pleine de hardes qu'on avait perdue à la mer. Le 10 janvier, tous ceux qui avaient encore la force de marcher allèrent chercher la chaloupe; mais les glaces s'étaient reformées, et ils ne purent la dégager. Au retour, Foucault fut saisi par le froid, et ses camarades se virent obligés de le rapporter dans la cabane, où il mourut presque en arrivant. Le même jour, le maître charpentier mourut aussi. Le 16 février, ils perdirent dans un seul jour le capitaine de Fréneuse, le maître canonnier et deux matelots. Le 24 février, un autre matelot succomba.

Les naufragés n'avaient plus d'espoir que dans la prompte arrivée du printemps, qui devait leur permettre de continuer leur route et ramener peut-être les sauvages à la hutte voisine; mais le mois de mars leur réservait de nouvelles épreuves. Le 6, pendant la nuit, un ouragan de neige éteignit les feux dans les deux cabanes, et envahit tellement celle des chefs qu'ils furent forcés de se réfugier chez les matelots et d'y demeurer quatre jours, sans feu, sous la neige qui tombait toujours, n'ayant d'autre abri que leurs couvertures. Le quatrième jour, la farine manquait : Crespel se dévoua avec trois matelots pour aller en chercher dans la cabane aux provisions. Quoiqu'ils n'eussent mis qu'un quart d'heure à faire ce voyage, deux des matelots eurent les pieds gelés et moururent. Il fallait à tout prix rallumer le feu. Le lendemain, Crespel, voyant le temps un peu plus doux, sortit avec Furst et Léger, les seuls qui pussent encore marcher, pour aller chercher du bois. A leur retour, on fit du feu; mais le bois ayant été complétement consumé vers le soir, un matelot mourut de froid dans la nuit.

Crespel, Furst et Léger pensèrent que s'ils pouvaient déblayer leur petite cabane, elle serait moins froide que celle des matelots. Ils se mirent donc à l'œuvre et parvinrent à rentrer chez eux : ils y transportèrent avec peine plusieurs malades, mais deux de ces derniers moururent presque aussitôt.

Cependant les vivres diminuaient avec une effrayante rapidité; la farine était épuisée, et la cabane aux provisions ne contenait plus que dix livres de pois, sept de lard, trois de jambon et sept de chandelles. Dans cette extrémité, Crespel et Léger essayèrent de braver le froid et d'aller à la mer chercher des coquillages. Ils réussirent ainsi, au prix des plus grandes souffrances, à se procurer quelques nouvelles ressources. Il leur fallait d'autant plus d'énergie qu'ils ne pouvaient plus compter que sur eux-mêmes : ceux de leurs compagnons qui vivaient encore étaient dans un état affreux. Presque tous avaient les jambes gelées et gangrenées: ils étaient épuisés par la faiblesse et les privations, couverts de plaies hideuses, et le P. Crespel avait besoin de tout son courage pour soigner tant de misérables.

Le 1er avril, Léger, qui était sorti quelques instants, amena un sauvage et sa femme. Ce sauvage était le propriétaire d'un des canots d'écorce trouvés dans la hutte. Il promit de revenir le lendemain et d'apporter du gibier ; mais,

Un ouragan de neige envahit tellement la cabane des chefs qu'ils furent forcés
de se réfugier chez les matelots.

pendant la nuit, il s'enfuit sur son canot et on ne le revit plus. On sut depuis qu'il avait été effrayé par la vue de tous les malades et par l'aspect hideux de leurs plaies. Comme on pouvait craindre qu'il n'avertît le sauvage à qui appartenait le second canot, et que celui-ci ne disparût également, sans qu'on pût en tirer quelque secours, on cacha soigneusement cette petite embarcation. Plusieurs jours se passèrent, pendant lesquels les cinq malades qui avaient si fort épouvanté le sauvage moururent successivement. Il ne restait plus que Crespel, Léger et Furst, réduits à manger des coquillages pour ménager les trois livres de jambon qu'ils réservaient comme une ressource suprême.

Cependant, comme chaque jour qui s'écoulait aggravait leur position, ils résolurent d'aller à la recherche du sauvage dans son propre canot. Ils le disposèrent tant bien que mal et firent cuire leur jambon pour leur servir de nourriture pendant le voyage. Mais leur faim était telle qu'ils ne purent résister à la tentation de manger cette viande dès qu'elle fut cuite. Cette imprudence ne tarda pas à leur donner les plus vifs regrets : non-seulement ils n'avaient plus de provisions de voyage, mais encore ils se trouvèrent trop faibles pour tenter l'expédition qu'ils avaient projetée. Cédant enfin au découragement et n'espérant plus de secours, ils se préparèrent à mourir.

Tout à coup ils entendent un coup de fusil au dehors : croyant qu'on vient les chercher, ils répondent à ce signal. C'était, en effet, le second sauvage qui venait chercher son canot; mais sachant l'état où étaient ces malheureux, il n'avait tiré un coup de fusil que pour s'assurer s'ils étaient tous morts. Dès qu'il eut la preuve du contraire, il s'enfuit à toutes jambes, en cachant dans les bois un morceau d'ours qu'il avait apporté pour sa nourriture. Malgré leur faiblesse, Crespel et Léger se lancent à sa poursuite, traversent une rivière qui le séparait d'eux, et l'atteignent enfin vers le soir, ce qu'ils n'auraient pu faire si le sauvage n'avait eu avec lui son fils, âgé seulement de sept ans, qui ne pouvait le suivre. Ils lui disent que leurs malades sont tous morts, qu'il peut venir maintenant chez eux sans danger pour lui-même, et lui demandent des provisions. Le sauvage revient alors avec eux, et leur partage le morceau d'ours qu'il avait caché. Après avoir réparé leurs forces, ils portent à manger à leur camarade Furst, qui, trop faible pour les suivre, était resté dans la cabane, puis ils prennent un peu de repos, sans toutefois s'éloigner du sauvage, devenu désormais leur seul espoir de salut.

Le lendemain ils partent tous ensemble, et après plus d'une lieue de marche dans l'eau, la neige ou la glace, le sauvage met le canot à la mer: comme cette embarcation ne contient que quatre personnes, il déclare ne vouloir prendre que Crespel le premier. Léger et Furst sont consternés de cette décision; mais, rassurés par les promesses de Crespel, ils continuent leur route à pied, en suivant la côte.

Au bout de quelque temps, le sauvage débarque. Le P. Crespel, croyant qu'on va allumer du feu et camper en cet endroit, prend son fusil, deux avirons, deux gros morceaux de viande, et monte sur un bordage de glaces fort élevé. En ce moment il aperçoit le sauvage et sa femme qui viennent d'attacher leurs raquettes (sorte de patins pour courir dans la neige) et qui s'enfuient dans le bois, le père portant son fils sur ses épaules. Il les poursuit en vain : une blessure qu'il s'est faite à la jambe en montant sur les glaces retarde encore sa course. Tout à coup il rencontre Léger, qui a été forcé d'abandonner son camarade trop faible pour le suivre. Tous deux poursuivent le sauvage, mais ils ne peuvent le rejoindre. En ce moment, ils entendent trois coups de fusil à intervalles égaux : en continuant de s'avancer, ils trouvent une chaloupe et une grande cabane qui était la demeure des sauvages. Dès qu'ils s'y présentent, le chef vient à leur rencontre, leur explique qu'on a fui devant eux par crainte de la maladie qui les décimait, mais que maintenant on est prêt à les secourir, et que c'est pour les guider vers lui qu'il a fait tirer les trois derniers coups de fusil. Furst, qu'on ne put aller chercher dans la nuit, arriva le lendemain et fut également bien traité.

Après deux jours de repos, ces pauvres gens s'embarquent pour Mingan. Là, Crespel trouve Volant, un de ses amis, qui s'empresse d'aller avec une chaloupe à la recherche des vingt-quatre hommes restés au lieu du naufrage : ils avaient été réduits à ronger leurs souliers ; quatre seulement vivaient encore, et l'un d'eux mourut après avoir bu un verre d'eau-de-vie que lui donnèrent ses libérateurs. Volant fit aussi des recherches au lieu où avait péri le canot : il y vit une cabane et quelques cadavres, ce qui lui prouva que tous les hommes de l'embarcation n'avaient pas péri en mer, mais que quelques-uns de ces marins, sauvés d'abord, étaient morts ensuite à terre de froid et de faim.

Les six malheureux échappés seuls à tant de misères restèrent six semaines à Mingan pour reprendre des forces ; de là on les transporta à Québec. Le P. Crespel revint en France comme aumônier à bord du vaisseau *le Rubis*, puis passa avec les mêmes fonctions dans le corps d'armée du maréchal de Maillebois.

(Voy. la relation du P. Crespel, publiée par son frère. Francfort, 1742, et Amsterdam, 1757.)

LE SOLDAT DE MALPLAQUET

Dix-huitième siècle

La solitude et la privation des jouissances de la vie civilisée n'effrayent pas également tous les hommes, et l'histoire offre d'assez nombreux exemples de Robinsons volontaires. De même qu'à la fin du dix-septième siècle, Leguat et ses compagnons avaient cherché spontanément le repos et la paix dans une île déserte, le dix-huitième vit un solitaire plus étrange encore, car il vint, à un âge avancé, s'enfermer dans une solitude où il vécut plus de quarante ans sans avoir été jamais tenté de rentrer dans le monde.

Son vrai nom était Jacques Blaisonneaux, mais on ne le connaissait que sous celui de Jacques des Sauts, qui lui avait été donné à cause de sa prédilection particulière pour le murmure des cascades et le bruit des vagues de la mer. Né vers 1667, il avait servi longtemps dans les armées de Louis XIV, et, se rendant à la Guyane dès l'année 1729, avait accompli dans l'intérieur les plus grands voyages qu'on eût entrepris; son ignorance en géographie les rendit inutiles, et ce fut à l'âge de soixante-dix ans, vers l'an 1737, qu'il renonça à la société, et se retira dans le séjour où il mourut âgé de plus de cent dix ans. Il avait choisi pour sa résidence une très-petite île qui se trouve au milieu des eaux du fleuve Oyapock.

Quel mobile avait poussé cet homme à prendre une résolution désespérée en apparence, ou qui ne convient au moins qu'à la misanthropie la plus exaltée? On ne l'a jamais su : les uns voulaient y voir le dépit d'une ambition déçue dans son espoir d'avancement, d'autres pensaient qu'il s'était expatrié à la suite d'un duel où il avait eu le malheur de tuer son adversaire, et une large cicatrice qu'il portait au visage confirmait d'abord cette opinion. Ce n'était pas pourtant dans un combat singulier que le soldat de Louis XIV avait reçu cette blessure; c'était à la bataille de Malplaquet, où il s'était distingué par sa belle conduite et à la suite de laquelle il avait été pansé par Fénelon lui-même. Aussi Jacques des Sauts avait une vive affection pour le prélat ; il en parlait avec attendrissement, lisait fréquemment les *Aventures de Télémaque*, et comptait parmi ses plus heureux souvenirs le jour où, guéri de sa blessure, il avait monté la garde devant le palais de Fénelon et avait pu revoir ce bienfaisant évêque.

On ignore donc et on ignorera probablement toujours le vrai motif de la réclusion de Jacques des Sauts, car on ne peut ajouter aucune foi aux récits fabuleux qu'il débitait sur lui dans son extrême vieillesse. Il n'était plus alors que l'ombre de lui-même, et l'invraisemblance de ses assertions était souvent évidente. Peut-être n'avait-il eu d'autre motif pour persévérer dans son étrange conduite que ce dégoût produit par les embarras du monde chez les hommes dont la vie a été agitée.

Jacques des Sauts avait fait de bonnes études qu'il avait encore complétées dans la solitude par de nouvelles lectures et par la méditation. Il aimait les œuvres de Corneille autant que celles de Fénelon; il parlait avec enthousiasme de ces deux grands hommes, ainsi que de Villars, de Catinat et d'autres illustrations du règne de Louis XIV. Après avoir obtenu son congé, il avait été chargé de diriger les biens que les prêtres de la compagnie de Jésus possédaient à Cayenne. Au bout de quelque temps, il abandonna cette position pour se confiner dans sa retraite.

Les jésuites secondèrent leur ancien intendant dans son entreprise. Ils lui donnèrent beaucoup d'arbres et d'arbrisseaux, tels que des girofliers, des cannelliers, etc., nouvellement apportés à Cayenne, et qui s'acclimatèrent parfaitement dans son jardin. Jacques se fit aider par les Galibi, qui excellent dans la construction des carbets, et avec lesquels il bâtit un pavillon que précédaient des escaliers de gazon odorant. Bientôt toute l'île, auparavant inculte, donna des légumes, et le jardin fournit d'excellents fruits. Le vieux soldat eut une basse-cour, dont un agami faisait la police, et qui abondait en poules, paons, canards de différentes espèces, faisans dorés, etc. Il cultiva le manioc, le rocou, l'indigo, le coton, le café, et planta même une vigne, merveille inconnue dans ce pays. Son pavillon, dépourvu de luxe, était cependant confortable, et quand il y recevait quelque visiteur, il se plaisait à revêtir l'uniforme qu'il portait à Malplaquet et à raconter ses campagnes.

Un certain nombre d'esclaves s'étaient attachés à sa fortune, et le servaient plus par dévouement que par intérêt. De son côté, Jacques s'était fait des amis non-seulement de ceux qui l'entouraient, mais aussi de tous les sauvages voisins, en leur rendant mille bons offices. Dans sa petite île, entouré de ses esclaves et muni d'excellentes armes à feu, il n'avait rien à craindre des tigres rouges qui abondaient alors à la Guyane. Les Indiens venaient souvent lui apporter des produits de leur chasse ou de leur pêche; en échange, Jacques leur donnait des fruits de sa culture, du tafia, ou de menus objets très-estimés chez ces peuples, tels que couteaux, serpes, miroirs, etc. Il donna même un tambour à la tribu guerrière des Oyampis, et ce présent le mit en grand renom parmi eux.

Quand il recevait quelque visiteur, il se plaisait à revêtir l'uniforme qu'il portait à Malplaquet.

L'intimité de Jacques avec les Indiens se resserra de plus en plus; il leur racontait les guerres de Louis XIV, et cela suffisait pour le faire aimer d'eux. Il avait quelques notions de médecine, dont il se servit quelquefois pour les soulager. Il assistait à leurs mariages, à leurs cérémonies funèbres, respectait leurs coutumes, bénissait leurs enfants, servait de parrain à ceux qu'on élevait dans le culte catholique. C'était véritablement un patriarche, auquel, par un accord tacite, tous se soumettaient : aussi il jugeait les différends, empêchait les guerres, et développait chez ces peuples simples les sentiments de la justice, du devoir, et ceux qu'impose l'amour de la vérité. Tous les jours il montait dans sa pirogue pour faire sa promenade accoutumée, et il rentrait rarement chez lui sans avoir arrangé quelque différend.

Jacques des Sauts aimait à exercer l'hospitalité ; son pavillon s'ouvrait à tous, surtout aux Européens, qu'il accueillait avec la joie la plus vive. En ce moment, les missionnaires commençaient l'œuvre de la conversion sur ces plages fertiles. Le P. Fauque, un de ces intrépides ministres du Christ, était un des habitués de Jacques des Sauts. Il recevait aussi souvent M. de Préfontaine, officier retiré à Cayenne. Un jour, M. Dubuc, frère de l'intendant général, étant venu le voir, le trouva pansant des lépreux, distribuant des remèdes aux sauvages, et fut touché jusqu'aux larmes de ce dévouement modeste. Une autre fois, de jeunes naturalistes européens s'étant adressés à lui, il les guida dans leurs recherches avec le plus vif empressement, et, en les quittant, il laissa échapper un regret, ce qui ne lui était peut-être jamais arrivé : « Que vous êtes heureux, leur dit-il en les embrassant, vous reverrez votre patrie ! »

Peut-être prévoyait-il déjà le triste sort qui l'attendait. Dans son extrême vieillesse, non-seulement son esprit s'affaiblit, mais il perdit la vue, et avec elle toute sa prospérité. Dès lors, en effet, tout languit autour de lui ; les sauvages, auxquels il ne pouvait plus être utile, s'éloignèrent, et il ne resta auprès de sa personne que deux négresses qui mirent tous leurs soins à le nourrir. M. de Malouet, qui le visita alors, le trouva dans un dénûment presque absolu, et lui fit boire du vin et manger du pain, dont il se passait depuis longtemps. Ému de compassion, il voulut le faire transporter au fort, mais Jacques s'y refusa. S'il ne voyait plus les cascades, il en aimait encore le bruit et ne voulait pas s'en éloigner ; d'ailleurs il comptait, pour vivre, sur la pêche et sur un petit jardin que cultivaient les deux négresses. M. de Malouet, en lui assurant une ration de pain, de vin et de viande salée, mit le comble à ses désirs.

Peu de temps après, le vieux soldat s'éteignit au milieu de ses deux compagnes, et tout ce qu'il avait établi sur l'île disparut avec lui. Les arbres mêmes qu'il avait plantés n'existent plus, et l'île a repris sa stérilité.

C'est le seul Robinson centenaire dont nous puissions raconter ici la paisible existence. On affirme que sa postérité n'a pas disparu complétement des grandes forêts. L'une de ses filles, femme remarquable par sa beauté et son énergie, exerçait naguère, dit-on, une grande influence sur les Indiens. On l'appelait la reine du haut Oyapock.

Les immenses forêts de la Guyane française gardent dans leurs profondeurs ignorées bien d'autres traditions: sans parler de l'histoire de Mme Godin des Odonais, trop connue pour qu'on lui ait donné place dans ce recueil, il y a celle dont la belle Kouramé est l'héroïne, et qui, ramenée à sa fidélité première, nous montrerait une fois de plus l'invincible amour des Indiens pour leurs magnifiques solitudes. Kouramé, arrachée aux grands bois comme elle était encore une agile enfant, avait été élevée par la baronne de Bessner et s'était vue transportée des forêts dans les salons de Paris; elle revint à la Guyane, et un jour, obéissant comme malgré elle à l'appel des forêts, elle gagna sans guide les rives de l'Approuague et reprit la vie sauvage. Par une fatale opposition, la vie sauvage fit périr, au dix-huitième siècle, Mlle Dujay. Cette jeune artiste dessinait admirablement les plantes et peignait le paysage; elle accompagnait M. Patris dans ses immenses excursions en 1766. Un jour elle s'enfonça seule dans un bois des rives du Marony: soit qu'elle eût été dévorée par quelque jaguar, soit qu'un parti d'Indiens se fût emparé d'elle, on ne la revit jamais.

LE ROBINSON DE LAMPÉDOUSE

Pour unique récréation, il s'en allait sur l'un des promontoires de son îlot
contempler le coucher du soleil.

Lampédouse est une île de la Méditerranée célébrée par l'Arioste, et ses
merveilles n'avaient pas besoin de la poésie du divin chanteur pour rendre
charmante l'histoire d'un solitaire qu'y rencontra jadis lord Sandwich.

Au temps où ce seigneur anglais, dont le nom est devenu célèbre, visitait
la Méditerranée, le hasard le poussa vers une petite île de deux milles de long,
où des grottes admirables étaient taillées dans le roc. L'une de ces riantes solitudes fut remarquée par son étrange disposition; c'était une double grotte
dont l'une des parties formait une petite église souterraine, munie d'un autel

et destinée à célébrer les mystères du culte catholique; l'autre était une ouverture de moins grande dimension, ornée d'un modeste tombeau au pied duquel brûlait une lampe. L'unique habitant de l'île se trouvait être alors un vieux prêtre qui, chaque jour, disait la messe dans la grotte dont nous venons de parler, et chaque jour aussi, pour unique récréation, s'en allait sur l'un des promontoires de son îlot contempler le coucher du soleil, sans jamais se lasser de ce spectacle imposant.

Plusieurs voyageurs ont parlé du pieux solitaire, mais personne n'a su son histoire; ce qu'on a pu en apprendre se réduit à peu de chose. L'ermite de Lampédouse était parfaitement heureux dans sa solitude, et il savait se rendre utile à tous ceux que les hasards de la navigation poussaient vers son rocher. Les productions bornées de l'île lui suffisaient; il vivait de pain d'orge, d'olives, ajoutant à ce frugal ordinaire quelques pêches; les pampres qui flottaient autour de sa caverne lui offraient aussi leurs raisins dorés. Que lui fallait-il de plus? La tranquillité. Il avait su la trouver charmante et absolue au milieu de ces mers sillonnées sans cesse par les musulmans et les chrétiens.

L'ermite de Lampédouse avait compris de bonne heure combien sa position solitaire, loin de tous les secours qu'on eût pu obtenir autre part des populations chrétiennes, l'avait mis à la merci des écumeurs de mer; il s'en était fait des amis.

Un autre solitaire, plus vieux que lui et appartenant à une religion différente, avait vécu jadis dans l'île, glorifiant sans cesse Mahomet. Il était mort laissant le souvenir de ses vertus, et les musulmans avaient fait de Lampédouse un lieu de pèlerinage où ils venaient honorer sa mémoire. Le sentiment qui porte à glorifier la mémoire des justes est un instinct heureux du cœur humain. Sans se rendre compte peut-être de la différence prodigieuse qui existait entre sa croyance et celle de son prédécesseur, le bon ermite de Lampédouse s'était mis, en sa foi pleine de simplicité, à honorer la tombe du bon solitaire musulman qui avait vécu si longtemps dans l'île. Il entretenait chaque jour, avec un soin religieux, la petite lampe qui brûlait à côté de ce tombeau. Dieu réunit en lui ceux qui le comprennent, disaient les musulmans; le juste est bien sous la garde du juste, il faut respecter le mort et le vivant.

Les matelots catalans ou marseillais faisaient à peu près le même raisonnement, et tout cela profitait au bon ermite; parmi les rares visiteurs de l'île, bien peu venaient troubler sa solitude; on priait, on ne se disputait pas.

Tout ceci avait lieu en 1739. Non-seulement l'ermite cultivait son petit jardin avec amour, et il lui faisait produire tout ce que peut produire un rocher revêtu d'une couche bien légère de terre végétale, mais il élevait un peu de bétail, et il en secourait les navires chrétiens que le hasard amenait devant son île. Lord Sandwich le dit lui-même : « Nous fûmes ravitaillés par ce bon vieillard autant que ses facultés le lui permettaient; il nous donna un veau et quelques autres provisions, qui bannirent entièrement les craintes que nous avions eues de mourir de faim. »

Le pieux solitaire si secourable aux navigateurs mourut; mais, chose étrange, la vie isolée qu'il avait menée durant si longtemps tenta un autre ermite, héritier de sa caverne, mais non pas, il faut le dire, héritier de ses vertus. Si le premier voulait être le bienfaiteur des chrétiens sans choquer les sectateurs de Mahomet, le second prétendit être mieux encore avec les musulmans; la grotte où avait été enterré le dévot Santon fut changée par lui en une vraie mosquée. Soixante-quinze ans après l'époque de notre premier récit, un capitaine anglais, Smyth, qui avait fait l'hydrographie de ces parages, s'exprime de cette façon :

« A une petite distance de la Cala–Croce, dans un ravin assez pittoresque, se trouve la résidence d'un célèbre reclus ; sa grotte est divisée en deux parties : l'une formant une chapelle catholique, l'autre une mosquée mahométane. Ce lieu étant à environ vingt minutes du port, le bon vieillard a toujours assez de temps pour reconnaître les vaisseaux qui viennent jeter l'ancre, et selon le pavillon qu'ils arborent, sa lampe est pour la chapelle ou pour la *zawyeh*; de là la citation proverbiale de l'ermite de Lampédouse. Les Turcs, lors même qu'ils ne trouvent dans l'île aucun habitant, soit accidentellement, soit à cause de la mort du solitaire, ne manquent jamais de laisser à leur passage quelque présent, persuadés que sans cela ils ne pourraient accomplir leur retour. » [1] On va voir comment à son tour le P. Vincent Coronelli expose leurs idées à cet égard : « Quelques écrivains dignes de foi assurent, dit le célèbre géographe vénitien, que personne ne peut séjourner dans cette île à cause des fantômes, des spectres et des visions horribles dont on est assailli durant la nuit; des apparitions formidables, des rêves effrayants, causant de mortelles terreurs, privent de sommeil et de repos quiconque voudrait y passer une seule nuit. Les Turcs sont imbus de cette ridicule et superstitieuse idée qu'une invisible fatalité retiendrait dans l'île celui qui voudrait la quitter sans y laisser quelque chose, ou qui aurait la hardiesse d'y prendre la plus légère bagatelle; mais la foi pure des chevaliers de Malte est au-dessus de ces vaines puérilités. »

[1] Voy. *les Iles d'Afrique*, par M. d'Avezac. Smyth fixe la position de Lampédouse par les 35° 32′ 17″ de latitude septentrionale, et 12° 19′ 30″ de longitude à l'est du méridien de Greenwich, ou 9° 59′ 26″ du méridien de Paris.

LES QUATRE MATELOTS RUSSES

DU SPITZBERG

1743

En 1743, un navire russe monté par quatorze hommes partit d'Archangel pour aller pêcher la baleine au Spitzberg. Le neuvième jour de leur navigation, ces hardis marins furent emportés à l'est par un vent violent, et se trouvèrent subitement enfermés dans les glaces à trois verstes environ de la partie orientale du Spitzberg. Le retour devenait désormais impossible, et il fallait attendre la débâcle des glaces dans ces lieux désolés. Alexis Himkoff, le contre-maître, se rappelle avoir entendu parler d'une cabane construite quelques années auparavant, dans ces parages, par des habitants de Mésen qui y avaient hiverné. Cette cabane pouvait lui offrir, à lui et à ses compagnons, un abri : on décida donc d'envoyer quatre hommes à la découverte. Himkoff partit avec son filleul et les deux matelots Étienne Scharapoff et Théodore Weragin. Ils n'emportèrent avec eux qu'un fusil, douze charges de poudre, douze balles, une hache, un petit coquemar, douze livres de farine, un couteau, une boîte à fusil, une vessie pleine de tabac et chacun une pipe. Après un trajet assez long et fort dangereux sur les glaçons, ils réussirent à gagner la terre.

Ils ne tardèrent pas à y découvrir la cabane qu'ils cherchaient : elle était précédée d'une espèce d'antichambre large de douze pieds, et avait trente-six pieds de long, dix-huit de haut, sur une largeur à peu près égale. Elle était en mauvais état, et, pendant la nuit qu'ils furent forcés d'y passer, nos hommes souffrirent cruellement du froid. Le matin venu, ils retournent à la plage pour chercher leurs compagnons ; qu'on juge de leur désespoir : un violent ouragan avait brisé les glaces, la mer était libre, et le bâtiment avait disparu ! Il avait probablement été brisé dans la débâcle, car on n'en a plus jamais entendu parler.

Il ne leur restait d'autre ressource que de retourner à la cabane et de s'y installer le mieux possible. Ils s'occupèrent d'abord de la réparer et y réussirent assez bien. Les douze coups de fusil qu'ils avaient à tirer leur procurèrent douze rennes, ce qui assura leur nourriture pour quelque temps. En errant sur le rivage, ils purent mettre de côté des débris de navires, des arbres échoués et d'autres matières combustibles destinées à combattre le froid, leur plus redoutable ennemi.

Ils attaquèrent ensuite un ours blanc.

Parmi les épaves qu'ils recueillirent ainsi, ils trouvèrent des planches où il y avait encore des clous et quelques ferrailles : ils ramassèrent avec soin cette précieuse trouvaille. Cependant leurs vivres s'épuisaient rapidement ; il fallut songer à les renouveler, et, à défaut de munitions (l'absence de poudre rendait leur fusil inutile), ils s'occupèrent de fabriquer deux lances avec le fer qu'ils avaient enlevé aux planches, et qu'ils parvinrent à grand'peine à forger et à aiguiser. Ils attaquèrent ensuite un ours blanc; l'issue de la chasse fut heureuse : ils tuèrent le formidable animal après un combat opiniâtre et dangereux. Outre les provisions qu'ils en retirèrent, ils remarquèrent que les tendons de la bête se divisaient facilement en filaments très-déliés. Avec ces filaments et une racine longue et forte qu'ils avaient déterrée, ils fabriquèrent un arc; leurs clous forgés et aiguisés servirent de pointes à des flèches, et ils tuèrent avec ces armes nouvelles plus de deux cent cinquante rennes et une grande quantité de renards bleus et blancs. Ils tuèrent aussi dix ours, et toujours au risque de leur propre vie : le premier fut le seul qu'ils attaquèrent; les neuf autres vinrent les assaillir dans leur cabane et les mirent souvent en danger. Quoi qu'il en soit, tous ces animaux leur fournirent des aliments, et les peaux furent employées à remplacer les vêtements usés des malheureux naufragés.

Il fallait combattre encore un autre fléau : l'obscurité de plusieurs mois qui règne vers les parages où ils étaient, et qui aurait rendu leur séjour dans ces âpres régions bien plus triste encore. Pour atteindre ce but, ils modelèrent une lampe avec une sorte de terre glaise, la remplirent de graisse de renne et fabriquèrent une mèche avec de la charpie. Mais ce premier essai fut infructueux, la graisse filtrant à travers la terre glaise. Ils firent une nouvelle lampe qu'ils laissèrent sécher à l'air; ils la firent ensuite rougir au feu, puis la plongèrent toute rouge dans le coquemar où ils avaient fait bouillir de l'eau et de la farine ayant la consistance de l'empois. Ce procédé ayant réussi, ils obtinrent une seconde lampe, et des mèches en effilant leurs chemises et leurs caleçons.

Pour remplacer leurs vêtements en lambeaux, ils trempaient les peaux de renne dans l'eau fraîche pendant plusieurs jours, jusqu'à ce que le poil tombât; ils les frottaient avec force pour les sécher, et les amollissaient en les enduisant de graisse. Ils les cousaient ensuite, se servant d'un morceau de fil d'archal en guise d'aiguille, et suppléant au fil par les parties tendineuses des rennes.

Cependant l'abandon dans lequel ils se trouvaient, l'incertitude de la délivrance et les souffrances qu'ils avaient à endurer chaque jour ne tardèrent pas à affecter gravement leur santé. Théodore Weragin fut attaqué le premier d'une maladie de langueur, et succomba sans que ses compagnons eussent pu même essayer de le soulager dans l'affreux dénûment où ils se trouvaient.

Ils l'enterrèrent au sein de la neige, le plus profondément possible, pour tâcher de dérober ses restes à la voracité des ours.

Six ans et trois mois s'écoulèrent ainsi sans que ces malheureux trouvassent la moindre occasion d'échapper à leur effroyable exil; ils commençaient à perdre tout espoir de délivrance, lorsque, le 15 août 1749, un navire russe se montra en vue de l'île et se dirigea vers la terre; il était conduit par les feux

Ils l'enterrèrent au sein de la neige, le plus profondément possible, pour tâcher de dérober ses restes à la voracité des ours.

que nos marins avaient allumés. Ce navire, qui devait hiverner à la Nouvelle-Zemble, ne se trouvait dans ces parages que par suite des vents contraires qui l'avaient écarté de sa route et poussé vers l'est.

Le capitaine recueillit les trois naufragés, qui emportèrent avec eux plus de 2 000 livres de graisse de renne, une quantité de peaux de renne, d'ours et de renard, leurs lances, leurs arcs, leurs flèches, leur aiguille, leur couteau, leur hache, qui étaient presque usés. Le 28 septembre, ils débarquèrent à Archangel. La femme d'Alexis Himkoff, qui se trouvait par hasard sur le port au moment de leur arrivée, reconnut son mari, qu'elle croyait perdu pour toujours, et elle s'élança vers lui avec tant d'empressement qu'elle tomba à la mer et faillit périr. Les trois matelots avaient complétement perdu le goût du pain et des liqueurs spiritueuses, et ils ne buvaient plus que de l'eau. Interrogés séparément, ils répétèrent avec une telle unanimité tous les détails de leur vie solitaire qu'on ne put douter de leur sincérité, et que des documents officiels sont venus à l'appui de leur dramatique et intéressant récit.

LE CAPITAINE VIAUD

1765-1766

L'un de nos voyageurs les plus dévoués à la science, l'un de ces observateurs qui jugent les hommes et les choses avec la promptitude de coup d'œil qui s'acquiert parfois dans la lutte, P. Lesson, s'était enquis de ce malheureux naufragé, et il avait pu rectifier ce qu'on racontait de sa première origine. Pierre Viaud n'était pas, comme on le supposait, né à Rochefort ou bien à la Rochelle. C'était un enfant de la ville de Marennes, de cette petite cité tout entourée d'eau et à laquelle ses salines abondantes ont donné une sorte de célébrité. « Marennes, dit le célèbre continuateur de Buffon, possède encore quelques maisons en bois des quinzième et seizième siècles. Cette petite ville a donné le jour au brave Lucas et à Viaud, sorte de Robinson dont la vie aventureuse fait les délices des matelots. »

L'épouvantable récit du malheureux Viaud et de sa triste compagne a défrayé, en effet, le quart de minuit à bord de bien des navires. Mais on se tromperait en supposant que c'est une œuvre dans le genre du livre inimitable qu'emporte avec lui chaque marin. Plusieurs voyageurs du dix-huitième siècle ont connu les héros de cette terrible légende de la mer, et au besoin nous pourrions les citer.

Après avoir fait le voyage de Saint-Domingue, en qualité de second, à bord du navire *l'Aimable-Suzette*, Viaud fut forcé par la maladie de se faire débarquer, au retour, à la Caye de Saint-Louis. Il s'y lia avec un sieur Desclau qui, le voyant rétabli, lui proposa de faire avec lui un voyage à la Louisiane. Viaud accepta, et ils frétèrent ensemble le brigantin *le Tigre,* qui mit à la voile le 2 janvier 1766. Il y avait seize personnes à bord : le capitaine Lacouture, sa femme, son fils âgé de quinze à seize ans et son second, neuf matelots, Desclau, Viaud et un nègre appartenant à ce dernier.

Au bout de quelques jours de navigation, deux voies d'eau se déclarèrent dans le brigantin fatigué par une mer houleuse et conduit par un capitaine peu expérimenté. En présence du danger, Lacouture consentit à céder son commandement à Viaud, qui fit d'abord jeter les marchandises à la mer pour alléger le bâtiment; mais ce sacrifice fut insuffisant; les deux pompes du bord ne pouvaient venir à bout d'épuiser l'eau, et l'équipage était brisé de fatigue. Viaud essaya alors de gagner la terre la plus voisine, et dans ce but fit pendant quatre jours d'inutiles tentatives. Le 16 février, à sept heures du soir, *le Tigre* échoua sur une chaîne de brisants, à deux lieues environ de l'île des Chiens. Grâce à l'énergie du commandant, l'équipage redoubla d'efforts dans ce moment suprême, et le brigantin fut emporté par le flot jusqu'à une portée de fusil du rivage. Mais, arrivé là, il échoua complétement, et les naufragés durent se résigner à passer la nuit sur le flanc du navire, que battait une mer furieuse.

Le jour ne les rassura pas sur leur position : le rivage, éloigné encore, était bordé de rochers sur lesquels se brisaient des vagues énormes, et il leur parut impossible d'aborder. Enfin, après quelques heures d'angoisse, un matelot hollandais se jeta en désespéré à la mer pour tenter le passage; il fut écrasé contre les rochers. Son malheur découragea les autres, qui préférèrent attendre la mort sur les débris du navire. Toutefois, vers cinq heures du soir, trois autres matelots renouvelèrent une tentative de sauvetage à l'aide du canot, qui était en si mauvais état qu'on n'avait pas même eu la pensée de s'en servir. Ceux-ci furent plus heureux que le premier, et, après mille dangers, gagnèrent la terre. Les autres naufragés, transis de froid et privés de nourriture depuis la veille, passèrent la nuit sur le navire, qui résista, par une sorte de miracle, à la fureur des vagues.

Le 18 février au matin, la mer se calma un peu : un matelot put gagner la terre à la nage; avec ses trois camarades qui avaient passé la veille, il parvint à réparer tant bien que mal le canot. Grâce à cette fragile embarcation, huit des naufragés purent se sauver, et les trois autres, Viaud, Desclau et le nègre, les suivirent sur une sorte de radeau formé avec la carcasse brisée du bâtiment. Quelques huîtres qu'ils trouvèrent à la côte leur permirent d'apaiser leur faim.

Le lendemain, le second mourut; il était déjà malade depuis quelques jours, et le naufrage avait achevé d'épuiser ses forces. On l'enterra dans le sable, puis on se mit à la recherche des épaves du navire. Le flot avait jeté à la côte quelques ballots de marchandises, des malles et plusieurs barriques de tafia. Ces ressources étaient bien insuffisantes : aussi Viaud, remarquant que la mer avait baissé considérablement, résolut-il d'aller jusqu'au navire avec le canot; mais il ne put décider personne à l'accompagner. Il partit donc seul, arriva heureusement, et pénétra dans le bâtiment ayant souvent de l'eau jusqu'à la poitrine. Il réussit à se procurer une outre contenant vingt-cinq livres de poudre en bon état, six fusils, plusieurs mouchoirs de pariaca, des couvertures de laine, deux haches, et un sac contenant près de quarante livres de biscuit.

Les naufragés durent se résigner à passer la nuit sur le flanc du navire,
que battait une mer furieuse.

A son retour, on s'empressa de faire du feu afin de sécher les habits et les couvertures; on nettoya les fusils, on passa les biscuits à l'eau douce pour leur ôter le goût d'eau de mer. La malle de Viaud contenait du petit plomb;

deux matelots partirent pour la chasse, et eurent bien vite abattu cinq ou six pièces de gibier. On soupa, et la nuit se passa bien.

Pendant deux jours, les naufragés restèrent en cet endroit, incertains sur le parti qu'ils devaient prendre, et comme ils craignaient d'être surpris par des sauvages qui auraient pu s'enivrer avec le tafia, ils défoncèrent les barriques, en en réservant trois uniquement qu'ils cachèrent dans les bois. Le 22 février au matin, les Indiens arrivèrent en effet. Ils étaient au nombre de cinq, trois femmes et deux hommes, tous armés d'un fusil et d'un casse-tête. L'entrevue fut très-amicale, grâce à quelques verres de tafia qu'on leur fit boire, et comme le chef parlait un peu l'espagnol, il put se faire comprendre d'un des matelots.

Il dit qu'il se nommait Antonio, qu'il était de Saint-Marc des Apalaches, et qu'il était venu hiverner dans une île située à trois lieues de là. Il avait avec lui sa famille, composée de sa mère, de sa femme, de sa sœur et de son neveu. Il promit de conduire les naufragés au bourg de Saint-Marc, qui n'était, disait-il, éloigné que de dix lieues. Viaud sut plus tard qu'il leur avait menti, et que la distance était de vingt-trois lieues.

Antonio repartit nanti de quelques présents, et emmenant trois matelots; il revint le 23, avec une outarde et la moitié d'un chevreuil. Il emporta, en deux voyages, les onze personnes qui restaient, et, le 28 février, les quatorze naufragés se trouvèrent réunis sur son île. Cet Indien, qui avait promis de les conduire tous à la terre ferme, montra alors fort peu d'empressement à tenir sa parole; il restait en chasse toute la journée et inventait perpétuellement de nouveaux prétextes pour se tenir éloigné des blancs. Enfin, au bout de cinq jours, à force de prières et de présents, ils parvinrent à gagner le sauvage, et, le 5 mars, ils partirent avec Antonio et sa femme, laissant sur l'île les huit matelots avec les trois autres Indiens. Les six voyageurs étaient M. Lacouture, sa femme et son fils, Desclau, Viaud et le nègre.

L'Indien avait affirmé que le voyage ne durerait pas plus de deux jours; on emporta cependant des vivres pour quatre, et cette sage précaution fut encore insuffisante. En effet, Antonio s'amusa à promener ces malheureux d'île en île, dans l'archipel qu'ils ne connaissaient pas, leur fit faire à peine quelques lieues par jour, et réussit enfin à les réduire, par la fatigue et la privation d'aliments, à une prostration complète de leurs forces. Le septième jour, Viaud, soupçonnant quelque trahison dans ce manége, proposa à ses compagnons de tuer le sauvage et de s'emparer de l'embarcation, mais ils l'en dissuadèrent et cherchèrent à apaiser ses craintes. Le lendemain, 12 mars, après avoir fait environ deux lieues, ils descendirent, comme à l'ordinaire, sur une île pour se reposer. Viaud, en proie à un sommeil fiévreux et agité, se lève au bout de quelque temps, malgré les instances de ses compagnons; tourmenté d'une vague inquiétude, il veut s'assurer si ses pressentiments ne le trompent pas, et court au rivage... Le sauvage et sa femme avaient disparu, emportant dans leur canot les fusils et même les épées des naufragés. Les six infortunés se trouvaient abandonnés sur une île déserte, n'ayant rien au monde que leurs habits, leurs couvertures et un mauvais couteau que Viaud

Ils tentèrent d'y passer en se tenant par la main et en sondant le terrain.

possédait. L'île ne produisait d'ailleurs aucune racine, aucun fruit; nul coquillage ne paraissait sur le sable. Ils étaient condamnés à mourir de faim.

Ce fut dans cette situation terrible qu'ils passèrent la nuit. Le lendemain, après avoir parcouru l'île sans rien trouver, ils arrivèrent en face d'une autre terre où ils avaient passé un jour et une nuit avec Antonio, et où ils avaient trouvé de l'eau douce et des coquillages. Un bras de mer d'un demi-quart de lieue environ les en séparait. Ils tentèrent d'y passer en se tenant par la main et en sondant le terrain, et y arrivèrent enfin, non sans peine. Ils y trouvèrent des huîtres et de l'eau; mais pendant toute la nuit, mouillés et souffrant du froid, ils ne purent prendre aucun repos. Ils passèrent là dix jours, désespérant de leur salut.

Ils se souvinrent enfin d'avoir vu dans une des îles voisines une vieille pirogue presque entièrement brisée et abandonnée à la côte : ils résolurent d'aller la chercher et de la remettre à flot s'ils le pouvaient. Laissant donc Mme Lacouture avec son fils et le nègre, Viaud partit en compagnie de Desclau et de Lacouture. Le canal qu'ils devaient traverser avait plus d'un quart de lieue de large : heureusement ils n'eurent pas longtemps à nager, car leurs forces les auraient trahis, et ils arrivèrent sains et saufs. Ils retrouvèrent sans peine la pirogue, mais elle était en si mauvais état que Viaud déclara toute tentative de réparation inutile. Lacouture et Desclau voulurent au moins tenter un dernier essai, et ils se mirent à la garnir avec des morceaux de bois, des herbes et une de leurs couvertures. Après deux jours de travail, ils purent la mettre à l'eau et la ramener; mais ce voyage, si court qu'il fût, l'endommagea tellement qu'ils conservèrent peu d'espoir de s'en servir.

Cette excursion, à défaut d'une embarcation solide, leur procura du moins un bien dont ils étaient cruellement privés. Viaud, se rappelant que le sauvage avait changé la pierre de son fusil, était allé au lieu de campement et y avait retrouvé le silex jeté par Antonio : désormais ils purent se procurer du feu.

Un chevreuil qui avait été blessé, et qui était venu échouer à la côte, leur fournit encore quelques aliments. Cependant la position n'était pas supportable, et il fallait à tout prix essayer de gagner la terre ferme, dont deux lieues à peine les séparaient. Aussi reprirent-ils les réparations de la pirogue, auxquelles ils consacrèrent trois jours. Il fut convenu que Viaud partirait avec Desclau et Lacouture, et que deux hommes rameraient pendant que le troisième s'occuperait à épuiser l'eau qui entrait constamment à travers les ouvertures. Au moment de s'embarquer, Viaud refusa de se confier à une embarcation si délabrée et engagea ses compagnons à faire comme lui : ils ne le voulurent pas. Ils périrent sans doute dans leur téméraire entreprise, car depuis on n'a plus entendu parler d'eux.

Revenu auprès de Mme Lacouture, de son fils et du nègre, Viaud dissimula le vrai motif qui l'avait fait rester à terre. Six jours se passèrent sans produire aucun changement : au contraire, leur faiblesse augmentait par suite de la mauvaise nourriture à laquelle ils étaient réduits. Désespérant de revoir Lacouture et Desclau, Viaud songea à construire un radeau qui, pour se rendre au continent, offrirait moins de danger que la pirogue amenée de si loin et devenue si fatale. Ils y employèrent tout ce qui leur restait de forces.

et sur cet assemblage de morceaux de bois liés grossièrement avec de l'écorce
attachèrent une de leurs couvertures pour servir de voile. Ils avaient eu soin
de transporter sur cette espèce de train le plus possible de provisions, et s'endormirent avec l'intention de partir le lendemain au point du jour.

Malheureusement un orage affreux survint dans la nuit et emporta la frêle
machine. Une nouvelle infortune vint les accabler : le nègre, ayant trouvé sur
le rivage la tête et la peau d'un marsouin déjà corrompu, les leur apporta, et
quelque dégoût que leur inspirât pareille nourriture, ils firent cuire cette
viande et la mangèrent. Mais ils en furent malades pendant cinq jours, et le
jeune Lacouture surtout tomba dans l'état le plus alarmant.

Dès qu'ils furent un peu remis, malgré la faiblesse qui les paralysait, ils
construisirent un nouveau radeau. Pour le munir d'une voile, ils employèrent
le reste de leurs couvertures. Mais une nouvelle fatalité devait les arrêter : le
jeune Lacouture était de plus en plus malade; au moment du départ, ils le
trouvèrent froid et étendu à terre privé de sentiment. Un léger battement de
cœur indiquait seul chez lui un reste de vie. Ils eurent beaucoup de peine à
le tirer de cette léthargie; mais, ne pouvant songer à l'emporter dans cet état,
et ne voulant pas cependant l'abandonner tant qu'il vivrait, Viaud alla
enlever les provisions, le mât et la voile du radeau, et, au risque de voir cette
seconde embarcation perdue comme la première, il se résigna à attendre.

Cependant le mal du jeune Lacouture empirait à chaque instant; le moribond ne pouvait même plus se remuer. Viaud passa la nuit auprès de lui : le
matin, une crise terrible se déclara, et il parut toucher à sa dernière heure.
En ce moment, le pauvre enfant, avec un courage au-dessus de son âge,
engagea son compagnon à l'abandonner. Rassemblant toutes ses forces, il lui
fit observer que tout retard pouvait, sans le sauver, compromettre le salut des
autres; qu'il touchait évidemment à la mort, et que s'il arrivait sur le continent, ce serait aussi pour y mourir. Il le conjura donc de faire croire à sa
mère qu'il était mort, et de partir immédiatement, puisque leur salut à tous
en dépendait.

Viaud résista pendant la journée entière à ces observations si sensées et au
désir qu'il avait de partir : il ne pouvait se décider à abandonner ce malheureux jeune homme. Mais, le soir, celui-ci insista avec une nouvelle force, et le
conjura, puisque tout espoir était perdu pour lui, de partir au moins pour
sauver sa mère. Viaud se rendit enfin à ses raisons : il alla préparer le radeau
et y attacher la voile, puis, revenant vers le jeune Lacouture, il lui donna, pour
se couvrir, sa veste et sa redingote, et plaça tout autour de lui une grande
quantité de coquilles pleines d'eau douce, des coquillages et quelques poissons

séchés au feu pour qu'ils se conservassent plus longtemps. Une heure avant le jour, le moribond tomba dans une faiblesse telle que Viaud ne put l'en faire revenir ; après lui avoir inutilement prodigué tous les soins, il courut éveiller la mère, et, profitant de l'état d'insensibilité où était le jeune homme, il lui dit qu'il était mort, la transporta sur le radeau, et se hâta de gagner le large.

Après douze heures d'efforts indicibles, ils atteignirent enfin la terre ferme, et se mirent en marche, emportant seulement leurs couvertures et leurs provisions. La nuit venue, ils firent du feu et se préparèrent à prendre quelque repos ; mais bientôt des hurlements épouvantables les réveillèrent, car la côte était infestée par les animaux féroces. Le nègre s'élança éperdu sur un arbre ; M\ :sup m\ :sup e Lacouture le suivit, bien que Viaud la suppliât de ne pas s'éloigner du feu. Bientôt il l'entendit appeler au secours : il courut vers sa compagne, armé d'un tison enflammé, et vit un ours énorme qui se dirigeait vers elle. Il parvint à effrayer la bête avec son tison, qui jetait des myriades d'étincelles, et ramena M\ :sup m\ :sup e Lacouture auprès du feu. L'ours alors se dirigea vers l'arbre où était le nègre, et essaya d'y grimper : Viaud lui jeta aussitôt quelques morceaux de bois enflammés et réussit ainsi à l'éloigner. Ils augmentèrent leurs feux, mais la frayeur les empêcha de dormir, et ce fut seulement le matin qu'ils pûrent goûter quelques heures de sommeil.

Vers midi, ils se remirent en marche ; mais ils furent forcés par leur faiblesse de s'arrêter au bout d'une heure et demie. Ils voulaient d'ailleurs faire des provisions de bois pour la nuit, et ils préparèrent en conséquence un grand feu, autour duquel ils disposèrent douze bûchers pour tenir les animaux à distance. Ils cherchèrent ensuite quelque nourriture ; mais ils ne trouvèrent rien, et durent se contenter de boire abondamment à une source voisine. La nuit se passa comme la précédente, sans danger, mais non sans terreur.

Le lendemain, la faim les tourmenta au point qu'ils essayèrent de calmer cette torture en dévorant des racines et même de la terre ; après une courte marche, ils furent encore forcés de s'arrêter. Pressés par le besoin, ils mangèrent en quantité des feuilles arrachées à un arbre et préparèrent leurs feux ; mais ces feuilles les rendirent tellement malades qu'ils restèrent comme privés de sentiment et ne se trouvèrent un peu mieux qu'après les avoir rendues avec des convulsions terribles. Toutefois leur prostration était telle qu'ils ne pouvaient même se traîner pour allumer les feux. La nuit venait, et déjà dans le lointain ils entendaient les cris des visiteurs nocturnes qu'ils redoutaient tant. La frayeur leur donna une nouvelle force ; ils se partagèrent la tâche, et se traînèrent auprès des bûchers qu'ils parvinrent enfin à allumer.

La nuit leur apporta quelque repos, et dès le matin ils reprirent leur route.

Il courut vers elle, armé d'un tison enflammé, et vit un ours énorme.....

cherchant toujours quelque nourriture... Ils n'apercevaient qu'une plaine
aride et déserte, et sur la gauche une forêt dont ils s'approchèrent, mais qui

ne leur offrit aucun fruit sauvage. Découragés par tant de misère, épuisés de fatigue et de faim, ils se laissèrent tomber à terre, désespérant de lutter plus longtemps contre cette horrible situation.

Leur perte, en effet, était inévitable : s'ils échappaient aux bêtes féroces, ne devaient-ils pas succomber aux misères d'un voyage dont ils ne prévoyaient pas le terme? N'étaient-ils pas surtout condamnés à mourir de faim dans cette région désolée où la terre ne leur offrait aucun aliment, où la mer même ne leur procurait aucune ressource? La plaine immense qui s'étendait devant eux était nue et dépouillée, et depuis quatre jours déjà ils n'avaient point mangé. Ce long jeûne, joint aux souffrances qu'ils enduraient depuis deux mois, les avait réduits à une faiblesse physique qui réagissait sur le moral, et achevait de leur enlever toute énergie. Ils étaient sous le coup d'une somnolence fiévreuse, et ressentaient les atteintes de ce délire qui précède la mort.

Dans cette horrible situation, les pensées les plus étranges vinrent les assaillir; Viaud surtout était obsédé par une idée qu'il essaya de combattre en vain. Son nègre gisait expirant à quelques pas de lui : ce corps déjà presque privé de vie, c'était une ressource affreuse, mais qui pouvait être le salut. L'humanité se révoltait contre un pareil calcul, mais les sophismes se pressaient pour le justifier dans l'esprit affaibli du capitaine. Ce nègre était sa propriété; il l'avait acheté pour son service, et certes jamais il ne pouvait lui être plus utile qu'en lui sauvant la vie. Fallait-il donc le laisser mourir et succomber auprès de lui? Ne pouvait-il, puisque leur perte à tous trois était certaine, abréger les souffrances du moribond, et prolonger par ce moyen désespéré sa vie et celle de sa compagne?

Pendant qu'il était en proie à ces réflexions terribles, regardant avidement celui qui en était l'objet, il porta involontairement son regard vers Mme Lacouture. Celle-ci avait sans doute deviné ce qui se passait chez Viaud : elle ne lui répondit que par un coup d'œil plus éloquent que toutes les paroles. Cédant alors à la tentation qui l'obsédait, le capitaine se lève brusquement, assomme le nègre avec le gros bâton noueux qu'il portait à la main, et met fin à sa courte agonie en lui coupant la gorge avec son couteau.

Toutefois, à la vue du sang, Viaud et Mme Lacouture reprirent quelque conscience d'eux-mêmes. Glacés d'horreur, ils s'éloignèrent d'abord de ce corps inanimé, et, se jetant à genoux, demandèrent à Dieu leur pardon et prièrent pour leur victime, dont ils ne songeaient plus à faire leur nourriture. Mais bientôt la faim reprit ses droits : ils allumèrent du feu et réparèrent leurs forces avec l'épouvantable mets qu'ils venaient de se procurer par un crime. Ils se décidèrent même à en tirer tout le parti possible, et pour cela ils coupèrent la chair en morceaux, les firent sécher et fumer au feu pour les conserver plus longtemps, et le lendemain matin se remirent en route, chargés de ces dégoûtantes provisions, qui leur assuraient au moins des vivres pour quelques jours.

Ils n'hésitèrent pas à s'engager dans le désert qui s'ouvrait devant eux. Leurs chaussures et leurs vêtements tombaient en lambeaux : ils s'avançaient avec une mortelle lenteur à travers les ronces, les épines et les joncs marins qui leur déchiraient les jambes. Parfois ils trouvaient sous le sable quelques coquillages et de petits poissons plats qu'ils perçaient avec un bâton pointu, et ces provisions, si chétives qu'elles fussent, leur paraissaient inestimables, et leur permettaient de varier un peu leur affreuse nourriture, qui maintenant leur inspirait un sentiment plus prononcé de dégoût et d'horreur. Tous les soirs ils s'entouraient de feux nombreux, pour éloigner les bêtes féroces; un soir, la faiblesse ne leur ayant pas permis de ramasser le bois nécessaire, ils imaginèrent de mettre le feu aux joncs qui couvraient le rivage. Ils y trouvèrent le double avantage de se préserver des animaux pendant la nuit et de voir, le lendemain, leur chemin débarrassé par l'incendie de tout ce qui l'obstruait auparavant. Deux serpents à sonnettes, surpris par le feu, tombèrent en leur pouvoir; ils mangèrent une partie de la chair et séchèrent le reste pour le conserver. Enfin, ayant rencontré un jour un caïman de douze pieds de long qui dormait, ils l'étourdirent d'abord à coups de bâton, lui enfoncèrent dans la gueule leur bâton pointu, à l'aide duquel ils le clouèrent à terre en lui perçant la gorge, et dans cette position achevèrent de l'assommer.

Cette capture périlleuse fut pour eux une bonne fortune. Après un premier repas, ils coupèrent la chair du caïman en tranches minces qu'ils firent sécher; ils employèrent la peau à se faire des chaussures et à s'envelopper les jambes, les mains et le visage, pour se préserver de la piqûre des insectes.

Tous ces soins leur prirent deux jours; mais au moins ils avaient désormais quelques ressources. Quand ils se remirent en marche, ils furent arrêtés, au bout d'une heure environ, par une rivière peu large à la vérité, mais profonde et très-rapide. Il fallut la remonter, afin de rencontrer un gué ou des eaux plus tranquilles. Le second jour, ils parvinrent à s'emparer d'une tortue qui pesait environ dix livres; mais leur joie fut de courte durée. Au moment de préparer leur souper, Viaud s'aperçut qu'il avait perdu sa précieuse pierre à fusil. Comment désormais se défendre du froid et des bêtes féroces? Comment faire cuire leurs aliments? Cette perte les jeta dans le désespoir.

Ils avaient marché ce jour-là pendant une heure et demie seulement : Viaud se décida à retourner sur ses pas, suivant exactement le même chemin et regardant attentivement la terre. Il arriva, sans avoir rien trouvé, au lieu de leur dernier campement. Là, il ne fut pas plus heureux : la nuit le surprit, et

Ils le clouèrent à terre... et dans cette position achevèrent de l'assommer.

il continua ses recherches en tâtonnant dans les herbes. Découragé et brisé de fatigue, il résolut de passer la nuit en cet endroit pour chercher encore le lendemain : il s'étendit donc pour dormir sur le tas de feuilles et de plantes qui leur avait servi de lit; puis, pensant que le silex pouvait s'y trouver, il se releva et se mit à déranger cet amas de feuilles poignée par poignée : ce travail infructueux l'occupa fort longtemps. Il ne lui restait plus d'espoir, lorsque, en portant la main au hasard sur l'endroit même d'où il venait d'enlever les herbes, il trouva ce qu'il cherchait.

Pendant cette pénible perquisition, la nuit s'était fort avancée. Viaud se hâta de retourner vers sa compagne, qu'il ne rejoignit guère que deux heures avant le jour; il faillit même dépasser l'endroit où elle était, et cela eût eu lieu s'il n'eût entendu un gémissement qui l'appelait dans cette direction. Mme Lacouture mourait de peur, et il est certain que, sur une côte peuplée de bêtes féroces, cette nuit passée sans feux leur eût été fatale à tous deux si les incendies qu'ils avaient allumés dans les grandes herbes les jours précédents pour faciliter leur marche n'avaient éloigné les animaux dangereux. Ils firent du feu, mangèrent un morceau de leur tortue et s'endormirent. Le jour ne les réveilla pas, car ils n'avaient pu reposer qu'à l'aurore.

Comme la rivière qu'ils côtoyaient ne paraissait pas devenir plus facile à traverser, ils résolurent de tenter le passage en cet endroit au moyen de quelques arbres flottants qu'ils lièrent ensemble pour en faire un radeau. Toutefois, comme le peu de solidité de cette embarcation et la rapidité du courant leur inspiraient des inquiétudes, ils prirent quelques précautions. Ils mirent leurs habits en paquet, pour n'être pas gênés dans leurs mouvements s'ils tombaient à l'eau, et s'attachèrent autour du corps leurs diverses provisions, afin de n'en être privés en aucun cas. Ces mesures étaient sages, car, à peine embarqués, ils furent emportés avec une rapidité effrayante par le courant, et, malgré les efforts de Viaud, ils ne touchèrent l'autre rive qu'à une demi-lieue de là. Encore n'abordèrent-ils pas sans encombre. Le radeau fut jeté sur un grand arbre flottant, les liens se brisèrent, et ceux qu'il portait tombèrent dans une sorte de gouffre. Viaud saisit sa compagne par les cheveux au moment où elle disparaissait, et parvint à la sauver en se traînant jusqu'à terre, soutenu par l'arbre qui avait causé leur naufrage. Il se remit ensuite à l'eau pour retirer leurs habits. Puis ils passèrent le reste de la journée et la nuit à se reposer en cet endroit.

Ils continuèrent leur route, mais leur état empirait tous les jours. Sans parler de la faiblesse à laquelle les réduisaient tant de privations, leur corps souffrait horriblement. Ils avaient à peine de quoi se couvrir: leurs jambes étaient déchirées par les ronces; les moustiques, les maringouins les tourmentaient, et leurs morsures continuelles avaient amené une enflure prodigieuse qui leur permettait à peine de marcher, ou de se relever quand ils s'étaient assis. Viaud avait même, pour ainsi dire, perdu la vue; cette demirécité provenait des ampoules qui lui entouraient les yeux. Un jour, il se sentit trop faible pour continuer sa marche, et, désespéré, il conseilla à sa compagne, qui avait mieux résisté que lui à tant de misères, de l'abandonner et de poursuivre seule le voyage en emportant toutes les provisions.

Mme Lacouture refusa énergiquement : elle lui déclara qu'elle ne se séparerait pas de lui, et qu'ils devaient se sauver ou périr ensemble. Puis elle se dirigea vers la mer, et revint bientôt rapportant une tortue. Ils eurent l'idée de se frotter le corps avec le sang de cet animal, et se trouvèrent un peu soulagés de l'ardente inflammation qu'avaient amenée les piqûres dont ils souffraient tant; mais la faiblesse de Viaud continuait; il resta couché à terre, résigné à mourir.

En ce moment, ils aperçurent une grosse poule d'Inde qui se retirait dans un taillis situé à quelque distance. Mme Lacouture s'éloigna pour tâcher de saisir cette poule, ou au moins de trouver ses œufs. Viaud, plongé dans une sorte de torpeur, l'attendit étendu auprès du feu. Au bout de quelque temps, il fut tiré de son engourdissement par des cris qui venaient du rivage. Il essaya de se lever pour appeler, mais il ne put y réussir : il acquit seulement la certitude que les cris partaient d'un canot qui longeait la côte. Il se désespérait de ne pouvoir attirer l'attention des voyageurs, lorsqu'un long morceau de bois se trouva par terre auprès de lui : il attacha au bout son bonnet et un lambeau de jupon de Mme Lacouture, et éleva en l'air cette espèce de drapeau. Cette fois on le vit, et le canot se dirigea vers la terre.

Quelques instants après, plusieurs hommes étaient auprès de lui. Soit faiblesse, soit saisissement, il ne put leur parler d'abord. On lui fit boire du tafia, et il sut alors donner quelques explications. Bientôt Mme Lacouture arriva, apportant la poule et les œufs : cette volaille, avec quelque viande fumée et du tafia, fit les frais du souper.

Les naufragés apprirent alors qu'on était au 6 mai; leurs libérateurs étaient des Anglais du détachement de Saint-Marc des Apalaches. Quelques jours auparavant, un sauvage ayant appris au commandant Sevettenham qu'il avait vu à la côte le cadavre d'un Européen (sans doute celui de Desclau ou de Lacouture), celui-ci avait envoyé un officier, nommé Wright, avec quatre hommes, pour explorer la côte et les îles voisines.

Tous s'embarquèrent le lendemain; mais Viaud était si faible qu'il fallut le porter dans le canot. On continua à visiter les îles, et, après douze heures de navigation, on arriva à celle où avait été abandonné, dix-neuf jours auparavant, le jeune Lacouture. Wright envoya à terre un soldat qui revint bientôt annoncer que le jeune homme était mort. On allait s'éloigner, mais Viaud insista pour obtenir au moins la permission d'enterrer leur malheureux compagnon : tout le monde descendit donc sur l'île, et Viaud se mit en prière, pendant que les soldats creusaient une fosse.

L'enfant était couché sur le ventre, le visage contre terre; son corps était d'un rouge hâlé et exhalait déjà une odeur cadavéreuse; il avait des vers autour de ses jarretières : c'était un spectacle hideux. Les soldats s'avancent pour le prendre, il retire la jambe; on le retourne, le cœur battait encore!... Aussitôt mille soins lui sont prodigués : on lui fait avaler du tafia mélangé d'eau, on lave ses plaies, on en tire les vers qui s'y étaient formés. Mme Lacouture, placée entre l'espoir et la crainte, était à moitié folle, et Viaud pouvait à peine la retenir, pour qu'elle ne dérangeât pas les Anglais saintement occupés de ce qu'elle avait de plus cher au monde.

Enfin le jeune homme revint à lui, pleurant, regardant tous ces étrangers, appelant sa mère et Viaud. On le transporta dans le canot, où on lui prépara un lit avec des vêtements; alors seulement on se rendit sur un autre point de l'île où deux soldats tuèrent trois outardes grasses pour le souper. Lacouture mangea un peu et dormit toute la nuit. Ce ne fut qu'à son réveil qu'il reprit entièrement connaissance : il ignorait absolument le temps qu'il avait passé seul, et croyait que ses compagnons ne l'avaient jamais abandonné; il se souvenait vaguement d'avoir éprouvé quelques malaises, à la suite desquels il ressentait le besoin de boire et de manger; mais il était si faible qu'il ne pouvait que se traîner vers les huîtres mises à sa portée et les ramasser avec sa bouche, car ses mains lui refusaient cet office.

Le même jour, 8 mai, le canot revint à Saint-Marc des Apalaches, et, dans ce trajet, les naufragés purent se convaincre qu'ils n'auraient pu se sauver s'ils avaient été jusqu'au bout réduits à leurs seules ressources. En effet, la côte forme des sinuosités nombreuses, et ils virent les embouchures de plusieurs rivières qu'ils n'auraient certainement pas pu franchir. Le commandant Scvettenham se montra plein d'humanité pour ces trois malheureux épuisés par quatre-vingt-un jours d'horribles misères. Pendant quelque temps, ils enflèrent d'une façon inquiétante; mais enfin ils parvinrent à se rétablir, Mme Lacouture la première, puis Viaud. Quant au jeune homme, sa guérison fut plus difficile et plus longue, mais enfin elle fut complète.

Pendant que les naufragés étaient au fort, le commandant de Saint-Marc reçut de son collègue de Passacole une lettre qui lui donnait des détails sur le perfide Antonio et les huit matelots du *Tigre* restés dans son île. Ceux-ci, voyant qu'il trahissait, avaient massacré en son absence sa sœur, sa mère et son neveu, et s'étaient emparés d'une petite pirogue. Cinq seulement, après avoir tiré au sort, avaient pu s'y embarquer; mais ils avaient péri sans doute, car on n'eut jamais de leurs nouvelles. Deux jours après, Antonio, de retour, avait tué les trois autres à coups de fusil, pour venger la mort de ses parents.

Au bout de treize jours, Viaud quitta Saint-Marc des Apalaches, où Mme Lacouture resta encore quelque temps afin d'achever de rétablir la santé de son fils, avec lequel elle se retira ensuite dans sa famille, à la Nouvelle-Orléans. Viaud se rendit d'abord à Saint-Augustin, puis à New-York, d'où il s'embarqua pour conduire à Nantes le navire *le Comte-d'Essex*. Il y arriva le 27 février 1767, et c'est en prolongeant son séjour dans cette ville qu'il écrivit la relation de ses malheurs. L'éditeur y a joint un certificat du commandant Sevelleaham qui ne permet point de douter de l'horrible misère dans laquelle se trouvaient les trois infortunés qu'il avait recueillis et sauvés.

(Extrait de la relation écrite par Viaud, et publiée à Bordeaux et à Paris, en 1780.)

DOUA-TARA

A LA RECHERCHE DU BLÉ

1787-1815

Nous suivons avec un vif intérêt les navigateurs célèbres qui vont, à travers mille dangers, conquérir pour nous les richesses d'un autre monde. Notre gratitude les accompagne. Que d'autres hommes ignorés auxquels une pensée de reconnaissance est due! Dans ce livre consacré spécialement à ceux qui ont le plus souffert, et qui se sont même vus momentanément retranchés de la société par les hasards de leur aventureuse existence, qu'on nous permette d'accorder une place à un pauvre sauvage d'autant plus digne de cet honneur qu'il poursuivait un grand et noble but. Doué d'une intelligence supérieure, il s'élève au-dessus des préjugés qui ont bercé son enfance ignorante, il se convertit spontanément au progrès, se constitue l'apôtre de la civilisation parmi ses grossiers compatriotes, et consacre sa vie presque entière à s'initier loin de sa patrie aux connaissances des Européens. Si ambitieuse que puisse paraître la comparaison, Pierre le Grand, charpentier de navires à Saardam, est le précurseur du chef anthropophage Doua-Tara; mais, plus heureux que lui, il n'a pas succombé à la fleur de l'âge, au moment de recueillir le fruit de ses longs travaux. Le séjour de notre sauvage dans une île déserte n'est qu'un épisode de sa vie si agitée : nous avons pensé, néanmoins, que cette aventure suffisait pour le faire entrer dans notre cadre, persuadés d'ailleurs qu'un homme si extraordinaire méritait d'être connu. Nous avons emprunté les détails qui vont suivre aux récits du révérend Marsden et à ceux des autres missionnaires anglais, qui ont trouvé en Doua-Tara le plus utile des auxiliaires lors de leur établissement à la Nouvelle-Zélande, dans les premières années de ce siècle.

On sait que la Nouvelle-Zélande se compose de deux grandes îles : Doua-Tara appartenait à celle du nord. Sa peuplade occupait quatre districts et habitait la Baie-des-Îles; il pouvait armer quatre cents guerriers. Au rapport des missionnaires anglais, c'était un homme d'une grande force physique, actif et vigoureux, en même temps qu'il était doux, affable et gracieux dans ses manières. Il avait une intelligence rapide, un discernement sûr, un solide jugement, un caractère également supérieur à la crainte et à la faiblesse. Ses rapports avec les Européens furent pour lui toute une révélation, et il ne vit dans son titre de chef qu'un moyen plus facile d'opérer les réformes qu'il rêvait. Il avait deux projets principaux : la fondation d'une ville régulière, à l'imitation des Européens, et l'introduction de l'agriculture dans les districts qui lui étaient soumis. Les Nouveaux-Zélandais montraient déjà un goût dominant pour le pain et le biscuit : il voulut se procurer du blé, non-seulement pour l'usage de son peuple, mais encore pour faire de ses récoltes un objet d'échanges avec les étrangers.

Dans cette double intention, Doua-Tara, fort jeune encore, n'hésita pas à quitter ses sujets et sa famille, et à venir chercher dans la société des Européens les ressources dont il avait besoin pour atteindre son but. En 1805, il s'embarqua comme simple matelot à bord du navire baleinier l'*Argo*, où il resta un an, puis sur l'*Albion*, autre baleinier, à l'équipage duquel il appartint pendant six mois. Il revint passer quelques mois au milieu des siens; au bout de ce temps, il repartit sur le baleinier *Santa-Anna*.

Ce navire se dirigea sur l'île Bounty et y déposa, pour tuer des phoques, quatorze hommes, dont deux Taïtiens, Doua-Tara et un de ses compatriotes embarqué avec lui. Le capitaine ne leur laissa qu'une petite quantité d'eau, un peu de pain et quelques salaisons, car il avait l'intention de venir les reprendre dans un très-bref délai. Les événements en décidèrent autrement : le *Santa-Anna* alla d'abord chercher des patates à la Nouvelle-Zélande, puis des porcs à l'île Norfolk. Mais en vue de cette île, le capitaine étant descendu à terre, le navire fut surpris par un coup de vent, emporté au large, et ne put, par suite des mauvais temps, regagner l'île qu'un mois plus tard.

Pendant ce temps, les quatorze hommes laissés sur l'île Bounty étaient en proie aux plus dures privations : malgré toute l'économie qu'ils avaient dû apporter dans l'usage de leurs provisions, ils se trouvèrent sans ressources au bout de deux mois à peine. Il leur fallut chercher leurs aliments sur ces côtes désolées, soit en abattant des oiseaux de mer, soit en tuant des phoques dont ils mangeaient la chair. Malgré la mauvaise qualité de cette nourriture, ils auraient pu cependant se soutenir encore s'ils n'avaient été cruellement tourmentés par la privation d'eau potable. En effet, on ne trouve point de sources dans l'île Bounty, et pour apaiser leur soif les malheureux étaient réduits à ramasser l'eau de pluie, qui était loin de suffire à leurs besoins. Doua-Tara supportait courageusement ces souffrances, grâce à son énergie, et aussi grâce au genre de vie frugale auquel il était habitué. Mais ses compagnons ne furent pas aussi heureux, et parmi eux deux Européens et un Taïtien succombèrent. Jusque-là, ils avaient cherché une distraction dans le travail et avaient tué environ huit mille phoques; de plus, ils avaient toujours été soutenus par l'espérance qu'un navire viendrait à leur recherche. Mais cette triple mort, jointe à des privations de chaque jour, acheva de les démoraliser. D'ailleurs le temps s'écoulait, et nul navire ne paraissait; enfin, cinq mois après leur arrivée dans l'île, le navire le *King-George* vint leur procurer quelque soulagement, et peu de jours après le *Santa-Anna* lui-même reparut et les reprit à bord.

Le navire allait retourner en Angleterre. Malgré les rudes épreuves qu'il venait de subir, Doua-Tara ne se rebuta pas. Il tenait à voir de près l'Angleterre, et à être admis en présence du roi Georges, qu'il espérait peut-être intéresser à ses projets de réforme. Il fut cruellement déçu dans ses espérances. Arrivé à Londres vers le mois de juillet 1809, il n'obtint que rarement la permission d'aller à terre; on l'empêcha sous mille prétextes de voir le roi, et même on refusa de lui indiquer le palais; puis, au bout de quinze jours, on l'embarqua de nouveau sur l'*Ann*, qui allait porter des convicts à la Nouvelle-Galles du Sud. Là ne devait pas s'arrêter cette série de mauvais procédés; le capitaine du *Santa-Anna* mettait le comble à son indigne conduite en refusant à notre Néo-Zélandais des habits et l'argent qu'on lui devait, sous prétexte que les armateurs le devaient payer à son retour à Port-Jackson en lui donnant des mousquets... Il ne reçut jamais ces armes. Le pauvre sauvage, isolé, sans amis, sans protecteurs, épuisé par ses souffrances récentes et par le chagrin de voir toutes ses espérances trompées, tomba gravement malade, et cette circonstance explique comment, ayant visité l'Angleterre, il ne tira point de son long voyage tout le profit qu'il en attendait. A bord de l'*Ann*, il se trouva avec le révérend Marsden, dont les soins et la bienveillance le rétablirent bientôt, et en février 1810 ils débarquèrent tous deux à Port-Jackson. Doua-Tara accompagna le missionnaire à Paramatta, et resta avec lui jusqu'au mois de novembre, étudiant avec ardeur l'agriculture.

A cette époque, il s'embarqua avec trois de ses compatriotes sur le baleinier le *Frederick*, dont le capitaine s'engagea à le conduire à la baie des Iles quand lui et ses compagnons l'auraient aidé à ramasser sa cargaison d'huile. La croisière dura six mois, et les sauvages travaillèrent activement; mais le capitaine, après les avoir amenés en vue de leur pays natal, dont deux milles à peine les séparaient, refusa de les débarquer avant qu'ils ne l'eussent encore accompagné à l'île Norfolk. Il leur fallut subir cette nouvelle exigence.

A l'île Norfolk, le débarquement est des plus dangereux pour les canots, en raison du ressac. Aussi le capitaine désigna Doua-Tara et ses trois compagnons pour aller chercher à terre du bois et de l'eau. Ils faillirent se noyer; car ils se virent un moment submergés sous quelques rochers creux qui bordent la côte. Quand le capitaine eut sa provision de bois et d'eau, il joignit l'inhumanité à toutes ses injustices et abandonna Doua-Tara, sans ressources, sur l'île avec deux de ses compagnons. Il devait être puni de cette trahison, et cela eut lieu, car quelques jours plus tard il fut tué dans un combat contre un navire américain qui s'empara de son bâtiment.

Heureusement le séjour de Doua-Tara sur l'île Norfolk ne fut pas de longue durée : il put regagner Port-Jackson à bord du baleinier l'*Ann*, et alla rejoindre le révérend Marsden à Paramatta. Celui-ci lui donna du blé, des instruments d'agriculture et divers outils, car le capitaine du *Frederick* avait enlevé à Doua-Tara tout ce qu'il possédait, et l'*Ann* transporta enfin le jeune chef dans son pays. Toutefois il n'y débarqua qu'après avoir, pour le prix de son passage, fait le service de matelot pendant toute la croisière, et elle dura cinq mois.

Revenu enfin parmi les siens, Doua-Tara se mit aussitôt à l'œuvre; il lui tardait de profiter des utiles connaissances qu'il avait acquises. Il apprit aux chefs du voisinage que c'était avec le froment que les Européens fabriquaient le biscuit, leur enseigna la manière de le cultiver, et en donna à plusieurs de ses amis, à six des principaux habitants et à son oncle Shongui, chef puissant qui armait six cents guerriers (¹). Le blé, mis en terre, poussa très-bien; mais les sauvages, impatients de jouir de leur récolte, l'arrachérent avant qu'il ne fût mûr, croyant trouver du grain à la racine des tiges, comme cela a lieu à l'égard des patates. Déçus dans leur espoir, ils raillèrent Doua-Tara et l'accusèrent d'imposture. Celui-ci ne se découragea pas : il récolta son blé, ainsi que celui de Shongui, qui seul n'avait pas arraché les épis, et il battit sa récolte. Il essaya ensuite de fabriquer de la farine, mais, n'ayant qu'un moulin à bras trop petit, il ne put y réussir. Il écrivit alors au révérend Marsden pour lui demander un moulin, des pioches et de nouvelles semences. Celui-ci en envoya, mais le navire, capturé par les insulaires de Taïti, n'arriva pas à sa destination.

Doua-Tara ne se rebuta point; il continua pendant cinq ans la lutte courageuse qu'il avait à soutenir contre la routine et l'ignorance de ceux qui l'entouraient. Enfin le brick l'*Active*, appartenant aux missionnaires, lui apporta un tamis, un moulin d'acier et de nouveaux instruments d'agriculture. Alors

(¹) Dumont d'Urville nous a conservé de précieux renseignements sur cet homme extraordinaire, plus guerrier qu'il n'était législateur. Il se considérait comme le Napoléon de la mer du Sud et se faisait appeler *Raki Bonapati*.

Habillé à l'européenne, l'épée au côté, entouré de sa garde armée, il exerçait
la plus salutaire influence sur ses compatriotes.

il réussit complétement, et les chefs ses compagnons, persuadés enfin par son succès, réclamèrent le blé nouvellement apporté, afin de le semer à leur tour. Doua-Tara résolut de venir avec l'*Active* à Port-Jackson pour chercher de nouveaux ustensiles aratoires, et il partit malgré les menaces des prêtres qui lui prédisaient que sa femme mourrait s'il s'éloignait de l'île. La superstition ne put l'arrêter, et nous n'avons pas besoin de dire qu'il vit à son retour sa femme en bonne santé. Il se trouva alors en mesure de recueillir le fruit de ses longs travaux.

Les missionnaires étaient revenus avec notre jeune chef à la Baie-des-Îles, sur l'*Active* : ils trouvèrent en lui l'appui le plus efficace pour leurs plans de colonisation. Par son intermédiaire, ils parvinrent à conclure la paix entre plusieurs peuplades qui étaient en lutte continuelle. Ce fut lui aussi qui prévint le retour des scènes de meurtre qui avaient souvent ensanglanté les îles, quand les Européens avaient voulu maltraiter les indigènes. Doua-Tara eut assez d'influence sur ses compatriotes pour les déterminer à porter leurs griefs devant le gouverneur de la Nouvelle-Galles du Sud, au lieu de se venger eux-mêmes. Il disait au révérend Marsden : « Maintenant je viens d'introduire la culture du blé à la Nouvelle-Zélande; en deux ans d'efforts, la Nouvelle-Zélande deviendra une contrée importante; je pourrai exporter du blé à Port-Jackson pour l'échanger contre des pioches, des haches, des bêches, du thé, du sucre, etc. » Pénétré de cette idée, il s'arrangeait d'avance avec son peuple pour opérer des cultures très-étendues, et dressait le plan de la ville qu'il voulait bâtir régulièrement sur un plateau dominant la baie. Habillé à l'européenne, l'épée au côté, entouré de sa garde armée, il exerçait la plus salutaire influence sur ses compatriotes, et paraissait réellement appelé à changer la face de ce pays.

On était au mois de février 1815; dans les derniers jours du mois, il fut pris de violentes douleurs d'entrailles, et mourut le 1er mars, à peine âgé de vingt-huit ans. Sa femme se pendit le lendemain à un arbre voisin, et fut déposée à ses côtés. Dans le lieu où il voulait bâtir sa ville, une demi-acre de terrain a été consacrée à sa mémoire; il est défendu d'y couper un seul arbre, ni même un buisson, et nul pas humain ne doit désormais fouler ce sol. Doua-Tara n'a pu voir l'accomplissement de son œuvre, mais ses descendants ont recueilli le fruit de ses travaux : les Nouveaux-Zélandais ont eu en lui leur Cécrops et leur Triptolème, et l'on ne peut s'empêcher d'admirer, chez un pauvre sauvage, cette énergie, cette force de volonté, cette abnégation qui a inspiré tant de sacrifices et qui a valu au pays tant de prospérité.

ADAMS

1790

Au mois de décembre 1787, le sloop de guerre la *Bounty*, commandé par le capitaine Bligh, fut chargé par le gouvernement anglais d'aller chercher à Taïti des plants de l'arbre à pain, pour les transporter aux Indes occidentales. Arrivé devant l'île en octobre 1788, Bligh partit pour sa destination le 4 avril 1789. Dans la nuit du 27 au 28 du même mois, une révolte qui éclata à bord, sous les ordres de Fletcher Christian, lieutenant du bâtiment, vint interrompre le voyage. Cette révolte, qui ne pouvait s'excuser devant la rigueur des lois militaires, paraît cependant avoir été provoquée et presque justifiée par la conduite du capitaine de la *Bounty*. Bligh était un homme dur et qui même parfois se montrait impitoyable : pendant toute la durée du voyage, il avait souvent mécontenté ses subordonnés en retranchant sans nécessité quelque chose aux rations, et en diminuant, de la façon la plus arbitraire, tantôt les vivres, tantôt l'eau-de-vie ou les provisions fraîches qu'on se procurait à terre. La moindre plainte, la faute la plus légère, étaient suivies d'un châtiment rigoureux ; les officiers mêmes n'étaient pas à l'abri de ses insultes. Peu de temps après avoir quitté Taïti, Bligh traita Christian de poltron, parce que celui-ci conseillait de ne pas descendre sans armes au milieu des indigènes d'Anamooka. Trois ou quatre jours après, il l'accusa publiquement de lui avoir volé quelques noix de coco qui lui manquaient. Poussé à bout par tant de griefs, Christian résolut de quitter le navire cette nuit même, et il engagea quelques-uns de ses amis à l'accompagner.

Malgré leur refus, il se construisit un radeau, et à quatre heures du matin, seul avec les hommes de quart dont il était sûr, il se prépara à exécuter son projet. Ses compagnons essayèrent en vain de le dissuader de cette périlleuse entreprise; quand ils le virent prêt à s'éloigner, plusieurs d'entre eux se préparèrent à le suivre. Ils allaient partir, quand tout à coup Martin, l'un d'eux, ouvrit un nouvel avis : c'était de s'emparer du navire et d'en devenir les maîtres, au lieu de confier leur vie à une fragile embarcation.

Cet avis obtint l'assentiment de tous les hommes qui étaient sur le pont. Ils descendirent pour éveiller ceux sur lesquels ils croyaient pouvoir compter, puis, quand ils se virent assez forts, ils s'emparèrent de Bligh et de tous les marins qu'ils pouvaient supposer déterminés à le défendre.

Ils mirent ensuite la grande embarcation à la mer, et y déposèrent des voiles, des outils, une boussole, un quart de cercle, trente-deux livres de porc, cent cinquante livres de pain, cent vingt-cinq litres d'eau, six litres de rhum, six bouteilles de vin, des haches et des sabres, puis ils firent descendre dans la chaloupe le capitaine, le second, le chirurgien, le botaniste et quinze hommes de l'équipage. Toutefois, ils ne leur donnèrent pas d'armes à feu. Ces malheureux parvinrent à gagner Coupang, dans l'île de Timor, après quarante-huit jours de privations et de souffrances inouïes.

Maîtres du navire, les révoltés tinrent conseil sur la conduite qu'ils avaient à suivre. Ils ne se dissimulèrent pas la gravité de la position dans laquelle ils se trouvaient, et connaissaient assez la puissance de la Grande-Bretagne pour être convaincus que les lois de la discipline militaire viendraient les poursuivre jusque dans cet autre univers. S'ils étaient pris, ils ne pouvaient se faire d'illusion sur le sort qui les attendait. Ils résolurent donc de se mettre en sûreté en cherchant dans ces mers quelque île inconnue où ils passeraient le reste de leur vie. Jetant par-dessus bord la plupart des plantes qu'ils emportaient, ils n'en gardèrent que quelques-unes, pour s'en servir dans le cas seulement où leur future résidence ne produirait pas l'arbre à pain, puis ils changèrent la route indiquée et arrivèrent bientôt à Toubouaï.

Cet endroit leur parut propre à leurs desseins : ils y débarquèrent, malgré quelques démonstrations hostiles de la part des naturels. Cette attitude des insulaires contrariait le projet qu'ils avaient formé de fonder une colonie : ils se rappelèrent le bon accueil qu'ils avaient reçu à Taïti, et se déterminèrent à y faire un voyage pour en ramener un certain nombre d'indigènes. Les femmes devaient leur donner des épouses ; les hommes aideraient à cultiver la terre et à établir des relations amicales avec les habitants de Toubouaï.

Toutefois ils se gardèrent bien de révéler la vérité à leurs hôtes : ils leur dirent qu'ils avaient découvert une île qu'on voulait peupler, et que Bligh y était resté, envoyant Christian avec le navire pour se procurer des cochons, des poules, des ignames, des chèvres, etc. Les Taïtiens leur fournirent toutes ces provisions, huit hommes et une dizaine de jeunes garçons contractèrent un engagement pour aller fonder la nouvelle colonie, mais nos marins fugitifs ne purent décider que neuf femmes à les suivre.

Revenus à Toubouaï, ils engagèrent la *Bounty* au milieu des rochers et des récifs, le plus loin possible, afin qu'on ne pût les y poursuivre, puis ils construisirent un fort pour se mettre à l'abri des agressions des insulaires, et au besoin pour résister aux Européens s'ils étaient découverts dans leur retraite et si l'on prétendait les arrêter.

La tranquillité ne fut pas de longue durée dans la colonie naissante : les révoltés de la *Bounty* étaient, y compris Christian, au nombre de vingt-cinq.

Ils attaquèrent les sauvages à l'improviste et en tuèrent un grand nombre.

N'ayant pu ramener que huit femmes de Taïti, ils essayèrent de s'en procurer d'autres à Toubouaï, et ces tentatives amenèrent des luttes dans lesquelles plusieurs des naturels périrent. Ces violences déterminèrent les indigènes à chercher un moyen de se débarrasser des Européens, et ils formèrent le projet de les surprendre et de les massacrer tous pendant qu'ils seraient au travail. Heureusement que les Taïtiens, qui communiquaient avec eux, découvrirent le complot et en avertirent les Anglais. Ceux-ci résolurent de prévenir l'attaque dont on les menaçait : ils fondirent sur les sauvages à l'improviste et en tuèrent un grand nombre.

Ce succès assura de nouveau leur sécurité, mais leur enleva tout espoir de fonder un établissement durable, puisqu'ils ne pouvaient se procurer d'épouses parmi les indigènes. Dans cette situation, une partie des révoltés se décidèrent à retourner à Taïti, où ils savaient qu'une hospitalité plus bienveillante les attendait, et, sur leurs vives instances, Christian les y conduisit en novembre 1789. Seize hommes restèrent dans cette île, après avoir reçu leur part de tout ce qui pouvait se partager sur le navire. Ils n'eurent pas d'abord à se repentir de leur nouvelle position, mais un événement facile à prévoir vint les arracher à leur exil volontaire. Le 23 mars 1791, le navire de guerre la *Pandore,* envoyé à leur poursuite, mouilla dans la baie de Matavaï. Trois seulement d'entre eux se constituèrent d'abord prisonniers. Parmi ces transfuges, Heyword et Stewart avaient été aspirants à bord de la *Bounty.* Les autres s'enfuirent dans les montagnes du sud-ouest de l'île, mais ils furent poursuivis et forcés de se rendre à discrétion. Deux, Churchill et Thompson, étaient morts depuis leur retour dans l'île : le premier, devenu chef d'un district, avait excité la jalousie du second, qui l'avait assassiné et avait ensuite été tué lui-même par les insulaires en punition de son crime. Le crâne de Thompson fut porté à bord de la *Pandore,* qui emmena les quatorze autres révoltés. Mais elle fit naufrage, le 29 août, sur un récif de corail, près de la Nouvelle-Hollande. Quatre des révoltés et trente matelots périrent dans ce sinistre. Les dix autres, amenés en Angleterre, furent mis en jugement. Quatre furent acquittés, et six condamnés à mort. On gracia trois de ces derniers, parmi lesquels se trouvait l'aspirant Pierre Heywood, qui n'avait que seize ans lors de la rébellion, et qui, rentré immédiatement dans la marine, devint un officier fort distingué.

Cependant Christian était resté avec huit de ses compagnons à bord de la *Bounty.* Il quitta de nouveau Taïti, emmenant dix-huit indigènes, parmi lesquels il y avait douze femmes. Onze de ces femmes étaient mariées, deux à des naturels, les neuf autres aux Européens. Après avoir erré quelque temps sans but fixe, notre capitaine improvisé trouva dans les livres du commandant Bligh un exemplaire du *Voyage autour du monde,* de Carteret, où ce navigateur parlait de la petite île de Pitcaïrn, vue par lui le 2 juillet 1767, et, malgré le tableau peu rassurant que l'habile marin faisait de cet îlot perdu au milieu de l'Océan, le chef des révoltés de la *Bounty* résolut de s'y retirer définitivement avec ses compagnons. Ceux-ci ayant donné leur assentiment à ce projet, ils firent route vers l'île et y arrivèrent au mois de janvier 1790.

Pitcaïrn, avec sa ceinture de rochers et de récifs, était bien le séjour qui convenait à ces Robinsons volontaires en quête d'une retraite ignorée. Ils n'y trouvèrent d'autres êtres vivants que des oiseaux et des rats; l'île était couverte de cocotiers et d'arbres à pain; d'ailleurs ils apportaient de Taïti quantité de graines, ainsi que des chèvres, des poules et des cochons. Ils avaient donc non-seulement des provisions abondantes pour l'avenir, mais encore le superflu ne devait pas leur manquer, puisqu'ils pouvaient cultiver le tabac et la canne à sucre. Enfin le poisson que la pêche leur procura vint encore augmenter leurs ressources.

Une circonstance seulement les effraya d'abord, car ils se souvenaient de

Des restes de moraïs, des *Tii-Oni* de dix à douze pieds de haut.....

leur mésaventure à Toubouaï, et voulaient s'établir autant que possible dans un endroit dont ils fussent les seuls habitants : en parcourant l'île, ils trouvèrent dans la partie septentrionale des piliers et d'autres vestiges de constructions. Des trous et des pierres noircies indiquaient que l'on avait pratiqué en ce lieu des fours où l'on avait fait du feu, mais le tout était d'une telle vétusté qu'il fallait quelque attention pour reconnaître ces débris. Des restes de moraïs, des *Tii-Oni* de dix à douze pieds de haut, élevées sur des plates-formes en pierre, vinrent encore augmenter leurs craintes (¹); mais

(¹) On désigne sous ce nom certaines statues d'un travail grossier qu'on a rencontrées également à l'île de Pâques, à Lybuaï et à Laïvaï : ce sont les génies de la plage, destinés à arrêter les sables.

une visite complète de l'île les convainquit que toutes ces ruines appartenaient à une époque bien antérieure à leur arrivée, et qu'ils n'avaient plus de concurrents sur ces rivages.

Ils enlevèrent au navire tous les objets qui pouvaient leur être de quelque utilité, et, le troisième jour, Christian, voulant fixer à jamais leur commune destinée, ordonna de mettre le feu à la *Bounty*. Elle brûla à fleur d'eau, et vint ensuite s'échouer entre les rochers, près de terre.

Pendant les trois ou quatre premières années, les Anglais furent très-heureux dans leur retraite; seulement ils eurent le tort de traiter durement et presque en esclaves les Taïtiens qui avaient consenti à les suivre comme travailleurs. Ceux-ci étaient dans des dispositions d'esprit assez fâcheuses, quand une dernière injustice plus criante que les autres vint achever de les irriter. L'un des Européens, Matthieu Quintal, ayant perdu sa femme, voulut la remplacer par une de celles des Taïtiens, et ses compagnons ne désapprouvèrent pas cette exigence. Les Taïtiens indignés formèrent un premier complot que les femmes révélèrent dans leurs chants et qui fut déjoué; mais quelque temps plus tard, s'étant emparés de quelques armes à feu, ils saisirent le moment où les Européens travaillaient aux défrichés et les attaquèrent. Christian et quatre autres furent tués; Young, Koy, Quintal et Adams parvinrent à s'échapper dans les bois, ce dernier blessé d'une balle au cou.

Satisfaits de leur vengeance, les Taïtiens reprirent avec eux Young et Adams, et ne poursuivirent pas Quintal et Koy dans leur retraite. Mais la scène sanglante qui venait d'avoir lieu amena des représailles. Les femmes que ce massacre avait privées de leurs maris firent cause commune avec les Européens qui avaient survécu, et la mort de tous les Taïtiens fut résolue. On les tua pendant leur sommeil, et il ne resta sur l'île que les quatre Anglais, dix femmes et quelques enfants.

Ceux-ci vécurent en bonne intelligence pendant quelque temps, mais bientôt quelques-unes des Taïtiennes s'ennuyèrent: elles formèrent le projet de se défaire des Anglais et de quitter l'île. On déjoua cette tentative; toutefois, comme elles persistaient dans leur désir de s'éloigner, on leur construisit une pirogue qui fut chargée de provisions. Ces femmes allaient partir, quand heureusement la pirogue chavira; cet accident les sauva de la mort presque inévitable qui les attendait dans un pareil voyage.

Vers cette époque, 1796, Koy, qui avait été autrefois employé dans une distillerie, eut la malheureuse idée de convertir en alambic une chaudière de cuivre provenant de la *Bounty*, et de fabriquer avec le ti (*Dracæna species*) une iqueur forte qui amena de nouveaux malheurs. Il était toujours ivre, ainsi que Quintal, et un jour, dans un accès d'aliénation mentale, il se précipita du haut d'un rocher dans la mer. Cette catastrophe eut du moins un bon résultat : elle fit abandonner la distillerie.

Peu de temps après, Quintal perdit sa seconde femme. Au lieu de la remplacer par une de celles qui étaient libres, il voulut contraindre un de ses compagnons à lui céder la sienne, et le menaça même de mort. On se souvient que déjà de pareilles prétentions, de la part de ce même Quintal, avaient été la cause de tous les massacres. Adams et Young, voyant qu'ils étaient sérieusement en danger, tinrent conseil, et se crurent en droit de se défaire de ce misérable : ils le surprirent et le tuèrent à coups de hache.

L'histoire de cette petite colonie de Pitcaïrn est, comme on le voit, plus féconde en crimes à ses débuts que celle de beaucoup de grands États. Heureusement, nous allons enfin quitter ces scènes odieuses, et nous n'aurons plus sous les yeux que des tableaux dont le caractère calme et paisible contraste étrangement avec tout ce qui précède.

Il ne restait plus que deux Anglais : Young et Alexandre Smith, plus connu sous le nom d'Adams. Tous deux changèrent de manière de vivre, réformèrent leurs habitudes, et se consacrèrent au bien-être, à l'amélioration morale surtout de la colonie. Young, qui avait reçu quelque instruction, entreprit l'éducation des enfants; mais il était d'une faible santé, et, au bout d'un an à peine, il mourut dans les bras de son compagnon. Cette mort laissa, vers l'an 1800, Adams, parvenu alors à l'âge de trente-six ans, seul chef de la colonie.

Il continua l'œuvre qu'il avait commencée avec Young. Il ne possédait qu'une Bible et quelques livres de piété, restes des objets enlevés à la *Bounty*. Peu instruit lui-même, Adams s'instruisit en enseignant les autres; il apprit des prières aux enfants, leur fit lire la Bible, et la leur expliqua dans toute sa simplicité, en donnant la fraternité pour base à ses divers enseignements. Quand ils connurent la religion, quand ils surent pratiquer la lecture et l'écriture, c'est-à-dire tout ce qu'il connaissait lui-même, il continua à se montrer pour eux un père tendre et vigilant, bien que, sur les dix-neuf enfants qui se trouvaient dans l'île, pas un seul ne fût à lui. Ce fut plus tard seulement qu'il eut des enfants d'une seconde femme.

Cette vie toute patriarcale de l'ancien révolté de la *Bounty* toucha les navigateurs qui les premiers, après de longues années, se trouvèrent en rapport avec la colonie. Près de vingt ans s'écoulèrent, pendant lesquels on ignora en Europe le sort de Christian et de ses derniers compagnons. En 1808, le *Topaz*, capitaine Folger, visita l'île. Adams n'hésita pas à se faire connaitre au capitaine, qui instruisit le gouvernement anglais de ces détails,

Il apprit des prières aux enfants, leur fit lire la Bible, et la leur expliqua.....

mais sans qu'on parût y faire attention. En 1814, le *Briton*, commandé par
Staines, mouilla devant Pitcaïrn, et le capitaine adressa à l'amirauté un rapport des plus favorables sur Adams et sur la moralité de son petit peuple.

A cette époque, il ne restait des premiers colons qu'Adams et sept femmes de Taïti. Trente-huit autres individus étaient nés sur l'île. L'aîné était un beau jeune homme de vingt-cinq ans, nommé Mardi-Octobre Christian, fils d'une Taïtienne et du lieutenant de la *Bounty*. Tous parlaient à la fois l'anglais et la langue harmonieuse de la métropole de la mer du Sud. Adams offrit de se constituer prisonnier et de revenir en Angleterre si on l'exigeait, mais on l'assura qu'il n'avait rien à craindre et qu'on ne l'arracherait pas à son île.

A la suite du rapport du capitaine Staines, Pitcaïrn fut visitée par plusieurs bâtiments. En 1824, un navire amena un Anglais, nommé Buffet, qui demanda à rester dans l'île, comme maître d'école. Adams, peu instruit et déjà vieux, y consentit. Buffet fit d'abord quelque bien, mais il paraît n'avoir pas tardé à choquer par sa conduite la sévère moralité des bons insulaires.

En 1825, le capitaine Beechey, commandant le navire de guerre le *Blossom*, trouva sur cette terre bénie soixante-six habitants. Adams eut l'imprudence de lui confier ses craintes touchant l'avenir de la colonie, qui lui paraissait devoir se trouver bientôt trop nombreuse pour vivre sur l'île. Cette inquiétude du vieillard fut, six ans plus tard, la cause d'un véritable malheur pour ceux auxquels il s'intéressait tant.

En 1829, Pitcaïrn reçut la visite de Moerenhout, qui y séjourna à deux reprises différentes. L'île venait alors de recevoir deux nouveaux habitants, dont l'un devait exercer une puissante influence sur l'avenir de la colonie.

Ce réfugié était Georges Hunn Nobbs, né en Irlande en 1797, et successivement officier de marine au service de l'Angleterre et du Chili. Après de longues et périlleuses aventures, Nobbs, séduit par ce qu'il avait appris de la réputation des habitants de Pitcaïrn et des charmes de leur île, résolut d'aller y chercher une retraite. Il s'embarqua à Callao avec un patron de chaloupe nommé Bunker; tous deux, après quarante-deux jours de navigation sur un frêle esquif, arrivèrent à Pitcaïrn, le 15 novembre 1828. Bunker, malade et souffrant, mourut bientôt; Nobbs, s'occupant des fonctions de ministre et de maître d'école, ne tarda pas à gagner la confiance des insulaires et s'en montra digne.

Le 5 mars 1829, Adams mourut, âgé de soixante-six ans, au milieu des habitants de la colonie, dont il emporta les regrets. Il fut remplacé par Édouard Young, surnommé Tati, jeune homme ferme et sensé qui maintint l'ordre et la moralité parmi ses administrés.

Tout allait donc pour le mieux dans la petite société, quand, le 7 mars 1831, un incident inattendu vint troubler cette tranquillité. Les craintes manifestées par Adams au capitaine Beechey, en 1825, avaient touché ce brave marin dont

Adams entouré de sa famille.

la science d'ailleurs est si connue.; il s'était fait, auprès du gouvernement britannique, l'interprète des inquiétudes du patriarche de Pitcaïrn. L'amirauté s'intéressa à la colonie, qu'on lui représentait comme reléguée sur un sol insuffisant pour la nourrir dans un avenir peu éloigné, et elle donna l'ordre à Port-Jackson d'expédier un bâtiment de guerre et un transport pour emmener les habitants à Taïti, que l'on regardait comme le lieu le plus propre à les recevoir.

L'arrivée de ces deux navires consterna les Pitcaïrniens : instruits de la démarche d'Adams, ils avaient depuis longtemps écrit en Angleterre pour demander qu'on ne les arrachât pas à leur île chérie; mais leur lettre n'était point arrivée à destination. Ils n'osèrent refuser de partir sur ces bâtiments dont l'envoi attestait la sollicitude du gouvernement anglais à leur égard, mais ils s'embarquèrent avec désespoir, et après avoir supplié qu'on leur promît de les ramener à Pitcaïrn s'ils ne se trouvaient pas bien à Taïti.

Ils arrivèrent le 24 mars dans leur nouvelle résidence, au nombre de quatre-vingt-sept individus. Ils furent débarqués à Papeiti, où ils restèrent quelques jours, nourris aux frais du gouvernement anglais, puis ils partirent pour Papaoa, district de la Reine, au nord de l'ile, où on leur avait cédé des terres. Mais, dès l'instant de leur débarquement, ils avaient été saisis de dégoût et d'horreur en voyant la licence de leurs nouveaux compatriotes. Les mœurs des insulaires les blessèrent profondément, et, leur répugnance ne faisant que s'accroître, ils revinrent bientôt à Papeiti, et s'y logèrent tous ensemble, pour éviter autant que possible le spectacle scandaleux qui les entourait.

Découragés, ne sachant que devenir, ils se laissèrent aller à la nostalgie, et bientôt plusieurs moururent. On reconnut la nécessité de les rendre à leur île. Moerenhout, le premier, trouva moyen d'en renvoyer douze sur une goëlette qu'il avait frétée, afin que ceux-ci pussent aller, jusqu'au retour des autres, conserver les plantations et les animaux. Peu de temps après, les missionnaires et les résidents européens se cotisèrent pour payer, sur un bâtiment américain, le passage du reste de la colonie. Ces bonnes gens partirent le 14 août, après avoir perdu douze d'entre eux. A leur débarquement, ils ne trouvèrent que dix de ceux qui les avaient précédés · Robert Young et un fils de Christian étaient morts dans la traversée. Trois autres moururent encore les jours suivants, ce qui porta à quinze le nombre total des insulaires emportés par la nostalgie ou le voyage. De plus, leurs porcs, étant devenus sauvages pendant leur absence, dévastaient leurs plantations : il fallut leur donner la chasse et les détruire. Aussi les Pitcaïrniens se promirent-ils bien de ne plus jamais quitter leur île, à moins qu'on ne les en arrachât par la force

Pendant quatorze ans, rien ne vint troubler la tranquillité de la colonie mais, le 16 avril 1845, une tempête épouvantable y causa d'affreux ravages La mer, soulevée par l'ouragan, emporta un terrain planté d'ignames, déra cina trois cents cocotiers, rasa toutes les plantations de grands végétaux détruisit quatre mille bananiers, et enfin brisa plusieurs embarcations; dans beaucoup d'endroits, la pluie, tombant à torrents, avait entraîné la terre végétale qui recouvrait les rochers; l'île si riante était devenue méconnaissable Les habitants parvinrent à réparer en partie le désastre, grâce à l'énergie et aux paternels encouragements du ministre Nobbs. Celui-ci, qui a épousé une petite-fille de Christian, jouit parmi les insulaires d'une influence incontestée, en raison de ses triples fonctions de ministre, d'instituteur et de médecin. Aussi, en 1847, ses administrés adressèrent-ils au gouvernement anglais une pétition pour faire régulariser la position de leur bienfaiteur Cette demande fut prise en considération, et le contre-amiral Moresby vint, le 7 août 1852, sur le *Portland,* chercher M. Nobbs, qu'il ramena en Angleterre A Londres, le ministre pitcaïrnien reçut le meilleur accueil; l'évêque de la grande cité lui conféra la prêtrise, le 30 novembre 1852, dans l'église de Fulham, avec le titre de chapelain de Pitcaïrn; la reine et le prince époux l'accueillirent affectueusement au château d'Osborne, et il reçut une foule de cadeaux destinés à la colonie, tels que pièces d'argenterie pour le service divin, une cloche pour l'église, des horloges, des médicaments, des vêtements, des outils, des meubles, des ustensiles de cuisine et des approvisionnements de toute espèce. Depuis son départ, on a même expédié pour Pitcaïrn un petit orgue, des rosiers, des myrtes, etc.

D'après les derniers renseignements, Pitcaïrn compte aujourd'hui une population de cent soixante-dix individus, divisés en vingt-deux familles qui ont partagé le sol de l'île en terrains égaux. L'autorité se compose d'un magistrat principal, élu par le suffrage universel le 1ᵉʳ janvier de chaque année, et assisté de deux conseillers choisis l'un par le peuple, l'autre par le magistrat lui-même. En cas de contestations, le magistrat juge avec ses deux conseillers; s'il ne peut terminer le différend, on fait appel à un jury de sept membres, et si ce nouveau tribunal est lui-même impuissant, on renvoie l'affaire à la décision du capitaine du premier navire de guerre qui aborde à l'île. Les spiritueux sont formellement interdits; la propriété est l'objet d'un scrupuleux respect; le costume des insulaires est simple et de bon goût; tout le monde est d'accord sur les sentiments religieux et la moralité de cette petite population. En un mot, l'îlot de Pitcaïrn, perdu au milieu des immenses vagues de l'océan Pacifique, est une terre fortunée dont les habitants, par leurs mœurs patriarcales, pourraient servir d'exemple à plus d'un pays civilisé (¹).

Christian a été immortalisé par les vers de lord Byron; mais l'île charmante où il se réfugia a été quelque peu oubliée, et nous avons voulu rappeler ici les catastrophes dont elle fut le théâtre. L'innocence de ses habitants eût certainement charmé Jean-Jacques, et de préférence à l'île de Tinian il eût évoqué son souvenir pour peindre l'indicible besoin de repos qu'exprimait son âme tourmentée. Il ne fut donné cependant qu'à un seul navigateur de voir cette peuplade heureuse dans sa primitive ignorance : lorsque sir Thomas Staines aborda pour la première fois ces heureux rivages, un spectacle bizarre, et qui peut-être ne se renouvellera jamais, s'offrit à ses yeux. Ces bons insulaires parlaient correctement une des langues les plus cultivées de l'Europe. C'était en anglais qu'ils remerciaient Dieu des biens que leur prodiguait leur île; mais sur le vaste monde ils n'avaient pas les simples notions que possède chez nous un enfant. A bord du *Briton*, lorsqu'ils vinrent à contempler pour la première fois une vache, les fils de Christian discutèrent gravement sa qualité. Était-ce une chèvre énorme, un cochon gigantesque armé de cornes? Nul d'entre eux ne pouvait résoudre ce problème. Ces scènes amusantes avaient lieu bien avant le grand voyage. Nous ne jurerions pas qu'aujourd'hui Pitcaïrn n'eût une imprimerie et son journal.

(¹) Pitcaïrn ne pouvait malheureusement nourrir ses heureux habitants; ce territoire restreint était devenu insuffisant pour sa population croissante; les dernières nouvelles nous apprennent qu'elle a été répandue en partie sur d'autres îles de la mer du Sud.

LES ROBINSONS

DE L'ILE TRISTAN DA CUNHA

1793-1824

Ce petit archipel, si peu favorable à une colonisation régulière, si propre en même temps à recevoir quelques solitaires dégoûtés du monde, fut trouvé aux premiers temps des grandes explorations portugaises. Tristan da Cunha était un noble chevalier de la cour du roi Emmanuel ; c'était aussi un de ces esprits aventureux et intelligents à la fois, comme le Portugal en comptait un si grand nombre alors. Tantôt il allait, par ordre de son souverain, porter au pape Léon X le premier or des Indes orientales dont on fit hommage à la cour de Rome, et il effaçait par son faste les ambassadeurs des autres puissances chrétiennes ; d'autres fois il naviguait à l'aventure dans l'océan Indien, en quête des îles inhabitées. La ville éternelle n'a gardé qu'un bien faible souvenir du seigneur fastueux. Ces îles sablonneuses sur lesquelles se dresse un volcan éteint de forme conique, et que l'on aperçoit à vingt-cinq lieues en mer, ont seules retenu le nom du bon chevalier (¹).

Dans ce petit groupe, il y a deux îles principales : la plus grande a cinq lieues de tour ; elle gît par les 37° 12′ de latitude sud. Ce qui la rend surtout remarquable, c'est son élévation : elle a près de mille toises de hauteur. Un sable noir parsemé de galets, comme celui que présentent les plages de Bourbon, des roches produites par la lave et qui se délitent au moindre choc, attestent son origine volcanique. Ce qui frappa surtout les premiers navigateurs, ce fut un vaste plateau escarpé, surmonté par un piton immense presque toujours enveloppé de nuages, et que ces vapeurs capricieuses voilent souvent durant plusieurs jours.

La verdure est rare à Tristan da Cunha, mais où elle paraît elle est vigoureuse, elle se montre même avec éclat ; un botaniste célèbre a su découvrir encore plus de cent plantes sur cet amas de rochers : il est vrai que cette végé-

(¹) Ce groupe, formé de trois îles, fut découvert en 1506. Tristan da Cunha commandait alors à une flotte composée de quatorze voiles.

tation appartenait en grande partie à la classe des mousses et des fougères.

Ce n'était, on le voit, ni les richesses métalliques ni les récoltes abondantes de l'île qui pouvaient conduire sur ses rives : aussi pendant des siècles les phoques et les pingouins purent-ils y dormir en paix ; bien peu de navigateurs venaient troubler leur repos. Il en arriva un cependant, en l'année même où les chocs les plus terribles menaçaient de faire sombrer les royaumes de l'Europe et offraient déjà au monde plus de désordre que cette île n'en présentait dans ses terribles commotions.

Ces temps tourmentés avaient leurs généreux élans, et lorsque, en l'année 1793, Aubert du Petit-Thouars abordait les plages désertes de Tristan, il obéissait à une noble mission que son frère et lui s'étaient imposée : il allait sur l'Océan à la recherche de Lapérouse ; et pour découvrir les traces du navigateur malheureux, tous deux ils perdaient leur fortune. Aubert du Petit-Thouars faillit perdre davantage encore : son amour pour la science l'ayant entraîné au sommet des pitons, il crut un moment que ses compagnons, sur le dévouement desquels il comptait cependant, seraient contraints de l'abandonner. C'est le seul académicien qui, dans sa vie parsemée d'aventures, ait failli partager le sort de Robinson : aussi le laisserons-nous raconter lui-même ses impressions et son inquiétude. Le 2 janvier 1793, il avait quitté son petit navire et il errait sur ces plages désertes, admirant cette âpre nature et ne se lassant pas surtout de remarquer le sentiment de sécurité qu'elle donnait aux animaux

« L'aspect du mouillage où nous étions, situé dans la partie nord, était des plus sauvages : c'était une montagne escarpée en falaise, couverte cependant de verdure jusqu'au sommet ; un terrain beaucoup plus bas s'avançait vis-à-vis de nous et se prolongeait sur notre droite ; il formait un renflement escarpé de vingt pieds à peu près d'élévation au-dessus du rivage. Du milieu, vis-à-vis précisément le vaisseau, descendait une belle cascade ; sur la gauche, une petite baie allait jusqu'au pied de la montagne, qui était nue dans cet endroit ; un peu plus loin, une ravine la sillonnait presque perpendiculairement : à peine fûmes-nous mouillés qu'on jeta des lignes ; elles n'étaient pas descendues au fond qu'on retirait du poisson.

» Il est aisé de juger de l'impatience que j'avais de descendre à terre... En approchant, nous apercevions le rivage couvert de phoques : il y en avait deux espèces ; nous craignions de les effaroucher par notre présence, mais ils étaient si peu faits aux approches de l'homme qu'ils bougeaient à peine pour nous laisser passer. Le bord du rocher et ses anfractuosités étaient garnis d'une multitude de pingouins qui se laissaient prendre facilement. Je laissai bientôt le règne animal pour me livrer à mon occupation favorite; mais j'éprouvai beaucoup de difficultés à pénétrer dans ce terrain neuf, car il était entièrement occupé dans certains endroits par une espèce de graminée en forme de roseau. Je trouvai les bords du ruisseau qui fournissait la cascade tapissés de fougère et de capillaires; d'autres endroits étaient couverts par un arbuste du genre *Phylica*. Ses troncs entassés et entrelacés ne périssaient que de vétusté; il en résultait une barrière presque impénétrable, et ce ne fut pas sans beaucoup de peine que je revins avec une cinquantaine de plantes dont la plupart me parurent nouvelles.

» Je profitai, les jours suivants, de toutes les occasions d'aller à terre; mais la faiblesse de l'équipage fit que ce ne fut pas aussi souvent que j'aurais voulu, et que je ne pus disposer de personne pour m'aider dans mes recherches. J'eus dans ces courses beaucoup de difficultés à vaincre, la dernière surtout : après avoir échappé aux dangers les plus imminents, près d'arriver à mon but, je me trouvai arrêté par un escarpement horrible. Je n'éprouvai pas moins de difficulté à redescendre, en sorte que, la nuit et la pluie m'ayant surpris, je fus obligé de rester au pied d'un *Phylica* et d'y attendre le jour.

» La faim et le froid m'empêchant de fermer l'œil, je me trouvai livré à mes réflexions. On peut juger que dans cette position elles n'étaient pas gaies. Le mauvais temps pouvait avoir forcé le bâtiment d'appareiller, ce qui était vraisemblable. Eh bien, cette idée ne me tourmentait point; je me traçais le genre de vie que, nouveau Robinson, je pouvais mener, et je passais en revue les ressources que m'aurait fournies cette île.

» On avait été effectivement très-alarmé à bord de ne pas me revoir; on craignait que je ne me fusse égaré tout de bon, et le capitaine se disposait à rassembler mes effets pour me les déposer quelque part; arrivé à bord, on me fit des reproches obligeants sur les inquiétudes que j'avais causées, et l'on se disposa à appareiller. On s'aperçut alors que les craintes de quitter le mouillage à l'improviste n'étaient pas sans fondement, car au premier effort pour lever l'ancre, le câble, usé par le mauvais fond, se rompit. C'était le 7 janvier, en sorte que nous étions restés quatre jours à ce mouillage.

» Quand nous fûmes dans l'est de l'île, le capitaine envoya encore son canot à terre, dans l'espérance de trouver des tortues; mais nous n'en aperçûmes pas de traces. Nous nous contentâmes de remplir le canot de pingouins. »

De nombreux Robinsons succédèrent au savant qui avait un moment redouté ce cruel abandon. Déjà, en 1790, un capitaine américain, Patten, était venu se constituer l'unique habitant de la grande île; il n'y demeura que sept mois. Chasseur infatigable, il ramassa, dans ce court espace de temps, 5 600 peaux de phoque. Le capitaine Colguhon fut à la fois plus prévoyant et moins avide : il sortit de son brick *la Betsey* et il alla enrichir Tristan da Cunha d'une multitude de plantes utiles, en tête desquelles il faut placer le maïs. Jonathan Lambert fut un moment, en 1811, le souverain de ce petit royaume, ou du moins il s'en déclara le propriétaire. Il n'avait que deux sujets; c'étaient deux Américains comme lui : il les faisait travailler, s'il ne travaillait lui-même, et ce fut ainsi que Tristan da Cunha fut mis en culture : cinquante acres de terre furent défrichées; on y planta la canne à sucre, on y fit prospérer le cafier que le consul américain avait envoyé des collines fertiles de Rio de Janeiro. Jonathan Lambert avait un autre but : il espérait que les phoques nombreux que l'île nourrissait lui feraient, à lui et à ses deux sujets, une fortune suffisante, et, en effet, il acquit à force de travail l'indépendance.

Après de longs et nombreux voyages, M. Earle s'embarqua en 1824 à Rio de Janeiro, sur un sloop de Margate chargé de pommes de terre. La mer était mauvaise, et il fallut relâcher à Tristan da Cunha. Apprenant que les quelques habitants qui se trouvaient sur l'île avaient des patates à revendre, le capitaine en acheta pour augmenter sa cargaison. Cette acquisition le força à s'arrêter trois ou quatre jours dans les eaux de l'archipel : M. Earle descendit à terre pour faire quelques dessins et y resta trois jours. Le quatrième jour, le 29 mars 1824, ayant voulu retourner à bord, il reconnut avec consternation que le navire avait disparu, et se trouva abandonné sur cette île avec un matelot du sloop. Tous deux ne possédaient que les vêtements qui les couvraient, et l'approche de la mauvaise saison ne leur permettait point l'espoir d'une prochaine délivrance.

Earle s'attacha à gagner l'amitié des rares habitants. Ils avaient pour chef un nommé Glass, Écossais, précédemment caporal d'artillerie au Cap. Trois de ses camarades s'étaient joints à lui pour fabriquer de l'huile de baleine dans l'île. Glass était marié et père de famille. White, l'un de ses compagnons, avait aussi avec lui sa femme, Portugaise de Bombay. Ces hommes avaient demandé à rester dans l'île, lors du départ de la garnison anglaise qui y avait été envoyée pendant l'exil de Napoléon à Sainte-Hélène. On leur avait laissé un bœuf, une vache, deux moutons, quelques brebis et diverses semences. White était le seul qui ne fût pas venu sur l'île de son plein gré : il était domestique d'un nabab ; leur navire s'était perdu, et White, miraculeusement sauvé du naufrage, avait épousé une des filles de service du bâtiment échappée comme lui au sinistre.

Bien accueilli et aidé par les colons, Earle resta avec eux, chassant, pêchant et dessinant, jusqu'à la fin de novembre. Pendant son séjour dans l'île,

Bien accueilli et aidé par les colons, Earle resta avec eux, chassant, pêchant et dessinant.....

il vit deux fois des navires s'approcher de la côte; mais aucun n'aborda, et ce
spectacle ne fit que redoubler ses ennuis. Enfin, le 29 novembre, il put prendre
passage à bord de l'*Amiral-Cockburn*, qui le conduisit d'abord à Van-Diémen,
puis à la Nouvelle-Galles du Sud, puis à la Nouvelle-Zélande. Il revint ensuite

à Sidney, parcourut l'archipel Indien, et, de retour en Angleterre, partit de nouveau comme interprète à bord du *Basset,* capitaine Fitz-Roy.

Les voyages se succédèrent, mais rien ne put faire oublier à M. Earle sa vie de Robinson, qui n'avait pas duré moins de quatorze mois. La paix profonde dont il avait joui dans ce petit archipel revenait toujours à sa mémoire. Il aurait voulu l'oublier qu'il ne l'eût pu ; le magnifique album sur lequel il avait dessiné les scènes imposantes que lui offrait l'île principale était sillonné de jambages informes, œuvres du jeune enfant de Glass. L'aimable solitaire s'était constitué le maître d'école du bambin ; or, comme il n'y avait point de papier dans l'île, il avait fallu sacrifier à ses essais quelques belles pages de pur bristol. On dit qu'une larme venait toujours humecter la paupière de l'artiste voyageur lorsque, à côté d'une vue de l'aspect le plus grandiose, il rencontrait ces grossiers caractères si éloquents à ses yeux dans leur forme presque grotesque : le livre ne l'a plus quitté.

LE SAUVAGE DE L'AVEYRON

1800

La plupart des lecteurs s'étonneront sans doute en lisant le titre de ce chapitre. On ne comprend guère, en effet, comment en France, dans le département de l'Aveyron, un malheureux a pu se trouver violemment séparé de toute relation sociale et réduit à l'état sauvage. Le fait est d'autant plus étrange qu'il n'appartient pas à une époque bien éloignée : il y a soixante ans à peine qu'il s'est passé, et plus d'un contemporain a pu connaître notre héros. Ce véritable Robinson, découvert après plusieurs années au milieu d'un des pays les plus peuplés et les plus civilisés de l'Europe, n'est autre qu'un enfant abandonné qui, par un inconcevable prodige, était parvenu à vivre dans sa solitude, malgré la faiblesse de son âge et le dénûment absolu dans lequel il se trouvait. Nous empruntons ce récit aux rapports officiels des agents du gouvernement, et aux naturalistes Bonnaterre, Virey et Itard, qui tous ont étudié de près ce curieux phénomène : on ne peut donc révoquer en doute l'authenticité des détails dans lesquels nous allons entrer.

Vers les premiers mois de l'année 1797, on aperçut dans la partie du bois de la Caune appelée la Bassine, département du Tarn, un enfant entièrement nu, qui fuyait à l'approche des hommes. La curiosité publique fut vivement excitée : on guetta cet enfant, et on reconnut qu'il se nourrissait de glands et de racines. Après plusieurs tentatives infructueuses, on parvint à le prendre ; mais, trompant la surveillance de ses gardiens, il s'échappa et recouvra presque aussitôt sa liberté.

Quinze mois plus tard, en juillet 1799, trois chasseurs le retrouvèrent et se mirent à sa poursuite. Il crut leur échapper en grimpant sur un arbre ; mais ils s'emparèrent de lui et, malgré sa résistance, le conduisirent à la Caune, où il fut mis en pension chez une veuve. Il n'y resta pas longtemps : au bout de huit jours, il prit une seconde fois la fuite et regagna la montagne. Il y vécut pendant tout l'hiver, qui fut extrêmement rigoureux.

Enfin, le 9 janvier 1800, à sept heures du matin, revenant volontairement cette fois parmi les hommes, il entra chez un teinturier dont la maison était

Il crut leur échapper en grimpant sur un arbre, mais ils s'emparèrent de lui.

hors de la ville de Saint-Sernin. Il était couvert à peine des lambeaux d'une
vieille chemise, reste de l'habillement complet dont on l'avait revêtu à la

Caune six mois auparavant. Constant Saint-Estève, commissaire du gouvernement à Saint-Sernin, fut prévenu et vint le visiter; dans son rapport au commissaire central, il raconte ainsi l'impression que lui fit éprouver la vue de cet étrange enfant :

« Je le trouvai se chauffant avec plaisir, marquant de l'inquiétude, ne répondant à aucune question, ni par la voix ni par signe, mais cédant avec confiance à des caresses réitérées. On lui donna des pommes de terre qu'il jeta au feu pour les faire cuire, mais il ne voulut pas des autres aliments, tels que viande cuite et crue, pain de seigle et de froment, pommes, poires, raisins, noix, châtaignes, glands, panais, oranges, qu'il flaira les uns après les autres. Il mangea les pommes de terre toutes brûlantes, à demi cuites, en les prenant au milieu des charbons ardents. Il manifestait la douleur qu'il éprouvait en se brûlant par des cris inarticulés sans être plaintifs. Ayant soif, il se dirigea vers une cruche d'eau pour demander à boire, et dédaigna avec des marques d'impatience le vin qu'on lui offrait. Son déjeuner fini, il courut à la porte et s'enfuit de telle manière qu'on eut bien de la peine à l'atteindre ; mais il se laissa ramener sans témoigner ni peine ni plaisir. Il parut éprouver une sensation agréable à la vue du gland qu'on lui avait présenté et qu'il tint longtemps en sa main. Son air satisfait n'était troublé que par intervalles; son dénûment absolu, l'idée d'être privé du plein air, me firent juger que ce garçon avait vécu dès sa plus tendre enfance dans les bois, étranger aux besoins et aux habitudes sociales. »

Le lendemain il fut transféré à l'hospice de Saint-Affrique, et le 31 janvier Constant Saint-Estève adressa son rapport à Guiraud, commissaire pour le canton, qui, deux jours plus tard, porta le fait à la connaissance de l'autorité centrale. Le 4 février, le jeune sauvage fut emmené à Rodez et confié au naturaliste Bonnaterre, avec lequel il resta quelque temps. Le ministre de l'intérieur ordonna ensuite de l'amener à Paris : pendant le voyage, il fut attaqué de la petite vérole à Lyon, et refusa de prendre des remèdes; mais il se guérit très-promptement.

Ce fut à Paris que Virey put étudier cet être singulier dont tout le monde se préoccupait, et recueillir sur lui les observations intéressantes qui, publiées alors, sont devenues si rares. Ce sauvage, assez bien conformé et robuste, paraissait avoir de onze à douze ans; au baptême, on lui donna le nom de Joseph. Il était grand, et son nouveau genre de vie le fit encore croître rapidement. L'état de maigreur où il était quand on le trouva ne tarda pas à disparaître, et il prit même beaucoup d'embonpoint. Dans les premiers jours, il ne voulait souffrir aucun vêtement; il les déchirait. quand il ne pouvait pas s'en débarrasser autrement. Il avait de la répugnance pour coucher dans un lit, mais il finit par s'y habituer. Il ne mangeait alors que des pommes de terre, des noix ou des châtaignes crues, et, comme les singes, flairait tous les aliments qu'on lui offrait : on parvint à lui faire manger du potage trempé avec du pain bis. Malgré tous les soins qu'on prenait de sa personne, il tenta plusieurs fois de s'évader, et y réussit même à deux reprises différentes; il fut arrêté dans sa fuite presque aussitôt. On remarqua que, dans une de ces circonstances, se voyant sur le point d'être atteint, il posa ses mains à terre et marcha à quatre pattes; mais ce ne fut qu'un fait isolé.

Ses cheveux de derrière étaient courts et pour ainsi dire rongés, sans doute à cause de sa manière de se coucher; il était vif et alerte, avait la vue perçante, et se servait des deux mains avec une égale facilité. Il était muet, sans être sourd, croyait à la réalité des images reproduites dans un miroir, mais ne s'arrêtait pas longtemps à de pareils phénomènes, et, somme toute, ne songeait qu'à manger. Cette préoccupation exclusive le portait même à voler des aliments, et à les cacher pour en avoir en réserve. Il aimait beaucoup les fruits et les légumes, rejetait le sucre et les mets sucrés, ainsi que toute espèce de ragoûts et d'assaisonnements; il dévorait très-bien la chair crue, quoiqu'il préférât les végétaux. Il parvint à s'habituer au lait, mais refusa constamment le vin, la bière, l'eau-de-vie, les spiritueux de toute nature. Il témoignait à ceux qui l'entouraient beaucoup de douceur, mais en même temps la plus profonde insouciance.

Par quel étrange mystère un pareil incident a-t-il pu se produire à notre époque et au centre même de notre pays? Toutes les recherches faites en cette circonstance n'ont abouti à aucun résultat. L'examen du corps de l'enfant a fait supposer une tentative criminelle dont jadis il aurait pu être la victime : il avait en effet des cicatrices de brûlures au bras et à l'avant-bras gauches, et d'autres cicatrices nombreuses vers la tempe droite, aux joues et surtout aux jambes. On peut croire qu'il s'était fait lui-même ces blessures en tombant au milieu de buissons épineux ou sur des rochers. Mais il portait une autre cicatrice bien plus considérable et à laquelle on ne peut attribuer la même cause : c'était une large et profonde balafre sous le cou, longue de quatre doigts et paraissant avoir été faite avec un instrument tranchant. On avait donc essayé de l'égorger, et il avait survécu à cet attentat? Reste à savoir comment cet enfant nu, sans secours, abandonné dès l'âge le plus tendre, puisqu'il ne se souvenait de rien, avait pu, au sein des forêts, résister à toutes les intempéries des saisons et soutenir sa misérable existence avec les grossiers aliments que lui offrait la terre. On croirait vraiment à une mystification, si des documents officiels ne venaient constater les faits énoncés ici, et prouver une fois de plus que

Le vrai peut quelquefois n'être pas vraisemblable.

On se demande ce que la société fit de l'être misérable qu'elle venait de recueillir ainsi, et qui, selon elle, devait se prêter aux plus heureuses expériences sur les progrès de l'intelligence humaine. L'autorité qui la représentait ne répudia en aucune façon le legs que le hasard venait de lui faire ; elle agit avec autant de prudence que d'humanité. L'enfant sauvage de l'Aveyron fut confié aux soins exclusifs d'un médecin dont la vie entière devait être employée à seconder, dans leurs généreux efforts, les successeurs de l'abbé de l'Épée.

C'était un de ces hommes persévérants qui, par une suite d'ingénieuses inductions, d'expériences heureuses, font sortir de la solitude morale où le sort les tenait enfermés tant de pauvres êtres déshérités de toute jouissance intellectuelle et qui prennent part aujourd'hui à tous les progrès.

Le docteur Itard n'était pas seulement un médecin habile, un physiologiste versé dans tous les secrets de l'anatomie ; c'était un penseur, un idéologue si on l'aime mieux, pour nous servir ici d'une expression célèbre et qui avait cours en ce temps ; jamais homme n'avait été mieux préparé par les circonstances, n'avait reçu des instincts plus sûrs développés par la science, pour animer, si cela était possible, la statue vivante qu'on lui livrait.

Né en 1775, dans un coin reculé de la Provence, sa laborieuse carrière devait se poursuivre jusqu'en 1838 ; quoique trop peu connu aujourd'hui, c'était, comme on le voit, un contemporain. Nul mieux que lui, au début du siècle, ne s'était enquis de la structure des organes de l'ouïe. Il s'était familiarisé dans sa jeunesse avec les solitudes que le jeune sauvage avait parcourues, il s'était identifié de bonne heure avec les instincts de sa race. Par ses études approfondies sur les développements de l'âme en l'absence de quelques-uns de nos sens, et sur le mécanisme de nos idées, il comprenait mieux que tout autre l'impulsion graduée qu'il fallait donner à cette intelligence engourdie par la solitude, si l'on peut se servir d'une pareille expression, et à laquelle cependant ne manquait en réalité que l'éducation qui doit être donnée lentement à nos sens.

Un nom fut de nouveau imposé au jeune sauvage, on l'appela Victor. A partir de l'année 1802, il demeura rue Saint-Jacques avec son instituteur, et pour les soins matériels il fut confié plus directement à une femme d'un âge mûr et d'un caractère excellent, qui demeurait avec son mari dans l'Institution des sourds et muets. Mme Guérin se voua avec une sollicitude toute maternelle à l'éducation du pauvre être abandonné dont elle remplaça volontairement la mère.

L'enfant, devenu presque un jeune homme, s'attacha, autant que le lui permettaient ses facultés, aux dignes gens qui le soignaient ; il exécuta sous leur direction, avec une certaine adresse, quelques-uns des actes qui émerveillent quand ils sont accomplis par les quadrumanes de la grande espèce ; mais alors commença, sous la direction du docteur Itard, une série d'expériences qui devaient dégager cet esprit inculte des ténèbres profondes dont rien n'avait pu le faire sortir.

Il fallait l'amener par degrés à percevoir le sentiment du bien et du mal, il était indispensable de l'initier à une appréciation précise des objets nécessaires à la conservation de l'homme ; les idées commençant à naître, Itard avait l'espoir d'inculquer au pauvre sauvage les premières notions du langage. Selon une préoccupation que l'expérience seule put démentir, la société avait à sa disposition, pour la première fois, ce qu'elle avait souhaité posséder depuis les temps antiques, un être étranger à toutes les notions qui s'acquièrent par le contact avec les humains. Un grand problème allait être résolu ; il s'agissait de tirer d'abord quelques sons plus ou moins justes de cet instrument grossier, puis, à force de soins, il fallait développer l'homme moral capable de vivre en société.

Le docteur Itard examina d'abord en quel état se trouvaient physiquement les sens du jeune sauvage : il s'aperçut promptement qu'ils se manifestaient dans leur intégrité, bien que le pauvre être qui les possédait n'eût pas conscience des perceptions qu'on devait obtenir par leur moyen. C'était à ses yeux une arme parfaite en sa forme, mais dont le tranchant était couvert de rouille, et dont la pointe, par la même cause, se trouvait complétement émoussée. Il fallait la débarrasser lentement de cet oxyde qui empêchait toute son action. Grâce à des expériences élémentaires dont la simplicité fait sourire, Itard vit avec une sorte d'effroi combien l'isolement dans lequel avait vécu le pauvre enfant l'avait privé des notions les plus vulgaires. Rien de ce que l'homme apprend de l'homme tout à fait à son insu ne lui était connu. Victor était, en réalité, plus sauvage qu'un sauvage de l'île de Van-Diémen ou des terres de l'Australie.

Ce livre n'est nullement un traité de philosophie, et nous ne prétendons pas faire assister le lecteur aux conquêtes intellectuelles obtenues graduellement par le docteur au profit de cet esprit rebelle. Malgré l'intérêt incontestable qui s'attache à ce genre de recherches, nous craindrions qu'un pareil développement nous menât plus loin que nous ne voudrions conduire le lecteur. Nous nous contenterons de dire que, sous l'influence réitérée de ces enseignements, les lueurs si vagues d'abord qui commençaient à éclairer cette intelligence engourdie brillèrent bientôt plus vivement. Victor fut instruit « à distinguer par le toucher un corps rond d'avec un corps aplati; par les yeux, du papier rouge d'avec du papier blanc; par le goût, une liqueur acide d'une liqueur douce. Il avait appris à distinguer les uns des autres les noms qui expriment ces différentes perceptions, mais sans connaître la valeur représentative de ces signes. » Chose bien remarquable, ce fut pendant longtemps l'odorat qui lui donna les perceptions les plus utiles à sa propre conservation. « Ce sens, dit le docteur Itard, était chez lui d'une délicatesse qui le mettait au-dessus de tout perfectionnement... Un soir qu'il s'était égaré dans la rue d'Enfer, et qu'il ne fut retrouvé qu'à l'entrée de la nuit par sa gouvernante, ce ne fut qu'après lui avoir flairé les mains et les bras à plusieurs reprises qu'il se décida à la suivre et qu'il laissa éclater la joie qu'il éprouvait de l'avoir retrouvée. »

Si nous ne craignions pas de fatiguer l'esprit du lecteur, nous tenterions de faire saisir par quels moyens simples et ingénieux le bon docteur éveillait les sensations dans cette âme rudimentaire, quelles précautions méticuleuses, quelle série de petites inventions il mit en usage pour arriver aux faibles résultats qu'il parvint à obtenir; nous préférons reproduire ses conclusions.

« Cette série d'expériences faite sur le sens de l'ouïe, dit-il, n'a pas été tout à fait inutile. Victor lui est redevable d'entendre distinctement quelques mots d'une seule syllabe et de distinguer surtout avec beaucoup de précision, parmi les diverses intonations du langage, celles qui sont l'expression du reproche, de la colère, de la tristesse, du mépris, de l'amitié, alors même que ces divers mouvements de l'âme ne sont accompagnés d'aucun jeu de la physionomie, ni de ces pantomimes naturelles qui en constituent le caractère extérieur. »

Le sens de la vue put être rectifié assez rapidement, et nous renvoyons aux observations délicates du docteur ceux qui voudraient avoir sur ce point des détails circonstanciés. Victor apprit assez promptement à former des caractères, à lire, à écrire même si l'on veut, mais sans pouvoir exprimer la valeur du mot par le son.

Le sens du toucher exigea comparativement un bien autre travail, et le pauvre disciple du patient docteur fut obligé de faire faire bien des efforts à son intelligence rebelle avant de comprendre par le tact seulement quels étaient en réalité les objets qu'on soumettait à son appréciation. L'expérience ne laissa pas que d'être amusante, et plus tard le docteur la racontait avec enjouement. Il est bon de faire observer ici qu'à une époque antérieure l'effet puissant d'un bain chaud avait été indispensable pour développer chez notre sauvage l'appréciation des sensations premières qui ont pour base le toucher ; mais alors aussi l'organe qui sert plus spécialement au tact n'avait fait que recevoir sa part de la sensibilité qu'on avait réveillée dans tout le système cutané. « Je mis au fond d'un vase opaque, dont l'embouchure pouvait permettre à peine l'introduction du bras, des marrons cuits encore chauds, et des marrons de la même grosseur à peu près, mais crus et froids ; une des mains de mon élève était dans le vase, et l'autre ouverte sur les genoux. Je mis sur celle-ci un marron chaud et demandai à Victor de m'en retirer un pareil du fond du vase ; il me l'amena en effet. Je lui en présentai un froid ; celui qu'il retira du fond du vase le fut aussi. Je répétai plusieurs fois cette expérience, et toujours avec le même succès. Il n'en fut pas de même lorsque, au lieu de faire comparer à l'élève la température des corps, je voulus par le même moyen d'exploration le faire juger de leur configuration. Là commençaient les fonctions exclusives du tact, et ce sens était encore neuf. Je mis dans le vase des châtaignes et des glands, et lorsqu'en présentant l'un ou l'autre de ces fruits à Victor je voulus exiger de lui qu'il m'en amenât un pareil du fond du vase, ce fut un gland pour une châtaigne ou une châtaigne pour un gland. Il fallait donc mettre ce sens, comme tous les autres, dans l'exercice de ses fonctions et y procéder dans le même ordre. A cet effet, je l'exerçai à comparer des corps très-disparates entre eux non-seulement par leur forme, mais par leur volume, comme une pierre et un marron, un sou et une clef ; ce ne fut pas sans peine que je réussis à faire distinguer ces objets par le tact...

» Cette espèce d'exercice, dont je ne m'étais pas promis, ainsi que je l'ai déjà dit, beaucoup de succès, ne contribua pas peu néanmoins à augmenter la susceptibilité d'attention de notre jeune élève. J'ai eu occasion, dans la suite, de voir sa faible intelligence aux prises avec des difficultés bien plus embarrassantes, et je ne l'ai jamais vu prendre cet air sérieux, calme et méditatif qui se répandait sur tous les traits de sa physionomie. »

Ce travail réel de l'esprit, qui ne nous semble pas, à nous, mériter d'autre titre que celui de laborieuse puérilité, laissait parfois d'indicibles regrets se glisser dans l'esprit du pauvre sauvage. Les bois, les prés solitaires, qu'il avait parcourus jadis en toute liberté, lui apparaissaient vaguement comme des lieux de délices, et alors il échappait à toute surveillance et se dirigeait vers la campagne. Une fois il avait franchi seulement la barrière d'Enfer, et fut promptement ramené au gîte. Dans une autre circonstance, il parvint jusqu'à Senlis; mais là il tomba entre les mains de la gendarmerie. On le ramena au Temple sans savoir qui il était. Lors de cette seconde escapade, son esprit était infiniment plus développé, il avait déjà une sorte de conscience de ce qu'il faisait. Réclamé par sa bonne gouvernante, il n'hésita pas à la reconnaître. Nombre de curieux s'étaient rassemblés pour être témoins de la première entrevue : elle fut vraiment touchante, et prouva que toute une série de sentiments affectueux s'étaient développés chez le pauvre enfant depuis le moment où on le ramenait au gîte sans qu'il témoignât ni joie ni douleur. « A peine Victor eut-il aperçu sa gouvernante, qu'il pâlit et perdit un moment connaissance; mais se sentant embrassé, caressé par Mme Guérin, il se ranima subitement, et, manifestant sa joie par des cris aigus, par le serrement convulsif de ses mains et les traits épanouis d'une figure radieuse, il se montra aux yeux de tous les assistants bien moins comme un fugitif qui rentrait sous la surveillance de sa garde que comme un fils affectueux qui, de son propre mouvement, viendrait se jeter dans les bras de celle qui lui donna le jour. »

Cette époque fut marquée par un événement qui devait attrister la petite colonie du faubourg Saint-Jacques. M. Guérin mourut. Victor donna une preuve sensible qu'il comprenait parfaitement l'absence subite du chef de la famille et même la douleur dont les siens devaient être accablés.

Vers cette époque d'un progrès incontestable, les efforts du docteur Itard redoublèrent, et il s'aperçut avec une satisfaction bien vive que son pauvre échappé des bois avait conquis le sentiment intime de l'ignorance bestiale dans laquelle il avait vécu. « Il y a un fait frappant, disait-il déjà en 1807 : c'est la morosité profonde dans laquelle tombe mon jeune élève toutes les fois que, dans le cours de nos leçons, après avoir lutté en vain contre quelque difficulté nouvelle, il se voit dans l'impossibilité de la surmonter. C'est alors que, pénétré du sentiment de son impuissance et touché peut-être de l'inutilité de mes efforts, je l'ai vu mouiller de ses pleurs ces caractères inintelligibles pour lui, sans qu'aucun mot de reproche, aucune menace, aucun châtiment eussent provoqué ses larmes. »

Ce pauvre être dont l'intelligence se montrait si rebelle à certains enseignements, et qui ne put jamais assembler les voyelles, dont on lui avait fait comprendre la valeur, au point d'en former des mots intelligibles, cet esprit déshérité d'un premier enseignement obtenu graduellement et que rien apparemment ne peut remplacer, s'avisait parfois de certaines inventions ingénieuses dont les combinaisons frappaient d'étonnement ceux qui l'environnaient. Telle fut celle qu'il imagina un jour où, ne pouvant tenir entre ses doigts un morceau de craie dont il devait faire usage pour une démonstration, il remplaça un porte-crayon par le gros bout d'une lardoire, en ayant l'attention d'assujettir son morceau de crayon blanc au moyen d'un fil solide destiné à remplacer les anneaux de cuivre du porte-crayon égaré.

A chaque progrès, il y avait en lui une joie nouvelle; tout n'était donc pas douleur, sentiment désolant d'impuissance intellectuelle, dans les acquisitions successives d'idées que Victor devait à la civilisation. Bientôt, et quoique en réalité l'amour du moi persistât d'ordinaire chez lui jusqu'à l'égoïsme, il se montra heureux d'obliger. Sa satisfaction s'exprimait alors de la façon la plus bruyante, soit quand il s'apercevait qu'il venait de contenter ceux dont il recevait les enseignements, soit quand il avait acquis la certitude qu'il serait agréable à quelqu'un. « Ce n'est pas seulement dans ses exercices, dit le docteur Itard, qu'il se montre sensible au plaisir de bien faire, mais encore dans les moindres occupations domestiques dont il est chargé, surtout si ces occupations sont de nature à exiger un grand développement de force musculaire. Lorsque, par exemple, on l'occupe à scier du bois, on le voit, à mesure que la scie pénètre profondément, redoubler d'ardeur et d'efforts, et se livrer, au moment où la division va s'achever, à des mouvements de joie si extraordinaires que l'on serait tenté de les rapporter à un délire maniaque s'ils ne s'expliquaient naturellement par le besoin du mouvement chez un être si actif, et de l'autre par la nature de cette occupation qui, en lui présentant à la fois un exercice salutaire, un mécanisme qui l'amuse et un résultat qui intéresse ses besoins, lui offre la réunion bien évidente de ce qui plaît à ce qui est utile. »

Un autre sentiment, nous serions tenté de le supposer, se joignait peut-être en cette circonstance à ceux qu'on vient de prêter au pauvre sauvage. Depuis son abandon forcé des grands bois, il avait fait de funestes découvertes en même temps que d'heureuses acquisitions; ses connaissances sur un point s'accroissaient de jour en jour : il s'était aperçu probablement que la société ne donne rien pour rien, et que dans la rude industrie qu'on venait de lui faire acquérir il avait entre ses mains un moyen bien humble, mais un moyen de pourvoir à sa vie.

Mais que d'efforts il restait encore à faire au bon docteur pour développer dans l'esprit de son disciple la valeur réelle du *tien* et du *mien!* que de nécessités cruelles entraîna avec elle la perception nette du juste et de l'injuste qu'il fallait faire pénétrer enfin dans cet esprit inculte! Pour lui révéler cette loi suprême si bien comprise ordinairement par les sauvages déjà réunis en société, il fallut avoir recours à des moyens extrêmes, et dans le moment même où il se réjouissait naïvement d'avoir bien fait, lui infliger durement une correction non méritée. Il comprit, il se révolta contre l'injustice, il mordit même la main de son bienfaiteur, et celui-ci nous l'avoue, son cœur fut ému d'une joie réfléchie : il venait de tirer d'une terre naguère inerte le germe fécond qui allait enfin produire un homme. Il n'en fut pas ainsi;

Il se livre, au moment où la division s'achève, à des mouvements de joie extraordinaires.

l'homme-enfant resta dans les limbes. Ce n'était plus toutefois l'*homme-plante*, comme Itard le désignait au début de ses expériences. Victor vécut encore une vingtaine d'années, sans réaliser les espérances de son patient instituteur; s'il ne fut pas complétement dépourvu d'idées, il ne parla jamais. la vie isolée des forêts avait porté à son intelligence un préjudice dont elle ne put se relever. Il s'éteignit au commencement de 1828.

Les histoires d'hommes vivant à l'état sauvage dans les forêts d'Europe étaient plus nombreuses au seizième siècle qu'elles ne le sont de nos jours.

et cela s'explique aisément non-seulement par les progrès de notre civilisation, mais encore par la multiplicité des voies dont les contrées les plus
agrestes sont sillonnées. Nous ferons observer à ce sujet que le mythe fameux qui donna une louve pour nourrice à Rémus et à Romulus joue un
grand rôle dans ces *histoires esmerveillables,* comme disent nos vieux historiens.
La plus célèbre fut celle que raconta M. de Humière, le veneur de Charles IX;
elle eut lieu en 1563. On avait abattu une douzaine de loups dans la forêt
des Ardennes, lorsqu'on vit apparaître une louve « suiuie d'un petit enfant
tout nud, aagé de environ sept ans, de couleur feuille morte, ayant les cheveux
crespus et blonds, lequel vouloit se jeter sur ceux qui auoient tué la louve,
l'ayant aperçue morte. » Cette histoire, comme tant d'autres plus mystérieuses encore, a eu ses témoins oculaires, et elle est rapportée fort sérieusement par cet homme d'un sens si droit que l'on appelle Simon Goulard.

Cet écrivain vraiment sérieux, que Linné consulta, selon toute apparence,
lorsqu'il dressa sa courte statistique des hommes sauvages, explique à sa
manière, et d'une façon plausible en apparence, comment cet enfant aurait
pu être nourri par la louve : nous ne sommes plus au siècle des *histoires
prodigieuses,* la critique n'admet plus de pareilles explications.

L'enfant des Ardennes paraît néanmoins avoir existé; on sait d'une façon
certaine comment il fut abandonné dans les bois par une mère infortunée,
qui vint le rechercher quelques heures après l'avoir déposé dans un lieu solitaire de la forêt, où les gens du fisc la traquaient et où elle ne put retrouver
son précieux fardeau. Le goût invincible pour le merveilleux, qui caracté-
rise si bien le seizième siècle, a répandu sur l'aventure, assez simple en elle-
même, une teinte bizarre qui a jeté nécessairement du doute sur son authenticité. Si l'on en croit le sieur de la Nauche, ce pauvre enfant des forêts
avait conservé une puissance magnétique dont l'action s'exerçait sur les
animaux dont il avait partagé jadis la compagnie. Devenu berger, ses troupeaux se trouvaient, par cela seul qu'il les conduisait, à l'abri de la férocité
des loups. Il suffisait même qu'il passât ses mains humides de salive sur les
animaux appartenant à autrui pour que les moutons et les bêtes à cornes
qu'il traitait de cette façon pussent errer sans crainte dans les prairies. De
toutes parts on lui amenait des animaux à toucher; et comme il se faisait
payer grassement pour pratiquer cette opération aussi simple que commode,
il gagna beaucoup d'argent. Cette belle prérogative fit tout à coup défaut à
notre berger, les loups oublièrent son ancienne confraternité; adieu les pro-
fits. Notre homme se sentait fort de son ancienne éducation : il était violent,
rusé et larron: il s'enrôla, en 1572, dans les bandes que M. de Genlis con-

duisait en Espagne, et là il se fit tuer bravement en honorant le drapeau de
la France.

Il voulait se jeter sur ceux qui avaient tué la louve.

Après l'histoire de l'enfant des Ardennes vient celle du petit sauvage
trouvé dans le landgraviat de Hesse; c'est encore un pauvre nourrisson qui
a ému les entrailles d'une louve. Amené devant le duc, « il chemina, dit Simon Goulard en son style pittoresque, à quatre pattes comme un loup et

d'une mine truculente » ; puis, s'étant caché sous un banc, « il commença à hurler et siffler comme une beste » ; mais le prince, ayant découvert en lui quelques traits (quoique desfigurez) de face humaine, « ordonna qu'icelui fût nourri quelque temps parmi les hommes. » Or, plus heureux que l'élève du docteur Itard, le sauvage du pays de Hesse apprit à parler, et ce fut pour se vanter des bons procédés de la louve et de ses petits, « qui le traitoyent doucement et lui bailloyent tousiours la meilleure part de leur chasse. » C'est le docte Dresserus qui nous signala cette heureuse éducation ; si nous ne craignions de faire un double emploi en signalant une si grande merveille, nous rapporterions ici l'histoire authentique de Camerarius, qui lui assigne pour date précise l'an 1544 : il s'appuie sur un grave historien, le continuateur de Lambert d'Aschaffenbourg, et place aussi son récit dans le pays de Hesse. L'enfant sauvage avait été enlevé par une louve à sa mère pour servir de pâture aux louveteaux qu'elle nourrissait dans la forêt voisine. Saisie alors d'une pitié subite pour le pauvre petit et, ce qu'il y a de plus étrange, faisant passer ses sentiments de commisération dans le cœur de sa farouche nichée, la louve n'avait manqué à aucune des attentions qui sont l'apanage des meilleures nourrices de la Germanie. Ce personnage avait trois ans lorsqu'on s'empara de lui. L'Allemagne vit encore au seizième siècle un nourrisson des loups qu'on amena dans la bourgade d'Echtzel, mais celui-ci était parvenu à l'âge de l'adolescence. Jacob Cats a reproduit ces contes dans les poésies flamandes qu'il publia en 1625, et la bizarre légende jouissait encore d'un tel crédit que l'habile Van der Vene n'a pas craint d'en faire le sujet d'une de ses plus charmantes gravures.

LES ROBINSONS DE L'INCENDIE

1818

Il y a dans les mers du Brésil une île déserte qui a singulièrement préoccupé les géographes, mais qui, en définitive, est restée un asile heureux pour les navigateurs en péril; c'est l'ilot de l'Ascençào, appelé aussi *ilha da Trindade*. Cette terre de refuge gît par les 21 degrés de latitude, et elle se trouve située à environ cent quatre-vingts lieues de la côte. Elle fut, en 1818, le théâtre d'un événement qui fit grand bruit et que l'on a promptement oublié.

Les années qui s'écoulèrent entre 1815 et 1820 furent pour l'Europe une époque de grandes émigrations. Mécontents du passé, gens froissés par le présent, jeunes âmes s'ouvrant à l'espérance, tout le monde rêvait les navigations lointaines et tâchait de réaliser son rêve : la mer était libre, on en usait.

La Jeune-Sophie, armée par le comte d'Amerval et commandée par le capitaine Deveaux, était un joli brick de 220 tonneaux qu'on expédiait pour l'île de France; elle partit du Havre le 28 mai 1817, avec quinze hommes d'équipage et onze passagers, parmi lesquels se trouvaient deux dames. Le comte d'Amerval était à bord; il avait à surveiller une riche cargaison. Les mauvais temps contrarièrent singulièrement la marche de *la Jeune-Sophie :* au bout d'un mois d'une navigation laborieuse, elle se trouvait encore luttant contre une mer difficile dans le golfe de Gascogne.

Nous ne dirons rien ici de la rencontre d'un navire monté par des insurgés espagnols qui, par leur attitude, jetèrent un moment la crainte au milieu du paisible équipage; le 24 juillet, *la Jeune-Sophie* pouvait franchir enfin la ligne.

Mais au lieu des folles réjouissances qui accompagnent d'ordinaire ce moment désiré dans toutes les navigations lointaines, un événement sinistre, inouï peut-être dans les souvenirs de la marine, jeta le petit navire dans la consternation. Une dame-jeanne pleine de vitriol, imprudemment arrimée parmi les autres marchandises, avait sourdement miné les œuvres vives du navire.

et tout était déjà calciné intérieurement lorsque, le 6 août, on s'aperçut de l'événement. On voguait sur une coque de navire déjà réduite en charbon ; de noirs tourbillons de fumée chargés d'une senteur âcre et nauséabonde révélaient seulement, en s'échappant du navire, les causes de l'incendie : il fallait quitter sans délai le bâtiment devenu fournaise ; il n'y avait plus de vivres, le feu les avait dévorés ; la mer était terrible, la terre éloignée de cent lieues. Confier à une frêle embarcation telle que la chaloupe vingt-sept personnes, c'était chose pour ainsi dire impossible ; on résolut de voguer encore sur le navire en feu.

Le capitaine Deveaux prit une résolution énergique : il fit fermer toutes les issues, puis couvrir de voiles, de toiles et de matelas les écoutilles du brick ; on se mit à pomper pour s'assurer des progrès de l'incendie intérieur : l'eau qui s'échappait des pompes bouillait encore sur le pont.

Il fallait vivre, cependant, durant ces journées périlleuses où les vents pouvaient détruire toute espérance. Il y avait bien sur le pont quelques poules, mais leur nombre était fort diminué par les retards que le navire avait subis dans la Manche. Quelques hommes généreux se dévouèrent et descendirent dans la cambuse, dont les parois étaient déjà calcinées, et ils en rapportèrent un petit sac de biscuit. On avait heureusement quatre barils de galère remplis d'eau ; la ration ordonnée d'un commun accord était étrangement réduite, mais à la rigueur elle suffisait : et puis la fumée sortait déjà par une parscinte, la terreur diminuait fort les plus terribles appétits.

Pour se guider au milieu de ces mers alors bien peu connues, point de livres, point de cartes ; on avait heureusement un octant et les deux boussoles qui guident le timonier.

Tout marchait à souhait, en apparence du moins ; l'eau qu'on répandait sans relâche sur les couvertures et les voiles dont les écoutilles étaient masquées diminuait aux yeux de tous l'imminence du péril ; les plus habiles y furent trompés. Il y avait seulement quelques heures, les roches désertes de la Trindade auraient été aperçues comme si c'eût été l'entrée du paradis. On prétendait les éviter et gagner ainsi la baie de Rio. Le 8 octobre, on passa dédaigneusement devant la terre solitaire qui offrait son asile assuré. Mais hélas ! elle était déjà bien loin cette petite île, à quatorze lieues environ, et depuis longtemps ses sommités avaient disparu, lorsqu'on s'aperçut que les chevilles des haubans de l'arrière de bâbord étaient presque rouges et que la fumée sortait plus épaisse qu'auparavant. Avancer, c'était s'exposer à périr ; essayer de regagner la Trindade, le vent contraire déjà s'y opposait.

On vira de bord, et dans cette manœuvre « le côté le plus endommagé du bâtiment se trouva élevé de beaucoup au-dessus de la mer. L'on chercha à remédier à cet inconvénient en couvrant avec des matelas mouillés les parseintes d'où sortait la fumée. Des hommes attachés en dehors du navire arrosaient continuellement les matelas et la hanche du bâtiment. » On se remplaçait dans ce poste périlleux. Pendant huit jours, les vents contraires et une pluie torrentielle compliquèrent cette funeste position : point de vêtements pour changer, les malles remplies de linge se consumaient dans les entreponts; point d'abri contre les rafales. Il y avait bien la chaloupe, dans laquelle on pouvait se réfugier, mais elle était inondée elle-même par la pluie; n'importe, c'était un asile, un lieu de repos : la moitié des travailleurs allaient y dormir, pendant que les autres arrosaient la noire fournaise; la flamme ne paraissait pas encore.

Le tangage était devenu effroyable... que les mâts minés par la base vinssent à tomber, l'air pénétrait, l'embrasement pouvait devenir général. Oh! que l'on regrettait la Trindade! Mais les mâts furent saisis fortement avec des caliornes; le 9, la Trinité apparaissait pour la seconde fois (¹).

Pendant l'après-midi de ce jour et la matinée du lendemain, on chercha, mais inutilement, un ancrage convenable. On se détermina alors à mouiller au large; mais, pour retenir l'ancre, on n'avait plus de câbles : on fut forcé d'y suppléer en tressant ensemble quelques gros cordages qui ne tardèrent pas à être coupés par les rochers. Un nouvel examen ayant démontré que l'incendie faisait intérieurement de rapides progrès, on se décida, le 10 au soir, à échouer le navire dans la baie du nord-ouest, sur un fond de roches.

Pendant deux jours, à l'issue du débarquement partiel, on transporta quelques vivres à terre à l'aide d'un va-et-vient, et quatorze personnes purent gagner l'île. Mais il en restait treize à bord, et le soir du second jour, la mer étant devenue très-mauvaise, ces derniers furent forcés de gagner le large dans la chaloupe et d'abandonner le navire, qui s'ouvrit la même nuit, vers trois heures. Au milieu du jour suivant, la chaloupe put se rapprocher de l'île, mais la violence des vagues rendait le débarquement presque impraticable. Les naufragés durent rester pendant quarante-huit heures dans cette affreuse position, sans autre nourriture que celle offerte par un

---

(¹) Il est presque inutile de rappeler ici que cette île rocheuse, que l'on nomme également l'Ascençâo et qui fait partie des domaines du Brésil, ne saurait être confondue avec la Trindade, la terre la plus grande et la plus fertile de tout le groupe dont se composent les petites Antilles. Cette belle région possède d'incalculables ressources pour l'extension de ses richesses et pour le bien-être de ses nombreux habitants.

baril de beurre salé qu'ils avaient recueilli en mer après l'ouverture du bâtiment, mais qui était sali, infecté et fondu par le vitriol.

Ces derniers furent forcés de gagner le large dans la chaloupe.

Enfin, le 15 août, dans l'après-midi, décidés à tout risquer, nos hommes
tentèrent de gagner le rivage, dont ils étaient éloignés par des rochers de plus
de cent brasses. Leurs compagnons qui étaient à terre réussirent à leur
faire parvenir une corde sur le canot; on attacha ceux qui ne savaient point

nager à des barils vides qui devaient les soutenir, et on arriva de cette façon, sans accident, mais non sans péril, à les réunir tous sur l'île.

Les premières réflexions furent désolantes; les navires sont si rares dans ces parages qu'on ne devait guère compter sur cette éventualité pour une délivrance prochaine. Aussi le capitaine Deveaux, le comte d'Amerval, l'armateur, et le lieutenant Griette résolurent-ils de se dévouer pour le salut de tous. On cloua quelques planches sur la chaloupe en forme de pont, on posa une petite lisse, et le 20 août ces trois hommes, accompagnés de cinq matelots courageux, partirent pour tâcher de gagner Rio de Janeiro. Ils entreprenaient presque sans vivres et sur cette frêle embarcation un voyage de plus de trois cents lieues.

Il restait sur l'île dix-neuf personnes presque sans vêtements et sans vivres. Lorsqu'on examina les provisions que la mer avait jetées sur le rivage de la Trindade, on pensa avec juste raison qu'elles étaient en bien petite quantité ou bien détériorées par les vapeurs du vitriol pour nourrir tant de monde; mais cette île aux grands escarpements pittoresques n'était pas dépourvue de gros gibier: on s'en apercevait à une foule de traces fort évidentes. Alors on regretta amèrement le baril de poudre qu'on avait jeté à la mer, peut-être à la hâte, dans la crainte de l'incendie, car on avait aperçu au sommet de quelques rochers des cabris qui se jouaient parmi les mornes, sans avoir aucune terreur des nouveaux débarqués; et un peu plus bas on voyait des *caytelus*, ces petits sangliers d'Amérique, chercher leur pâture. Songer à atteindre les premiers eût été folie; il n'en était pas de même des autres : des jeunes gens agiles et résolus pouvaient s'en rendre maîtres et faire vivre ainsi les naufragés.

Pour entreprendre cette chasse quelque peu aventureuse, on choisit de forts bâtons, on les arma de gros clous ramassés parmi les épaves du rivage, et munis de ces sortes d'épieux, façonnés il est vrai sans beaucoup d'art, on se mit à la poursuite des cayletus; ils conduisirent ceux qui les poursuivaient jusqu'à la base des pitons escarpés, mais on en tua plusieurs, et ce gibier excellent, dont au besoin les malades auraient pu s'accommoder (puisque l'on en obtient un consommé parfait, nous le savons par expérience), aida les naufragés à supporter les premiers moments de détresse, surtout si l'on fait attention que l'île n'était pas dépourvue de coquillages agréables au goût et de quelques végétaux comestibles qu'on apprit à utiliser.

On vécut ainsi deux ou trois jours, passant le temps à regarder la mer qui s'était apaisée, priant pour les voyageurs dévoués dont on ne connaissait que trop la détresse, puisqu'on savait ce qu'ils avaient emporté de vivres avec eux, lorsqu'un matin, à la pointe du jour, un événement inattendu vint faire regretter amèrement leur départ... on se crut sauvé.

Un mardi du mois d'octobre, à la pointe du jour, les premiers qui sortirent des espèces de cabanes qu'on avait improvisées sur le rivage virent venir à eux un magnifique épagneul. La joie que le bel animal exprimait à sa manière en se trouvant au milieu des hommes fit soupçonner qu'il arrivait de quelque habitation voisine, et l'examen auquel on soumit toute sa personne confirma dans cette pensée : il avait le bout de la queue coupé, et ce signe de mutilation disait assez qu'il avait vécu en terre civilisée. Notre épagneul eut immédiatement un nom parmi les naufragés; ce nom était une réminiscence d'une histoire fameuse à laquelle nos solitaires faisaient tout naturellement une intime allusion : il s'appela *Mardi*. Suivre Mardi, c'était trouver immanquablement quelque habitation, sinon confortable, du moins capable d'abriter les pauvres naufragés, et où l'on espérait obtenir quelques renseignements sur la véritable situation de l'île. L'animal n'hésita nullement à faire ce qu'on souhaitait de lui; il servit joyeusement de guide aux six explorateurs qui s'étaient mis en marche de bonne volonté pour savoir le vrai de toutes les conjectures. Mais qui fut cruellement désappointé, ce fut la petite troupe s'avançant ainsi pleine d'espérance. Parvenue à la baie du sud-est, qui laisse voir un beau rivage sablonneux, on ne trouva sur la plage que les débris d'un ancien naufrage, des pièces de bois ayant fait partie du bâtiment, de la vaisselle endommagée, des bouteilles qui n'étaient pas en meilleur état. Il y avait aussi là des débris de muraille, une construction qu'on pourrait appeler gigantesque et qui attestait par ses dimensions que les hommes avaient voulu jadis former, sur ce point de la côte perdu au milieu de l'Océan, un grand établissement propre à la pêche; on voyait un mur ayant environ cent cinquante pieds de long sur vingt de large, puis les débris d'un parc dont les dimensions pouvaient aller jusqu'à quatre cents pieds. En face de ces ruines, dit la petite narration dont nous tirons nos renseignements, « en face de ces deux habitations, nos voyageurs virent une chaussée qui se prolonge jusqu'au bord de la mer, et qui, probablement, avait été construite pour faciliter le moyen d'aller à la pêche, le poisson abondant autour de cette île. Cette chaussée a environ quatre cents toises de long sur seize pieds de large; un pareil ouvrage a dû exiger au moins dix-huit mois d'un travail continu de deux cents bras. »

Tout était désert autour de ces ruines, mais l'excursion de nos six naufragés ne fut pas inutile: ils trouvèrent au milieu des rochers qui bordent la côte une grande quantité de concombres, de la graine de moutarde et une multitude de ces beaux palma-christi qui, dans l'Amérique du Sud, croissent avec tant de majesté sur les ruines, et fournissent au voyageur une huile précieuse, ne fût-ce que pour l'éclairer.

La course avait été profitable, sinon consolante; on voulut la continuer, mais une immense roche creusée par la mer et formant une arcade imposante vint tout à coup les arrêter.

On voyait un mur ayant environ cent cinquante pieds de long
sur vingt de large.

Avec la sécurité intelligente propre aux animaux de sa race, Mardi parcourait ces localités comme un chien qui erre dans des lieux qui lui sont familiers; il allait des débris épars sur le rivage à ses nouveaux maîtres, et tout dénotait en lui la vraie satisfaction qu'il ressentait de se trouver parmi des êtres humains. Non-seulement ses caresses prouvaient qu'il avait vécu parmi les hommes antérieurement au naufrage dont les flots baignaient encore les témoins visibles, mais sa queue frétillante et mutilée montrait qu'on lui avait fait subir en Europe une ridicule amputation, car cet usage absurde, toujours nuisible à la beauté de l'animal qu'on prétend garantir ainsi on ne saît trop de quelle maladie, n'est guère pratiquée, que nous sachions du moins, dans l'Amérique du Sud. Mardi était un navigateur qui venait des régions lointaines; c'était un compagnon de misère prouvant qu'on abordait dans l'île, et que, soit par accident, soit par une relâche inexpliquée, on y était venu récemment.

Arrêtés par l'obstacle qu'ils avaient rencontré, nos voyageurs revinrent sur leurs pas; mais le lendemain, pendant une exploration qui devait leur faire traverser l'île dans son étendue, ils firent bien d'autres découvertes que celles de la veille : la cime de certains rochers portait des citronniers en fleurs, des fougères arborescentes dont le vent inclinait les panaches élégants; çà et là croissaient quelques plants d'un tabac de qualité inférieure. Ils aperçurent jusqu'à un petit champ de girofliers, et non loin de là ils virent des brèdes, ces feuilles si connues dont tous les colons des tropiques savent préparer des ragoûts appétissants : cela prouvait tout au moins qu'un amateur de calalou, ce mets aimé des Brésiliens, avait séjourné dans l'île; mais ce légume agréable, qui croissait dans les interstices des rochers où les cabris avaient laissé tomber leur fumier, pouvait avoir crû aussi spontanément. Tout dans cette solitude indiquait le passage des hommes, rien ne dénotait d'une façon absolue l'époque de leur séjour. Ce qui faisait croire, jusqu'à un certain point, à une date éloignée, c'est que sur quatre espèces d'oiseaux qu'on rencontra au milieu des rochers, trois espèces, ou se laissèrent prendre bénévolement les œufs qu'ils couvaient, ou devinrent eux-mêmes sans résistance la proie des promeneurs. C'était, dans tous les cas, un triste gibier sentant l'huile de baleine, et qu'un appétit de matelot pouvait seul faire accepter.

Mais qui le croirait? cette île agreste avait eu jadis ses jours de splendeur; et tout l'attestait : les palma-christi, en bien des endroits, étaient seuls verdoyants, mais des troncs d'arbres desséchés et tombés à terre prouvaient que ce terrain accidenté avait eu primitivement une autre parure; d'autres grands végétaux qui se trouvaient encore debout étaient mis à bas par le moindre contact de la main; enfin des roches calcinées, et qui s'exfoliaient dès qu'on les touchait, indiquaient par leur aspect la présence d'un feu souterrain : la Trindade devait avoir été désolée par un volcan.

On revint au vieil établissement, et si ce que nos explorateurs eurent à dire aux naufragés n'était pas bien consolant, on pouvait puiser dans leur rapport quelque espérance. Si l'on se trouvait contraint à un long séjour dans ce coin restreint du monde, il était bon de savoir que l'on pouvait compter sur une terre un peu plus fertile, et que la main de l'homme avait déjà cultivée. L'eau, d'ailleurs, allait manquer dans la partie de l'île qu'on avait choisie, la sécheresse avait pour ainsi dire tari la fontaine qu'on y avait d'abord trouvée. L'eau, dans le petit champ de girofliers, était plus abondante; on faisait déjà le projet d'une émigration générale, lorsqu'un événement imprévu changea tout à coup les projets des naufragés.

Le 21 septembre, vers midi, quarante et un jours après leur arrivée sur l'île, et trente et un après le départ de la chaloupe, ils aperçurent au large un navire dont la vue les combla de joie, car ils crurent d'abord qu'on l'avait expédié de Rio de Janeiro à leur recherche. Mais bientôt ils reconnurent leur erreur avec désespoir : le bâtiment continuait sa route sans s'approcher de leur rocher. Aussitôt quatre hommes se jetèrent dans le canot, et, faisant force de rames, ils parvinrent à attirer l'attention du navire, qui les attendit. C'était un brick américain, la *Marie-Élisa*, de Salem, qui se rendait à Sumatra.

Le capitaine, Joseph Bealde, n'eut pas plutôt appris la situation de malheureux implorant son humanité qu'il leur promit de les délivrer et même de se détourner de sa route pour les déposer au cap de Bonne-Espérance. Comme la nuit approchait, on ne put s'embarquer que le lendemain. Les naufragés ne voulurent pas toutefois quitter l'île sans donner des renseignements sur leur sort, dans le cas où la chaloupe aurait pu atteindre Rio de Janeiro et leur envoyer du secours. Ils écrivirent donc une lettre adressée à M. d'Amerval et l'enfermèrent dans une bouteille qui fut attachée à la cabane la plus élevée, avec un mouchoir blanc destiné à la rendre plus apparente.

Le départ de l'île fut presque aussi périlleux que l'avait été l'arrivée : ce ne fut qu'en se jetant à la mer que les naufragés purent gagner les embarcations envoyées pour les chercher. Mardi les suivit en sautant de roche en roche, et un des matelots, pour ne pas abandonner le fidèle animal, l'attacha sur son dos et le porta ainsi jusqu'au canot.

Trois semaines après, les naufragés, rétablis par les bons soins du capitaine américain, arrivèrent au cap de Bonne-Espérance. Le capitaine du port les prévint du prochain départ pour la France du navire du roi *la Normande*, venant de Bourbon, et ramenant l'équipage de la flûte *l'Alouette*, qui avait péri deux mois auparavant sur cette côte. Dix des naufragés, qui voulaient continuer leur voyage jusqu'à l'île de France, ne purent partir qu'une semaine plus tard, mais les neuf autres allèrent dès le lendemain s'embarquer à bord de *la Normande*, et Mardi resta avec ces derniers.

La Normande eut un voyage heureux, à l'exception de quelques jours de gros temps en approchant des côtes de France. Après avoir mouillé à Rochefort, qui devait recevoir deux des naufragés, elle se dirigea vers Lorient, où

Et un des matelots, pour ne pas abandonner le fidèle animal, l'attacha sur son dos
et le porta ainsi jusqu'au canot.

elle arriva dans les derniers jours de décembre et où débarquèrent les sept autres personnes qu'elle avait rapatriées.

Mais qu'étaient devenus, pendant ce temps, les vrais héros de l'aventure, ceux qui, s'étant dévoués pour tous, n'avaient pas même songé à l'insuffisance des vivres qu'ils emportaient pour faire dans une barque fragile un trajet de trois cents lieues? Ils avaient été favorisés par le temps, et par bonheur un bâtiment anglais les avait rencontrés. Ému de leur détresse, plus surpris encore de leur courage, le capitaine, qui était sans doute contraint à calculer les ressources qui lui restaient pour continuer une longue navigation, s'excusa de ne pouvoir aller délivrer les vingt-sept naufragés; mais il leur donna du biscuit et de l'eau. Ce secours inespéré fut ce qui les sauva. A partir du moment où ils avaient vu le bâtiment anglais, le mauvais temps se déclara, la mer devint houleuse; ils eussent infailliblement péri faute de vivres, car la traversée dura treize jours. Après ces terribles journées marquées par bien des incidents, la baie magnifique de Rio de Janeiro s'ouvrit devant eux comme un sûr asile.

Jean VI apprit l'histoire des naufragés de la Trindade. Il donna immédiatement des ordres pour qu'on leur portât des secours : les soins les plus aimables avaient même présidé à cette petite expédition, et les dames naufragées, qui avaient montré une si noble résignation, devaient comprendre, par les délicates attentions dont le capitaine brésilien avait ordre de les entourer, combien leur courage était admiré. Nos Robinsons avaient quitté leur île depuis plusieurs jours qu'on les hélait joyeusement pour leur apprendre que leurs misères allaient cesser. Le morne silence qui régnait dans l'île inquiéta durant quelques instants; la missive expliqua tout. Il fallait, en définitive, se réjouir de leur départ. Jean VI avait retenu auprès de lui M. d'Amerval : il sut lui prouver combien il avait apprécié son énergique dévouement, et il le récompensa en lui conférant l'ordre du Christ.

LES NAUFRAGÉS DE L'ESSEX

1820

L'*Essex* détruit par une baleine.

En 1820, l'*Essex*, petit baleinier américain, fut détruit par un des énormes
cétacés auxquels il donnait la chasse et qui avait, dit-on, brisé ses œuvres
par de formidables coups de queue. L'équipage se jeta dans les canots et
parvint à gagner l'île Élisabeth. Comme nos marins n'y trouvaient aucune
ressource, ils se remirent en mer pour entreprendre, dans leurs frêles embarcations, le voyage de Valparaiso, dont ils étaient éloignés de plus de mille

lieues. Un des canots se perdit, car on n'en a jamais eu de nouvelles. Les deux autres auraient eu le même sort s'ils n'avaient été rencontrés en mer par d'autres navires. Toutefois, quand on recueillit ces malheureux, ils avaient déjà beaucoup souffert et avaient été réduits aux horreurs du cannibalisme. Dans l'embarcation du capitaine, il ne restait que deux hommes avec leur chef.

Trois matelots avaient refusé de suivre leurs compagnons et étaient restés sur l'île Élisabeth. Le capitaine ayant révélé cette circonstance, on envoya un bâtiment pour recueillir ces hommes; mais l'ancien commandant de l'*Essex*, s'étant trompé dans ses calculs, croyait les avoir laissés sur l'île Ducie. Ce fut donc là qu'on alla les chercher : ne les trouvant pas, on eut l'idée d'aller tenter une visite à l'île Élisabeth. Nos Robinsons y étaient en effet, mais épuisés par les privations et à demi morts. Ils avaient eu grand'peine à se procurer une nourriture insuffisante, et avaient surtout souffert de la soif, restant souvent cinq ou six jours dévorés par la chaleur. Ils auraient certainement péri s'ils n'avaient eu le bonheur de trouver quelquefois des tortues, dont ils conservaient le sang pour les moments de disette absolue : ils n'avaient d'autre boisson que l'eau des pluies ou celle qu'ils recueillaient dans les petites cavités qu'offrent certains fragments de corail. Dans une grotte voisine de la mer, ils trouvèrent huit squelettes humains couchés les uns auprès des autres, et qui étaient probablement ceux de quelques infortunés jetés avant eux par un naufrage sur ce sol inhospitalier.

L'îlot Élisabeth est situé à l'est de la Nouvelle-Hollande, par les 29° 58' de latitude et les 256° 35' 3″ de longitude. Nous n'acceptons ce récit que sous toute réserve, et notamment les diverses circonstances qui amenèrent la catastrophe de l'*Essex*. Il y a là une légende altérée unie à des faits authentiques : nous la maintenons à la date qu'elle doit occuper.

LESQUIN DE ROSCOFF

AUX ILES CROZET

1825

Cet archipel désolé porte un nom qui devrait être honoré en France, mais dont on a complétement perdu le souvenir. Crozet était le compagnon habituel de ce brave Marion du Fresne, qui a tout au moins un article dans les biographies, et qui périt comme l'illustre Cook, en 1772, assassiné par les Nouveaux-Zélandais. Marion l'avait choisi à l'île de France, en 1771, pour commander en second sous lui. Quand le douloureux événement qui priva la marine française d'un de ses plus braves officiers eut jeté le deuil dans les équipages, Crozet prit le commandement de l'expédition et s'acquitta admirablement de ses fonctions nouvelles. Il avait acquis une pratique vraiment supérieure de la navigation, et comme il le dit lui-même, il avait voyagé dans toutes les parties du monde. Errant dans le dédale des îles océaniennes, la pensée philanthropique du digne marin avait cherché à parer ces îles déjà si heureuses des plus belles fleurs de nos climats; à l'île Motouaro, il avait créé, dit-il, un jardin où venaient les légumes savoureux de l'Europe, et où, plus tard, devaient mûrir quelques-uns de nos fruits. C'est peut-être à lui que la Nouvelle-Zélande est redevable de ses premières pommes de terre. Il allait semant partout, et nous faisons aujourd'hui la moisson.

Il ne put rien semer toutefois sur l'archipel stérile qui porte son nom. Nous savons heureusement d'une façon bien précise en quel temps il découvrit ces pauvres rochers couverts de neiges éternelles. Ce fut le 23 janvier 1772, à l'époque où il commandait *le Mascarin;* sa navigation nous est connue en ce temps, aussi bien que celle de M. du Clesmeur.

Le 28 mai 1825, la goëlette *l'Aventure* partait de Port-Louis (île de France) pour aller déposer aux îles Crozet un personnel destiné à la chasse des éléphants marins (¹), et le matériel nécessaire à l'extraction de l'huile qu'on tire

(¹) A cette époque, les spéculations de plusieurs industriels se portaient sur ce genre de pêche. Il s'agit ici du *miouroung,* ou phoque à trompe de Péron, que ce grand voyageur a le premier

de ces phoques gigantesques. L'équipage, composé de seize marins, Français, Anglais, Espagnols, Portugais et Hollandais, était aux ordres d'un Anglais, Fotheringan, qui devait rester aux îles avec neuf hommes, pendant que Lesquin ramènerait le navire avec les cinq autres. La traversée devant être de vingt-cinq ou trente jours au plus, on n'avait pris de l'eau que pour quarante jours. Mais les mauvais temps ayant ralenti considérablement la marche de la goëlette, l'équipage eut bientôt à souffrir, et quand on arriva au but du voyage, la provision d'eau était presque épuisée, quoiqu'on eût depuis longtemps diminué les rations.

Pendant vingt jours, il ne fut pas possible de gagner la terre, tant la mer était grosse. Enfin, l'eau venant à manquer complétement, il fallut bien essayer de s'en procurer. Neuf hommes descendirent dans la pirogue et parvinrent à débarquer sur l'une des îles. Ils devaient rallier le navire le plus promptement possible; mais, après leur départ, le temps devint si mauvais qu'ils ne purent revenir.

Sur la goëlette, cependant, il ne restait que trois hommes valides; les autres étaient malades, et la pirogue avait emporté les plus robustes et les plus agiles. Bientôt la tempête fatigua tellement le navire qu'une voie d'eau se déclara; vers minuit, un des câbles se rompit, et à deux heures du matin la chaîne-câble, dernier espoir des naufragés, se brisa aussi. Un coup de vent emporta la seconde pirogue. Dans cette extrémité, sans autre ancre qu'une ancre à jet, sans canot, avec un équipage malade, brisé de fatigue et insuffisant pour la manœuvre, ils se décidèrent à se diriger vers les îles orientales; ils voulaient y remplir leurs barriques vides, en construisant un radeau pour aller à terre. Ils approchèrent de l'île du Roi-Charles, mais ne purent y débarquer; ils mouillèrent enfin en face de l'île Chabrol, après avoir ainsi erré pendant trois jours, et commencèrent aussitôt la construction qu'ils avaient

appelé l'éléphant marin; c'est le *Phoca leonina* Linn., *Phoca coxii* Desm. Cet animal atteint jusqu'à 8 ou 10 mètres de longueur, sur une circonférence de 4^m,872 à 5^m,847. On peut se figurer aisément l'aspect formidable de ce beau phoque. Son pelage est ras et d'un gris bleuâtre, parfois d'un brun tirant sur le noir; mais il est fort grossier, et l'on comprend aisément les difficultés que nos naufragés rencontrèrent lorsqu'ils durent faire usage de sa peau rugueuse à la place des peaux tannées. La trompe du miouroung est un prolongement du nez de l'animal : elle n'a pas moins d'un pied; elle est membraneuse et érectile, et l'on suppose qu'elle sert au phoque à préserver son nez des coups, qui lui donneraient facilement la mort. Un seul coup de lance porté au cœur suffit pour le tuer. Les miouroungs, que l'on considère comme tout à fait inoffensifs, forment parfois des troupeaux de cent cinquante à deux cents individus. Nous supposons que l'espèce que l'on rencontra sur les îles Crozet était le *Mirounga Ansonii*, qui est, dit-on, un peu moins grande que la précédente et dont le pelage est d'un fauve clair. Lesson a donné une foule de détails intéressants sur ce phoque dans sa continuation de Buffon.

projetée. Le lendemain, Fotheringan, quoique malade, s'embarqua sur le radeau avec quatre hommes, dont deux aussi étaient très-faibles; mais, après trois heures de tentatives infructueuses, ils furent obligés de revenir à bord. Le vent s'étant élevé, ils s'efforcèrent de s'éloigner de la côte pour éviter les brisants qui la bordent, mais ils ne purent y réussir. Ils laissèrent tomber leur ancre à jet, tout fut inutile : la mer les entraîna violemment sur les récifs, le navire s'entr'ouvrit, et les sept hommes qui s'y trouvaient encore furent trop heureux de gagner tous la terre. Ces sept hommes étaient Fotheringan, Lesquin, Pierre Aline, maître d'équipage, Louis Joseph, Alolphe Fortier, Jouan Salvador et Christian Metzelaar.

Cependant, pour avoir échappé à la mer, ces malheureux ne se trouvaient pas moins dans la position la plus critique. Ils étaient dans une affreuse solitude; partout une neige épaisse couvrait la terre, où n'apparaissait nulle trace de végétation. Ils n'avaient pu rien sauver dans leur désastre, et, sur cette île dénuée de bois, ils ne savaient même pas comment ils pourraient se préserver du froid. Lesquin avait eu la précaution de se munir de deux pierres à fusil et d'une corne d'amorce contenant environ un quart de livre de poudre. Cette poudre avait été mouillée, mais il en restait assez pour allumer du feu. La mer venait de jeter un aviron à la côte : ils s'en servirent pour assommer un des éléphants marins qui couvraient le rivage. Ils le dépecèrent avec le secours de trois couteaux qu'ils avaient gardés sur eux, et prirent la graisse pour faire du feu, car cette graisse était le seul combustible qui fût à leur disposition. A l'aide de la poudre et d'un morceau de velours de coton que Lesquin déchira du collet de sa veste, ils obtinrent une flamme assez vive, et parvinrent à se réchauffer.

Ils retournèrent ensuite au rivage, où la mer avait jeté des débris du navire. Ils purent y recueillir quelques vergues et le grand mât de hune avec leur gréement et leurs voiles, quatre barriques vides, un sac contenant environ cinquante livres de biscuit, et le fond d'un coffre de charpentier dans lequel il y avait une scie, une hache de tonnelier, une grosse vrille et un marteau. Après avoir transporté ces objets en lieu sûr, et les avoir garantis de la neige en les recouvrant d'une voile, ils dressèrent une tente au milieu de laquelle ils entretinrent avec de la graisse d'éléphant marin le feu qu'ils avaient allumé.

Ils songèrent ensuite à manger; le biscuit, quoique mouillé par l'eau de mer, fit les frais de ce repas. Ils essayèrent d'y ajouter quelques tranches rôties de la chair de l'éléphant marin, mais ils trouvèrent ces grillades tellement mauvaises qu'ils durent y renoncer. La nuit venue, ils essayèrent de dormir, pendant que l'un d'eux veillait alternativement à l'entretien du feu; mais il leur fut impossible de goûter le moindre repos sous cette tente où pénétrait la neige, préoccupés comme ils l'étaient du sort qui leur était réservé sur cette terre inhospitalière où ils se trouvaient dénués de tout, et à la veille peut-être de succomber à la faim et au froid. Ils ne purent même reposer de toute la nuit : un tourbillon de vent emporta la toile qui les couvrait, et ils furent obligés, pour ne pas geler, de se lever, et de se tenir constamment en mouvement jusqu'au jour.

Le matin, ils trouvèrent encore sur le rivage quelques paquets de douvelles de barriques : quant aux voiles que le vent leur avait enlevées, ils n'en retrouvèrent qu'une, l'autre ayant été sans doute remportée par la mer. Puis ils assommèrent un éléphant pour entretenir leur feu, et déjeunèrent avec leur biscuit.

Divisés ensuite en deux bandes, ils explorèrent les environs, pour y chercher des provisions et un abri. Après avoir parcouru la vallée que fermaient de toutes parts de hautes montagnes, la troupe de Fotheringan rapporta douze jeunes albatros. De son côté, Lesquin et ses compagnons découvrirent, près du lieu du naufrage, une caverne entaillée dans le roc qui pouvait contenir cinq ou six personnes. Ils y établirent leur feu, et mangèrent les albatros. Pendant le reste du jour, ils mirent en sûreté tout le bois que la mer jeta au rivage et qui provenait des débris du navire.

Le lendemain, ils se mirent à l'œuvre pour bâtir une maison et fabriquer quelques ustensiles de cuisine avec ce qu'ils avaient pu recueillir du doublage métallique de la goëlette. Ils échouèrent dans ce dernier travail, à cause du grand nombre de trous percés dans le cuivre pour le passage des clous, mais ils parvinrent à réunir une certaine quantité de pierres dans le but d'édifier leur maison, et ils terminèrent le lendemain ce travail préliminaire. Ils eurent, le matin de ce jour, une bonne fortune inespérée : le rouf dressé sur le pont avait été jeté à la côte; ils le recueillirent. Outre les planches qu'ils en tirèrent, ils trouvèrent dans une caisse une douzaine de couteaux, des fusils, une lance, une marmite cassée qui cependant leur fut fort utile, un outil de tonnelage, un matelas appartenant à Lesquin, et qui fut réservé par lui pour les malades. Le soir, ils tuèrent un animal qui différait de l'éléphant marin et qu'ils ne connaissaient pas : ils voulurent en manger, mais ils trouvèrent sa chair détestable et quelques-uns d'entre eux se crurent même empoisonnés.

On était au 1er août, et quatre jours seulement s'étaient écoulés depuis le naufrage. Cependant des symptômes graves d'insubordination se montraient

déjà chez les naufragés, malgré le dévouement avec lequel Fotheringan et
Lesquin prenaient leur part des fatigues communes : le partage des objets

Ils furent obligés, pour ne pas geler, de se lever, et de se tenir constamment
en mouvement jusqu'au jour.

trouvés dans le rouf amena même une discussion fort vive qui ne finit que
devant l'attitude énergique des deux chefs.

Le 2 août, l'abondance de la neige ne leur permit pas de travailler à la maison. Ils trouvèrent sur la plage un instrument nautique qu'ils emportèrent, et une légère somme d'argent à laquelle ils ne touchèrent pas, tant ils étaient persuadés que l'île devait être leur tombeau. A leur retour, ils tuèrent trois éléphants, et, comme ils n'avaient plus que trois galettes de biscuit, ils se décidèrent à essayer de cette chair que l'habitude leur fit bientôt trouver supportable.

Les deux jours suivants, ils travaillèrent à leur maison, autant que la neige le leur permit. Le 5, ils s'éveillèrent emprisonnés par cette neige, qu'ils mirent plus de deux heures à déblayer. Elle tombait si abondamment qu'ils furent obligés d'employer deux hommes à tour de rôle pour débarrasser l'entrée de la caverne, à mesure qu'elle se trouvait encombrée.

Le 6 et le 7, le froid les retint enfermés : ils s'occupèrent à convertir en fil fin propre à coudre les fils de caret obtenus d'un cordage qu'ils avaient sauvé. Ils destinaient ce fil à réparer leurs vêtements, mais ils ne savaient comment ils pourraient suppléer aux aiguilles qui leur manquaient.

Le 8, la mer jeta encore au rivage une partie considérable du navire qui leur fournit de fort belles planches pour la couverture de leur maison. Ils trouvèrent également trois livres de navigation, un exemplaire anglais des *Nuits d'Young*, appartenant à Lesquin, une boîte de compas, deux lances à éléphant, et un sac contenant environ dix livres de haricots rouges gonflés par l'eau salée. Leurs provisions étaient épuisées : ils mangèrent une partie de ces haricots, et gardèrent le reste pour le semer au printemps. Ils continuèrent ensuite, malgré le froid, à construire leur maison. Pendant ce temps, Lesquin, avec un matelot, alla à la recherche des phoques : il n'en trouva aucun; mais s'étant éloigné plus que les autres fois, il arriva à un endroit où une centaine de pingouins avaient fait leurs nids. Il rapporta cent trente-huit œufs qui leur furent d'un grand secours, car les provisions touchaient à leur fin.

Cette marmite cassée, dont nous avons parlé tout à l'heure, cet humble tesson, si on l'aime mieux, que le pauvre habitant de la Bretagne n'eût pas hésité, peut-être, à jeter hors de sa chaumière, joua dès lors un grand rôle dans la vie intérieure des naufragés; l'industrieux Lesquin s'en servit avec succès pour conduire à bonne fin plusieurs préparations culinaires qui variaient un peu la chère détestable que l'on faisait sur l'île Crozet. Le moins estimé de ces mets cuits à la graisse des miouroungs n'était certes pas un plat d'œufs au miroir, dont les nids de pingouins faisaient les frais. Il faut avoir passé par les extrémités où se trouvaient nos pauvres marins pour se figurer la joie innocente que produisait chez eux la réussite de ces plats délicats qu'ils variaient par des étuvées.

Le 9, ils terminèrent les murs de la maison et tuèrent un éléphant mâle extrêmement gros. Le 10, retenus chez eux par le mauvais temps, ils continuèrent à effiler leur cordage. Le 11, ils tuèrent deux pingouins royaux qu'ils essayèrent vainement de manger, mais dans la structure desquels ils trouvèrent une ressource inattendue. En les dépouillant, ils cassèrent une des nageoires de ces oiseaux si bizarres et remarquèrent qu'elle était formée de plusieurs os très-minces et longs. Ils en aiguisèrent un, et y pratiquèrent un chas à l'aide d'un clou rougi : ils possédaient désormais des aiguilles.

Le lendemain, ils tuèrent deux éléphants dont ils employèrent les peaux, étendues sur des planches, pour dresser un toit; leur habitation étant terminée, ils s'y installèrent le jour suivant. Le soir de ce même jour, Lesquin, étant allé à la découverte, crut apercevoir un passage dans les montagnes qui entouraient la vallée, et il en conclut l'existence d'une seconde vallée qu'il pouvait être utile de visiter. Il communiqua sa pensée à Fotheringan, qui consentit à l'accompagner.

Le 14, au point du jour, tous deux se mirent en route, munis chacun d'un bâton et d'un sac de toile qui contenait leurs vivres. Après deux heures de marche, ils pénétrèrent dans la gorge de la montagne. Ils arrivèrent péniblement, à travers la neige et la glace, jusqu'à un sommet où ils crurent pouvoir se préparer à descendre le revers opposé que leur dérobait une brume épaisse. Ils se laissèrent donc glisser sur cette pente rapide et périlleuse. Dans la nouvelle vallée où ils se trouvaient était réunie une innombrable quantité de pingouins. En parcourant le rivage, ils aperçurent une grotte, et reconnurent qu'on y avait fait du feu ; un peu plus loin gisaient quelques vieilles planches qui paraissaient avoir fait partie d'un canot. Outre les pingouins, ils virent encore un grand nombre d'albatros et de *nelleys*, espèce de corbeau. Ils tuèrent douze albatros, et en emportèrent chacun six, avec une forte provision d'œufs.

Malheureusement la nuit les surprit, et ils s'égarèrent sans pouvoir effectuer leur retour. Après avoir erré longtemps dans la montagne, ils atteignirent un glacier sur la pente duquel ils se laissèrent glisser, comme ils l'avaient fait le matin sur le versant opposé. Mais la pente était beaucoup plus rapide qu'ils ne l'avaient cru, et elle ne s'abaissait pas jusqu'à la vallée. Au bout de quelques instants, ils perdirent prise à un endroit perpendiculaire, et tombèrent d'une hauteur de plus de cinquante pieds. Ils auraient infailliblement été tués sur le coup si leur chute n'eût été amortie par l'épaisse couche de neige qui couvrait la terre. Fotheringan, tombé debout, en fut quitte pour une forte douleur dans les cuisses, dont il se ressentit pendant plus d'un

Ils perdirent prise à un endroit perpendiculaire, et tombèrent d'une hauteur
de plus de cinquante pieds

an. Lesquin eut le côté meurtri cruellement et le pouce gauche démis. Ce malheur les rendit plus prudents. Malgré les souffrances qu'ils éprouvaient, et quoique la neige tombât abondamment, ils résolurent d'attendre le jour en cet endroit, et ils passèrent le reste de la nuit marchant et se donnant du mouvement, pour combattre le froid.

Ils atteignirent enfin leur demeure vers midi. Leurs compagnons perdaient déjà l'espoir de les revoir, et ils étaient d'ailleurs fort abattus, car les provisions étaient presque épuisées, et ils avaient vainement essayé de tuer des éléphants. Aussi furent-ils forcés de ménager beaucoup le peu de viande de cet animal qui leur restait.

Le lendemain 16, n'ayant pu se procurer ni éléphant, ni pingouins, ils mangèrent le reste du morceau de viande qu'on tenait en réserve; mais cela fut loin de suffire pour apaiser leur faim. La graisse leur manquant également pour entretenir leur feu, ils furent forcés de brûler le bois qu'ils avaient sauvé du naufrage.

Le 17, quoique le mauvais temps continuât, ils essayèrent encore de se procurer des vivres, car ils n'avaient rien mangé depuis la veille au matin; mais ils ne trouvèrent rien, et ils passèrent cette journée et la nuit suivante dans un découragement d'autant plus grand que la tourmente augmentait de minute en minute, et qu'ils se voyaient condamnés presque inévitablement à mourir de faim. Le jour venu, Lesquin eut assez de force pour aller chercher au magasin un peu de bois afin d'entretenir le feu; mais les autres ne purent sortir, car ils étaient de plus en plus affaiblis. Le lendemain, Lesquin sortit encore avec Fotheringan, mais sans succès; le moment fatal semblait venu, car les provisions manquaient depuis quatre jours, et deux des matelots paraissaient déjà parvenus au dernier degré de l'épuisement. Vers midi, Lesquin prit une résolution désespérée : il fit considérer à ses compagnons qu'ils ne pouvaient éviter la mort s'ils cédaient au découragement, et que la seule ressource qui leur restât était d'essayer un voyage dans la vallée située de l'autre côté de la montagne, et qu'ils appelaient la vallée de l'Abondance. Il s'offrit à y aller lui-même si on voulait l'accompagner : Fotheringan et deux hommes consentirent à le suivre. Comme ils n'avaient pas de chaussures, ils coupèrent une des peaux de phoque qui couvraient leur maison, et en lacèrent les morceaux autour de leurs pieds.

Vers six heures du soir, ils arrivèrent au but de leur voyage. Ils eurent le bonheur d'y trouver quelques éléphants qu'ils tuèrent, et avec la chair desquels ils firent un premier repas. Ils allumèrent ensuite un grand feu autour duquel ils passèrent la nuit. Au point du jour, chargés de morceaux d'éléphant et de chair d'albatros, ils revinrent à la vallée du naufrage. Mais, en traversant la montagne, un d'eux, le Hollandais Metzelaar, dégoûté de tant de misère et brisé par la fatigue et les souffrances, se laissa tomber sur la neige et refusa d'aller plus loin. Ils essayèrent de le porter, mais ils furent forcés d'y renoncer, tant ils étaient faibles. Désespérant alors de le sauver, ils prirent sa charge de provisions, lui firent leurs derniers adieux et l'abandonnèrent...

Ils n'arrivèrent que vers cinq heures du soir à la maison, où leurs trois compagnons, abattus par le froid et la faim, ne purent ni se lever à leur approche, ni répondre même à leurs questions. A l'aide d'un peu de poudre, ils allumèrent du feu et firent cuire de la chair d'éléphant; mais les trois malheureux étaient si faibles qu'ils refusèrent toute nourriture et qu'il fallut les faire manger comme des enfants. Brisés comme ils l'étaient par la fatigue et les privations, ils ne tardèrent pas à s'endormir; mais, vers minuit, des cris lamentables les réveillèrent en sursaut : ils sortirent, et à quelque distance de là ils trouvèrent Metzelaar enfoui sous un énorme tas de neige dans laquelle il s'enfonçait de plus en plus, malgré tous les efforts qu'il faisait pour se dégager. Il leur raconta qu'après leur départ il s'était endormi dans la montagne, mais que, réveillé bientôt par une vive douleur aux jambes, il avait essayé de marcher pour échapper à ce genre de souffrance et y avait réussi; qu'après une marche pénible, il était arrivé jusqu'à l'endroit où ils l'avaient trouvé, mais que là il aurait infailliblement péri si on ne l'eût secouru : la neige était profonde, et il ne pouvait en sortir. Ils l'emportèrent, le mirent sur l'unique matelas qu'ils possédassent, et la nuit se passa tranquillement.

Le lendemain, ils tuèrent deux éléphants. Ils recueillirent la graisse pour entretenir leur feu, et étendirent les peaux sur la cabane pour s'en faire des chaussures au besoin. Il fallait éviter la faim à l'avenir : ils trempèrent les chairs dans l'eau de mer, et les suspendirent à la fumée dans leur maison, afin de les conserver. Du reste, cette précaution fut inutile, car, pendant les mois d'août et de septembre, les éléphants et les pingouins leur fournirent des aliments en abondance. Ils achevèrent de clore leur maison, et, leur santé se rétablissant, ils reprirent courage et mirent une certaine organisation dans leur genre de vie. Chacun d'eux faisait la cuisine pendant une semaine et était, à ce moment, exempt de toute corvée. Deux hommes étaient chargés de transporter chaque jour à la maison une quantité de graisse suffisante pour l'entretien du feu; deux autres se relevaient la nuit, veillaient à ce qu'il ne s'éteignît pas. Ceux qui restaient à la maison réparaient les effets et préparaient du fil de caret pour coudre. Les corvées générales entraînaient avec elles les voyages au lieu de la ponte des pingouins, l'attaque des éléphants mâles et les réparations de la maison. Le service ainsi disposé, l'exil parut moins intolérable aux naufragés, et ils commencèrent à s'habituer à leur affreuse position.

Du reste, ils étaient heureux de pouvoir se chauffer dans une habitation bien close, car le froid fut très-vif en septembre et en octobre. Durant ce dernier mois, ils durent renoncer à parcourir la grève, tant était considérable le nombre des éléphants de mer. Lesquin les évalue à plus de vingt mille. Ils allèrent à la vallée de l'Abondance et en rapportèrent une provision de jeunes albatros.

Vers les premiers jours de novembre, ayant parcouru la côte nord-ouest de l'île, ils y trouvèrent une quantité prodigieuse de pingouins (Lesquin dit un peu arbitrairement plus de trois millions); ils leur enlevèrent sept à huit mille œufs. La neige étant presque entièrement fondue, ils virent que le sol se composait de petites pierres, parmi lesquelles s'élevaient quelques tertres couverts d'une mousse entourant une sorte de plante dont l'espèce leur était inconnue. Cette plante, à laquelle ils goûtèrent, leur parut excessivement amère; néanmoins ils s'en servirent en guise de légumes dans les ragoûts qu'ils faisaient avec la chair de miouroung.

Pendant la dernière portion de novembre, les œufs de pingouins leur fournirent des provisions assurées. Vers la fin du mois, comme la neige avait presque entièrement disparu, Lesquin et Fotheringan résolurent d'explorer les parties de l'île qu'ils ne connaissaient pas encore. Ils s'habillèrent donc le plus chaudement qu'il leur fut possible, se chargèrent de provisions, de poudre et de fil de caret pour allumer du feu, s'armèrent de leurs couteaux de chasse et d'un bâton, et se mirent en route le 29 novembre. Leur excursion dura trois jours, mais elle n'eut d'autre résultat que la découverte d'une région de l'île où se trouvaient des loups marins. Ils se promirent d'en profiter, la peau de cet animal étant plus souple que celle de l'éléphant, et plus propre à faire des vêtements (¹).

A leur retour, ils trouvèrent les choses dans le plus grand désordre : leurs hommes s'étaient battus, et l'un d'eux, Metzelaar, était resté comme assommé et avait de plus reçu un coup de couteau du Portugais Salvador. Le massacre des Anglais par les Hollandais à Amboine, pendant le siècle précédent, avait été la cause de la querelle. On avait reproché ce massacre à Metzelaar, qui

---

(¹) Il s'agit ici de l'*Otaria Peronii et Nigra*, Desm. (*loup marin* de Pagès). Il a seulement de deux à quatre pieds de longueur (0ᵐ,650 à 1ᵐ,299). Sa couleur est noirâtre, son pelage est doux.

avait répondu par des invectives contre les Anglais et les Français. Là-dessus, on en était venu aux coups, et Salvador avait poussé la rage jusqu'à frapper le Hollandais avec son couteau, au moment où il était tombé.

Fotheringan et Lesquin déclarèrent aussitôt à leurs compagnons qu'ils allaient se séparer d'eux : en huit jours ils se construisirent une maison longue de huit pieds et large de six, et ils s'y installèrent avec Metzelaar, qui commençait à marcher. Ils partagèrent la marmite cassée en deux morceaux à peu près égaux, mais ces deux tessons devinrent parfaitement inutiles. Tout ce mois, ils vécurent bien, et ramassèrent environ vingt mille œufs de pingouins, dont ils conservèrent une partie pour l'avenir. Les gens de l'autre maison les imitèrent, mais ils ne se parlaient plus et évitaient même de se voir.

Le 11 décembre fut un jour mémorable pour les naufragés, car Lesquin fit une découverte importante. En se promenant, il trouva une caverne dont le sol était recouvert d'une terre bleue très-sèche et très-fine dans laquelle il reconnut d'excellente argile. Il essaya aussitôt d'employer cette terre à fabriquer des pots : les premiers, qu'il fit sécher au soleil, se fendirent. Comme Robinson, il en fabriqua d'autres, les laissa sécher à l'ombre, et les plaça ensuite au milieu d'un feu ardent où il les laissa cuire pendant six heures. Un seul ne se fendit pas; mais ce résultat suffisait, car dès lors les naufragés pouvaient faire bouillir leurs aliments, et ils espéraient bien se procurer d'autres pots de la même manière.

Malgré la mésintelligence qui séparait en deux camps la petite colonie, Lesquin fit part de cette bonne fortune aux gens de l'autre maison, et leur indiqua le gisement d'argile ainsi que le procédé de la fabrication des pots. Ses compagnons le remercièrent de cette démarche, mais lui déclarèrent qu'ils n'en profiteraient pas parce que, décidés à tout risquer pour sortir de ce triste lieu, ils avaient construit un canot afin de gagner l'île du Roi-Charles. Ils lui montrèrent ce canot, qui était formé de douvelles de barriques attachées ensemble avec du fil de caret, et recouvert d'une peau d'éléphant. Lesquin leur représenta tous les dangers de ce voyage, mais il les quitta sans avoir pu les persuader.

Le 17 décembre au matin, les quatre hommes partirent par un temps clair et un assez bon vent. Mais bientôt le temps devint mauvais et il s'éleva une véritable tempête. Le lendemain, la mer étant toujours très-grosse, Lesquin, Fotheringan et Metzelaar ne doutèrent plus de la perte de leurs imprudents compagnons, et voulurent au moins profiter de ce qu'ils avaient abandonné. Ils se rendirent donc à l'autre maison, et emportèrent tout ce qui pouvait leur

être utile, particulièrement la porte, qui, étant faite de planches, était bien
préférable au morceau de peau de phoque qui leur avait jusque-là servi de
clôture. Comme les femelles d'éléphants venaient alors souvent à terre, et que,
dans les nuits précédentes, plusieurs de ces étranges visiteuses étaient entrées
jusque dans la maison, ils barricadèrent leur porte à l'intérieur. Cette précaution les sauva d'un danger qu'ils étaient loin de prévoir.

Vers le milieu de la nuit, ils furent réveillés en sursaut par des coups violents frappés à la porte et par un tumulte de voix menaçantes qu'ils reconnurent pour être celles de leurs compagnons partis la veille au matin. Ne comprenant rien à une pareille agression, ils se hâtèrent de sortir par le derrière
de la maison en fendant la peau d'éléphant qui tenait lieu de mur. A peine
sont-ils dehors que la porte cède et que les assaillants se précipitent à l'intérieur, cherchant avec surprise les habitants. Désappointés de ne pas les
trouver, ils brisent les marmites, et s'en retournent avec la porte et un paquet
de peaux d'éléphant.

Le jour venu, Lesquin et ses deux compagnons constatèrent le dégât qui
leur avait été causé, et résolurent d'aller demander des explications aux
agresseurs. La guerre était déclarée et venait s'ajouter à toutes les misères des
naufragés. Comme il fallait se tenir sur ses gardes après la scène de la nuit, .
Lesquin s'arma de son couteau de chasse et d'une lance à éléphant ; Fothering-
gan prit aussi son couteau, et un bâton au bout duquel était fixé un gros clou.
Metzelaar se chargea d'un sac de pierres et d'une énorme massue. Dans cet
équipage, ils se mirent en route, et allèrent frapper à la porte de l'habitation
ennemie.

Le maître d'équipage se présenta devant les assaillants et leur demanda
avec arrogance ce qu'ils voulaient. Lesquin lui pointa aussitôt la lance au
cœur, et lui déclara qu'il allait le tuer s'il ne lui rendait ses peaux d'éléphant. Les autres accoururent pour secourir leur camarade ; mais en voyant
l'attitude menaçante de Lesquin, ils jetèrent sur-le-champ les peaux dehors.
Reculant alors de quelques pas, Lesquin les somma de s'expliquer sur leur
conduite durant la nuit précédente. L'Espagnol sortit seul et leur dit qu'après
avoir échoué dans le voyage qu'ils se proposaient de faire et couru mille dangers, ils étaient parvenus à regagner leur maison vers onze heures du soir,
et qu'en voyant la porte enlevée ainsi que d'autres objets, ils avaient résolu
de prendre tout ce qui était dans l'autre habitation, par forme de représaille.
Lesquin lui répondit qu'ils n'avaient enlevé la porte que parce qu'ils n'espéraient plus les revoir, qu'une agression si violente était de tout point inexcusable, et que, s'ils recommençaient, ils pouvaient compter sur une guerre dont

la fin n'aurait d'autre issue que leur mort à tous. Lesquin retourna ensuite chez lui avec ses deux compagnons, et employa le reste du mois de décembre à fabriquer huit pots pour remplacer ceux qu'on lui avait cassés.

Les naufragés des deux maisons consacrèrent tout le mois de janvier de l'année 1826 à la chasse des loups marins. Lesquin, aidé de Fotheringan et de Metzelaar, ramassa près de deux cents peaux : ils en employèrent une partie à se faire des vêtements et des lits assez confortables.

Lesquin lui pointa aussitôt la lance au cœur.....

Avec février commença l'hiver : ce mois fut employé à couvrir l'habitation avec des peaux de phoque et à ramasser des tourbes pour entretenir le feu pendant la mauvaise saison.

Dans les premiers jours de mars, Louis-Joseph vint un matin inviter Lesquin et Fotheringan à constater la mort naturelle d'Adolphe Fortier, l'un des hommes de l'autre maison. Ils reconnurent qu'il avait dû mourir d'épuisement. Lesquin creusa une fosse avec un marteau, car la terre était encore gelée; les autres cousirent le corps dans des peaux de loup marin, et à midi ils procédèrent à l'inhumation. Depuis deux mois, toute relation était inter-

rompue entre les habitants des deux maisons, et, quoique réunis à la cérémonie funèbre, ils évitèrent de se parler. Cependant, au moment où ils re-
tournaient chacun chez eux, Metzelaar témoigna à Lesquin et à Fotheringan
le désir d'aller vivre avec ses camarades. Il emporta ce qui lui appartenait,
et les deux chefs restèrent seuls.

Tout alla assez bien jusqu'au mois de juin ; mais, à cette époque, les provisions ayant considérablement diminué, ils furent souvent forcés, malgré le
mauvais temps, d'aller en chercher à la vallée de l'Abondance. Un beau jour,
tout changea d'aspect ; ils avaient passé une nuit détestable et ils se reposaient de leurs fatigues, quand ils furent éveillés tout à coup par une masse
d'eau qui, tombant sur la couverture de la maison, la défonça, renversa
deux murs et couvrit tout d'une couche de goëmon. Ils s'élancèrent dehors,
et aussitôt une seconde vague emporta tout ce qui restait de la maison.
L'inondation qui venait de les mettre dans un si grand danger provenait
d'un très-fort ras de marée. Le matin, il ne leur resta d'autres ressources
que de recueillir le peu d'objets que la mer leur rejetait, et ils durent songer
à se construire une demeure dans un endroit plus éloigné de la mer : ils se
mirent à l'œuvre immédiatement. Cependant leurs compagnons, qui n'avaient
pas eu à souffrir du ras de marée, vinrent les trouver, et les engagèrent
vivement à retourner vivre avec eux, leur promettant respect et déférence :
Lesquin et Fotheringan cédèrent à leurs vives instances, et, depuis ce moment, en effet, ils n'eurent plus à se plaindre d'eux.

L'hiver se passa sans autre incident, et avec le mois de septembre les
éléphants marins et les albatros reparurent en grand nombre. La présence
de ces derniers inspira à Lesquin un projet qu'il exécuta aussitôt. Réfléchissant que les jeunes albatros, en quittant leur nid, se dirigent vers le nord et
se rendent souvent dans des parages fréquentés par des navires, il écrivit
cent billets qu'il cousit chacun dans un sac de peau, et il attacha ces sacs
au cou de jeunes albatros. Par ce billet, il indiquait en peu de mots la situation de l'île où il se trouvait avec ses compagnons, et priait ceux qui trou-
veraient ce renseignement de venir à leur secours.

Lesquin conçut aussi le dessein de construire un canot : Fotheringan et
Louis-Joseph partagèrent son projet ; les trois autres leur promirent aide et
activité pour construire l'embarcation, mais ils déclarèrent qu'ils ne partiraient
pas avec eux, car l'entreprise leur semblait trop périlleuse. Avec des débris
de leur navire, des douvelles de barriques et des peaux de loup marin, ils
parvinrent, en quelque temps, à se procurer une embarcation bien pontée et
mâtée, ayant seize pieds de quille et six de bau. Pour la voile, ils avaient

cousu ensemble des peaux de jeunes éléphants assouplies par le frottement. De plus, ils avaient approvisionné la barque d'une barrique d'eau douce, d'une autre barrique pleine de chair d'éléphant et d'une quantité d'œufs de pingouins.

Il ne leur restait plus qu'à revêtir le canot de peaux de loup marin, et ils étaient décidés à se mettre ensuite en route, quand, le 24 décembre, vers onze heures du matin, Fotheringan, qui était dehors, poussa tout à coup un grand cri et rentra en faisant mille contorsions; il était tellement ému qu'il ne pouvait parler. Lesquin sortit aussitôt, et ne fut guère moins vivement touché en voyant, à peine à trois lieues en mer, un navire qui se dirigeait vers l'île. Il appela aussitôt ses compagnons, et ils allumèrent un grand feu sur une colline. Le lendemain, le navire avait disparu! Qu'on juge de leur désespoir. Pendant les quinze jours qui suivirent, ils aperçurent trois fois encore ce bâtiment; ils allumèrent toujours des feux, mais le navire ne les vit pas.

Dans la nuit du 5 janvier 1827, ils aperçurent très-près de terre un feu qu'ils pensèrent provenir des fourneaux du bâtiment, occupé sans doute à faire de l'huile. De leur côté, ils allumèrent aussitôt un grand feu, qu'ils entretinrent tout le jour... Ils n'obtinrent encore aucun résultat.

Enfin, le 6, vers quatre heures du soir, le navire se rapprocha, et une embarcation vint à terre. Les matelots furent bien étonnés en apercevant des naufragés où ils avaient cru devoir rencontrer des miouroungs et des pingouins : ils leur dirent que la navire en vue était le *Cape-Packet* de Londres, qu'ils étaient venus jusque-là en poursuivant des baleines, et qu'ils n'avaient aperçu leurs feux que la nuit précédente. Du reste, ils se déclarèrent tout disposés à recueillir les malheureux dans lesquels ils voyaient des frères. A huit heures du soir, nos solitaires arrivaient à bord du *Cape-Packet*.

Le capitaine Duncan les reçut avec toute l'humanité possible, et le 3 février, ayant terminé son chargement, il fit route pour l'île Dauphine, afin d'y chercher les neuf hommes qui, depuis plus de dix-sept mois, y étaient abandonnés. Ils furent assez heureux pour les retrouver tous, et ils les prirent à bord.

Le *Cape-Packet* fit voile ensuite pour le cap de Bonne-Espérance, où il arriva le 5 mars. Lesquin s'y embarqua sur le navire français *le Fils-de-France*, allant de Chine en France, et le 7 mai, descendant à Saint-Nazaire, il revoyait sa patrie, dont il avait pu se croire séparé pour toujours.

(Voy. *le Lycée armoricain*, publié à Nantes. Cet article est extrait du récit original de Lesquin lui-même.)

MISTRESS ANN FRAZER

SUR UN BANC DE CORAIL, DANS LES MERS DE LA NOUVELLE-HOLLANDE

1835

Nos récits nous ont conduits sur toutes les plages désolées du monde; et heureusement aussi pour nos Robinsons, dans les lieux les plus enchantés. La Nouvelle-Galles du Sud ne nommait aucun de ses naufragés. Un terrible événement rapproché de notre époque, et dont une femme fut l'héroïne résignée, nous conduira sur ces côtes inhospitalières. Il y a moins de vingt-huit ans que cette catastrophe a eu lieu.

Sydney n'avait pas encore vu se métamorphoser ses rues animées, à la suite de ces grandes découvertes des mines d'or qui ont changé l'aspect de l'Australie, lorsque le capitaine Frazer, qui faisait le commerce entre ces régions et la Malaisie, entreprit une de ses expéditions qui devait le conduire à Singapour. Le bâtiment qu'il commandait était un brick, portant un équipage de dix-huit hommes et de deux mousses, qu'on appelait le *Sterling-Castle*. Le jeune capitaine n'avait pas hésité à emmener avec lui sa femme, personne courageuse, accoutumée d'ailleurs à de pareilles navigations. On quitta le port le 16 mai 1835. Neuf jours d'une marche facile s'étaient écoulés à peine qu'on entra dans les eaux où va commencer ce détroit de Torres qui doit son nom à l'habile pilote de l'infortuné Mendaña.

Peut-être le capitaine Frazer racontait-il à sa jeune épouse, déjà fort avancée dans sa grossesse, comment jadis ces mers avaient vu flotter le pavillon d'une dame amirale, la seule dont l'histoire fasse mention (¹), lorsque le *Sterling-Castle* alla donner en plein sur un banc de corail. Il était neuf heures du soir; le gros temps s'était déclaré, et l'obscurité profonde qu'il faisait

(¹) Mendana, comme on sait, mourut dans l'une des Marquises. On l'enterra sur cette terre inhospitalière, et lorsqu'on eut ouvert le pli qui contenait ses dernières volontés, on vit qu'il avait délégué ses pouvoirs à sa femme, dont il était accompagné. A cette dame dont les Indiens avaient tant admiré la blonde chevelure, et dont ils suivaient les traces avec des signes visibles de vénération, appartenait le commandement de la flottille. — Voy., sur le voyage de Mendana, l'intéressant récit de M. Édouard Charton, t. IV des *Voyageurs anciens et modernes*.

cachait en partie le danger, lorsque le navire se trouva engagé de telle sorte qu'il fallut pour le relever abattre la mâture. Deux hommes périrent durant cette opération difficile et qui avait cependant réussi. Après bien des efforts, on se trouva environné de petites roches inégales et entièrement dénudées. Rien ne croissait sur cet amas de coraux : c'était sans doute une de ces îles naissantes, comme on en voit tant dans ces mers, où l'hydrographie ne les a pas toutes marquées, demi-terre, demi-écueil, sur lesquelles les palmiers océaniens n'inclinent pas encore leurs tiges élégantes et n'invitent pas les oiseaux à se reposer. La mer, encore agitée par la tempête, se brisait avec fureur sur les rochers qui encastraient le *Sterling-Castle*, l'eau pénétrait partout ; peu de vivres purent être sauvés, et si l'on fut assez avisé pour mettre en sûreté les chronomètres qui se trouvaient à bord avec les autres instruments nautiques indispensables, l'eau douce et les autres liquides s'en allèrent flottant sur les vagues.

On resta un jour ou deux peut-être sur cet îlot désert ; un séjour plus prolongé paraissait réellement impossible. Mme Frazer faisait d'incroyables efforts pour dissimuler ses souffrances et pour ranimer par sa contenance le courage de ses compagnons. Les deux chaloupes avaient été mises à la mer ; la petite embarcation, dont on confia le commandement au neveu du capitaine James Frazer, prit à son bord le cuisinier et son aide, en comprenant trois autres hommes ; mais tout le monde était bien novice dans cet équipage! La grande chaloupe, commandée par le capitaine, reçut mistress Frazer. Les meilleurs matelots et les deux mousses devaient exécuter la manœuvre sous les ordres immédiats de Frazer : chacun s'empressait autour de la jeune dame et prenait en grande pitié sa situation.

On abandonna de concert l'îlot désolé sans regret, et ce qu'il y a de plus terrible à dire, sans grande espérance : l'intention du commandant était de se diriger de telle sorte sur ces mers orageuses qu'il pût atteindre la baie de Morton, où il espérait pouvoir se procurer quelques secours. Malgré l'habileté des rameurs à éviter les vagues, la chaloupe en embarqua plusieurs. La position des naufragés devenait lamentable : qu'on juge de celle de mistress Frazer! Sa délivrance eut lieu le quatrième jour du voyage. Mais, par une circonstance providentielle, la jeune dame était tombée dans un état de torpeur qui l'enleva à l'horreur de cette situation. Le pauvre être qu'elle mit au monde fut recueilli pieusement par Frazer et baptisé par le pilote. Né ainsi sur l'Océan, au milieu de toutes les angoisses, il regagna sa patrie céleste.

L'énergique nature de Mme Frazer l'avait fait triompher des plus terribles misères. Quand elle revint à elle, on lui apprit le malheur qui venait de la frapper; son cœur de mère se brisa, mais elle montra encore assez de résignation apparente pour ne point décourager ceux qui tentaient de la sauver.

Après avoir fait de nombreux efforts pour gagner la baie de Morton, il fallut bien s'arrêter, ou pour mieux dire changer la route suivie jusqu'alors par l'embarcation. Les hommes étaient épuisés; la fatigue et la faim étaient telles que leurs bras affaiblis laissaient retomber la rame sans faire avancer le canot : comme cela arrive toujours en ces sortes de circonstances, la soif surtout leur faisait ressentir d'intolérables tourments. Frazer voyait, le matin, ceux de ses hommes qui n'étaient pas employés à la manœuvre se tenant étendus sur les bancs, comme pour aspirer la rosée qu'ils espéraient re-cueillir, et il ne parvenait à leur faire reprendre quelque courage qu'en leur montrant la femme résignée qui dévorait son chagrin en silence, et dont le corps était à demi plongé dans l'eau. Entraînés par les courants sans doute, car ils marchaient bien lentement, ils parvinrent à un cap in-connu, et là ils commencèrent à amarrer les deux chaloupes, qui ne s'étaient point perdues de vue; quelques hommes s'en allèrent à la recherche des huîtres et de l'eau douce. Une bourrasque qui s'éleva tout à coup mit à néant leurs espérances, et les contraignit à regagner le large. Le lendemain, ceux de la grande chaloupe s'aperçurent avec douleur que leur conserve les avait quittés ; ils les jugeaient hors d'état de prendre un autre rumb sans se guider sur celui que suivait le capitaine, et cela les désola. Ne les voyant plus à la fin du jour, ils cessèrent leur exploration; mais qu'avaient-ils à re-gretter? les vagues menaçaient de s'élever, et elles allaient être leur tom-beau.

L'intention de M. Frazer était toujours de gagner la baie de Morton; cependant il avait fini par acquérir la certitude que les vents et les courants lui étaient contraires : il prit subitement ses dispositions pour gagner un point quelconque de la côte. Son anxiété était grande toutefois; il n'ignorait point qu'en quelque endroit qu'il parvint à gagner la terre, il aborderait toujours des lieux infestés de sauvages, et quels sauvages! des noirs océaniens, affa-més à toutes les époques de l'année, n'ayant aucune espèce de provisions à offrir à un hôte, privés des sentiments d'hospitalité qu'on rencontre encore dans la Polynésie, tenant, en un mot, autant de la brute que de l'homme. Quelle pitié attendre d'une race pareille, et surtout quels secours? N'importe, il mit la poupe au vent : il fallait bien accepter la mort, sous quelque aspect qu'elle se présentât. Ils étaient arrivés à un degré de misère où il leur im-

portait peu que ce fût par un coup de woumerang (¹) ou par la faim que se
terminât leur angoisse.

La terre se montra bientôt à eux distinctement, et bientôt ils virent ces
rangées d'*Eucalyptus* qui donnent à ces régions une physionomie si particulière. Après quelques efforts, la chaloupe atteignit *Great-Bay*, à cent milles
environ au nord de Morton, où l'on pouvait seulement espérer de rencontrer
quelques individus appartenant à la race blanche. Les naufragés ne savaient
malheureusement que d'une façon bien vague où le hasard les avait conduits ;
ce que tous redoutaient, c'était la rencontre des Australiens. Convict ou descendant de convicts, tout homme d'aspect européen leur eût semblé en ce
moment un sauveur.

Leurs craintes n'étaient que trop fondées ; une troupe s'agitait dans le lointain et venait à eux. Ce n'étaient pas des hommes que le hasard leur amenait
sur ces plages désolées ; des créatures couleur de suie, aux cheveux couverts
d'ocre rouge, étaient accourues vers l'embarcation dès qu'elles l'avaient vue
atterrir. On reconnut que c'étaient des femmes. Ces horribles mégères eurent
bientôt fait le siége en règle de l'embarcation, et, s'attaquant à de pauvres
gens épuisés par la faim, elles les eurent en un clin d'œil attachés aux pieds
des mâts. En un tour de main les naufragés se virent dépouillés de leurs meilleurs vêtements. Cet amour pour les nippes des Européens alla bientôt plus
loin ; le second pilote, que l'on nommait John Baxter, ayant déjà livré de la
meilleure grâce du monde ce qu'il avait sur lui, voulut sauver du pillage général
une chemise qui était pour lui une sorte de souvenir de famille (sa tante l'avait
marquée avec ses cheveux en guise de coton). Bien mal lui en prit : une des
atroces créatures le tua sans miséricorde à coups de poing. Pendant ce temps,
les autres achevaient de mettre en mille pièces les montres, les chronomètres
et les compas, que l'on gardait dans un coin de la chaloupe. Tout cela rompu
par morceaux enjolivait immédiatement les oreilles de ces dames, quand
elles n'en faisaient pas usage pour parer le nez effroyable dont la nature les
a pourvues.

Rendons toute justice à cette troupe infernale : elle ne voulut pas laisser
mourir de faim les malheureux qu'on venait de dépouiller. Ainsi, on mit à
leur disposition des entrailles de poisson, des têtes de cabillauds, dont personne n'aurait voulu en tout autre endroit. Au bout de deux jours on annonça
aux malheureux Anglais que leur genre de vie allait changer. On se disposa

---

(¹) On sait que cet étrange instrument est l'arme la plus terrible des Néo-Hollandais. M. Wilkes
en a donné une description excellente dans son grand Voyage ; il a même tracé géométriquement
les circonvolutions que suit l'arme dans les airs avant d'aller frapper le but, qu'elle atteint toujours.

à quitter le bord de la mer et à s'enfoncer dans les déserts arides de l'intérieur. Nos Australiens songeaient (car plusieurs hommes s'étaient joints à leurs compagnes) qu'ils se déferaient avec avantage de leurs prisonniers en s'adressant à d'autres tribus.

M. Frazer, redoutant des traitements plus effroyables encore, s'offrit d'un air soumis à servir la première tribu qui était venue à leur rencontre. On le garda. Les autres blancs furent entraînés dans l'intérieur des terres; leurs nouveaux maîtres les contraignirent à traîner d'énormes troncs d'arbres, et cela par des chemins vraiment impraticables.

La faiblesse qui se manifestait sur toute la personne de Mme Frazer lui devint fatale en ce moment : on dédaigna de l'emmener en captivité, et elle fut abandonnée sur la plage comme un être inutile. Avant de la quitter, et tout en lui manifestant les marques du plus profond désespoir, son mari lui recommanda expressément de rester où elle se trouvait, lui promettant de faire tout ce qui serait en lui pour la rejoindre au bout de quelques heures. Elle s'étendit sur la plage et passa la nuit sans vivres et dans une horrible situation d'esprit. Ce fut pis encore lorsque l'aurore parut et qu'elle se vit abandonnée ainsi; ne découvrant au loin aucune créature humaine, elle résolut de suivre les empreintes des pieds qui étaient restées sur le sable. Après une course de peu de durée, que l'anxiété lui fit trouver doublement cruelle, elle tomba au milieu d'une bande de ces impitoyables négresses océaniennes dont elle avait déjà ressenti la méchanceté. C'étaient encore les femmes rapaces qui avaient maltraité si étrangement les gens de l'équipage, incapables de leur résister. Ces hideuses créatures l'obligèrent à faire du bois immédiatement, et même à exciter la flamme du feu qu'on avait allumé.

Mistress Frazer étant restée à demi nue, la blancheur éclatante de sa peau commença à exciter les risées insultantes de ces mégères. L'idée la plus bizarre leur passa par la cervelle, et elles la mirent sur-le-champ à exécution : elles couvrirent la pauvre jeune femme d'une gomme qu'elles avaient en abondance, et elles l'enduisirent de certains sucs d'herbes qui la firent quasi ressembler par leurs teintes sombres aux créatures dont elle était environnée. A cette opération en succéda une autre bien plus cruelle. Après l'avoir palpée attentivement, on lui arracha en partie les cheveux et on lui recouvrit la tête d'une espèce de calotte en gomme sur laquelle on fixa des plumes de perroquet, en complétant cette parure dérisoire par des espèces d'aigrettes obtenues des pennes éclatantes de quelques autres oiseaux. Une de ces femmes sauvages, qui avait deux enfants, lui en donna un pour l'allaiter. Ce surcroît de misère eut encore des suites déplorables : la négrillonne venait-elle à pleurer, la pauvre nourrice si étrangement improvisée était battue cruellement.

Une de ces femmes sauvages, qui avait deux enfants, lui en donna un pour l'allaiter.

Ce fut seulement au bout de quatre jours que Mme Frazer vit reparaître son mari. Lorsque la pauvre abandonnée aperçut enfin celui qu'elle regardait comme son unique recours sur la terre, il était suivi par des sauvages qui le contraignaient à pousser devant lui un tronc d'arbre énorme ; l'abattement le plus absolu se lisait dans son regard, et au moment même où sa femme lui demandait doucement ce qui avait pu motiver cette longue absence, cause de son anxiété, un de ses nouveaux maîtres se prit à sourire, de ce sourire bestial qu'on remarque parfois chez les sauvages et qui s'allie parfois aux plus épouvantables projets. Le pauvre homme avait à peine commencé le récit des traitements cruels dont il avait été la victime, que le misérable au pouvoir duquel il se trouvait lui transperça le cœur : le javelot n'avait été lancé que d'une main trop expérimentée, le capitaine Frazer était tombé sur le coup; sa femme, emportée par la douleur, se roulait sur son corps en faisant entendre des cris inarticulés; elle avait retiré le dard de la plaie sanglante, et était retombée à côté du corps de son mari, absolument privée de sentiment. Lorsqu'elle revint à elle, elle se trouva au milieu de ces abominables sauvages, qui la regardaient stupidement. Le corps de M. Frazer avait disparu.

Une autre tragédie plus affreuse encore suivit bientôt cette douloureuse catastrophe. Après le meurtre dont nous venons de raconter les horribles circonstances, le pilote, qui avait été emmené non loin de là, résolut de venger son capitaine : son dessein ayant été découvert, les sauvages punirent le malheureux d'une façon épouvantable. Par les ordres réitérés de ses maîtres, Mme Frazer alluma une vraie fournaise avec le bois qu'on l'avait contrainte à ramasser, puis, quand le bûcher fut embrasé, le pilote fut amené sur le lieu du supplice; on lui mit d'abord les jambes au-dessus des charbons ardents, et on le brûla ainsi par degrés en renouvelant cet affreux tourment.

Deux jours après cet événement horrible, les noirs assassinèrent un charmant enfant que l'on appelait James Mayor : il accomplissait la tâche qu'on lui avait imposée, lorsque son maître s'approcha de lui en souriant et l'étendit roide mort d'un seul coup. Une affreuse circonstance qui avait dû accompagner la mort de son mari fut alors révélée à Mme Frazer : ces noirs océaniens étaient anthropophages; elle ne pouvait plus en douter, le corps du pauvre James Mayor servit à un festin dont aucun détail ne lui échappa. La tête de la victime, séparée du tronc avec une coquille tranchante, vint orner la proue du canot qui portait d'ordinaire le chef de cette bande. Ainsi se réalisa ce que le capitaine Frazer avait prophétisé à Mayor en raillant. Il connaissait parfaitement les usages de ces êtres abominables, et voulant sans doute mettre son jeune compagnon en garde contre leur surprise ou le reprendre de quelque négligence, il lui avait annoncé un jour qu'il serait mangé par les Océaniens. Le reste de l'équipage n'attendait pas un sort meilleur.

Deux matelots, Doyle et Big-Beu, tentèrent de dérober un canot à leurs maîtres et de traverser un lac pour gagner les lieux habités par les Européens, mais ils se noyèrent.

Il y avait parmi les prisonniers un noir d'Afrique, nommé Jozé, auquel la couleur dont la nature l'avait gratifié imprimait un certain caractère de ressemblance avec les êtres malfaisants parmi lesquels se trouvaient nos Européens. On lui donnait parfois certaines marques de bienveillance que jamais on n'accordait aux blancs. Cela n'avait pas été si loin toutefois que ses maîtres rapaces ne lui eussent pris son bagage. On lui épargnait d'ordinaire les châtiments trop rigoureux, et il lui était permis de se porter sur les points de la côte où il lui plaisait d'aller, faveur refusée impitoyablement aux autres naufragés.

Cet homme, qui n'avait pas cessé un moment de chercher les moyens de s'enfuir, s'était empressé d'affirmer à mistress Frazer que s'il accomplissait son dessein, elle serait la première personne qu'il tenterait de sauver. Il ne tarda pas à réaliser ses bonnes intentions. Étant parvenu à enlever un canot aux sauvages, il se hasarda à prendre la mer sur ce frêle esquif, et après six semaines de navigation côtière, pendant lesquelles il dut atterrir à diverses reprises, parvint à Morton. Notre noir, fidèle à sa promesse, n'eut rien de plus pressé que d'aviser le commandant de la situation réelle dans laquelle se trouvait mistress Frazer, et indiqua les moyens qu'il y aurait à prendre pour parvenir jusqu'à elle.

Le récit de Jozé était achevé à peine que le commandant du poste demanda aux soldats qui se trouvaient là sous ses ordres quels étaient ceux d'entre eux sur le courage desquels il pouvait compter pour aller demander leur compatriote aux sauvages. Tous s'offrirent sans hésitation ; mais un convict habitué aux usages des noirs habitants de la Nouvelle-Galles du Sud s'offrit à seconder les efforts du commandant, et ce fut surtout à la ruse de ce négociateur énergique qu'on dut la délivrance des naufragés. Il n'en restait, hélas ! qu'un bien petit nombre.

Il est superflu de dire ici l'accueil que l'on fit dans le poste de Morton à ces malheureux. Mistress Frazer reçut son passage gratuit sur le paquebot en destination pour la Méditerranée, et dès le 3 du mois d'août 1835 elle était à même de faire une déclaration en règle des particularités qui avaient marqué son passage. Le lord de l'amirauté ordonna qu'on lui remît une somme considérable, fruit d'une souscription, et, selon son désir, cette dame put aller rejoindre deux fils qui lui restaient et dont l'éducation se faisait à l'île de Wight.

Nulle histoire, parmi celles que nous avons réunies, ne motive davantage

que celle-ci, peut-être, ce qu'a dit un de nos habiles marins des conditions
de la vie sauvage :

« Quelques moralistes misanthropes, ou mécontents de la société, ne se
bornant pas à vanter le sauvage aux dépens de l'homme policé, ont prétendu
que notre espèce est sortie bonne et inoffensive des mains de la nature, et
que la civilisation seule l'a corrompue : pour mieux soutenir cette opinion,
ils récusent le témoignage des navigateurs qui éprouvèrent tant de fois la
perfidie des insulaires de la Polynésie, et dont les désastres constatèrent trop
bien la coutume qu'ont ces sauvages de manger de la chair humaine, non
pas seulement à la suite d'une lutte sanglante, et par vengeance ou par besoin, mais au sein de la paix, du repos et de l'abondance. Que ces misanthropes parcourent les archipels de la mer du Sud, qu'ils viennent à la Nouvelle-Zélande, et ils verront si les natifs y avaient attendu l'exemple des
Européens pour se livrer à la superstition et à tous les genres d'iniquités !
Ils trouveront les plus exécrables usages établis parmi eux de temps immé-
morial : une multitude de malheureux sacrifiés au génie du mal, puis dévorés en cérémonie ; les mères obligées souvent de détruire elles-mêmes leurs
filles nouveau-nées ou leurs fils contrefaits, comme des êtres également à
charge à la famille ; le meurtre presque toujours impuni, le droit du plus
fort tout à fait consacré ([1]). »

([1]) *Voyage autour du monde de* la Favorite. — Il est inutile de rappeler ici que ce tableau énergique des instincts du sauvage, inspiré à l'amiral Laplace par une relâche chez les Néo-Zélandais,
s'applique on ne peut mieux aux farouches habitants de la Nouvelle-Hollande. Il n'y a pas identité
de race, sans doute, mais il y a identité de cruauté.

FITZ-PATRICK AUX ILES GALAPAGOS

LES RÉVOLUTIONS DE LA FLORIANA

1835

Bien des gens ignorent que le mot *galapago* désigne une espèce de tortue fort recherchée des gourmets. L'archipel qui lui a emprunté son nom est situé sous l'équateur, à cent quatre-vingts lieues environ de la côte, dans le golfe de Guayaquil. Comme les îles Chiloé, ces terres sont des terres parfois sans nom, mais qui pourraient en prendre un en évoquant le souvenir de quelque sinistre arrivé dans leurs parages. Rien de plus varié, du reste, que ces îles : les unes, ce sont celles du couchant, se parent de la plus riche végétation ; les autres, celles de l'est, sont d'origine volcanique. Fertiles ou arides, ce sont de vrais gîtes à solitaires, et qui intéresseraient bien autrement le monde si l'on savait les tragiques aventures qui ont eu lieu sur leurs rives.

Les îles Galapagos commencèrent à être fréquentées vers l'époque où la pêche à la baleine prit de l'extension dans ces parages. Elles ne tardèrent pas à avoir leur Robinson. C'était un matelot irlandais, nommé Fitz-Patrick, qui, maltraité sur le navire où il était embarqué, résolut de déserter et de vivre sur l'une des terres de cet archipel. Le bâtiment auquel il appartenait ayant mouillé à l'île Charles, Fitz-Patrick mit son projet à exécution, et se tint caché à terre pendant quelque temps, jusqu'au départ de ses compagnons. Quand ils furent éloignés, il sortit de sa retraite, se construisit une cabane et se livra à la culture des pommes de terre, sans toutefois négliger celle des herbes potagères, qui pouvaient un peu varier le régime par trop monotone auquel il s'était volontairement soumis. Jardinier novice mais laborieux, il obtint néanmoins des résultats assez satisfaisants, non-seulement pour pourvoir à sa nourriture, mais encore pour améliorer sa position d'une manière notable en faisant un commerce d'échange avec les baleiniers qui se montraient fréquemment sur ces côtes.

Il put se procurer ainsi, en peu de temps, des vêtements, de l'eau-de-vie et même de l'argent ; mais cette bonne fortune apparente lui fut fatale. Il eut l'imprudence de laisser soupçonner l'aisance dans laquelle il se trouvait, et quelques matelots, poussés par la cupidité, entreprirent de le dépouiller. Ils parvinrent à se saisir de lui, le battirent, lui enlevèrent ce qu'il possédait, et l'abandonnèrent après l'avoir solidement garrotté.

Après leur départ, le malheureux, exposé à mourir de faim, parvint cependant à se délier, et dès lors il ne songea plus qu'à se venger et à rendre aux autres le mal pour le mal, oubliant par trop vite le dicton : « Bats le méchant, il deviendra pire. » Ce solitaire violent avait une de ces âmes malheureuses que les réflexions faites dans une complète solitude ne sauraient améliorer; il offrait en sa courte histoire une triste exception à la règle : en contemplant chaque jour l'Océan, il ne s'était pas rappelé le beau proverbe : « Si tu veux apprendre à prier, va sur la mer... » Un autre navire vint peu de temps après mouiller à l'île Charles, car presque tous les baleiniers connaissaient Fitz-Patrick, et ils s'étaient fait une habitude de recourir à lui pour se procurer des végétaux. Le solitaire promit de donner les provisions qu'on lui demandait, et il fut convenu que quelques matelots viendraient les chercher à son habitation. Lorsque ceux-ci abordèrent, Fitz-Patrick, caché derrière les rochers tout près de l'endroit où ils débarquaient, attendit qu'ils se fussent éloignés dans l'intérieur de l'île, puis, s'élançant d'un bond sur la rive, brisa leur embarcation de manière à leur rendre le retour à la baleinière impossible, et se dirigea ensuite vers sa demeure. Cependant les matelots, après l'avoir cherché inutilement chez lui et dans les environs, revinrent à la plage, et commencèrent à se désespérer en voyant que la destruction de leur canot les condamnait à rester dans l'île. En ce moment, Fitz-Patrick reparut : comme il était seul armé, et que d'ailleurs ces gens se trouvaient à sa discrétion pour obtenir quelque moyen de pourvoir à leur subsistance, il leur imposa ses conditions. Il exigea qu'ils travaillassent pour son compte, et, à partir de ce jour, il devint dans l'île une espèce de petit souverain ayant cinq sujets sous ses ordres.

Il paraît que, malgré la violence commise à leur égard, les matelots s'accommodèrent assez bien de ce nouveau genre de vie, soit qu'ils craignissent les armes de leur maître improvisé, soit que celui-ci les eût séduits par l'espérance de partager avec lui les bénéfices de son établissement. Quoi qu'il en soit, ils se résignèrent à leur sort, travaillèrent activement, et donnèrent une prospérité nouvelle au commerce de Fitz-Patrick. Cependant ce commerce n'offrait pas toujours des chances favorables, car les baleiniers apportaient souvent plus que de la mauvaise foi dans les transactions que l'on entamait avec eux, et ne se faisaient pas scrupule de tromper le solitaire sans défense. Aussi celui-ci ne tarda-t-il pas à se dégoûter de sa position; il résolut de

retourner dans la société, et de gagner le continent américain. Dans ce but,
il enleva une embarcation au premier navire baleinier qui vint mouiller en
vue de l'île, et se mit en route avec ses cinq compagnons.

Rien n'était plus aventureux qu'une telle entreprise : les voyageurs avaient
des provisions pour quelque temps, mais ils ne possédaient ni boussole, ni
aucun des instruments nautiques indispensables pour se diriger. De plus,
ils avaient à lutter contre les vents et les courants, qui généralement portent

Ils se livrèrent à l'agriculture.

à l'ouest, avec une vitesse de 18 à 20 milles en vingt-quatre heures. Ils se
guidèrent sur le soleil et firent route vers l'est. Après des peines infinies,
Fitz-Patrick aborda à la baie de Tumbez, à l'embouchure du fleuve de Guayaquil, mais il est à remarquer qu'il y arriva seul. Ses compagnons succom-
bèrent-ils aux misères du voyage ou furent-ils tués par lui ? On n'a jamais
pu le savoir ; dans tous les cas, la disparition de ces cinq hommes était un fait
assez grave pour le perdre. De Tumbez il alla à Payta, y épousa une Indienne,
et manifesta l'intention de retourner avec elle aux îles Galapagos pour reprendre ses cultures et son commerce. Cependant l'attention de l'autorité

ne tarda pas à s'éveiller sur son compte : on conçut des soupçons ; il fut arrêté et jeté dans les prisons de San-Miguel de Piura. Depuis ce moment, on n'a plus entendu parler de lui.

L'île Charles ne resta pas longtemps déserte : quelque temps après le départ de Fitz-Patrick, un baleinier anglais vint mouiller sur la rade. Un matelot hollandais et un nommé Johnson natif d'Altona en profitèrent pour déserter. Ils se livrèrent à l'agriculture, et ne tardèrent pas à se trouver, comme Fitz-Patrick, en état de fournir aux navires des pommes de terre, des carottes, des citrouilles, des melons et d'autres végétaux.

Le capitaine Lawson, qui connaissait la fertilité de l'île Charles et qui la croyait inhabitée depuis le départ de Fitz-Patrick, y conduisit, en 1830, plusieurs animaux domestiques, chèvres, moutons et cochons. Il espérait les y laisser se multiplier en liberté, et en retirer à quelque temps de là de grands avantages. La présence de Johnson et de son compagnon dérangea ses plans ; cependant il n'y renonça pas, et leur confia tous ses animaux, à la seule condition qu'ils ne détruiraient pas les races.

Un an plus tard, quatre officiers de l'armée de Colombie, Fernandez, Willasmil, Garcès et Barck, proposèrent au gouvernement de l'Équateur de créer un établissement fixe aux îles Galapagos. Ce projet fut accepté, et l'île Charles, désignée pour être le chef-lieu de la future colonie, reçut le nom de Floriana, du nom du général Flores, qui était alors président de la république de l'Équateur. La première expédition partit bientôt : elle se composait des quatre officiers qui l'avaient proposée, de quatorze laboureurs, et de quelques criminels politiques condamnés à mort, et dont la peine fut ainsi commuée.

Au bout de quelque temps, Fernandez, Willasmil et Garcès se dégoûtèrent de ce genre de vie et regagnèrent l'Amérique, laissant à Barck seul le commandement de la colonie. Celui-ci ne tarda guère à se retirer aussi, et fut remplacé par Willasmil, sous lequel l'établissement atteignit sa période la plus prospère. En 1835, l'île Charles compta jusqu'à trois cent cinquante habitants. Mais la division se mit parmi les colons, l'ennui en chassa une partie, et les autres se retirèrent afin de ne pas être en contact avec les criminels pour lesquels l'île était un lieu de déportation. La population, qui retomba bien vite à une centaine d'habitants, est aujourd'hui réduite encore de moitié, et il ne reste à l'île Charles que les déportés, qui y vivent misérables, et toujours prêts à fuir de ce lieu maudit où la société les a relégués, et où la force seule peut les contraindre à demeurer.

LES NAUFRAGÉS DE LUCIPARA

RÉCIT DE F. A. DE STUERS

1837

Le banc de corail de Lucipara est bien voisin d'une des îles les plus fertiles des mers de l'Inde, mais il est dépourvu de végétation.

Cette dent de requin plantée là pour diviser les navires, comme disait un vieux matelot, a été témoin d'un grand naufrage et d'un sublime dévouement.

En 1837, le lieutenant-colonel Stuers, au service de la Hollande, était parti de Sourabaya sur un pyroscaphe avec sa famille. Sa jeune femme était enceinte; l'aîné de ses enfants n'avait pas plus de huit ans. On s'était embarqué joyeusement avec quelques braves soldats : on se rendait à Amboine, l'île aux beaux lauriers qui portent la muscade; c'était une traversée de quelques jours. Parti le 26 avril, le brave colonel Stuers pensait qu'on pourrait arriver le 6 mai dans cette belle île verdoyante d'où s'exhalent tant de parfums.

On avait dépassé l'île de Burn, qu'on appelle aussi l'île Ardente; il était nuit, lorsque trois rapides talonnages du navire annoncèrent que l'on avait touché. Le capitaine avait mal gouverné; il avait fait porter à l'est, croyant que le courant l'avait entraîné beaucoup plus dans l'ouest. Le pyroscaphe était cloué sur la roche, il ne bougeait plus. La machine marchait toujours, bien que le navire ne pût avancer; le bruit des roues, mêlé au bruit effroyable des vagues, permit dans le premier moment de cacher le désastre aux femmes. Le commandant était au désespoir de la perte de son magnifique navire; il regardait le ciel et les brisants, il n'avait plus nulle énergie; en quelques minutes le sort du pyroscaphe allait être décidé : il pouvait être brisé, sans que personne parvînt à gagner la roche plate et unie qu'entouraient les récifs de corail.

Le colonel Stuers comprit seul ce qu'il y avait à faire : cacher le danger aux femmes, empêcher les hommes de découvrir les liqueurs fortes et de s'enivrer; tout dépendait de la promptitude qu'on allait mettre à prendre ces deux précautions. Le premier soin du colonel fut de s'assurer des clefs d'un coin bien connu de la cambuse où se trouvaient, dit-il, ses liquides et ceux du commandant.

A l'aube du jour seulement, il alla avertir sa femme : il la fit monter sur le pont avec les enfants, et, en leur annonçant le péril, il leur fit comprendre l'espoir d'être sauvés. On voyait toujours à quelque distance une roche plate, environnée de brisants, et que n'atteignaient pas les flots. Mme Stuers, la femme forte et résignée, n'était pas seule : il y avait avec elle deux compagnes de voyage qui se rendaient comme elle à Amboine, Mme Veekmans et Mme Van Spreuwenburg; puis venaient une jeune femme de chambre et quatre enfants.

Qu'on se figure s'il se peut la situation du brave colonel, lorsque ces pauvres femmes s'embarquèrent sans mot dire dans la chaloupe pour franchir les brisants et gagner l'unique pierre où l'on pouvait être sauvé !

L'embarcation surmonta à merveille les brisants, mais bientôt elle commença elle-même à talonner d'une façon épouvantable. Il n'y avait pas à hésiter : chacun de ces rudes marins qui ramaient de si bon courage s'empara d'un des enfants et marcha droit, en dépit des eaux écumantes, vers la roche du sauvetage. Cela donnait du courage aux jeunes mères; Mme Stuers, soutenue par deux matelots, franchissait d'un pas courageux ces vagues qui déferlaient avec furie sur les coraux, mais ses yeux ne quittaient pas le cher trésor qui la devançait. Il fallut marcher ainsi durant une demi-heure, les pieds déchirés par le corail, et chacune de ces pauvres femmes ayant parfois de l'eau bien au-dessus de la ceinture. On parvint à gagner enfin ce triste plateau que la mer ne couvrait pas.

Le premier objet que purent observer les naufragés n'était pas de nature à ranimer leurs cœurs découragés. La carcasse d'un bâtiment indien gisait là sur la roche, et l'on pouvait se demander si ceux qui avaient manœuvré cette embarcation s'étaient sauvés ou avaient péri parmi les brisants.

Ce bâtiment échoué fut cependant d'un grand secours aux nouveaux hôtes de Lucipara : avec les planches et quelques toiles à voile on dressa une petite tente pour les femmes et pour les enfants. Mme de Stuers était désormais en sûreté sur ce roc nu, calciné par le soleil; mais un tourment terrible succédait pour elle aux horreurs du péril : l'homme qui se serait immolé sans hésitation pour elle et qui se dévouait pour tous, son généreux mari était resté à bord et devait user de son autorité pour calmer les angoisses de ses compagnons.

L'un des effets du danger est de rompre toute subordination : au milieu du péril commun, en présence d'une mort certaine, on se sent délié de toute obligation; mais qu'un cœur ferme vienne rappeler l'obligation suprême, celle du devoir, tout rentre dans l'ordre, et alors tout est sauvé. Les matelots et les soldats allaient se mutiner, parce qu'ils regardaient la ration qu'on venait de distribuer à bord du pyroscaphe comme insuffisante; avant d'employer la

force, Stuers sut employer la persuasion. A ces rudes matelots, tout dévoués
cependant, qui réclamaient avec une sorte d'insolence le droit de consommer

Mme de Stuers, soutenue par deux matelots, franchissait d'un pas courageux ces vagues
qui déferlaient avec furie sur les coraux.

en quelques heures ce qui pouvait faire vivre durant des mois entiers, il montra au loin sur le rocher ces femmes, ces enfants résignés, auxquels il n'avait
pas été possible, dans le premier moment, de porter les moindres aliments;
il les fit voir sans eau, sans vivres, sans protection, restant calmes cependant:

rien ne valait pour de tels cœurs le geste désespéré et reconnaissant du brave colonel; toute colère s'éteignit, tout mauvais désir cessa; la vue d'une mère courageuse donna tout à coup de l'héroïsme à ces hommes enfants.

On avait sauvé Mme de Stuers, on ne pouvait la laisser ainsi en proie aux horreurs de la faim · un brave lieutenant du navire, M. Rauws, se dévoua avec quelques sous-officiers; mais ce fut alors que l'on put comprendre les incroyables difficultés qu'allait présenter le sauvetage des moindres objets contenus dans le pyroscaphe.

La situation des naufragés était terrible : leur espoir de salut reposait sur les provisions que contenait le bâtiment, et à tout moment ils s'attendaient à les voir s'engloutir dans les flots avec le navire lui-même. Le plateau, hérissé de pointes de corail, n'offrait aucune ressource, et à peine y trouva-t-on quelques tortues pendant les deux premiers jours. Il était impossible d'atteindre Amboine avec les vents variables qui règnent dans cette saison; enfin, on ne pouvait guère compter sur le passage d'un navire, car les navigateurs connaissent ces parages dangereux, et les évitent soigneusement.

On essaya cependant d'envoyer une chaloupe à Amboine avec le premier pilote. Elle partit le dimanche matin; mais ce qu'on craignait arriva : l'embarcation, après avoir lutté toute la journée contre les vents contraires, fut forcée de revenir le soir au lieu du naufrage.

Le lundi, on fit un dernier et inutile effort pour renflouer le pyroscaphe. Il devint évident que tout espoir de ce côté était perdu. Il fallut alors se résigner à quitter le bâtiment et à transporter sur l'écueil les hommes et les provisions. Mais cette opération même offrait de très-grandes difficultés. La mer n'était basse que pendant la nuit, et il fallait marcher sur un sol rocailleux, dans l'eau jusqu'à mi-corps, au milieu de vagues qui souvent renversaient les hommes. Le colonel fit faire la chaîne aux militaires, et lui-même, soutenu par un matelot, allait de l'un à l'autre pour les encourager. Mais au bout d'une heure à peine les hommes étaient épuisés de fatigue, et la plupart, après quelques tentatives de ce genre, perdirent leurs chaussures, et se blessèrent même assez grièvement aux jambes en trébuchant sur les pointes de corail. Dans ces accidents multipliés, beaucoup des objets qu'on transportait à terre furent perdus, et sans les matelots indigènes, qui franchissaient plus habilement les roches sous-marines, on n'eût pu sauver que très-peu de vivres.

Après plusieurs nuits consacrées à ces pénibles travaux, les naufragés parvinrent à se procurer sur l'îlot quelques ressources, du vin, des jambons, des saucissons, de la bière, deux barils de farine, des liqueurs, du beurre, du sucre, du thé, etc. Malheureusement les provisions de première nécessité, telles que le riz, le pain, les pommes de terre, manquaient ou étaient avariées. De plus, il fallait songer à nourrir tous les jours cent quarante personnes, et ce ne fut qu'en rationnant les hommes à de très-faibles portions, et en maintenant la plus stricte discipline, que le colonel de Stuers put espérer qu'il réussirait à les préserver des horreurs de la faim pendant quelque temps. Deux passagers veillaient jour et nuit sur le magasin aux vivres; on ne les partageait qu'avec la plus sévère économie; on recueillait soigneusement l'eau de pluie. La règle était la même pour tous sans distinction, et, quand on faisait l'appel nominal pour la distribution des rations, on voyait venir à leur tour, comme le dernier des soldats, soit Mme de Stuers elle-même, qui était dans un état de grossesse fort avancé, soit son dernier enfant, une petite fille de deux ans, portée sur le bras d'un matelot. Cette égalité absolue produisit le meilleur effet, et contribua beaucoup au maintien de la discipline.

Cependant, comme on ne pouvait guère espérer que quelque navire passerait dans ces parages redoutés, le colonel de Stuers s'occupa, de concert avec le capitaine Lammleth, de chercher quelques moyens de salut. On avait encore deux chaloupes, dont l'une se trouvait en assez bon état. Il fut convenu qu'on enverrait cette dernière à Delhi, pour en ramener soit un navire indigène, soit un baleinier de la mer du Sud. On réunit le plus d'argent possible, pour décider ceux que la chaloupe rencontrerait à entreprendre une expédition vers le lieu du sinistre.

La chaloupe partit le 9 mai, avec un beau temps; elle était commandée par le lieutenant Rauws et le premier pilote Muller. Mais, deux jours après, à la hauteur de l'île de Vetter, elle fut capturée par les pirates de Maugendano, et ceux qui la montaient ne furent rendus à la liberté que le 16 juillet, à l'exception de quatre rameurs javanais que les pirates s'obstinèrent à garder.

Pendant ce temps, le colonel de Stuers avait fait une autre tentative : il avait lancé dans toutes les directions de petits radeaux, surmontés d'un morceau de pavillon néerlandais, portant une bouteille bien bouchée dans laquelle se trouvait le récit du naufrage en malais et en hollandais, avec promesse d'une récompense pour ceux qui viendraient secourir les naufragés.

Cependant les minces rations quotidiennes étaient loin de suffire aux besoins de tous ces malheureux. Aussi chacun s'ingéniait-il de son mieux pour trouver dans la pêche quelque surcroît de nourriture. On parvint à se procurer ainsi de grandes huîtres, des crabes, du tripang noir, quelques tortues, et parfois des anguilles de mer. Les Indiens surtout réussissaient dans ces recherches, et ils supportaient mieux certaines privations que les Européens.

Le 14 mai, un matelot mourut épuisé : on attacha son corps sur une planche qu'emporta le reflux. Le lendemain, le colonel fit tuer ses chevaux, qu'il avait pu conserver jusque-là : malgré leur excessive maigreur, ils fournirent une précieuse ressource ; on mit en réserve leur chair, dont une partie fut salée et séchée. Le 18 mai, à la suite d'une très-forte marée, le pyroscaphe s'ouvrit par le milieu et s'engloutit avec tous les objets qu'il contenait encore. Auparavant on en avait retiré un certain nombre de planches.

La faim n'était pas le seul tourment des naufragés ; ils étaient brûlés par un soleil ardent, sur cet écueil aride dont un étroit plateau était seul respecté par les flots. La hutte du colonel de Stuers, longue de quatre mètres, large de deux mètres et demi, haute seulement d'un mètre et quelque chose, servait d'abri à treize personnes. Du reste, dans cette affreuse situation, les femmes elles-mêmes, et particulièrement Mmes de Stuers et Van Spreeuwenburg, donnaient l'exemple du courage et de la résignation.

Le 22 mai, MM. Van Spreeuwenburg, le conducteur d'artillerie Derks et le pilote Kash, résolurent de s'aventurer dans la petite chaloupe, la seule qui restât, pour tenter un voyage de découverte vers cinq ilots que l'on apercevait dans la direction de l'est. Ils réussirent dans ce périlleux voyage au milieu des brisants, et, après trente-six heures d'absence, ils revinrent, rapportant quelques feuilles, des fleurs sauvages et une couple de noix de coco.

Le succès de cette petite excursion rendit quelque courage aux naufragés, et ils se réunirent pour demander au colonel de Stuers la permission d'envoyer la chaloupe à Amboine. Le pilote Kash se chargeait de l'expédition. Malgré le peu de chances que présentait ce voyage à cause des vents contraires, le colonel ne crut pas devoir s'opposer au vœu général. Il fit rehausser les plats-bords de l'embarcation, on la doubla de cuivre tant bien que mal, chaque homme emporta avec lui des billets en malais et en hollandais pour réclamer du secours et indiquer le lieu du sinistre, et le 26 mai au matin la chaloupe mit à la voile.

Le lendemain, un vaisseau se montra en vue du récif, vers l'est. On fit des signaux, on alluma des feux ; mais il n'aperçut probablement rien, car il disparut dans la nuit. M. de Stuers fit alors commencer un radeau, à la construction duquel on travailla activement, pour tenter cette dernière chance de salut. Il devait être inutile : le 7 juin, vers trois heures de l'après-midi, un brick parut, se dirigeant vers l'écueil ; trois coups de canon tirés à courte distance l'un de l'autre indiquèrent qu'il avait aperçu les naufragés. Rassuré désormais sur le sort de ceux qui lui étaient confiés et qui lui demandaient les moyens de fêter leur prochaine délivrance, le colonel fit distribuer une large

Un matelot mourut épuisé : on attacha son corps sur une planche qu'emporta le reflux.

ration de riz et doubler la ration de vin. Dès lors la joie régna parmi ces braves gens, et pendant toute la nuit, de deux heures en deux heures, ils entendirent les coups de canon du brick qui courait des bordées pour ne pas s'éloigner d'eux.

Le jour venu, le bâtiment libérateur envoya sa chaloupe vers le récif, et quand elle approcha, on y reconnut le pilote Kash. Cet intrépide marin avait réussi à gagner Amboine en cinq jours et cinq nuits, et aussitôt le brick de guerre le *Nautilus* était parti pour Lucipara.

La mer étant trop grosse ce jour-là, on remit l'embarquement au lendemain, car on ne pouvait espérer de l'effectuer sans accidents au milieu des brisants dont on était entouré. Le colonel de Stuers fit tirer cent quarante billets pour désigner l'ordre dans lequel on partirait. Dans l'après-midi, un autre bâtiment arriva : c'était l'*Erich*, navire marchand qu'on avait nolisé à défaut d'autre navire de guerre. Ce jour, heureux pour tant de monde, devait être marqué par un deuil : le machiniste Mosselman mourut; il était fort souffrant depuis quelques semaines.

Le lendemain, 9 juin, dès sept heures du matin, le *Nautilus* et l'*Erich* envoyèrent leurs embarcations au banc de corail. Les femmes, les enfants et les passagers partirent les premiers. On emporta ensuite les malades. Quoique la mer fût moins grosse que la veille, on eut beaucoup de peine à effectuer l'embarquement; souvent, en effet, les chaloupes capotaient par l'action de la barre, et les lames, déferlant au milieu des brisants, renversaient beaucoup d'hommes qui ne se relevaient qu'étourdis ou contusionnés, au point qu'ils n'auraient pu résister à la violence des vagues sans le secours d'un bras vigoureux. Vers le milieu du jour, il fallut même s'arrêter quelque temps, car avec le flux la barre était devenue inabordable. Grâce à l'ordre que le colonel de Stuers maintint énergiquement, un seul homme périt dans ce trajet : c'était un matelot javanais.

A cinq heures du soir, il ne restait sur le banc de corail que le colonel de Stuers, l'ingénieur Vander Dussen, le commandant Lammleth, le sergent-major d'infanterie Schaub et deux matelots. La chaloupe du *Nautilus* vint pour les chercher, mais le vent fraîchit, et la houle devint si furieuse que l'embarcation ne put franchir la barre et fut forcée de rallier le brick. Le lendemain, 10 juin, la mer continua à être si mauvaise qu'on ne put songer à venir à terre. Enfin, le 11, quoique le trajet fût toujours fort périlleux, le second pilote de l'*Erich* se hasarda dans une forte chaloupe à tenter un effort suprême, et réussit à conduire les six derniers naufragés à bord du *Nautilus*. Ils avaient passé trente-sept jours sur le banc de corail de Lucipara.

Les deux navires mirent aussitôt à la voile et arrivèrent le lendemain à
Amboine, où les naufragés furent l'objet des soins les plus empressés. Deux

On eut beaucoup de peine à effectuer l'embarquement.

jours après, le colonel de Stuers prit ses fonctions de commandant militaire
des Moluques, et adressa au gouvernement néerlandais son rapport sur le
terrible sinistre qui venait d'avoir lieu. C'est à ce document officiel que nous
avons emprunté les détails qu'on vient de lire.

NAUFRAGE DE LA DELPHINE

1840

Nous voici de retour dans la patrie naturelle des Robinsons : c'est à cent cinquante lieues seulement de l'archipel de Chiloé qu'apparaissent les deux îles de Juan-Fernandez, dont la plus fertile servit d'asile au héros à jamais populaire créé si heureusement par Daniel de Foë. Sur quarante-sept îles dont se compose l'archipel, qui excite plus que jamais l'intérêt du cabinet de Santiago, vingt-cinq ou trente seulement comptaient dernièrement une raré population. Qui pourrait nous dire aujourd'hui ce que les hasards de la mer jetèrent de solitaires misérables sur ces rochers brumeux si imparfaitement cultivés, quand ils ne sont pas absolument déserts? Comment raconter l'admirable apostolat des pères Ferrugino et Vanegas, allant, vers l'année 1646, arracher les Chonos à une condition tout aussi misérable que celle des Fuégiens? Ceci a été dit dans le précieux ouvrage de M. Claude Gay; et nous n'avons pas à y revenir. Nous choisirons parmi toutes ces aventures de la mer l'une des plus récentes. L'histoire des îles Chiloé en fournirait une multitude infinie si l'on voulait remonter aux premiers temps des missions. N'était-ce pas, en réalité, un véritable Robinson que ce religieux qui, seul de son ordre, vivait sur l'île Chonchi, dont les misérables insulaires n'avaient pour toute nourriture que d'indigestes coquillages? Dans le récit du sinistre dont on va lire les détails, la situation des naufragés ne fut pas, à beaucoup près, si lamentable; mais sans le courage d'un chef vraiment dévoué, peut-être treize hommes courageux eussent-ils eu le sort des compagnons de Lapérouse s'éteignant de douleur sur les roches de Vanikoro.

Le 30 mars 1840, le capitaine Coisy avait mis à la voile du Havre pour le Chili. Le navire qu'il commandait était un trois-mâts nommé *la Delphine,* portant seize hommes d'équipage; il y avait également quatre passagers qui s'étaient embarqués pour Valparaiso.

Les premiers temps de la navigation n'offrirent rien de remarquable;

le 9 juin, on voyait la Terre de Feu, et ce cap Horn si redouté de tous les navigateurs qu'il a conquis une célébrité plus terrible que celle du cap des Tempêtes.

Ce sombre rocher était doublé, on entrait dans des mers moins orageuses; le 12 juin, une éclaircie avait permis de prendre hauteur : c'était malheureusement la dernière fois qu'on avait pu le faire. Ceci ne préoccupait aucun des marins de l'équipage; on se croyait sûr de l'estime, et nul, parmi les vingt et une personnes que portait la *Delphine,* ne doutait de l'issue heureuse du voyage. Dans la nuit du 19 juin, à deux heures et demie du matin, un effroyable frottement de la quille du navire avertit tous ces hommes si remplis de sécurité de la fragilité de leurs espérances.

« Terre! » cria aussitôt le second, de quart depuis minuit. Aussitôt l'équipage et les passagers s'élancent sur le pont : l'épouvante est sur tous les visages, chacun regarde avec anxiété dans la nuit et cherche à mesurer l'étendue du danger. Hélas! nulle illusion n'était possible : le navire flottait encore, mais le choc avait été si rude qu'on pouvait s'attendre à le voir couler d'un moment à l'autre; de tous côtés les vagues furieuses et blanches d'écume se précipitaient au milieu des brisants; à quelque distance, on apercevait distinctement, malgré la brume, la terre signalée par l'homme de quart : la côte élevée projetait ses roches au profil sinistre. Évidemment la *Delphine* était perdue, et ceux qui la montaient ne pouvaient guère conserver l'espoir de sauver leur vie.

Cependant, le premier moment de stupeur passé, chacun se mit activement à l'œuvre. Le sang-froid et l'intrépidité du capitaine Coisy aidèrent puissamment à relever le courage de tous ces malheureux si brusquement tirés d'un rêve pour subir une réalité terrible. Les passagers courent aux pompes; en un instant elles sont affranchies. L'équipage entier se porte à la manœuvre : ce n'est pas trop des efforts de tout le monde pour sortir de cette situation désespérée. Mais un grave accident vient d'abord tout paralyser : la barre, sur laquelle plusieurs hommes se sont précipités, est inutile, car le gouvernail a été enlevé dans le choc. Privé de direction, le navire touche une seconde fois; alors le capitaine a recours à des manœuvres décisives. Il fait orienter les voiles vers la terre; par son ordre, on coupe les saisines qui retiennent la chaloupe et le canot, puis on jette la grosse ancre, pour essayer de s'arrêter au moins jusqu'au jour, mais elle glisse sur un fond de roc. La *Delphine* est ballottée par les vagues, heurtée contre les écueils, elle fait eau de toutes parts; les naufragés s'attendent à la voir tomber en pièces et s'engloutir avec eux. Il ne reste d'autre moyen de salut que la chaloupe, vieille et lourde embarcation qui, balancée violemment par le roulis, brisait sur le pont tous les objets qui l'entouraient, et dont il était difficile d'approcher sans danger. On parvint pourtant à la hisser et à la mettre à flot; on y jeta quelques vivres, et quand tout le monde y eut pris place, le capitaine y descendit le dernier, toujours ferme au milieu du désastre, et soutenant, par sa fière contenance, le courage de ses malheureux compagnons, abattus également par les souffrances morales et par les travaux si pénibles de cette nuit funeste.

La situation n'était guère meilleure qu'auparavant : le navire, en réalité, ne pouvait plus tenir la mer, et il était devenu urgent de l'abandonner ; mais que pouvait-on espérer avec une chaloupe telle que celle de la *Delphine*, surchargée, obéissant à peine à la manœuvre? D'ailleurs, quelle route pouvait-on suivre? On ignorait complétement dans quel lieu on se trouvait, et, comme il n'était que cinq heures du matin, la nuit était trop obscure encore pour permettre de se diriger à travers les brisants, dont on était entouré de toutes parts: Il fallait donc, en attendant le jour qui ne pouvait tarder, rester immobile entre cette terre aux périlleux abords et ce navire qui allait probablement, en s'abîmant, les priver de leurs dernières ressources. Avec quelle anxiété ils observaient ses mouvements! Comme ils suivaient des yeux et du cœur toutes les phases de cette lutte inégale où les éléments ruinaient en détail l'œuvre de l'homme! Toutefois une consolation leur était réservée : la *Delphine* ne coula pas, et, au bout de quelque temps, ils la virent s'arrêter contre des rochers qui bordaient un îlot. Peu après le jour parut, et ils découvrirent à quelque distance une baie de sable où s'élevaient quelques roches : ils se dirigèrent de ce côté, débarquèrent sur les rochers, et mirent en sûreté les vivres qu'ils avaient pu enlever en quittant le navire.

Dès que les passagers eurent été déposés à terre, le capitaine repartit avec plusieurs matelots déterminés. Il ne suffisait pas, en effet, d'avoir arraché les hommes qui l'accompagnaient aux périls du naufrage, il fallait maintenant pourvoir à leurs besoins, ce qui n'était pas moins difficile. La *Delphine* s'était arrêtée à une distance d'environ une demi-lieue, fixée contre des rochers; l'eau avait envahi toute la cale et l'entre-pont, excepté l'arrière. Le capitaine Coisy chargea la chaloupe et le canot de barriques remplies de vin ainsi que d'objets vraiment indispensables; parmi ces derniers se trouvaient son sextant, deux compas, et une grande carte marine anglaise où étaient clairement indiquées les îles principales de cet archipel humide et brumeux, où luit si rarement le beau soleil qu'on allait chercher à Valparaiso. Il ne lui fallut que trois heures pour accomplir ce trajet, et bientôt les vingt et un naufragés se trouvèrent réunis sur les rochers où le premier débarquement s'était effectué.

A l'aide de ses instruments et de la carte anglaise, le capitaine Coisy reconnut qu'il se trouvait par 49° 8′ de latitude sud, sur une île longue d'environ deux lieues, qui n'était séparée de la grande île de Campana que par un étroit canal, et qui fait partie de l'archipel Patagonien. Il fallait dès lors se résigner à un long séjour dans ces tristes parages, car on était au commencement de l'hiver, et les vents du nord, qui soufflent continuellement dans cette saison, ne permettaient guère de tenter un voyage pour gagner quelque établissement : d'ailleurs le plus voisin était encore à une grande distance, et on n'avait que des moyens bien insuffisants pour entreprendre cette longue et aventureuse navigation. On prit donc aussitôt toutes les mesures commandées par les circonstances.

D'abord on ne pouvait songer à rester sur les rochers où l'on avait pris terre le matin, car, à la mer haute, ils étaient séparés des rives sablonneuses où l'on voulait s'installer. On transporta donc les vivres sur cette plage, et l'on y dressa une tente provisoire, qui ne fut terminée que vers la fin de la journée. Un grand feu fut allumé au milieu, et les naufragés y passèrent la nuit, couchés sur des toiles à voile. Ils employèrent les deux jours suivants à sauver de nouveaux vivres et à construire une seconde tente avec la misaine, qu'ils avaient pu apporter à terre. Dans la nuit, un violent coup de vent défonça la chaloupe, et il fallut l'échouer pour ne pas la perdre entièrement.

Ces travaux de première nécessité terminés, les naufragés continuèrent avec ardeur à s'occuper de leur installation, et même de leurs futurs moyens de sauvetage. Pendant deux semaines, on continua d'aller au navire avec le canot, toutes les fois que le temps permettait ce voyage : on put réunir ainsi bien des ressources, et amasser sur le banc de sable pour trois mois et demi de vivres en biscuit et en farine. Outre les deux tentes provisoires, le capitaine en fit élever une troisième, plus grande et plus solide, afin de préserver les hommes des intempéries du climat. Cette tente, dressée avec la grande voile, à l'entrée d'un bois qui dominait la baie, ne fut terminée qu'au commencement du mois de juillet, et, pour éviter l'humidité, des lits y furent disposés à une certaine élévation au-dessus du sol. Enfin, on fit sous l'ancienne tente un four assez grossier, mais suffisant cependant pour répondre aux besoins des naufragés et leur procurer du pain. On pouvait ainsi passer la mauvaise saison sans trop de souffrances; et le capitaine ordonna de réparer la chaloupe et de la ponter, afin d'aller chercher des secours dans cette embarcation aussitôt que le temps permettrait de la mettre à la mer.

Cependant les naufragés n'avaient pas tardé à reconnaître que l'ile où le hasard les avait jetés devait être quelquefois fréquentée par des sauvages. Ils avaient même trouvé, en plusieurs endroits, des débris de huttes formées de branches d'arbre, et au milieu de ces constructions grossières, des restes de coquillages et des os d'animaux. Pendant une nuit tout entière, le chien du capitaine avait grondé et même aboyé sans qu'on pût le faire taire. Le lendemain, quelques hommes qui s'étaient écartés reconnurent sur le sable des empreintes de pieds nus, dont la direction semblait indiquer une fuite rapide hors du bois où l'on avait dressé la tente. Cette dernière découverte ne permettait point de douter non-seulement que des sauvages vivaient dans les environs, mais encore qu'ils avaient aperçu et qu'ils épiaient les naufragés. Ceux-ci se mirent donc sur leurs gardes et prirent toutes les précautions que leur commandait la prudence. Enfin, le 9 juillet, un des passagers vint annoncer qu'il avait vu ces voisins inquiétants, dont on n'avait jusqu'alors soupçonné la présence que d'après certains indices : aussitôt le capitaine s'arma avec quelques hommes, et bientôt il se trouva en présence de neuf indigènes sans armes, vêtus seulement d'une peau de phoque qui leur couvrait le dos. Du reste, leur attitude n'avait rien de menaçant, et ils paraissaient même hésiter à s'approcher ; mais ils se familiarisèrent bien vite en voyant les démonstrations amicales des Européens. Ils témoignèrent le désir d'entrer dans la tente, mais on s'y opposa, et l'on se borna à leur faire quelques cadeaux qui parurent leur être fort agréables. Ils se retirèrent, et dans la suite revinrent souvent, amenant même leurs femmes avec eux. Dans ces visites, ils demandaient toujours à manger, et tâchaient de dérober quelques objets. On avait fini par les admettre dans la tente, et les naufragés, de leur côté, allèrent plusieurs fois les voir dans les diverses îles de cet archipel qu'ils parcouraient fort habilement avec leurs pirogues.

Ces naturels, dont le type offre une ressemblance évidente avec les habitants des terres Magellaniques, étaient généralement forts, bien constitués, de taille moyenne. Ils vivent de la manière la plus misérable, car leur paresse et leur indolence ne leur permettent point de tirer parti des ressources déjà fort bornées qu'offre le pays. Ils se nourrissent surtout de coquillages et de la chair des phoques, alimentation précaire et toujours incertaine, car dans les gros temps il doit leur être fort difficile de se procurer à manger, et il leur faut non-seulement se nourrir eux-mêmes, mais encore nourrir des chiens qui les accompagnent toujours en grand nombre et qui leur servent à chasser le phoque. La catastrophe de la *Delphine* fut pour eux une bonne fortune, car ils obtinrent plusieurs fois des aliments dans leurs visites aux naufragés, et ils recueillirent sur les îles du voisinage de nombreux débris du navire et mille objets provenant de sa cargaison.

Du reste, leur attitude n'avait rien de menaçant.

Les débris n'étaient pas recherchés avec moins d'ardeur par les Européens. Ces derniers s'étaient divisés en deux troupes : l'une s'occupait de procurer la provision de bois nécessaire à l'entretien d'un grand feu qu'il fallait, sous ce climat pluvieux, alimenter jour et nuit pour préserver la santé des hommes ; l'autre, sous les ordres du jeune lieutenant de Lépine, était chargée du sauvetage, et elle allait chaque jour, avec le canot, retirer les marchandises qu'on pouvait atteindre, sur le lieu même du sinistre, et plus tard rechercher sur les îlots environnants les épaves que la mer jetait à la côte quand elle eut brisé complétement le navire. Pendant ce temps, le charpentier achevait de réparer la chaloupe, qui fut pontée et gréée en goëlette. Cette triste embarcation fut terminée vers la fin d'août : le temps était toujours mauvais, mais il ne pouvait tarder à s'améliorer dans la saison où l'on allait entrer, et le capitaine Coisy résolut de ne pas différer davantage son départ pour San-Carlos de Chiloé, où il voulait se rendre avec quelques hommes, afin d'obtenir du secours.

Le jeudi 3 septembre, on mit donc la chaloupe à la mer ; mais on reconnut aussitôt, avec un profond désappointement, qu'elle faisait eau à vue d'œil. On essaya vainement de remédier au mal, il fallut y renoncer et l'échouer de nouveau pour se remettre à l'œuvre. On employa cette journée et les deux suivantes à défaire une partie du serrage, à calfater avec soin le bordage, et à boucher tous les endroits par lesquels on pouvait croire que l'eau s'introduisait dans l'embarcation ; enfin, le samedi soir, on profita de la haute mer pour la lancer une seconde fois. La nuit ne permit pas de s'assurer si l'on avait réussi à donner à la chaloupe la solidité qui lui manquait d'abord, mais le jour suivant, dès le matin, tous se hâtèrent d'aller voir le résultat de l'expérience. Il était déplorable : la chaloupe était à moitié pleine d'eau ! Ce nouveau malheur ne put triompher de l'énergie du capitaine Coisy : le mal était évidemment incurable et tenait au mauvais état de l'embarcation, vieille et délabrée ; il fallait donc rester à jamais sur l'île ou se décider à un voyage périlleux dans des conditions qu'on ne pouvait améliorer. Le capitaine n'hésita pas à prendre ce dernier parti ; il fit vider la chaloupe, et, pour rassurer ses compagnons, prétendit que le bois se resserrerait à la mer, et qu'il suffirait de peu de jours de navigation pour que tout allât à souhait. On le crut, et on se mit aussitôt en devoir de terminer les préparatifs du départ.

Pendant qu'un homme vidait constamment l'eau qui entrait dans la chaloupe, on embarqua plusieurs pièces de drap, qui devaient servir en même temps de lit aux voyageurs et de lest à l'embarcation ; l'eau soulevait parfois cette espèce de tamponnage. On y joignit du vin, des spiritueux, et des vivres pour huit jours environ. Ceux qui devaient partir firent ensuite un bon dîner, puis, ce même jour, 6 septembre, à deux heures de l'après-midi, ils mirent à la voile par un beau soleil et une forte brise du sud. Le capitaine

Coisy emmenait avec lui le lieutenant de Lépine, le maître d'équipage et quatre matelots.

Il fallut d'abord employer continuellement deux hommes à vider l'eau; dans la nuit, la mer devint mauvaise, et plusieurs fois la chaloupe fut couverte par les lames. On continua cependant d'avancer, et le cinquième jour on dépassa le cap Taitachaohoun. Un coup de vent força nos marins intrépides de mouiller dans le canal formé par la pointe de ce cap et une île qui se trouvait au nord. Le temps s'améliora un peu le lendemain, mais le vent qui continuait à souffler du nord ne permit pas de se remettre en route. Il fallut, pendant sept jours, mouiller plusieurs fois, louvoyer dans la direction de l'est, aller, suivant les circonstances, tantôt à la voile, tantôt à l'aviron, et surtout, chaque fois qu'on s'arrêtait, descendre à terre pour chercher des coquillages, afin de ménager les vivres, qui diminuaient rapidement. Ce fut ainsi que les navigateurs parcoururent l'archipel Chonos : enfin, le 17 septembre, ils aperçurent de la fumée sur une des îles. Ils se dirigèrent aussitôt vers ce point, et débarquèrent après s'être munis d'armes, car ils craignaient de rencontrer des sauvages. Cette précaution fut heureusement inutile, car ils ne trouvèrent qu'un pêcheur auprès du feu qui les avait attirés. Cet homme, nommé Mick, leur fit bon accueil, et, dès qu'il eut appris leur détresse, leur procura même quelques vivres qu'il alla chercher dans sa *casa*, à trois lieues du point de station où l'on se trouvait.

Le lendemain, le capitaine Coisy se remit en route par un vent d'ouest très-violent qui tourna au nord pendant la nuit, et on entra dans l'archipel de Chiloé. Mais le mauvais temps força la chaloupe à relâcher neuf jours dans la baie de Velasco-Port, et le 29 septembre, après avoir essayé en vain de pénétrer dans le grand canal, il fallut fuir devant un coup de vent et revenir dans l'archipel. Enfin, le 3 octobre, on put reprendre la mer; le 4 au matin on arriva à Chiloé, où l'on trouva quelques vivres, et le 10 on atteignit enfin San-Carlos, après trente-cinq jours d'une navigation dont on devine tout le danger; elle s'était d'ailleurs accomplie sous une pluie presque continuelle.

Le courageux capitaine Coisy n'était pas au bout de sa tâche, et les difficultés qui lui restaient à surmonter devaient mettre de nouveau à l'épreuve sa constance et son énergie. Son premier soin fut de songer au salut de ses compagnons restés sur l'îlot, et qui probablement, après un si long temps écoulé, ne pouvaient plus guère espérer son retour. Il s'adressa à l'agent consulaire, qui le seconda de son mieux; mais les circonstances étaient des plus défavorables. On n'avait sous la main aucun bâtiment de guerre, pas même une goëlette à fréter : les seules embarcations disponibles étaient de mauvaises lanches du pays, complétement insuffisantes pour le voyage qu'il fallait effectuer. Après bien des recherches infructueuses, le capitaine put enfin se procurer une de ces frêles embarcations en très-bon état et la fit ponter. Mais, bien qu'il eût agi avec toute la diligence possible, la lanche ne put être prête que vers la fin d'octobre. On mit à bord deux mois de vivres pour vingt hommes, et, le 30 octobre 1840, le petit bâtiment, gréé en flambart et remorquant une pirogue baleinière, partit avec le capitaine Coisy, le lieutenant de Lépine et les quatre matelots. Le maître, épuisé par la fatigue et les privations du voyage précédent, dut rester à San-Carlos.

La brise, qui était contraire au moment du départ, ne tarda pas à changer. Le voyage, malgré le vent d'ouest qui souffla presque toujours, s'effectua assez heureusement; on fut seulement forcé d'abandonner la pirogue, trop maltraitée par le gros temps.

Le jeudi 12 novembre, à sept heures du matin, par un grand vent et par une pluie battante, le capitaine Coisy se trouva en vue de l'îlot qui était le terme de son voyage, et, à onze heures, la lanche mouilla dans la baie près de laquelle les naufragés étaient campés. L'absence du capitaine avait duré soixante-treize jours.

Qu'étaient devenus, pendant ces deux mois et demi, les treize hommes restés sur l'îlot? On pouvait concevoir des craintes bien fondées sur leur situation, car les embarras de toute nature que nous venons de raconter avaient prolongé beaucoup au delà de toutes les prévisions leur séjour forcé sur cette plage inhospitalière où on les avait laissés avec des ressources bien insuffisantes. Heureusement, l'incertitude ne dura pas longtemps · malgré le gros temps et la pluie, un canot accosta bientôt la lanche, et la joie fut grande des deux côtés; cette réunion inattendue permettait d'espérer prochainement la fin de toutes les misères qu'on avait eu à subir. Résumons succinctement le récit que les naufragés de l'îlot firent à leurs camarades.

Restés seuls le 6 septembre, ils n'avaient perdu de vue la chaloupe que vers le soir. Une morne tristesse s'était appesantie sur eux, car la délivrance leur semblait bien incertaine, et l'abandon leur apparaissait comme une affreuse réalité. Ils doutaient du succès de l'entreprise de leur capitaine, qui avait tant et de si grands obstacles à vaincre; ils songeaient avec effroi au peu d'importance de leurs ressources; enfin, ils craignaient aussi que les sauvages, enhardis par leur petit nombre, ne prissent l'offensive pour les dépouiller du peu qu'ils possédaient. Toutefois ces sombres pensées ne les occupèrent pas longtemps : plusieurs des matelots étaient échauffés par les rasades qu'ils avaient bues avec leurs compagnons au moment du départ; les autres ne résistèrent pas au désir de se procurer quelque distraction, la distraction des marins, et l'on se mit à boire à l'heureux succès des voyageurs. Mais la gaieté qui commençait à régner parmi ces pauvres gens fut interrompue tout à coup par un fatal incident : le feu prit à une petite maison de bois et de mousse où un passager et un matelot avaient ramassé beaucoup de marchandises sauvées du naufrage. La plupart de ces précieux objets furent détruits avec la maison, malgré les efforts qu'on fit pour éteindre l'incendie. Ainsi se termina dans le chagrin cette première journée.

Le lendemain, on s'occupa de prendre des mesures d'urgence pour parer aux éventualités qu'on redoutait. On ne pouvait guère espérer d'être délivré avant un mois, et il ne restait pas pour trois semaines de vivres si l'on continuait à donner à chaque homme la ration ordinaire, consistant en huit onces de biscuit par jour : on se réduisit donc à six onces et à un quart de vin ; on ne changea rien à la distribution des spiritueux, car on n'en manquait pas. Cet arrangement assurait des vivres pour un mois au moins, et, d'un autre côté, les sauvages, tout en continuant leurs visites, ne modifièrent rien dans leurs procédés et ne manifestèrent nulle intention d'exercer quelque violence. Rassuré sur ce point inquiétant, on essaya de se procurer de nouvelles ressources à l'aide de la pêche.

Vers la fin du premier mois, le biscuit, qui diminuait rapidement, subit une réduction : chaque homme n'en reçut plus que quatre onces. Cependant le mois d'octobre était arrivé, la délivrance paraissait de plus en plus douteuse ; à la fin de la première semaine, on dut se contenter d'un fragment de galette de deux onces par jour. En même temps, on promit aux sauvages de leur donner quelques objets qui leur plaisaient s'ils apportaient certaines provisions ; on se procura par ce moyen des œufs d'oiseaux de mer. Mais la moitié du mois s'était déjà écoulée dans une attente inutile, et quelques-uns des naufragés, ne comptant plus sur le retour de leurs compagnons, conçurent la pensée de pourvoir eux-mêmes à leur salut. Il fallait, en effet, prendre un parti : depuis le 15 octobre le biscuit était épuisé, et l'on n'avait plus à manger que quelques oiseaux qu'on tuait de temps en temps, des œufs qui souvent étaient déjà couvés et de mauvais coquillages. Les indigènes donnèrent aussi plusieurs chiens que les naufragés mangèrent, malgré leur répugnance pour cette chair dédaignée par les sauvages eux-mêmes.

On avait recueilli déjà d'assez nombreuses épaves après la destruction du navire; lorsqu'on eut adopté la résolution de construire une embarcation pour sortir de ce lieu misérable, quelques hommes, montés sur le canot, se mirent chaque jour à la recherche des débris qu'ils purent rencontrer, mâts, vergues, planches, pièces de bois de toute espèce. On en eut bientôt une quantité suffisante, et, vers la fin d'octobre, le charpentier commença la quille de l'embarcation, à laquelle on donna 30 pieds de longueur.

Une partie des hommes continuèrent à y travailler le plus activement possible pendant les deux premières semaines de novembre, tandis que les autres allaient dans toutes les directions chercher quelques maigres aliments. Mais l'ouvrage n'avançait guère, car les hommes, déjà affaiblis par les privations, manquaient d'outils et étaient d'ailleurs fréquemment contrariés par le mauvais temps.

Enfin, le 12 novembre, la lanche montée par le capitaine Coisy parut devant l'îlot. Aux cris du premier matelot qui l'aperçut en sortant de la tente, tous se précipitèrent et, malgré le temps brumeux qui régnait alors, reconnurent qu'en effet l'heure de la délivrance allait sonner.

Malgré les souffrances et les privations qu'ils avaient endurées, malgré les pluies continuelles dont l'île avait été parfois inondée, et bien que la plupart des naufragés se trouvassent sans chaussures, ces pauvres gens n'avaient éprouvé que quelques symptômes de dyssenterie; par un bonheur providentiel, aucun d'eux n'avait été sérieusement malade. Le retour du capitaine Coisy leur rendit à la fois le courage et la force, car à partir de ce moment les vivres ne leur manquèrent plus, et ils comprirent qu'ils étaient sauvés.

En dépit de l'impatience où ils étaient de quitter ce triste séjour, il leur fallut pourtant attendre encore vingt et un jours avant de se remettre en mer, car le vent soufflait du nord avec tant de violence qu'on ne pouvait songer au départ. Enfin le jeudi 3 décembre, à trois heures de l'après-midi, le vent ayant tourné au sud-ouest, ils appareillèrent, traînant à la remorque le canot de la *Delphine,* qui leur avait rendu tant de services sur l'îlot. Malgré le mauvais temps, ils aperçurent, le 6 décembre, à midi, le cap Taïtachaohoun; mais, comme ils essayaient de le doubler, un violent coup de vent du nord leur enleva le canot. En même temps, il s'éleva une tourmente affreuse qui sévit pendant quatre jours avec une telle fureur qu'ils ne purent se diriger et perdirent tout espoir de se sauver. Le jeudi 10 décembre, au point du jour, le vent ayant diminué, ils se dirigèrent à tout hasard vers une terre qui était en vue. Quelle fut leur stupéfaction en reconnaissant les rochers voisins de leur îlot! Ils étaient revenus, sans s'en douter, à leur point de départ, et avaient, dans ces quatre jours, dérivé de soixante lieues!... Malgré le désappointement que leur causa cette découverte, ils s'estimèrent heureux de trouver un

refuge dans ce triste lieu qu'ils avaient si joyeusement quitté huit jours auparavant. Pour remplacer le canot, ils construisirent un radeau et descendirent
à terre. Leur tente était encore intacte et leur fournit un abri bien nécessaire,
car il leur fallut y rester pendant tout le mois de décembre, la fureur de la
tempête ne cessant pas un seul jour.

Le 1ᵉʳ janvier 1841, rien n'était changé dans leur situation, et ils se
voyaient de nouveau exposés à manquer de vivres. Cette dernière épreuve
leur fut épargnée : le 2 janvier, ils purent se remettre en route. Mais leur navigation devait être encore aussi pénible que périlleuse. A peine en mer, il
fallut mettre à la cape et le gouvernail se brisa; ce ne fut que le 5, et après
de nombreuses tentatives, qu'ils purent le rétablir solidement. Le temps, toujours mauvais jusque-là, s'éclaircit un peu, et ils atteignirent, le 8, les îles
de Tres-Montes. Le reste du voyage fut heureux; le 14, ils doublèrent le cap
San-Pedro de Chiloé, relâchèrent à Tanaün pour renouveler leurs vivres, et
arrivèrent enfin, le 20 janvier, à San-Carlos.

Ce dernier voyage avait duré dix-huit jours, et il s'était écoulé sept mois et
un jour depuis leur naufrage. Grâce aux bons soins de M. Fauché, agent
consulaire de France à San-Carlos, tous les naufragés se rétablirent promptement; ils parvinrent même heureusement chacun à leur destination, et le
capitaine Coisy, s'il dut regretter la perte de son navire, put du moins s'ap-
plaudir d'avoir, par son indomptable énergie, sauvé la vie de tous les hommes
dont le sort était confié à sa prudence et à son courage.

GAETANO OSCULATI

1847

Il y a quelques années seulement, l'*Illustration* disait en parlant de cet intrépide voyageur milanais et de ses aventures : « Retracer toutes les particularités de ce voyage, même les moindres, serait un sûr moyen de captiver l'attention, de provoquer l'attendrissement du public qui veut bien nous lire. Elles effaceraient les infortunes fictives de Robinson Crusoé, qui du moins dans son île n'avait pas peur des bêtes féroces, et avait pour s'organiser toutes les épaves d'un navire. » Il n'y a en effet, dans l'histoire de ces régions, qu'un événement terrible qu'on puisse comparer à l'abandon d'Osculati dans le désert. Lui seul, après Mme Godin des Odonais, a su trouver un passage vers l'Océan, quand tout se conjurait pour sa perte : l'inondation des lieux qu'il parcourait, la présence des bêtes féroces, et plus que tout cela, la faim, l'éternel fléau qui décime les caravanes dans ces grandes forêts, et qui n'épargne jamais le voyageur isolé.

Gaetano Osculati avait déjà visité les régions les plus splendides de l'Orient et il avait parcouru les portions les moins connues du nouveau monde, lorsqu'il conçut la pensée de suivre la route qu'avait tracée dans son aventureux itinéraire le compagnon de Gonçalo Pizarre, le fameux Orellana : il prétendit explorer au profit de la science les vastes déserts du Napo. Depuis près de trois siècles, cette tentative ne s'était guère renouvelée. Il fallait pour cette entreprise hardie un homme de cette trempe, une âme sans peur, un corps de fer, une volonté qui brise tous les obstacles.

Lorsqu'il eut conçu ce dessein, dont il ne se dissimulait pas les difficultés, il se rendit d'abord à Quito ; mais il ne fit qu'un séjour assez court dans cette antique capitale des Scyris, et il n'y demeura que le temps nécessaire pour faire certains préparatifs et pour y observer les vestiges d'une civilisation que l'on confond trop souvent avec celle des anciens Incas.

La grande préoccupation d'Osculati était d'atteindre le désert et de s'aboucher avec les Indiens qui pouvaient le guider à travers ce réseau inextricable de rivières, de lacs et de marécages qui donnent naissance à des forêts sans fin et qui le séparaient du grand fleuve, dont la navigation, maintenant, ne présente plus de sérieuses difficultés.

Plusieurs Yumbos étaient venus à Quito depuis quelques semaines, et y séjournaient quoique à regret, parce que les nécessités de leur commerce l'exigeaient. On sait que ces Indiens ne font jamais qu'un court séjour dans les villes, tant ils sont préoccupés de l'idée que la maladie doit les atteindre nécessairement dès qu'ils se trouvent éloignés trop longtemps de leurs villages, qu'abritent de sombres forêts.

Notre voyageur ne tarda pas à apprendre que nos Yumbos, fatigués outre mesure du séjour de la ville, se préparaient à la quitter. Moyennant un salaire dont les bases furent discutées à l'amiable, il les chargea de ses plus lourdes caisses, et surtout des malles pesantes qui renfermaient les présents destinés aux tribus sauvages. Il les voyait marchant en cadence sous le poids de ces fardeaux qui n'étaient rien pour leurs robustes épaules; il les laissa prendre les devants. C'était d'Indiens plus civilisés qu'il prétendait réclamer le secours pour s'avancer dans le désert.

Le 7 juin 1847, il partit de Quito pour Tombaco, muni d'un ordre du gouverneur qui invitait les alcades de cette localité à lui procurer une escorte d'Indiens *cargueros* (¹) destinée à porter ses bagages jusqu'au bourg d'Archidona. Il ne mit que quatre heures à faire ce trajet; mais le lieutenant Ximénès, chez lequel il descendit à Tombaco, le prévint à son arrivée qu'il ne pourrait obtempérer immédiatement à l'ordre du gouverneur. On célébrait alors la fête de l'octave du *Corpus Domini,* sorte de bacchanale indienne mêlée de festins et de danses qui ne durait pas moins de huit jours, et les principaux cargueros étant inscrits pour y figurer, il ne fallait pas songer à les faire mettre en route avant que la fête ne fût terminée.

Ce contre-temps força Osculati à s'arrêter. Il en était d'autant plus contrarié qu'il songeait aux Yumbos, partis en avant avec quatre de ses caisses, et il craignait que son retard les déterminât à ne pas l'attendre à Papallacta. Tenant surtout à voyager avec eux, en raison de leur connaissance des fleuves et des torrents, il se résigna à partir au bout de trois jours, seul, à cheval, laissant au lieutenant Ximénès l'ordre d'acheminer les cargueros sur ses traces aussitôt après la fête. Il se remit donc en route le 10, accompagné d'un guide qu'il ne s'était procuré que fort difficilement. A Tablon, où il arriva le soir, ce guide, se déclarant fatigué, le quitta; mais un autre Indien ayant consenti

---

(¹) On désigne sous ce nom des Indiens robustes qui portent parfois d'énormes fardeaux.

à le remplacer, il poursuivit sa route, et à dix heures du soir arriva au tambo où il passa la nuit, après avoir renvoyé le cheval que lui avait prêté le lieutenant Ximénès. Pour remplacer cette monture, Osculati loua une mule du propriétaire du tambo, et partit le lendemain accompagné d'une famille d'indigènes de Papallacta qui était venue chercher des provisions au lieu de halte. Le temps était menaçant et on craignait la neige ; la marche était pénible, car après avoir franchi des bois qui précédaient la montagne, il fallait s'avancer dans des terrains marécageux et presque impraticables. Ce pays était parcouru par quelques cavaliers qui sonnaient une sorte de trompe pour faire descendre les troupeaux de la montagne, et les enfermer dans les étables où ils passent l'hiver.

Dans l'après-midi, on atteignit le lac de Papallacta, cratère d'un volcan éteint. La pluie avait rendu la route affreuse, et l'on ne pouvait avancer qu'en s'appuyant sur un bâton. Enfin on arriva à Papallacta : Osculati eut le plaisir d'y retrouver ses Yumbos, qui n'étaient pas encore partis.

Ils étaient, du reste, fatigués de l'attendre, et brûlaient du désir de s'acheminer dès le jour suivant, deux d'entre eux étant déjà très-malades. Osculati lès laissa donc encore partir en avant, et s'arrêta trois jours en cet endroit pour attendre ses cargueros. Dans ce triste séjour, dépourvu de provisions, réduit à passer les nuits près du feu, sur une simple peau, au milieu d'hommes de couleur qui ne dissimulaient pas leur haine pour les blancs, il eut beaucoup à souffrir. Pourtant, l'arrivée du curé, dont ce village était privé depuis cinq ans, lui apporta quelque consolation ; il put prendre divers renseignements géographiques sur le désert qui lui restait à franchir.

Cependant les cargueros n'arrivaient pas, et, commençant à craindre que ses effets n'eussent été volés en route, Osculati envoya l'alcade à Tombaco, avec une lettre pour le lieutenant Ximénès, qu'il priait de hâter, même par la force, le départ de ces porteurs indisciplinés. En effet, la saison s'avançait, et si l'on tardait encore, on devait craindre que les neiges et les pluies n'empêchassent le passage des torrents.

Enfin, le 15 juin, l'alcade arriva de Tombaco avec les cargueros. Craignant qu'ils ne prissent la fuite après s'être débarrassés de leurs fardeaux, Osculati les fit enfermer dans le tambo et les y garda toute la nuit. Le lendemain, malgré le mauvais temps, on se mit en route pour Archidona. Il fallait, sous une pluie battante, traverser des bois marécageux où l'on ne trouvait qu'un étroit sentier pour les piétons. Notre voyageur prit son fusil et ses pistolets, fit passer devant lui ses dix Indiens qui s'avançaient un à un, et ferma la marche, pour prévenir de leur part toute tentative de fuite.

Le prenant par sa longue chevelure, il le souleva et le reconnut aussitôt.

Pendant trois jours, nul incident remarquable ne signala le voyage ; mais le 18 juin, vers midi, en traversant un fourré très-épais, les cargueros qui s'avançaient en tête s'arrêtèrent subitement en répétant avec grand émoi : « Un cadavre! un cadavre! » Osculati, ayant pressé le pas pour les rejoindre, vit au milieu du sentier un Indien gisant en effet la face contre terre. Le prenant par sa longue chevelure, il le souleva et le reconnut aussitôt pour un de ses Yumbos qui, déjà à Papallacta, était malade de la dyssenterie. Le malheureux ayant succombé en route, ses compagnons l'avaient laissé là, et s'étaient contentés de cacher son paquet dans le fourré en le suspendant à un arbre.

Cette triste rencontre avait vivement ému les cargueros : aussi, pour les réconforter, le voyageur crut-il devoir leur distribuer une bouteille d'eau-de-vie qu'ils avalèrent en un clin d'œil avec une avidité doublée par la peur. On se remit ensuite en marche avec l'espoir d'atteindre bientôt les Yumbos, car on reconnaissait fort bien dans la fange les empreintes de leurs pas, et le lendemain, à midi, on fit halte à Baeza.

Les Yumbos venaient de partir en avant le jour même : voyant l'un de leurs camarades mort et un autre malade, ils avaient laissé deux caisses en dépôt chez le patron du tambo, en promettant de revenir les chercher quand ils seraient arrivés à Archidona. Osculati passa la nuit en cet endroit, mais en surveillant de fort près ses cargueros, car on l'avait averti à Papallacta qu'ils avaient l'intention de l'abandonner, et il fut encore fortifié dans ses soupçons en les voyant se concerter à la dérobée avec le patron du tambo.

Le lendemain 20, au point du jour, le voyageur donna le signal du départ ; mais les Indiens mirent en avant mille prétextes pour refuser de partir. Notre intrépide naturaliste n'en tint aucun compte : le chef intervint alors, déclarant qu'on ne pouvait voyager un jour de fête, que le gouverneur même de Quixos, qu'ils avaient escorté l'année précédente, les avait laissés se reposer le dimanche, et qu'il arriverait quelque malheur si l'on partait. Perdant patience, Osculati menaça le chef de voies de fait si cette résistance ne finissait pas, et sa fermeté fit céder les récalcitrants.

On part donc ; mais, à trois cents pas du tambo, un Indien tombe et s'égratigne la jambe : il refuse de se relever, jette les hauts cris et déclare que l'accident qui vient de l'atteindre est un avis du ciel. Pour en finir, Osculati le fait rapporter au tambo, l'y laisse avec la caisse qu'il portait et les deux charges abandonnées par les Yumbos, puis reprend sa route au milieu des Indiens, qui, pour lui témoigner leur mécontentement, affectent de garder un morne silence. On marche ainsi pendant deux jours dans des marais fangeux et obstrués par la végétation ; les Indiens eux-mêmes s'égarent au milieu de ce labyrinthe de lianes et de fougères. Tout à coup ils s'arrêtent devant un ours énorme, qui, fuyant devant le chien du chef des cargueros, grimpe sur

Osculati loge une balle dans la tête de cet ours.

un arbre. Osculati loge une balle dans la tête de cet ours, laisse un Indien pour le garder et fait porter les bagages au lieu de la halte, au bord de la Cosanga. On revient cependant chercher l'énorme quadrupède : c'était une trop précieuse rencontre faite dans le désert; il eût été imprudent de l'abandonner. Un brasier immense est allumé; on écorche l'animal sans retard et au milieu des plus joyeux propos, on mange une partie de la chair, on fume l'autre pour la conserver, et l'on s'arrête un jour entier; il était indispensable de prendre quelque repos.

Quand il fallut repartir, les Indiens refusèrent d'emporter les débris de la bête dont ils avaient fait un si bon repas; ils rejetèrent la tête et la peau de l'ours, qu'Osculati voulait garder. Notre voyageur menaça alors le chef de faire jeter à l'eau la chair de l'ours fumée; mais il s'aperçut qu'il n'en restait presque plus, les Indiens l'ayant laissé gâter par mauvais vouloir. Outré de ce procédé, et voyant que le chef lui tenait tête, il le bâtonna et le prévint qu'il le fusillerait s'ils tentaient de fuir. On partit après cette altercation; mais, au bout d'une heure, il fallut s'arrêter pour aller chercher beaucoup plus haut un endroit favorable au passage de la Cosanga, qui avait grossi. Le soir, les Indiens construisirent pour leur patron une hutte mieux faite que d'habitude et entourée d'une sorte de palissade. Cette prévenance inusitée accrut ses soupçons, et il demanda au chef le motif de cette conduite. Celui-ci lui répondit que c'était pour qu'il reposât mieux; mais le voyageur ne fut pas dupe de cette ruse : il fit enlever la palissade, qui pendant la nuit lui aurait dérobé la vue des Indiens, ordonna au chef de rester avec lui, chargea ses pistolets, et fit bonne garde. La nuit se passa sans encombre. Le lendemain, Osculati tua un ours, et veilla encore pendant la nuit pour prévenir toute trahison de la part de ses cargueros. Le 24, l'eau ayant baissé, il partit avec le chef et un autre Indien pour chercher un gué. Mais tout à coup, dans un fourré, le chef disparut. Osculati, forçant l'Indien qui lui restait à l'accompagner, revint au tambo en toute hâte... Il était trop tard. Ses malles étaient ouvertes, les provisions volées; les cargueros avaient disparu. L'Indien resté avec lui semblait ému, et lui promit de ne pas l'abandonner. Il résolut de l'expédier au gouverneur d'Archidona avec une lettre pour demander du secours : l'Indien promit de partir dès le lendemain, ne voulant pas, pendant la nuit, traverser la montagne infestée de tigres. Alors Osculati lui donna par anticipation le prix convenu, partagea avec lui ce qui lui restait de viande sèche et de biscuit, et le pria de l'aider à disposer son tambo. L'Indien feignit d'accéder à tout, mais au moment où notre voyageur s'était éloigné pour chercher quelques larges feuilles, le carguero ne fit qu'un bond vers la forêt et alla rejoindre ses compagnons. Nous laisserons parler le triste successeur de Vargas.

« Une fois que je fus retourné au tambo, ne voyant plus l'Indien, je me mis tout à coup à crier, l'appelant à haute voix plusieurs fois par son nom, mais toujours en vain. J'étais seul, tout à fait seul ; celui-là aussi m'avait abandonné : il emportait avec lui le filet qui contenait le reste de mes provisions ; il s'était enfoncé dans le bois qui devait le conduire droit à Baeza.

» Calme et résigné en un tel malheur, je ne songeai plus qu'à réparer la cabane, en mettant à profit pour cela les faibles intervalles de beau temps. Après l'avoir raccommodée le mieux que je pus, au moyen de pieux et de cordes, je construisis alentour, à une distance de quelques mètres, une espèce de barricade avec des feuillages, des roseaux et de petites branches : je voulais me mettre ainsi à l'abri d'une surprise pendant mon sommeil, et gagner du temps pour la défense si je venais à être attaqué soit par les bêtes féroces, soit par mes chargeurs eux-mêmes, qui pouvaient bien s'être cachés dans la forêt, afin de m'assassiner pendant la nuit. Ces précautions prises du mieux que je pus, je lavai et chargeai mon fusil, puis j'en fis autant à l'égard des pistolets ; j'attachai aussi une pointe de lance à l'extrémité d'un long bambou, pour m'en servir à l'occasion, et après une mince collation composée de biscuit et d'eau, je me couchai sur mes malles.

» Au bout d'une heure, comme il faisait nuit, je me levai et je sortis de mon réduit, regardant tout autour de moi pour m'assurer si quelqu'un s'était caché. Je lâchai deux coups de fusil dans la direction du bois, autant pour éloigner les ours et les jaguars, dont ces parages sont infestés, que pour faire comprendre aux Indiens qui auraient pu se tenir cachés que j'étais toujours sur l'alerte. L'obscurité était complète, on ne pouvait distinguer un objet à plus d'un pied de distance ; ceci, joint à la pluie, ne contribuait pas peu à rendre ma situation des plus tristes, en me faisant souhaiter ardemment la lumière du jour. Vers minuit, je tirai encore deux autres coups de fusil, et vers les six heures du matin, comme il faisait jour à peine, je songeai à me restaurer avec un peu de café que, par une chance heureuse, mes gens m'avaient laissé, ne le trouvant sans doute pas de leur goût.

» Le 25 juin, je m'occupai durant la journée à mieux organiser la cabane, car il est vrai que je n'avais plus alors la crainte d'être attaqué par mes cargueros, ces gens n'ayant pas, pour accomplir leurs mauvais desseins, une occasion plus favorable que celle de la nuit précédente ; donc il ne me restait plus qu'un genre d'ennemis à combattre, les bêtes sauvages.

» Après de sérieuses réflexions sur la manière dont je pourrais me tirer d'une position pareille, je pensai que le meilleur parti à prendre était de patienter au moins une semaine dans la solitude, persuadé que durant cet espace de temps quelque Indien passerait par là et me porterait secours. Dans l'hypothèse contraire, je me voyais contraint à me mettre en chemin de

nouveau, soit pour retourner à Baeza, soit pour continuer mon voyage par
Archidona; mais comment le faire, dans les deux cas, sans le secours d'un
guide, quand j'étais à plus de trois journées d'un lieu habité, et quand je
devais courir le risque de m'égarer dans ces immenses solitudes? J'essayai de
partager en différentes rations le peu de biscuit qui me restait, de façon que si
rien autre chose ne m'arrivait, cette provision me suffit en bornant ma con-
sommation à trois ou quatre onces par chaque repas; je rassemblai également
les os à demi dépouillés de l'ours, débris qui avaient été rejetés par les Indiens
au moment de leur fuite; je découpai aussi la peau, conservant celle de la tête
et des portions avoisinant les griffes, comme étant les plus molles, afin de les
faire rôtir. J'étendis le reste comme pour sécher, afin de me mettre à l'abri
de la pluie qui filtrait par le feuillage dont la cabane était couverte. L'espérance de pouvoir donner la chasse à quelque volatile ranimait d'ailleurs mes
forces. Mettant à profit les intervalles de beau temps, j'employai ensuite la
journée à recueillir des papillons et des insectes : c'était un moyen de ne pas
me laisser aller aux tristes pensées dont mon esprit était obsédé. La moisson
fut abondante, mais je ne me risquai pas néanmoins à m'enfoncer dans la
forêt, craignant toujours de m'égarer. Dès que la brune arriva, je fis mes
dispositions accoutumées et je cherchai à m'endormir.

» J'avais rassemblé une bonne quantité de ces lucioles auxquelles on donne
le nom de *cocuyos;* je m'en servis pour m'éclairer dans la cabane, en les
plaçant dans un vase de verre. Elles produisaient une brillante lumière au
moyen de laquelle il était aisé de lire. J'avais fait aussi des recherches au
centre de quelques grands végétaux, afin de découvrir les alvéoles de certaines
abeilles qui donnent une cire noirâtre; je savais que les Quixos en fabriquent leurs torches et en obtiennent un miel excellent. J'eus l'heureuse
chance d'en trouver dans un tronc d'arbre; mais pour cela j'endurai une
grande fatigue, et pour m'emparer de ce butin j'eus à braver plus d'une
piqûre.

» Le 26, au lever de l'aurore, des cris, c'étaient peut-être des cris de singe,
me mirent tout à coup sur pied. J'espérai un moment voir apparaître quelque
être animé sur la rive de la Cosanga opposée à celle où je me trouvais; je ne
m'aperçus que trop tôt que c'était une vaine illusion. Une pluie violente m'o-
bligea à m'abriter sous le tambo, qui déjà menaçait ruine. Passée au milieu
des plus noirs pressentiments, cette journée fut pour moi des plus tristes. Le
soir je me fis un peu de bouillon avec les os et le crâne de l'ours, auxquels
une parcelle de viande restait attachée; cela me procura quelque sommeil.
Environné d'obstacles insurmontables, abandonné de tous dans cette affreuse

solitude, je ne voyais réellement nul moyen de me tirer de là, soit en continuant mon voyage, soit en retournant sur mes pas. Je ne perdais pas tout espoir néanmoins ; bien plus, ma pensée était constamment occupée, nuit et jour, à ruminer quelles pourraient être les dispositions à prendre pour me tirer d'embarras.

» Le 27, la pluie dura toute la journée : le fleuve allait grossissant ; je n'étais point parvenu à allumer le feu, et le courage, qui jusqu'à ce moment ne m'avait pas manqué, cédait devant le désespoir. Durant la nuit, je fus saisi d'épouvante en entendant dans la forêt un bruit qui semblait se rapprocher de plus en plus. Je me mis sur pied et j'attendis, silencieux, ma carabine à la main. Au bout d'un instant, voilà que je vois apparaître à peu de distance de la palissade un objet noir qui s'avançait vers le rivage. Bien que la nuit fût obscure, rien qu'au mouvement des pas et à la façon de respirer de l'animal je conjecturai que c'était un tapir. Ma joie fut grande en ce moment, mais la crainte de le perdre de vue et de ne pouvoir m'en emparer produisit en moi une telle émotion que, pour faire feu, je fus obligé d'appuyer mon arme sur l'arbre qui soutenait le tambo. Au second coup et à ma grande satisfaction, je vis qu'il était à bas. Je m'assurai qu'il était mort, mais ne me sentis pas la force de le traîner seul jusqu'à ma cabane ; toutefois, j'y rentrai heureux d'avoir assuré matériellement mon existence. Pendant longtemps, en effet, cette venaison devait me suffire. Agité comme je l'étais, j'éprouvai de la difficulté à m'endormir ; mais cependant ma joie fut de courte durée.

» En m'éveillant, à cinq heures du matin, le 28, je trouvai que les eaux du fleuve s'étaient élevées jusqu'à la hauteur du tambo par une crue subite, si bien que je n'eus que le temps, et encore à grand'peine, de transporter dans la forêt mes malles et mes bagages. Le courant avait déjà emporté ma bouilloire, une marmite de cuivre et divers menus objets que j'avais laissés en dehors du tambo afin de les nettoyer ; mais quel chagrin je ressentis lorsque je m'aperçus que mon tapir avait été emporté par les eaux ! Un accident inattendu comme celui-là devait me rendre prudent ; en conséquence, je me mis à dresser ma nouvelle cabane sur un point plus élevé et en même temps plus éloigné du rivage.

» Toujours en quête de ma proie, je m'étais mis à explorer le rivage du fleuve à environ un mille de distance : elle avait disparu, et je dus me contenter ce jour-là de quelques fruits sauvages, tels que ceux du manzanillo, et de têtes de palmiste rongées en partie par les ours. Je m'abstins de toucher à mon biscuit. Pendant ce temps, la crue de la rivière continuait à se mani-

fester avec impétuosité, elle augmentait même beaucoup. Le sifflement de
l'ouragan, le bruit sonore des eaux qui allaient se briser contre les rochers,

Pour faire feu, je fus obligé d'appuyer mon arme sur l'arbre qui soutenait le tambo.

produisaient alors une sorte de retentissement monotone assez semblable au
murmure d'une multitude qui entonne des prières ; à ce mugissement venaient
d'ailleurs se joindre les détonations éclatantes et répétées du Sangaï (ce volcan
en ignition), et tout le monde pourra se figurer aisément quelles sinistres

impressions ces voix de la forêt et l'ensemble de ce spectacle devaient produire sur mon esprit déjà abattu.

» Ma santé, pendant ce temps, allait se détériorant de plus en plus : elle se ressentait de l'humidité du lieu et des émanations paludiennes aussi bien que d'une nourriture insuffisante et mauvaise. A tout cela vint se joindre une extinction de voix, et je me crus à la fin de mes maux. Durant ce jour-là, j'écrivis une longue lettre au président de la république, dans laquelle j'énumérais une à une toutes mes disgrâces. Je le chargeais, en cas de mort, de l'exécution de mes dernières volontés. Cela fait, j'enveloppai la feuille dans un morceau de toile cirée et la suspendis à un bâton dans la cabane. Je plantai une longue perche sur la rive du fleuve, dans un lieu élevé, et j'y attachai un petit morceau de toile en guise de pavillon; je mis au pied une caisse vide. Tout cela, je le faisais avec l'espérance que quelque Indien, venant d'Archidona, pourrait bien passer le fleuve sur ce point rien qu'en voyant ce signal; je pensais qu'il serait mû à la fois par la curiosité et par l'amour du butin. Quand tout fut terminé, je me sentis plus tranquille, et je me mis à reconstruire la cabane : à mon grand crève-cœur, je dus la rebâtir en un lieu où l'œil ne pouvait pas embrasser l'espace; mais je n'avais pas le choix, et il fallait me mettre à l'abri d'une seconde inondation.

» Durant les 29 et 30 juin, les pluies diluviennes continuant, je restai presque toujours couché sur mes caisses, me couvrant avec la peau de l'ours, qui commençait à rancir et qui devenait même la proie des vers. Je me soutins avec un peu de biscuit trempé dans du miel et un peu de café infusé dans de l'eau froide.

» Le 1er juillet (septième jour de mon abandon), j'avais perdu presque tout espoir d'échapper vivant à cette solitude, le fleuve ne diminuant pas et roulant ses eaux avec la même violence. Il ne m'était plus possible, en quelque sorte, de faire un pas. En effet, je me trouvais entre deux fleuves qui, prenant chacun leur origine dans l'Antisana, se trouvaient soumis aux mêmes causes d'alluvions; ils n'étaient plus guéables à cette époque. J'avais organisé une sorte d'hydromètre que j'allais observer d'heure en heure, en faisant divers signaux sur la plage. A peine voyais-je une disposition à la décroissance des eaux, l'espérance renaissait bientôt en moi : elle ne s'évanouissait que trop rapidement.

» Le huitième jour, le temps devint clair et serein, si bien que je pus étendre mon poncho et divers objets, de façon à les faire sécher au soleil. Ensuite je rassemblai un peu de bois pour allumer du feu et faire cuire un gros oiseau aquatique qui s'était venu poser tout à coup sur une roche, et que dans un moment plus heureux je n'aurais pas manqué d'empailler.

» Durant les neuvième et dixième jours de mon abandon, il me fut permis
de recueillir quelques fruits sauvages, parce qu'il y avait eu des intervalles de

Un gros oiseau aquatique qui s'était venu poser tout à coup sur une roche.....

pluie et de beau temps. Je vécus néanmoins de ma chasse mise en réserve, et
cela suffit pour me faire aller ainsi environ trois jours. Je cherchais surtout à
épargner mon biscuit, depuis que j'avais conçu le dessein de m'aventurer sur
la route d'Archidona dès que les eaux auraient baissé. Je ne désespérais point

de suivre la vraie trace du chemin, et de la découvrir à l'aide d'une carte géographique due à Maldonado et d'une boussole portative que j'avais prise avec moi pour m'orienter. Le projet, en bonne conscience, était par trop hardi et dépassait de beaucoup ce que je pouvais attendre de mes forces exténuées. Je ne voyais pas, toutefois, d'autre moyen d'échapper à ma position; il me fallait forcément sortir de là, ayant perdu toute espérance qu'un secours pût survenir du côté des Indiens, qui ne songent pas à entreprendre ce voyage hors de la belle saison.

» Je m'étais mis dans la tête que si j'avais la bonne fortune de rencontrer le rio Condachi, qui ne devait pas être à plus de deux jours de chemin, je pourrais suivre, au pis aller, son cours sur une *balsa*. Je pensais avoir toutes les facilités imaginables d'en construire une, vu l'abondance des bois presque aussi légers que la canne qu'on trouve dans ces forêts. Parvenu à son embouchure, à l'endroit où il se décharge dans le rio Hollin, ou j'aurais rencontré quelque cabane indienne, ou j'aurais continué à descendre son cours jusqu'à son confluent avec le *Mizagualli*, que j'aurais atteint en quatre ou cinq jours tout en vivant de chasse. En n'abandonnant plus le cours de ce fleuve, je ne pouvais manquer d'atteindre le village d'Archidona, qui se dresse à quelques pas de ses rives.

» Je n'ignorais pas néanmoins combien tous ces projets, faciles à concevoir et même à tracer sur la carte, présentaient de difficultés au moment de l'exécution. Rien ne pouvait plus m'en détourner; j'aimais bien mieux me porter en avant que de rétrograder vers Baeza. Et cependant, dans l'inextricable labyrinthe de fleuves, de marécages et de forêts que j'avais déjà parcouru, j'avais plus ou moins couru le risque de me perdre, sans arriver au terme de mes souffrances.

» Le onzième jour, je me mis à couvrir de grandes feuilles les caisses qu'il m'intéressait le plus de conserver; je fis mes préparatifs de départ. Un toucan s'était venu poser sur un arbre à peu de distance de moi. J'avais pu le tuer; cela m'avait fourni une nourriture un peu plus substantielle.

» Les eaux ayant baissé de deux mètres, je rassemblai en deux petits paquets les objets qui m'étaient le plus nécessaires; j'avais déposé dans chacun d'eux la moitié des vivres que je comptais transporter par delà le fleuve à deux reprises, ne voulant pas aventurer le tout en un seul voyage. Après avoir déposé tous mes objets précieux, la montre, l'argent, la boussole, dans mon béret, que j'assurai solidement sur ma tête, je me jetai à la nage, portant mon paquet sur la tête. Bien que je nage à merveille, la prostration de mes forces m'empêcha de vaincre le courant, et avant de toucher la rive

opposée, je me vis entraîné à trois cents pas plus bas, heurtant les écueils et
en danger de perdre la vie. Je rejetai alors le fardeau, qui m'empêchait de me
servir de toutes mes forces; je m'accrochai à une branche et je parvins à
gagner la rive, non sans m'être fait je ne sais combien de contusions aux
pieds et aux mains.

» Je ne vis que trop bien s'évanouir l'espérance que j'avais eue de mettre

Je m'accrochai à une branche et je parvins à gagner la rive.

mon projet à exécution : la moitié de mes provisions étaient perdues, aussi
bien que mes pistolets que j'avais renfermés hermétiquement dans une petite
caisse de fer-blanc. Je n'avais plus rien non plus pour changer, et je ne pos-
sédais, avec ce que j'avais sur le dos, uniquement que mes caleçons. Après une
heure de réflexions sérieuses, je me vis donc contraint à traverser de nouveau
le fleuve et à me résigner à mon mauvais destin. Je choisis seulement un
meilleur endroit où je ne devais pas rencontrer d'obstacles pour fendre les
eaux, et mon passage s'effectua heureusement. Je compris, en définitive,
qu'il me fallait tout simplement regagner Baeza. Je disposai de mon mieux la

cabane pour y passer la nuit, comptant partir sans retard dès le lendemain.

» Le treizième jour de mon complet isolement, une pluie continue m'ayant empêché de me mettre en voyage, je m'occupai à découper en mille petits morceaux une douzaine de cartes à jouer; je mis tout cela dans un tube de fer-blanc pour m'en servir, en le semant sur le chemin, dès qu'il y aurait du doute et quand je ne serais pas certain du sentier qu'il faudrait prendre, afin de ne pas me perdre dans la forêt.

» En visitant de nouveau les caisses, je retrouvai, à ma grande joie, mêlés à d'autres graines, quelques échantillons d'espèces diverses de maïs que j'avais réunis à Quito pour en essayer la culture en Europe. Je fis rôtir ces grains à l'instant, en mettant en pièces une caisse, afin d'avoir du feu plus vite. C'était un renfort de provision qui devait me servir durant mon voyage. »

Voici l'intrépide voyageur prêt à quitter son île, et malgré le charme qui s'attache à la simplicité du récit, il nous faut abréger l'exposé des mille incidents qui signalèrent sa délivrance. Parti à la pointe du jour, le fusil sur l'épaule, avec ce qui lui restait de provisions enveloppé dans un filet, il quitta la cabane où il avait ressenti de si cruelles angoisses, et dès le début de sa marche, son procédé, imité de celui du petit Poucet, ne lui fut pas inutile : il répandit ses débris de cartes, et il s'applaudit de sa prévision ; mais bientôt il eut de la fange jusqu'aux genoux, ce qui, avec le poids de vingt-cinq livres qui pesait sur son dos, finit par le harasser. Il fut plus d'une fois sur le point de s'étendre à terre ; mais bientôt il entendit le murmure du rio *Jana-Yaçu :* il le traversa heureusement, et après une modeste réfection consistant en un fragment de biscuit, il parvint, à travers la forêt, à regagner la rive gauche de la Cosanga ; mais là il craignit de s'égarer, et malgré le froid qu'il endurait il se mit en mesure de passer la nuit sur la plage. Les cris des bêtes sauvages l'empêchèrent de prendre un moment de repos. Le lendemain, après quelques heures de marche, il fut bien surpris de se trouver à *Sicsi-Playa,* devant une cabane où trois semaines auparavant ses perfides cargueros avaient dépouillé et fumé la chair d'un ours qu'il avait abattu. Son fusil, rempli de poudre mouillée, et dont il ne pouvait renouveler la charge, lui devenant inutile, il l'abandonna, puis il entra dans la forêt montueuse. Ses pieds étaient enflés et douloureux ; il ne pouvait plus les garantir de la piqûre des épines et des blessures que lui faisaient les fragments de roseaux, car il n'avait pour toute chaussure que deux chiffons de toile mis en double et attachés sous ses pieds. Arrivé sur les bords du Vermello, il s'aperçut que ses abominables cargueros avaient eu l'odieuse précaution de couper un grand arbre qui servait de pont ; il passa heureusement cette rivière à gué.

soutenu dans sa marche par deux forts bâtons qui l'aidèrent à résister au courant. Il se trouva alors bien heureux de pouvoir se reposer dans un tambo qui lui avait déjà servi d'asile. Le lendemain, tout endolori, pouvant à peine se tenir sur les jambes et la plante des pieds ouverte, il essaya de marcher; il savait que dans un jour il pouvait gagner Baeza.

Son dernier morceau de biscuit moisi lui ayant servi à apaiser sa faim la veille, il lui fallut avoir recours à son maïs rôti : il en possédait encore deux poignées pour unique ressource; ce repas terminé, il entreprit de s'ouvrir un chemin avec son couteau à travers les broussailles qui interceptaient son passage. Il avait marché ainsi jusqu'à quatre heures de l'après-midi, il ne voyait encore aucun indice qui lui annonçât le village; ses forces étaient à bout, et il ne lui restait plus que trente grains de maïs : le malheureux les avait plus d'une fois comptés, lorsque, au moment où il craignait d'avoir dépassé le but de son douloureux voyage, et s'était assis tristement sur un tronc d'arbre, un chant lointain se fit entendre; c'était le chant du coq : il prêta de nouveau l'oreille, la voix stridente retentit plus distinctement. Ce n'était plus une illusion comme on en a tant dans les grandes forêts; le pauvre abandonné tomba à genoux et s'écria : *Sono salvo, Dio mio io ti ringrazio!*

Il ne pouvait pas d'abord bien discerner le point d'où venait le chant; mais plus il marchait, plus il trouvait facile de suivre la direction que lui indiquait sa petite boussole. Il n'avait pas fait un quart de mille qu'il se trouva inopinément devant le tambo de Baeza. Les premiers Indiens qui l'aperçurent se mirent à fuir, et plus tard il se rendit compte de l'impression qu'il avait dû produire sur ces pauvres gens, en se rappelant l'étrange aspect qu'il devait avoir. Il ne s'amusa pas à les appeler; il entra dans le tambo, alla se jeter sur des peaux qu'on avait étendues à terre et demanda à grands cris à manger. Le maître du logis l'avait reconnu.

Là il apprit comme quoi ses cargueros ne s'étaient arrêtés à Baeza que pour répandre le bruit de sa mort, qui, selon eux, était advenue au passage de la Cosanga. Notre voyageur ressentit une telle rage à la nouvelle de cet odieux mensonge que peu s'en fallut qu'il ne retournât sur l'heure à Quito pour faire punir les traîtres. Mais pour cela il fallait abandonner les objets qu'il avait laissés sur les bords de la Cosanga, et ceux qui se trouvaient également à Baeza. Peu à peu le calme rentra dans son âme : il était avec de bons Indiens Quixos qui faisaient le commerce du fil de pite; il les prit à son service moyennant diverses bagatelles. Quelques bouteilles de rhum et un peu de *carne seca* s'étant trouvés par hasard dans les caisses restées en dépôt au tambo même où l'on se trouvait, rien ne manqua à la fête. Soigné affectueu-

Un chant lointain se fit entendre; c'était le chant du coq.

sement par ses hôtes, qui frottèrent ses pieds endoloris avec de la graisse d'ours et de pecari mêlée à certaines drogues vraiment souveraines, l'énergique Osculati eut bientôt recouvré sa première santé. Le maître du tambo lui céda deux paires de sandales fabriquées avec des cordes, et il se sentit bientôt disposé à rentrer dans la forêt.

Dès le 15, de bon matin, il quittait Baeza, à la tête de sept Indiens porteurs, pour se diriger sur Archidona en passant par son île. Chemin faisant, il reprit son fusil, et le 16 au soir il se trouvait devant le lieu où il avait tant souffert. Là, il fut bien surpris de rencontrer trois Indiens assis autour d'un grand feu. C'étaient des hommes sûrs que le gouverneur d'Archidona avait expédiés à sa recherche. Ils lui remirent une lettre par laquelle D. Villavicencio l'engageait de la façon la plus aimable à aller se reposer dans son habitation, située sur les bords du Napo. Le fleuve étant encore trop large pour qu'on emportât tous les bagages, on laissa les caisses les plus lourdes dans l'île, à la garde de Dieu; Osculati n'emporta que le vrai trésor du naturaliste, ses collections. Le 20 juillet, il était rendu à Archidona, et le gouverneur, D. Clemente Guerrero, lui faisait oublier par le plus aimable accueil les quatorze journées d'angoisses passées dans l'île du rio Cosanga.

CHARTON, LAVIGNE ET LEURS COMPAGNONS

DANS L'ILE SAINT-CHARLES

1848

Les îles désertes se comptent aujourd'hui ; les Robinsons s'en vont : il faudra bientôt naviguer jusqu'à la terre Adélie, glorieuse conquête de l'infortuné Dumont d'Urville, pour en rencontrer. Les îles Chiloé se peuplent, la Terre de Feu a ses habitants, l'Océanie se civilise. Inhabitées hier, les Galapagos seront peut-être bientôt insuffisantes pour contenir les fermes que l'on va y fonder ; elles recrutent chaque jour des travailleurs : l'agriculture leur donnera le bien-être. Les villages rassembleront alors leurs souvenirs ; alors aussi, sans aucun doute, on se rappellera un nom sympathique et qui figure dans les histoires de la mer.

Nous vous avons raconté les révolutions de la Floriana ; mais voyez ce que produit ce flot toujours croissant, qui envahit les terres désertes. Voyez l'action étrange qu'il a sur toutes les créatures vivantes : il multiplie les uns, ceux-là mêmes qui doivent être les compagnons du laboureur ; il fait fuir les autres, les inutiles, ceux qui ne sont pas moins aimables, mais qui se jouent au-dessus des flots de l'Océan ou qui ne se plaisent qu'aux champs couverts de fleurs.

Nous ne pouvons cependant nous empêcher de regretter que l'homme cesse d'être un ami pour ces gracieux habitants de l'air qui, dans les îles désertes, voltigent sans crainte autour de lui.

Hier encore, il n'y a pas vingt-cinq ans, un savant connu, un marin, habile dessinateur, s'en allait crayonnant les roches verdoyantes des Galapagos, et aucun des habitants ailés de l'île ne fuyait devant lui. Ce qui vous paraît une merveille incroyable dans les récits du dix-septième siècle ou dans ceux du bon P. Pingré se réalisait pour un de vos contemporains. Voici ce que vous raconte M. Dortet de Tessan, et certes le tableau est des plus curieux. Il vous reporte au sommet le plus élevé de l'archipel sur lequel s'est passée l'aventure dont on va lire le récit. Il vous dit la paix profonde qui régnait dans ces lieux, où l'homme règne maintenant et où il raconte nos dissensions.

Vers l'année 1838, comme la *Thétis* s'était arrêtée aux Galapagos, on voulut poursuivre l'hydrographie de l'archipel : l'île Charles étant sur le sommet le plus élevé de cette région, à 560 mètres au-dessus de la mer, M. de Tessan dessinait un jour ; comme il prenait une vue générale du groupe, il se vit bientôt environné de nombreux oiseaux de terre. « Ces oiseaux, nous dit le savant ingénieur, venaient se poser jusque sur le cahier que je tenais à la main et sur lequel je dessinais ; un jeune élève qui m'accompagnait les prenait à la main, comme on prend les mouches. »

Aujourd'hui les coups de fusil retentissent dans l'île Saint-Charles, et bien heureux quand on ne les envoie qu'aux oiseaux.

En octobre 1848, Ernest Charton, peintre français, qui se trouvait à Santiago et se disposait à revenir en Europe, s'associa avec un de ses amis, nommé Lavigne, et Bicroff, négociant anglais, pour aller fonder en Californie, près des usines, une hôtellerie, un débit de liqueurs, un magasin d'instruments de travail et d'armes, et un moulin à laver les terres aurifères. Ils s'embarquèrent à Valparaiso sur la goëlette chilienne la *Rosa-Segunda*, qui avait onze hommes d'équipage et treize passagers. Ce bâtiment appartenait à un Italien, Montès, qui était subrécargue ; le capitaine était Chilien, et le pilote, Boulton, était Anglais. Les deux neveux du capitaine, jeunes gens de dix-huit à vingt ans, s'étaient embarqués comme novices. Parmi les passagers se trouvaient deux femmes et une petite Indienne, leur servante. Enfin Lavigne, Bicroff et Charton, emmenaient avec eux trois gros chiens de garde.

Il régnait à bord de la goëlette un air de désordre dont Charton surtout s'était inquiété même avant le départ. On était en mer depuis quinze jours à peine, lorsqu'on annonça que l'eau douce manquait. Chacun rejeta la faute sur quelque personne de l'équipage, et, après beaucoup de récriminations, on résolut d'aller aux îles Galapagos, afin de trouver une aiguade. Une longue discussion s'engagea pour savoir à laquelle de ces îles on aborderait, le pilote insistant pour l'île d'Albemarle, et Lavigne voulant qu'on choisît l'île Saint-Charles (¹). Ce dernier toutefois l'emporta ; mais comme on déporte à l'île Saint-Charles les malfaiteurs les plus redoutables de la république de l'Équateur, on prit des précautions, et on nettoya les armes pour se mettre en état de résister, s'il le fallait, aux attaques ou aux embûches des insulaires. Charton, qui s'occupait à aiguiser un fort beau couteau-poignard,

---

(¹) Ce groupe d'îles du grand Océan, dont il a été déjà parlé à la page 158, gît entre 1° 43′ de latitude nord et 1° 25′ de latitude sud. Ce fut le capitaine Cowley qui baptisa le petit nombre de celles qui ont un nom : l'île Charles est devenue l'île San-Carlos ou Saint-Charles.

fut accosté par le pilote Boulton, qui lui demanda à examiner cette arme et s'informa du secret ménagé pour la fermer. Le lendemain on était en vue de l'île Saint-Charles, et les passagers commencèrent à monter la garde à tour de rôle pour prévenir toute surprise extérieure. Ce jour-là, Charton s'aperçut que son couteau-poignard avait disparu : il le chercha pendant une heure, et n'y pensa plus. Il fut d'ailleurs bientôt distrait par une nouvelle discussion qui s'éleva à bord. On était encore fort éloigné de l'île, et le pilote s'obstinait à vouloir mouiller, pendant que Lavigne s'y opposait énergiquement. Celui-ci n'avait en vue d'autre motif que d'éviter à ses compagnons un voyage trop long quand ils iraient chercher l'eau à terre; mais le pilote, en voulant rester le plus loin possible de l'île, avait des projets que personne ne pouvait soupçonner et qui devaient se révéler bientôt. Il soutint au capitaine que dans ces parages il y avait des sautes de fond, et qu'il fallait se hâter de mouiller; le capitaine effrayé le crut, et on laissa tomber l'ancre, dont la chaîne, se déroulant sur une grande longueur, prouva, mais trop tard, l'erreur ou la mauvaise foi du pilote.

On mit la chaloupe à la mer et l'on se rendit à terre : là on apprit qu'il faudrait au moins séjourner trois jours pour faire de l'eau, à cause du mauvais chemin qui conduisait à la source, et aussi parce que le navire était resté mouillé trop loin en mer. La distance qui le séparait de la plage était, en effet, très-considérable. En revenant à bord le soir, Charton trouva le capitaine et le subrécargue s'animant fort dans une nouvelle discussion à propos du pilote, qui refusait de continuer son service si les passagers s'occupaient de la garde du navire. Le pilote dut cependant céder, bien que cette mesure contrariât ses desseins, car on lui fit observer que ces précautions ne nuisaient pas à la manœuvre.

Le lendemain, dès le matin, on retourna à terre. Lavigne voulait qu'on tirât au sort et que la moitié des passagers restât à la garde du navire; mais nul ne voulut se soumettre aux chances du hasard, tout le monde prétendait débarquer pour quelques heures. Une partie de l'équipage resta donc seule à bord, et tous les passagers s'éloignèrent. Ils eurent bien vite assez de leur visite à l'île Saint-Charles, lieu désolé qu'ils se promirent de quitter le plus tôt possible. En conséquence, on décida qu'on viendrait encore le lendemain pour faire de l'eau et pour se baigner, puis qu'on partirait immédiatement.

Au point du jour, en effet, chacun se prépara à quitter le navire, n'emportant pour cette excursion que ses plus mauvais vêtements, et laissant à bord l'argent, les montres et tout ce qui pouvait avoir quelque valeur. Au moment du départ, un des passagers, qui portait trente onces d'or dans sa ceinture, pria Lavigne et Charton de vouloir bien lui conserver cet argent dans le coffre attaché au pied du grand mât, et qui contenait toute leur fortune. Ils y consentirent, et, sous les yeux de l'équipage, mirent ce sac au lieu désigné, en disant qu'il était inutile de spécifier le contenu, puisqu'ils le ramassaient en présence de tous, et qu'ils le rendraient de même au retour. Lavigne, craignant que le capitaine ne les abandonnât, l'engagea à venir à terre. Bientôt on partit dans la pirogue; on comptait, dans cette frêle embarcation, dix-sept personnes, parmi lesquelles il y avait cinq hommes de l'île.

Après s'être baignés et avoir déjeuné, les passagers faisaient la sieste ou continuaient à se divertir sur le rivage, quand ils aperçurent une petite voile à l'horizon. Ils la firent remarquer au capitaine, qui ne s'en occupa pas davantage, et ils reprirent leurs promenades et leurs jeux. En revenant le soir, ils aperçurent un iguane endormi sur un rocher : un garçon phar-macien, qui était du nombre des passagers, témoigna le désir de posséder cet animal qui, du reste, n'offre rien de rare dans ces contrées. Lavigne et Charton tirèrent dessus, et l'embarcation s'approcha pour le prendre; mais en abordant elle heurta les rochers, chavira et précipita dans l'eau tous ceux qu'elle portait. On eut beaucoup de peine à sauver les armes et les hommes qui ne savaient pas nager, et à remettre la pirogue en état de naviguer. La nuit était tout à fait venue quand ils purent reprendre leur route. Bientôt une dispute s'éleva entre le capitaine et l'insulaire placé au gouvernail. Les quatre hommes de l'île qui ramaient tirèrent leurs longs couteaux et voulurent défendre leur camarade. Une lutte était imminente, lorsque quelqu'un fit observer qu'en combattant on allait de nouveau faire chavirer la pirogue : cette raison seule rétablit le calme.

Cependant on avançait péniblement : le vent était contraire; l'embarcation faisait eau, au point qu'il fallait deux hommes pour la vider constamment. Tout à coup, en doublant une pointe, ils aperçurent à terre trois feux allumés, et entendirent des cris sinistres. Trahis ou non, ils n'avaient d'autre res-source que d'aborder et de faire face au danger : ils se dirigèrent donc vers ces feux, et, en approchant de terre, Lavigne recommanda à ses compa-gnons de se grouper autour de lui en débarquant et de se tenir sur la défen-sive. Ils lui obéirent en effet, s'adossèrent à un rocher, et attendirent ainsi une bande de gens qui s'avançaient vers eux.

Quelle fut leur surprise en reconnaissant dans ces nouveaux venus le subrécargue Montès, les deux passagères, l'un des jeunes neveux du capi-taine et quatre marins de la goëlette! Ceux-ci leur apprirent que le pilote

Ils aperçurent un iguane endormi sur un rocher..... Lavigne et Charton tirèrent dessus,
et l'embarcation s'approcha pour le prendre.

s'était enfui avec le navire : ils étaient tous abandonnés sur l'île, sans aucune
ressource.

Leur première pensée fut de poursuivre le pilote ; mais les insulaires refusèrent de les seconder, et ils n'avaient pas d'embarcation en assez bon état
pour les seconder dans l'exécution de leur projet. Ils passèrent donc la nuit à
se lamenter et à se faire raconter comment cet homme avait pu réaliser son
infernal dessein. Il avait engagé le subrécargue Montès à conduire les passagères vers la plage pour qu'elles pussent se promener sur l'île, l'assurant en
même temps que sa présence accélérerait le service de l'eau : de cette manière,
il s'était débarrassé de tous les hommes qui le gênaient. Il n'était resté à bord
que six individus : le pilote, le contre-maître, malade, un matelot, un cuisinier, la petite servante des passagères âgée de onze ans, et un des jeunes
neveux du capitaine, qui, peut-être sous l'influence de quelque soupçon, avait
refusé de s'éloigner.

Dès que Montès fut à terre, quelques insulaires accoururent pour le prévenir que son navire s'éloignait. Il n'en voulut rien croire d'abord ; mais
bientôt, forcé de se rendre à l'évidence, il se rembarqua et poursuivit les
fugitifs. Il atteignit au bout de deux heures la goélette, qui, manœuvrée seulement par trois hommes, n'avançait que lentement. Le pilote, se montrant
un fusil à la main, menaça de tirer si on tentait de le suivre : les supplications furent vaines, on se vit forcé de revenir à terre ; le rapport fut bref, il
n'était que trop prévu.

Ce récit désespéra les malheureux abandonnés ; ils passèrent la nuit dans
les plus cruelles angoisses, conservant cependant encore quelque espoir, car
ils savaient que le contre-maître et le neveu du capitaine ne pouvaient être
dans le complot du pilote, et ils pensaient qu'ils pourraient tuer ce misérable
et revenir les chercher. Mais le jour parut, et ils ne virent point le navire.
Il fallut donc se résigner et aviser aux moyens de vivre.

La situation était en effet des plus déplorables : abandonnés sur une île
déserte, les malheureux auraient été dans de meilleures conditions qu'au
milieu de la population de criminels parmi lesquels ils se trouvaient jetés. Un
nommé Martinet, qui se disait gouverneur de l'île, ne tarda pas à le leur faire
comprendre. Il leur fournit quelques aliments le premier jour, mais le lendemain il leur dit que la contrée pouvait à peine nourrir les cinquante condamnés
qu'elle renfermait, et que les dix-neuf nouveaux venus devaient pourvoir eux-
mêmes à leurs besoins comme ils le pourraient. Ceux-ci tinrent donc conseil,
et se divisèrent en trois bandes ; Montès, qui possédait une montre à répétition,
la donna à un insulaire qui se chargea de le nourrir, ainsi que les deux
femmes, pendant tout son séjour dans l'île. Le capitaine, avec son neveu et
quatre matelots, voulut rester au bord de la mer. Lavigne, Charton et les

huit autres résolurent d'aller s'installer au village, près de la source. En raison de l'énergie qu'il avait constamment montrée, Lavigne fut nommé chef de la petite troupe, et Charton désigné pour le seconder; ils mirent en commun tout ce qu'ils possédaient, mais leurs ressources collectives ne s'élevèrent qu'à vingt-neuf piastres. Ces arrangements faits, ils se mirent en route pour l'intérieur.

Ils étaient tellement abattus qu'il leur fallut plusieurs heures pour franchir les deux lieues qui les séparaient du village. Ils savaient d'avance qu'ils seraient mal reçus, car les insulaires craignaient de voir épuiser par ces nouveaux venus les ressources déjà si bornées de leur île. De grandes misères les attendaient, la chose était facile à prévoir; cependant ils auraient souffert beaucoup plus encore s'ils n'avaient trouvé une protectrice dans ce séjour désolé et au milieu de ces êtres pervers, bannis de la société. Sur la porte de la première cabane du village, une femme, jeune encore et belle, les attendait; la pitié dont son regard s'animait imprimait à sa physionomie cet air de grandeur affable qu'on ne trouve que chez l'innocence. Elle était, comme presque tous les insulaires, dans la plus grande misère. Cependant elle offrit généreusement à ces infortunés tout ce qu'elle possédait et leur donna l'hospitalité sous son pauvre toit. Mais aucun des déportés ne suivit son exemple, et ils évitèrent soigneusement toute liaison avec les hôtes de Petita. Ceux-ci ne tardèrent pas à endurer les privations les plus pénibles, car ils ne savaient comment se procurer des provisions. Ils n'avaient d'autre espoir de délivrance qu'un grand feu qu'ils allumaient chaque nuit sur la montagne; selon eux, ce signe de détresse devait attirer plus d'un bâtiment. Quelques jours après leur abandon, en effet, ils aperçurent un navire en vue : Lavigne et Charton s'embarquèrent avec quelques insulaires pour le rejoindre; mais le mauvais temps ne leur permit pas d'accoster, et ils furent forcés de se réfugier sur Albemarle. Ils comprirent le plan criminel du pilote en voyant l'île aride et complétement déserte où ce misérable avait voulu avec tant d'insistance les amener pour renouveler l'eau. Ils y seraient morts infailliblement de faim en peu de jours, et ainsi aurait disparu toute trace de son crime, tandis que sur l'île Saint-Charles les malheureux pouvaient vivre encore, si bornées que fussent leurs ressources. Ils s'empressèrent de venir rejoindre leurs compagnons, et ils apprirent qu'en leur absence le navire qu'ils avaient aperçu avait jeté l'ancre devant l'île. C'était un baleinier américain, qui leur avait refusé toute espèce de secours. Le capitaine voulait seulement enrôler quelques hommes pour remplacer sept de ses matelots qui avaient déserté quelques jours auparavant, et qu'on retrouva plus tard morts de faim sur la terre déserte où ils avaient fui. Un seul des passagers de la *Rosa-Segunda* consentit à suivre le baleinier, et les autres ne purent en obtenir nul secours.

Ils résolurent alors de faire une suprême tentative pour sortir de cette position désespérée. Ils réparèrent tant bien que mal leur chaloupe, consacrèrent à acheter des provisions tout l'argent qui leur restait, et s'embarquèrent pour tâcher de gagner le continent. Mais, après un jour et une nuit passés en mer, ils ne tardèrent pas à reconnaître la témérité d'une telle entreprise, et ils s'estimèrent trop heureux de pouvoir regagner l'île Saint-Charles avec leurs provisions avariées par l'eau de mer.

Ils se trouvèrent alors complétement dénués de ressources, et forcés de recourir aux expédients pour obtenir à grand'peine la nourriture de chaque jour. Pendant quelque temps, Charton put procurer des patates à ses compagnons en faisant des portraits que les insulaires lui payaient en nature; mais cette ressource dura peu, et la pêche, souvent infructueuse, devint à peu près l'unique moyen de salut de la petite colonie. Chaque jour la fatigue et les privations épuisaient leurs forces : ils pouvaient à peine couper les arbres nécessaires à l'entretien de leur feu pendant la nuit. Enfin, après soixante-cinq jours de souffrances, ils aperçurent une goëlette qui se dirigeait vers l'île. C'était les *Deux-Sœurs,* de Guayaquil, appartenant au général Willamil, qui était aussi propriétaire de l'île Saint-Charles. Elle apportait des déportés, et venait chercher ceux qui avaient fini leur temps. Le capitaine consentit à emmener l'équipage et les passagers de la *Rosa,* mais, malgré leurs instantes prières, il refusa formellement de délivrer en même temps Petita, leur protectrice, à l'égard de laquelle il avait reçu les ordres les plus rigoureux. Tous regrettèrent vivement cette mesure, mais ils durent se résigner, et ils ne purent même pénétrer le mystère qui enveloppait l'existence de cette jeune femme. Ils firent quelques cadeaux aux deux chefs reconnus de l'île pour les engager à protéger celle qui s'était si bien attiré leur reconnaissance, et ils partirent tous, à l'exception d'un des matelots qui avait péri en mer, quelque temps auparavant, en naviguant avec les insulaires.

Après une traversée pénible, qui dura trente jours, ils arrivèrent à Guayaquil, et trouvèrent dans l'accueil empressé des habitants la fin de leurs souffrances. Ils y apprirent le dénoûment de la criminelle entreprise dont ils avaient été victimes.

Le pilote Boulton avait conçu son projet le jour même de l'embarquement, en voyant amarrée sur le pont la lourde caisse qui contenait la fortune des trois associés. C'était à dessein qu'il avait pris une provision d'eau insuffisante pour amener un débarquement aux îles Galapagos, se proposant d'abandonner tout l'équipage sur la plage aride d'Albemarle. C'était aussi dans cette intention qu'il avait voulu mouiller à une très-grande distance de l'île Saint-Charles. La plus horrible tragédie avait succédé à cette série de manœuvres abominables. Quand tout le monde s'était trouvé à terre, il avait levé l'ancre; le jeune neveu du capitaine ayant voulu s'y opposer, il l'avait

Toc, un des trois chiens des associés, hurlant après lui, il l'avait assommé
avec la barre de cabestan.

poignardé avec le couteau-poignard qu'il avait volé à Charton; il avait ensuite étranglé le contre-maître, que la maladie retenait au lit. Toc, un des trois chiens des associés, hurlant après lui, il l'avait assommé avec la barre de cabestan. Quant à la petite fille de onze ans, elle avait été enfermée par lui dans une chambre; puis, effrayé de tant de crimes, Boulton s'était enivré avec ses deux complices, un matelot chilien et un nègre. Ce moment de répit que se donnent parfois les grands coupables n'avait pas duré longtemps. Supposant avec raison que des démarches ultérieures seraient faites par ceux qu'il avait si indignement trompés, le nouveau commandant de la *Rosa* avait quitté le littoral de l'Amérique, et, gagnant les régions de l'Océanie les moins lointaines, il avait espéré que son petit navire échapperait à la police scrupuleuse qu'exercent les chefs de station : ceci n'avait pas mal réussi d'abord; on les avait vus abordant d'île en île, trafiquant de leur butin. Mais une frégate française qui croisait devant les îles Sandwich, ayant remarqué les allures étranges de ce navire, l'aborda et demanda des explications. Le pilote, d'abord interdit, prétendit qu'un coup de mer avait emporté, dans une tempête, le capitaine, les passagers et le reste de l'équipage. Une pareille réponse ne fit qu'augmenter les soupçons de l'officier français, qui, montant à bord de la *Rosa*, apprit toute la vérité par la jeune fille enfermée dans la cabine. Les coupables furent conduits à Valparaiso et jugés. Boulton fut passé par les armes, et ses deux complices furent punis des travaux forcés à perpétuité.

(Extrait de la relation originale d'Ernest Charton : *Vol d'un navire dans l'océan Pacifique*. Paris, Didot, 1854. — M. Charton est le frère d'un écrivain apprécié de tous nos lecteurs; il s'occupe en ce moment de travaux d'art sur le Chili.)

L'INDIENNE DE SANTA-BARBARA

1853

Voici une pauvre créature, appartenant à une autre race que la nôtre, que les hasards de la vie sauvage ont jetée dans la solitude. Elle n'a vu que les forêts et les grandes eaux ; elle n'a jamais su ce qu'offrent de ressources les villes populeuses, où l'industrie est en commun au défaut de charité. Elle aura moins à souffrir, sans aucun doute, des âpretés du climat, des difficultés de la vie solitaire, des alternatives d'abondance et de dénûment qui vont se succéder pour elle ; mais souffrira-t-elle moins moralement, en se voyant ainsi abandonnée ? Pauvre âme restreinte en ses aspirations, n'existant intellectuellement que par l'échange des pensées de ceux qui l'environnent, elle ne vivra plus désormais, soyez-en sûr, que par l'espoir dans le grand Esprit qui plane pour elle sur les eaux et qui veille pour elle dans les bois.

Hélas ! que les rigueurs de la vie domestique, toujours si âpres chez les Indiens, lui manquent maintenant ! elle n'a plus qu'à songer à elle, elle qui ne songeait qu'aux autres, et c'est ce besoin de sollicitudes incessantes qui ont marqué tous les instants de sa vie qui la jette parfois dans la consternation. Nous avons vu bien des Indiennes condamnées aux plus rudes travaux ; l'instinct du dévouement leur faisait tout accepter : c'est cette vertu native de la femme qui la rend si supérieure à ceux qui ne savent que mourir. Ils sont victorieux un jour, et ils se reposent des mois entiers, ses maîtres ; il faut qu'elle, la pauvre femme, sache vaincre les mille exigences qui se succèdent, et puis mourir aussi courageusement si cela est nécessaire.

Nous ne savons pas le nom de celle-ci ; elle était d'une race trop humble, on ne nous l'a pas dit. Elle s'appellera simplement l'Indienne. Ses misères solitaires nous sont mieux connues.

En 1853, un Américain de Santa-Barbara, nommé Georges Niedever, chassant en vue de la côte, s'arrêta à San-Nicolas. Il fut alors extrêmement surpris d'apercevoir une femme sur une des petites îles voisines, qu'on croyait désertes. Il se dirigea vers elle, et se trouva en présence d'une Indienne, âgée d'environ soixante ans, qui était en réalité un Robinson du sexe féminin, et qui, depuis dix-huit ans, vivait seule et abandonnée sur cet îlot, situé en vue et à quelques lieues seulement de Santa-Barbara.

Cette femme, se trouvant à bord d'un schooner mouillé devant l'île, était descendue à terre pour chercher ses enfants. Pendant son absence, le vent avait forcé le bâtiment à gagner le large. Trois mois après, le schooner revint, et quelques hommes descendirent à terre, dans l'intention d'emmener l'In-

Elle avait fabriqué des hameçons avec de vieux clous... et elle les attachait
à des lignes faites avec des fibres de nerfs de baleine.

dienne. Ils parcoururent l'île, trouvèrent des traces de ses pas, mais ne la virent pas elle-même. Pensant alors qu'elle avait eu quelque occasion de sortir de cette solitude, ils repartirent sans s'en inquiéter davantage. L'Indienne, qui, de son côté, ne les avait pas vus, resta donc abandonnée sans ressources; mais elle trouva dans son esprit ingénieux le moyen de pourvoir à tous ses besoins.

Elle se faisait des vêtements avec des peaux de bêtes, et quand Niedever la vit, elle était occupée à en nettoyer quelques-unes, ainsi que des plumes d'oiseaux. Elle s'était fabriqué d'admirables aiguilles avec des os de poissons. Sa nourriture se composait de racines, principalement de celles que les Indiens appellent *cocomettes*, et qu'elle avait en abondance ; elle y joignait le produit de sa pêche. Elle avait fabriqué des hameçons avec de vieux clous qu'elle avait trouvés sur la plage, et elle les attachait à des lignes faites avec des fibres de nerfs de baleine. A l'exception des heures où le souvenir des siens revenait à sa pensée, elle s'était parfaitement habituée à cette solitude, et se trouvait à peu près satisfaite sur cette île dont elle était maîtresse et reine. Elle consentit néanmoins à suivre Niedever, qui l'amena à Santa-Barbara et la recueillit dans sa famille.

MADAME ADELINE WILSON [1]

1853

Je suis née à Alton, le 12 juin 1837, et suis conséquemment dans la dix-septième année de mon âge.

J'avais environ huit ans lorsque ma famille quitta Alton pour aller s'établir près de Paris, petite ville de la province de Lemart, au Texas. Au bout de peu de temps, mon père et ma mère moururent, à un jour de distance, laissant derrière eux six enfants orphelins. Des voisins nous recueillirent, et je vécus, grâce à leurs soins, jusqu'au jour où j'épousai M. James Wilson, jeune fermier du canton, possesseur d'une petite propriété. Lorsque nous nous mariâmes, le 1er janvier 1850, mon mari avait dix-neuf ans; je n'en avais pas encore seize.

Nous avions entendu dire que l'on s'enrichit rapidement en Californie; cela nous donna l'idée d'aller tenter la fortune dans ce pays. Mon mari vendit nos terres et, nos préparatifs faits, nous nous joignîmes à une troupe d'émigrants, composée de cinquante-deux hommes, douze femmes et beaucoup d'enfants. Le bagage de tout ce monde était contenu dans vingt-deux chariots. M. Henry Hirkmann était le chef de toute cette compagnie. Nous partîmes du comté de Thent le 6 avril dernier, nous dirigeant vers la ville d'El-Paso.

Mon mari, ayant eu quelques difficultés avec nos compagnons de voyage, résolut de rester à El-Paso, et d'y attendre le passage d'une autre troupe d'émigrants. Malheureusement, nous fûmes indignement volés dans cette ville par les Mexicains, et il ne nous fut plus possible de songer à nous rendre en Californie; nous résolûmes donc de revenir au Texas avec le peu d'argent qui nous était resté.

(1) Ce récit dramatique et touchant, raconté d'ailleurs d'une façon si simple, est bien connu : le journal *la Presse* l'a publié dès 1854. Il eût manqué réellement dans la dernière série de notre livre si Mme Léonie d'Aunet n'eût pas consenti à voir reproduire ici son élégante traduction. Par la solitude absolue dans laquelle son évasion la place à deux reprises diverses, Mme Wilson appartient à la série des voyageurs courageux et résignés dont nous avons rassemblé les aventures. Nos lecteurs remercieront intérieurement, nous en sommes sûrs, Mme d'Aunet de sa gracieuse condescendance.

Nous partîmes, et dès le premier jour de notre voyage, mon mari, et mon beau-père qui nous accompagnait, s'étant un peu écartés de notre troupe, tombèrent entre les mains des Indiens. Depuis lors je ne les ai plus revus. Je dois craindre qu'ils n'aient été massacrés. Effrayée par l'idée d'entreprendre sans protecteur la longue route qui me restait à faire, je revins à El-Paso, et j'y restai jusqu'au 8 septembre. A cette époque, je repris le chemin du Texas, accompagnée de mes trois jeunes beaux-frères et d'une petite troupe composée de cinq Américains et d'un Mexicain.

La plus grande partie du chemin se fit heureusement : nous avancions, nous croyant sauvés, car nous n'avions aperçu qu'un seul Indien depuis notre départ. Nous touchions aux frontières du Texas, quand quelqu'un de notre troupe détourna trois têtes de bétail appartenant à un de nos compagnons nommé M. Hart. M. Hart s'élança à la poursuite de son voleur, emmenant avec lui l'aîné de mes beaux-frères, garçon de quatorze ans; les Américains se joignirent à eux: on me laissa continuer ma route avec les deux autres jeunes garçons et le Mexicain. Nous n'étions alors qu'à trois journées du poste militaire du Mont-Fantôme, et nous pouvions nous croire hors de tout danger.

Le lendemain de ce jour, vers midi, comme nous étions en marche, nous vîmes tout à coup deux Indiens Comanches nous charger de front, tandis que deux autres nous attaquaient par derrière. Cette vue nous effraya extrêmement ; le Mexicain sauta à bas du chariot, et alla au-devant des Indiens pour tenter de gagner leur amitié. Nos mules, épouvantées par le cri de guerre des sauvages, se jetèrent hors du chemin et se mirent à courir de toutes leurs forces. Malheureusement l'une d'elles s'abattit, et sa chute obligea les autres à s'arrêter. Les Indiens purent alors s'approcher de nous, et ordonnèrent au Mexicain de les dételer. Dans ce moment je sortis du chariot, en proie à une angoisse que l'on peut se figurer.

Après que les mules eurent été désharnachées, les Indiens dépouillèrent le Mexicain de ses vêtements, lui lièrent les mains derrière le dos et le firent asseoir sur la terre. Un des Indiens s'approcha de lui par derrière et lui tira un coup de fusil, tandis qu'un autre le frappait plusieurs fois avec un long couteau. L'homme tomba, et aussitôt, avant même qu'il ne fût tout à fait mort, sa chevelure fut scalpée et posée dans son propre chapeau, dont un des assassins se hâta de se coiffer. J'étais glacée d'horreur en assistant à cet horrible spectacle, et persuadée que j'allais aussi être massacrée: mais les Indiens, sûrs de n'avoir plus de résistance à craindre, ne s'occupèrent plus que d'emmener leur butin.

Ils nous firent monter sur les mules en nous ordonnant de les suivre, et
ils prirent la direction du nord. Au coucher du soleil, on s'arrêta pour

Un des Indiens s'approcha de lui par derrière et lui tira un coup de fusil,
tandis qu'un autre le frappait avec un long couteau.

établir le campement de la nuit; ce fut alors que le butin, consistant en
couvertures, vêtements, provisions et une petite somme d'argent que j'avais
dans ma poche, fut partagé entre les Indiens. Mes vêtements me furent

presque tous enlevés; ce qu’on me laissa me couvrait à peine. Mes jeunes beaux-frères, âgés l’un de douze ans, l’autre de dix, furent pris chacun par un maître différent, et je tombai dans le partage d’un troisième. Je dois mentionner que l’un de nos ravisseurs était un Mexicain que les Indiens avaient enlevé lorsqu’il était encore enfant; ce Mexicain était devenu tout aussi sauvage que les autres Indiens. La chevelure de notre compagnon si horriblement massacré fut étendue sur des bâtons et séchée devant le feu; on nous donna quelques morceaux de nos provisions pour souper, et ensuite, afin d’assurer la sécurité de leur repos, les Indiens nous lièrent les bras, et nous firent coucher chacun entre deux des leurs. On se doute bien que je ne fermai pas l’œil, obsédée que j’étais par la pensée que j’allais être assassinée.

Le jour suivant, on s’occupa de transformer mes jeunes beaux-frères en Indiens; on leur peignit le visage, on leur arrangea les cheveux à la mode indienne, puis on leur donna un arc, des flèches, et on les fit monter sur des chevaux. Ils semblaient accepter assez volontiers leur nouvelle existence, et cela fut probablement cause qu’ils furent traités sans cruauté par les Indiens. Quant à moi, on se mit en devoir de me débarrasser de mes cheveux, qui étaient fort beaux et fort longs. Je fus très-mortifiée de voir ma belle chevelure orner la tête du cruel chef des sauvages, outre que je souffris beaucoup en me trouvant ainsi sans protection contre les ardeurs du soleil.

Notre voyage se continua, et pendant douze jours nous ne fîmes aucune rencontre. Le douzième jour, deux nouveaux Indiens et une femme se joignirent à notre troupe : ce sont les seuls que j’aie vus jusqu’au jour de ma fuite. Avant cette rencontre, j’avais été victime de beaucoup de mauvais traitements; mais, à partir de ce moment, mes souffrances augmentèrent au point de devenir intolérables. La femme indienne, de qui j’avais lieu d’espérer quelque compassion, devint au contraire la cause des nouvelles cruautés auxquelles je fus soumise.

Mon cheval me fût retiré, et l’on m’obligea de monter une mule non dressée, qui n’avait même pas de bride. J’avais une selle, on me l’enleva. La mule, que je n’avais aucun moyen de gouverner, tentait sans cesse de me faire sauter par-dessus sa tête, et, pour l’exciter encore, le chef trouvait un plaisir barbare à venir agiter devant ses yeux la chevelure enlevée à notre pauvre Mexicain. L’animal sauvage, ainsi excité, se cabrait violemment, et faisait des sauts désordonnés jusqu’à ce qu’il se fût débarrassé de moi. J’étais ainsi lancée à terre cinq ou six fois par jour; une fois je tombai

si rudement que je restai sans mouvement pendant plusieurs heures. Mes
chutes fréquentes divertissaient grandement les Indiens, et leurs horribles
éclats de rire ajoutaient encore à mon supplice.

Ils frappaient de leurs fouets mon corps à peine protégé par quelques haillons.

Lorsque la douleur de mes contusions m'empêchait de remonter avec agilité sur la mule indocile, ils me frappaient de leurs fouets ou de la crosse de
leurs fusils, et leurs coups tombaient sur mon corps à peine protégé par quel-

ques haillons. La femme, plus cruelle encore que les hommes, me piquait souvent avec la pointe d'une lance. L'horreur de ces traitements s'augmentait encore pour moi par la situation où je me trouvais : j'étais enceinte de plusieurs mois, et chacune de mes chutes menaçait ma vie. Les Indiens s'étaient aperçus de mon état, mais cela même n'avait éveillé en eux aucun sentiment de compassion.

Chaque soir, lorsqu'on était arrivé au campement, on m'employait comme esclave aux travaux les plus pénibles; on me faisait porter de lourdes pièces de bois sur mon dos, et, comme j'étais à peine vêtue, ce bois me déchirait les chairs de telle façon que mon sang coulait jusque sur mes pieds. On m'avait assigné la garde des animaux, et le matin je devais les réunir au moment où on levait le camp pour continuer le voyage. S'il arrivait que l'un d'eux, plus indocile que les autres, m'échappât avant le départ, j'avais mille peines à le rattraper au milieu des buissons où je mettais le reste de mes pauvres vêtements en lambeaux, et à mon retour j'étais accablée de coups, en punition de ma maladresse.

Parfois l'excès de ma fatigue et les douleurs causées par mes blessures m'empêchaient d'exécuter rapidement les ordres qui m'étaient donnés; alors j'étais fouettée jusqu'à ce que ma peau fût enlevée, on me jetait de tous côtés des pierres capables de m'assommer, ou j'étais terrassée et foulée aux pieds par le féroce chef indien, qui semblait désireux de me mettre en pièces. La fureur le transportait souvent au point que, lorsqu'il m'avait laissée gisant à terre, il excitait les bêtes à marcher sur mon corps. Heureusement pour moi, les chevaux, par un instinct naturel, écartent leurs pieds d'un corps humain qu'ils voient couché sur le sol.

En outre de tous mes maux, je souffrais souvent les angoisses de la faim. Les sauvages vivaient de leur chasse, et, lorsqu'elle avait été bien abondante, ils me laissaient manger suffisamment; d'ordinaire j'obtenais à peine de quoi me soutenir, et une fois on me laissa deux jours sans me rien accorder. Lorsque ces sauvages avaient tué quelque pièce de gibier, ils lui arrachaient immédiatement le cœur et les entrailles qu'ils dévoraient tout sanglants, et ces repas de viande crue me les montraient alors sous leur aspect dégoûtant et féroce, et augmentaient encore mon horreur pour eux.

La soif m'était aussi infligée comme torture, sans même que mes bourreaux eussent un prétexte à me l'imposer, car nous traversions fréquemment de beaux courants d'eaux limpides, et je n'avais qu'à descendre de cheval pour y puiser abondamment : cette permission si simple me fut toujours refusée. Du reste, aucune des tortures que l'imagination peut concevoir ne me fut épargnée par ces hommes inhumains. J'ai peine à comprendre maintenant comment j'ai pu supporter tous les raffinements de leur barbarie. Je me souviens seulement que je me sentais à la fois si outragée et si accablée que je n'avais plus qu'un désir, celui de mourir, et une pensée, celle de me venger en assassinant mes persécuteurs.

Lorsque la mule fut devenue assez paisible pour ne plus me jeter à terre, on me l'ôta, et je fus obligée de suivre à pied toute cette troupe à cheval. Les routes étaient pierreuses et pleines d'épines ; mes pieds furent bientôt enflés et meurtris au point de me rendre la marche très-difficile, mais les coups incessants stimulaient mes efforts. Nous marchions ordinairement depuis dix heures du matin jusqu'à quatre ou cinq heures de l'après-midi. Pendant les premiers jours, la température des nuits était assez douce ; mais l'automne, en s'avançant, nous amena ses nuits froides et pluvieuses, et, obligée de coucher sur la terre nue en dehors de la tente que dressaient les Indiens pour se garantir, les moments de repos étaient bien rares pour moi. Le lendemain il fallait cependant reprendre mes rudes travaux et ma course exténuante. Oh ! combien de solitudes ont entendu mes plaintes inutiles, et combien de milles de leurs routes ont reçu les traces de mon sang !

J'avançais si lentement à pied qu'on prit, au bout de peu de jours, l'habitude de me faire quitter le campement avant tout le monde, afin de me donner le temps de prendre de l'avance. Le chef m'indiquait la direction à suivre, je partais, et la troupe me rattrapait toujours avant que j'eusse été bien loin. Cependant ce relâchement dans la surveillance des Indiens donna une nouvelle force à la pensée de m'échapper. Je l'avais toujours entretenue, quoique n'ayant pas l'espoir de pouvoir jamais atteindre l'établissement d'aucune colonie amie ; mais je voulais du moins priver les Indiens du plaisir d'assister à mon agonie.

Un matin, le trente-cinquième jour de ma captivité, je fus envoyée en avant, selon la coutume. On m'avait refusé à déjeuner et je me sentais très-faible, mais l'idée de la fuite me soutenait et me donnait une énergie exceptionnelle. Je me hâtai le plus que je pus pour prendre de l'avance, et, ayant rencontré un lieu entouré de bois et de taillis très-épais, je quittai la route et, m'enfonçant dans les buissons, je m'y tins cachée sans oser faire un mouvement pendant plusieurs heures.

Depuis ce moment, je n'ai plus revu mes ravisseurs.

J'avais échappé aux Indiens, mais je n'étais pas sauvée pour cela. Je me trouvais seule et sans provisions, presque sans vêtements, à plusieurs centaines de milles des colonies les plus voisines ; mon corps était couvert de blessures; mes pieds, ensanglantés par ma dernière étape, ne pouvaient plus me porter. Les bêtes féroces rôdaient autour de moi, et les bandes des sauvages, plus redoutables pour moi que les bêtes farouches, traversaient sans cesse tout le pays qui m'entourait. Qu'on ajoute à tout cela que l'hiver approchait à grands pas, et que la mauvaise saison ajoutait ses rigueurs à l'horreur de ma situation.

Je ne perdis pourtant pas courage. Je restai trois jours cachée dans les buissons où je m'étais blottie, me nourrissant de quelques petites baies noires qui mûrissaient sur leurs branches, puis je me dirigeai vers un bouquet de grands arbres au milieu desquels je commençai à me construire une petite hutte avec de menues branches et du gazon. Je vécus là neuf jours, continuant à me nourrir de petites baies noires, et étanchant ma soif à un ruisseau voisin de ma retraite. En explorant avec prudence les alentours de ma hutte, je pus me convaincre que les Indiens avaient fait des recherches dans les environs pour me retrouver. Ils m'avaient vue partir dans un tel état qu'ils durent croire à ma mort plutôt qu'à ma fuite, et cette idée me mit à l'abri de nouvelles recherches auxquelles je n'aurais sans doute pu échapper.

Cependant ma position s'aggravait de jour en jour. Mes blessures me faisaient cruellement souffrir. J'étais réduite à l'état de squelette et perdais de plus en plus mes forces par le manque de nourriture. Ma hutte, élevée par des mains débiles, manquait de solidité et m'offrait un abri tout à fait insuffisant. Pendant sept jours que dura une pluie torrentielle, je ne pus avoir un moment de repos : l'eau s'était fait un passage dans la toiture mal jointe, et j'étais littéralement trempée.

Les loups venaient rôder autour de ma pauvre hutte et ajoutaient encore une crainte à toutes mes douleurs. Ils devenaient plus audacieux à mesure que le temps s'écoulait, et plusieurs d'entre eux me suivaient, lorsque le matin je descendais au ruisseau pour boire. La poltronnerie de ces animaux m'était heureusement connue, et, au lieu d'avoir l'air de les redouter, je faisais des gestes et poussais des cris. Je réussis toujours à les effrayer et à les faire fuir.

Le douzième jour après ma fuite, en sortant de ma hutte, j'aperçus une troupe d'hommes suivant la route du bois. Je montai sur une petite éminence, afin de les bien examiner et de m'assurer si c'étaient des Indiens ou des émigrants. Tandis que j'étais ainsi en observation, je fus découverte par trois d'entre eux restés en arrière de la troupe. Ils vinrent aussitôt à moi, et je reconnus avec joie qu'ils étaient Mexicains. C'était une caravane de mar-

Plusieurs d'entre eux me suivaient, lorsque le matin je descendais au ruisseau pour boire.

chands allant en nombre et bien armés faire le commerce avec les Comanches. Dès que je leur eus fait connaître ma position, ils m'offrirent de me prendre avec eux, et je quittai avec un inexprimable sentiment de reconnaissance envers Dieu cette misérable hutte où je croyais bien voir mon tombeau les jours précédents.

Les Mexicains, après m'avoir fait manger, me donnèrent une couverture et des habits d'homme : je me trouvai ainsi chaudement et convenablement vêtue. Puis ils me firent monter sur un de leurs chariots et la troupe continua sa route.

Deux jours après cette rencontre inespérée, j'aperçus avec effroi, se dirigeant vers nous, une bande de Comanches. Les marchands crurent dangereux que je fusse aperçue par eux, et on me déposa dans un ravin, avec la promesse de venir me reprendre à la nuit.

Je restai couchée dans le ravin, n'osant bouger ; la nuit tomba, personne ne vint. Après deux heures d'attente, je jugeai prudent d'essayer de gagner le campement des Mexicains. Vers minuit, comme je cherchais à trouver ma direction dans les buissons, un Indien Comanche passa à quelques pas devant moi. Mon sang se glaça dans mes veines : si cet homme me voyait, j'étais inévitablement perdue ! Il ne me vit pas... Je me glissai à terre à plat ventre et attendis ainsi le jour.

Au matin, je regardai avec précaution autour de moi, et, rassurée par la solitude, je repris ma marche dans la direction du camp des Mexicains. Avant de l'avoir atteint, je rencontrai un homme de la troupe occupé à réunir le bétail. Cet homme, nommé Juan José, a plus que tout autre contribué à me faire recouvrer la liberté. Il me dit que le camp des Mexicains se trouvait plein de Comanches, et m'assura que si j'en étais vue il deviendrait impossible de me sauver. Il me fit coucher par terre et me cacha avec des herbes sèches, puis il s'éloigna pour rentrer dans le camp.

Je restai ainsi tout le jour. A la nuit, je me traînai en rampant jusqu'à un ruisseau, afin d'étancher ma soif devenue intolérable. Juan vint vers minuit m'apporter un morceau de pain, et me dit qu'il fallait rester cachée encore tout le jour suivant. Ce jour-là fut encore un jour d'angoisses, car j'entendais les horribles Comanches passer et repasser autour de moi, et mon cœur battait de terreur en écoutant les cris qu'ils poussaient pour s'appeler les uns les autres. Juan vint de nouveau à la nuit ; il m'apportait la plus triste nouvelle : les Mexicains n'avaient pas cru prudent d'aller plus loin avec moi. Ils m'engageaient donc à attendre leur retour, qui devait avoir lieu dans sept ou huit jours. Cette décision m'accabla : j'allais demeurer seule encore une semaine, peut-être davantage, dans ce pays où tant de dangers me menaçaient. Je dus me soumettre ; mais quand je vis au loin la troupe disparaître, il me sembla voir s'évanouir ma dernière espérance.

Cette fois encore, je vis la mort de bien près, car la saison était devenue tout à coup très-rigoureuse, et, sans une circonstance tout à fait inattendue, je serais certainement morte de froid. Près du ravin où j'avais été blottie deux jours, j'aperçus les ruines d'une cabane à laquelle les Indiens avaient mis le feu. Ce feu brûlait encore à leur départ, et il ne me fut pas difficile de l'entretenir : son action bienfaisante m'a conservé la vie.

Je m'étais arrangé un gîte dans le tronc creux d'un gros cotonnier, dont j'avais bouché l'entrée avec des branches et de la mousse. Je restais dans cette cachette jusqu'à ce que le froid fût devenu insupportable ; alors je sortais et me glissais près du foyer, mais non sans être très-effrayée par l'idée d'être aperçue par les Indiens, ce qui m'épouvantait plus que la crainte d'être dévorée par les loups.

J'attendais le huitième jour avec une anxiété indicible : il s'écoula tout entier sans que la troupe des marchands parût. Vers le soir, je constatai avec désespoir qu'il me restait très-peu du pain donné par Juan, et comme les fruits des buissons étaient alors gâtés, je vis s'ouvrir devant moi l'horrible perspective d'une mort d'inanition.

Quelques heures se passèrent dans ces terreurs. Tout à coup j'entends des voix d'hommes s'appeler à grands cris ; j'écoute, je reconnais des mots espagnols : c'étaient les Mexicains ! Ils étaient revenus ! Je sortis en toute hâte de ma cachette ; j'étais éperdue de joie, je me jetai dans les bras du premier que je rencontrai. Juan arriva bientôt. Il m'expliqua que leurs cris avaient été poussés à mon intention, parce qu'il ne retrouvait pas la place où j'étais restée. Toute la bande de marchands m'entoura, on me donna un bon cheval, et je reçus de tout ce monde des témoignages de bienveillance pendant le reste de notre voyage.

Le trente-quatrième jour de marche, nous atteignîmes Pecos ; là je rencontrai le major Carleton et M. Adam, des États-Unis. Ils prirent le plus grand intérêt à ma position. Je pus alors quitter mes habits d'homme, grâce à l'obligeance de Mme Adam, qui me donna ses propres vêtements.

Après m'être reposée quelques jours à Pecos, je fus conduite à Santa-Fé par le fils du gouverneur Meriwhether. Je reçus à Santa-Fé un accueil dont je ne puis être assez reconnaissante, de la part de M. Meriwhether et des dames américaines de cette ville.

Enfin tout ce que je viens de raconter me semblerait aujourd'hui un horrible rêve, sans la perte trop réelle de mon mari et l'enlèvement si regrettable de mes jeunes beaux-frères.

(Relation de la récente captivité de Mme Jane-Adeline Wilson parmi les Indiens Comanches. — Publiée dans le *New-York Herald*, et traduite dans la *Presse* du 19 mai 1854 par Mme Léonie d'Aunet.)

Nous ajouterons à cette curieuse histoire quelques renseignements qu'ignorait Mme Wilson et qui sont tirés d'un excellent article du *Tour du Monde*, où de précieuses gravures nous initient aux mœurs de ces Indiens. Ils serviront à mieux faire comprendre l'impitoyable caractère des maîtres de la jeune prisonnière. Selon M. Mœllhausen, cette terrible nation se divise en trois tribus, et quand elle ne pille pas les caravanes, elle fait de la chasse au buffle sa seule occupation. « L'unique richesse de ces tribus consiste, dit le voyageur, sauf quelques ustensiles de ménage, en chevaux et en mulets volés chez les blancs, ainsi qu'on le voit aux marques de fer rouge dont leur peau porte l'empreinte. Chez eux, le vol est en honneur; un jeune homme ne compte parmi les guerriers qu'après avoir accompli une expédition dans les provinces mexicaines, et les plus heureux en ce genre sont aussi les plus considérés. Un guerrier vantait un jour ses deux fils, la joie et le soutien de sa vieillesse, comme les plus habiles voleurs de toute la nation... » Un peu plus loin, Mœllhausen nous peint une de ces expéditions de pillards qui se renouvellent si souvent dans les vastes solitudes incessamment parcourues par ces Indiens, et l'on comprend dès lors à merveille comment la caravane dont faisait partie l'infortuné Wilson ne put leur résister. « Une trentaine de jeunes hommes se réunissent d'ordinaire pour ces excursions... Ils voyagent pendant des mois, jusqu'à ce qu'ils atteignent les établissements des blancs. Là ils se mettent en embuscade, attendant le moment de se ruer, avec des cris et des hurlements, sur les gardiens d'un troupeau isolé. Ils les chassent, les tuent en cas de résistance, emmènent prisonniers les femmes et les enfants, et reprennent avec leur riche butin le chemin des *wigwams*. »

HELLOCO ET RINCEMAIN

SUR L'ILE AUX PINGOUINS

1860

L'île aux Pingouins est une de ces terres désolées à peu près inconnues, que visitent seulement les hardis matelots parcourant les régions de la Patagonie et se vouant à la pêche du loup marin. Elle a reçu le nom qui la désigne maintenant d'un oiseau que nous ne connaissons point sous nos climats et qui, dans les contrées arctiques, en se portant par troupes innombrables sur de vastes nappes de neige, prête parfois aux plus étranges illusions. La science l'a fait connaître dernièrement dans toutes ses variétés; peût-être, parmi les savants, n'en a-t-on jamais donné une description plus originale que celle dont nous reproduisons ici les traits principaux. Elle date de l'époque où vivait un de nos grands navigateurs. Elle est d'un compagnon de Bougainville qui, chose remarquable en ce temps, avait quitté une grasse abbaye, où il s'occupait, dans le plus profond repos, des sciences hermétiques, pour visiter les îles Malouines : c'était presque un Robinson.

« Le pingouin (c'est l'abbé Pernetty qui parle) est un animal si singulier que l'on ne saurait dire de quel genre ou de quelle espèce il est. Il a un bec comme les oiseaux; il a aussi des plumes, mais si fines et si peu semblables aux plumes ordinaires qu'elles ont proprement l'apparence du poil, et d'un poil fin comme la soie; on n'en est désabusé qu'en l'arrachant. Alors on découvre le tuyau de la plume et ses barbes. Au lieu d'ailes, ce sont deux nageoires ayant les mêmes articulations que les ailes des oiseaux, et revêtues de très-petites plumes que l'on prendrait pour des écailles. Il paraît d'abord dépourvu de cuisses, et ses pieds pattus, comme ceux des oies, semblent sortir immédiatement du corps, aux deux côtés de sa queue, qui n'est qu'un prolongement des plumes, à peu près comme celle des canards, mais beaucoup plus courte. Le cou, le dos et les nageoires sont d'un gris bleuâtre, mêlé surtout d'un gris perlé; le ventre, depuis le cou, est blanc. Les vieux ont autour des yeux une bande blanche, mêlée de jaune, qui ne ressemble pas mal à des lunettes. Cette bande s'étend ensuite des deux côtés le long du cou, où quel-

quefois elle est double, et, passant auprès des nageoires, va aboutir aux pieds,
qui sont d'un gris noirâtre et dont les doigts sont fort gros. Son cri est celui
d'un âne qui brait. Son maintien et sa démarche n'imitent pas ceux des
oiseaux : il marche debout, la tête et le corps droits comme l'homme. A le
regarder de cent pas, on le prendrait pour un enfant de chœur en camail.
Le plus gros que nous avons pris pouvait avoir environ deux pieds dix pouces
de haut.

» Ils se logent dans les glaïeuls, comme les loups marins, et se terrent
dans des tanières, comme des renards. On les approche de si près qu'on
les tue à coups de bâton. A mesure que vous en approchez, ils vous regardent en penchant la tête sur la droite, puis sur la gauche, comme s'ils se
moquaient de vous et disaient ironiquement tout bas : *Ah! le beau monsieur
que voilà!* Quelquefois ils fuient quand on en est à cinq ou six pieds de distance, et couvent à peu près comme une oie. S'ils sont surpris et que vous
les attaquiez, ils courent sur vous et tâchent de se défendre en vous donnant
des coups de bec aux jambes. Ils rusent même pour y réussir, et, feignant de
fuir à côté, ils se retournent prestement et pincent si serré qu'ils emportent
la pièce quand on a les jambes nues. On les voit ordinairement en troupes,
quelquefois au nombre de quarante, rangés en bataille, qui vous regardent
passer à une vingtaine de pas. »

Dans les lieux parfaitement solitaires et vers les parages où le naufrage
eut lieu, c'est par milliers parfois qu'il faut compter ces escadrons emplumés.
Les tristes héros de l'aventure qu'on va lire eussent certainement trouvé une
ressource abondante dans leur chasse contre la famine, mais heureusement
pour eux, ils n'eurent pas le temps de donner un grand essor à leur activité
pour lutter contre la misère : l'effroi causé par la solitude les avait d'ailleurs
déjà vaincus (¹).

Le *Georges*, brick de 165 tonneaux, construit à Caen, en 1848, et armé à
Granville, commandé par le capitaine Poulain, fit côte sur l'île aux Pingouins
le 1ᵉʳ avril 1860. Des six hommes qui le montaient, trois disparurent, et
parmi eux se trouvait le capitaine; il est probable qu'ils ont péri : les trois
autres, Helloco, Rincemain et Syra, parvinrent à gagner la terre : ce dernier

---

(¹) La chair du pingouin n'est pas délicate, mais les naufragés ne la dédaignent pas. Voici ce
qu'en dit Dom Pernetty : « Elle est noire, elle a un goût tant soit peu musqué. Nous en avons mangé
plusieurs fois en civet; on l'a trouvée aussi bonne que celle du lièvre. Nous en avons écorché beaucoup pour conserver les peaux; mais on les a trouvées si huileuses qu'on les a jetées à la mer. »
Au temps de Bougainville, l'art de la taxidermie, illustré par le naturaliste Delalande, mort victime
de son dévouement à la science, n'avait pas fait les progrès qui permettent d'enrichir tant de collections. On ne jette plus des peaux à la mer pour un si léger motif.

était porteur de lettres pour le consul de France à Montevideo et pour le premier capitaine en chef d'habitation qu'il aurait pu rencontrer sur la côte.

Les trois matelots avaient pu sauver avec eux quelques provisions; mais elles durèrent peu, et ils furent bientôt réduits, pour vivre, à se nourrir des coquillages qu'ils pouvaient recueillir à la côte. Mais cette ressource était bien insuffisante, et ils ne tardèrent pas à tomber dans un grand affaiblissement, qui s'accrut encore par la fatigue et la souffrance que leur causait la privation d'eau potable. Ils errèrent ainsi jusqu'au 11 mai. A cette époque, Syra, épuisé par tant de misère, ne put aller plus loin; il tomba et ne se releva plus. Ses deux camarades, forcés de l'abandonner, lui promirent au moins, en le quittant, qu'ils viendraient le chercher s'ils trouvaient du secours.

Le lendemain, samedi, 12 mai, Helloco et Rincemain, après une nouvelle journée d'angoisses, firent halte vers sept heures du soir, et allumèrent du feu pour passer la nuit. Cette circonstance devait les sauver. Le feu fut aperçu par le capitaine Beaugrand, commandant le *Ferdinand*, du Havre, dont le navire était alors mouillé à Tova. Le dimanche matin, celui-ci, voulant savoir d'où provenaient les feux qu'il avait vus la veille, se dirigea vers la terre avec sa chaloupe et une baleinière. Il trouva les deux matelots ayant chacun un sac sur le dos, mais littéralement exténués de faiblesse, absolument démoralisés, et n'ayant pas vingt-quatre heures à vivre, tant ils étaient épuisés par la faim et par la fatigue. La chaloupe contenait du vin et quelques provisions; on s'empressa de leur porter tous les secours dont ils avaient un si pressant besoin, puis on les emmena à bord du *Ferdinand*.

Dès le jour suivant, le capitaine Beaugrand partit dans sa chaloupe, avec son lieutenant et quelques hommes, pour aller à la recherche de Syra. Il se fit accompagner du naufragé Helloco, qui avait, plus que son camarade, la force de supporter le voyage. La baleinière suivit la côte, tandis que le capitaine, son lieutenant et Helloco suivaient la même route par terre. On arriva ainsi à l'endroit où les trois matelots, après avoir passé ensemble la nuit du 11 mai, s'étaient séparés. On n'y retrouva d'autres traces de Syra que quelques chiffons de papier et la boîte où il mettait ses allumettes. On fit de grands feux et on passa la nuit dans cet endroit.

Le lendemain, 15 mai, à dix heures du matin, Syra n'ayant point paru, le capitaine renonça à une plus longue recherche. Toutefois, avant de s'éloigner, il fit allumer de nouveaux feux, près desquels on déposa du biscuit dans un sac, de l'eau dans des bouteilles, des allumettes chimiques, et un

Syra, épuisé par tant de misère, ne put aller plus loin ; il tomba et ne se releva plus.

billet ainsi conçu : « Syra, l'île en face est Tova ; faites du feu ; on vous observe et on viendra vous chercher de suite. »

Le *Ferdinand* resta quelques jours encore en observation, mais sans résultat. Une fois seulement on aperçut des feux et on se hâta d'aller à terre : c'était une troupe de Patagons à cheval qui avait donné ce signal. Le capitaine Beaugrand leur promit une juste récompense s'ils parvenaient à retrouver, non-seulement le matelot Syra, mais encore les trois autres hommes manquants de l'équipage du *Georges*. Les Patagons le promirent, et le *Ferdinand* revint en France, où il arriva au mois d'août 1860, ramenant les deux hommes qu'il venait de sauver.

LE NAUFRAGE DU DUROC

SUR LE RÉCIF DE MELLISH

1856-1862

De tous les événements sinistres arrivés en mer au milieu du siècle, celui-ci est tout à la fois le plus émouvant et le plus capable d'exciter la commisération. Rien ne manque pour qu'il reste mémorable : ni le courage de ceux qui en furent victimes, ni la résignation d'une noble femme oubliant ses maux pour songer avant tout aux devoirs imposés à son mari et aux souffrances qu'elle ne peut éviter à son enfant, ni enfin l'intrépide courage du simple marin, qui n'a pour récompense, après le péril, que l'approbation d'un chef dans lequel il a compris un grand cœur.

Chez nos voisins, au siècle dernier, il a été beaucoup parlé de l'étonnante navigation du capitaine Bligh, qui eut lieu dans les mêmes parages, mais non dans les mêmes conditions. Cette fois, un double trajet de huit cents lieues a été entrepris sur un frêle esquif; et rien d'étranger à l'humanité, nous aimons à le dire, ne s'est mêlé au dévouement et à ce qui excite notre admiration.

On ne connaît dans le public qu'un fait unique relatif au *Duroc*, c'est son naufrage au milieu des mers de la Nouvelle-Calédonie. Quelle brillante navigation il avait accomplie cependant, avant de périr ainsi! à combien de dangers ne s'était-il pas dérobé, ce charmant navire, sous son habile commandant, échappant à tous les périls et sauvant même ceux qui n'avaient pas assez redouté les écueils dont il se jouait! (¹)

Si nous avions l'espace, comme nous avons eu les notes d'un des habiles marins qui le montaient, que de récits nous pourrions faire, prouvant à n'en pouvoir douter que ce bâtiment avait recueilli dans son long voyage (on peut assigner à sa route l'intérêt d'une circumnavigation) des faits nautiques aussi bien dignes d'être recueillis que ceux de mainte expédition scientifique.

(¹) L'aviso à vapeur *le Duroc* était un bâtiment mixte de la force de 130 chevaux. Sur les roches de Tongatabou, il avait sauvé le navire *l'Aventure* d'un premier naufrage. (Voy. le Rapport de M. le capitaine de frégate Ducrest de Villeneuve, présenté au conseil de guerre maritime de Cherbourg.)

Après l'avoir vu partir du port de Cherbourg le 15 avril 1853, nous ne le suivrions pas, sans doute, dans les mers connues où d'abord il s'engagea : nous ne signalerions que pour mémoire ses relâches à Madère, à Sainte-Croix de Ténériffe, à Palma; nous rappellerions tout au plus sa brillante entrée dans le port magnifique de Rio, nous le verrions à peine explorant l'immense embouchure de la Plata; mais arrivé dans les mers de la Patagonie, que d'observations nouvelles il pourrait nous fournir, et quand, le 29 août, ayant franchi l'entrée toujours difficile du détroit de Magellan, il aurait visité cette baie Possession où les Chiliens ont fondé un établissement pénitencier, nous doublerions avec lui le cap Forward, et ce serait là que pour les savants commencerait l'intérêt.

Car le commandant du *Duroc* n'était pas un navigateur vulgaire : à partir du moment où il avait commencé l'exploration de canaux sinueux qui se multiplient au sein de la Terre de Feu, il tenait à payer son tribut aux géographes, et après avoir contemplé le cap éblouissant du Sarmiento, qu'avaient escaladé ses jeunes officiers, au lieu de sortir par le cap de Notre-Dame del Pilar, et d'entrer dans l'océan Pacifique pour gagner sa destination, il pénétrait hardiment dans les canaux latéraux qui longent la côte occidentale de la Patagonie, et, sur une étendue de plus de cent cinquante lieues, remontait de Notre-Dame del Pilar au golfe de Piñas. Mille fois durant ce trajet le *Duroc* s'était engagé dans des canaux sans fin, dans ces dédales d'îles nombreuses que n'a pas toutes explorées, tant s'en faut, l'illustre Parker King. C'était le bon temps pour nos jeunes marins commandés par un jeune chef, que cette navigation difficile, où l'on mouillait sans cesse, où l'on sondait à chaque moment, où l'on multipliait les observations pour obtenir de nouveaux travaux hydrographiques. Ces travaux n'avaient point été perdus, on les connaissait, et maintenant que cette route est incessamment pratiquée par tous les vapeurs de guerre et par les grands navires américains, on a sans doute trop oublié quelle fut la part scientifique du jeune commandant Lavaissière de Lavergne.

Mais ce ne sont pas les voyages de ce brave marin que nous avons à faire connaître : c'est son naufrage, c'est la vie de son équipage résigné et courageux sur l'îlot qui le reçut; en un mot, ce sont ses malheurs.

Rien ne pouvait les faire prévoir, tout avait réussi à souhait à ce beau navire durant les traversées accomplies dans les conditions les plus diverses. Après être entré dans l'océan Pacifique, il avait contourné la presqu'île de Tres-Montes, puis l'une des îles Chiloé; Valparaiso avait été visité par lui en ses jours de fête, puis en trente-deux jours dix-huit cents lieues avaient été franchies; il avait paru devant Taïti, et après avoir admiré un moment les splendeurs gracieuses de notre nouvelle colonie, il était venu se ranger sous le guidon du capitaine Page, aujourd'hui vice-amiral. Il faisait partie dès lors de la station des îles Marquises.

Là avait commencé son service vraiment actif; depuis le 4 novembre 1853 jusqu'au mois d'août 1856, on l'avait vu partout : du sud au nord, de l'est à l'ouest; l'immense nappe d'eau qui baigne à la fois la côte occidentale d'Amérique et le continent australien avait été sillonnée incessamment par lui. Il avait porté les couleurs de la France de Sidney à San-Francisco, de Valparaiso aux îles Sandwich, de la Nouvelle-Calédonie à la baie splendide de Matawai. Mais que de noms ils nous faut passer, que de brillants épisodes il est nécessaire que nous écartions! Ils étaient si pleins de zèle, ces jeunes marins, et sur leur beau navire ils se sentaient si remplis de sécurité!

Trois ans s'étaient écoulés, et après cette série de travaux incessants, l'heure du repos avait sonné, l'ordre était arrivé de rentrer en France. Disons-le bien vite, dans cet ordre même si agréable à tous, une prescription charmait nos jeunes marins : le *Duroc* devait prendre sa route à l'ouest. Par cette disposition, le ministre changeait en voyage de circumnavigation une station qui, sans cela, n'eût eu de remarquable que ses travaux. Pour le jeune capitaine et son jeune état-major, ce surcroît de service actif était déjà une récompense.

Le 24 juin 1856, le *Duroc* dit un éternel adieu à Taïti; traversant alors le détroit de Moorea, il put contempler plus longtemps cette terre que nul marin n'abandonne sans regret, et dont, il y a tout près de cent ans, Bougainville ne pouvait peindre les enchantements qu'en choisissant le nom le plus aimable évoqué de la Mythologie. La Nouvelle-Calédonie fut bientôt atteinte, et le *Duroc* venait mouiller, le 24 juillet, au pied du fort de la Constantine. A l'abri de ces fortifications il pouvait observer la colonie naissante, qui refoule déjà dans l'intérieur des hordes féroces, et qui promet à la France, dans ces mers, un lieu assuré de repos.

Le 7 août, le *Duroc* partit de la baie de Numea (¹) pour se rendre à Timor. Le temps était beau, quoique la saison fût déjà avancée. On n'ignorait pas

<hr>

(¹) Numea, baie de Port-de-France, fait partie de nos récentes possessions de la Nouvelle-Calédonie. Cet établissement est situé « un peu au nord de Moraré, dont il est séparé par une étroite bande de sable; il offre une très-belle position maritime; la rade est vaste, d'un accès facile et parfaitement abritée. » (Voy. la *Revue coloniale* de 1858.) La Nouvelle-Calédonie, dont l'occupation par les Français ne date que du 24 septembre 1853, fait partie, comme on sait, de la Mélanésie. Elle gît entre 20° 10′ et 22° 26′ de latitude sud, et entre 161° 35′ et 164° 35′ de longitude est de Paris.

que pour atteindre le détroit de Torres il fallait parcourir une mer semée
d'écueils inconnus aux navigateurs les plus expérimentés; aussi prit-on,
avant le départ, toutes les précautions exigées par les circonstances : sur
l'ordre du capitaine, le gréement et la mâture furent soigneusement visités;
la machine fut l'objet d'une minutieuse inspection, et ce ne fut qu'après
s'être assuré par lui-même de tous ces détails que le commandant de Lavaissière fit lever l'ancre pour entrer dans cette terrible mer de corail, où son
vaillant navire, qui venait de parcourir heureusement plus de vingt mille
lieues, allait, malgré tant de précautions et de nobles efforts, périr miséra-
blement sur un récif mal connu encore.

Bientôt les dernières montagnes de la Nouvelle-Calédonie s'abaissèrent à
l'horizon, et, le 8 août au matin, le point de départ fut pris et la route indiquée pour passer à quelques milles au nord de l'écueil de Bampton, dont la
position géographique est bien déterminée. Quand on eut franchi ce point
dangereux, le commandant inclina un peu la route vers le nord, autant pour
éviter l'écueil de Mellish que pour se rapprocher des côtes de la Nouvelle-
Guinée, où, en cas d'accident, on pouvait espérer de trouver un asile dans
quelqu'un des comptoirs établis par les Hollandais. D'après les indications
fournies par les cartes qu'il avait sous les yeux, et en tenant compte du courant qui règne dans ces parages, M. de Lavaissière était en droit de croire
qu'il passerait environ à vingt milles au sud de l'îlot de Mellish : son navire
se trouvait donc alors dans les meilleures conditions possibles.

Cependant le commandant avait une trop longue expérience de la mer, il
savait trop ce que sont ces parages dangereux pour se relâcher un instant de
sa prudence habituelle. Le 12 août au soir, bien que le temps fût clair, et
que le navire, poussé par une jolie brise, filât cinq à six nœuds à l'heure, on
rectifia le point sur la carte vers cinq heures, afin de s'assurer encore que l'on
était dans la bonne direction, et le capitaine resta lui-même toute la soirée
sur le pont. Un incident, insignifiant pour tout autre que pour un marin,
pouvait lui donner quelque inquiétude : un fou était venu s'abattre sur le
pont où, pendant quelques instants, il avait servi de jouet aux hommes de
quart. L'apparition de ce grand oiseau, dont le vol est assez lourd, indiquait
clairement que l'on n'était pas très-éloigné des bancs de madrépores contre
lesquels on prenait tant de précautions.

Les instructions que le capitaine inscrit chaque soir sur le carnet du bord
furent en conséquence plus détaillées cette fois que de coutume; les vigies
placées aux bossoirs furent doublées d'un matelot habitué à reconnaître les
récifs dans l'obscurité, et on assigna pour poste à cet homme la vergue du

petit hunier; le capitaine, après avoir encore interrogé lui-même l'horizon, fit connaître à l'officier de quart la situation périlleuse du navire, la distance et la position présumée des récifs les plus rapprochés, s'assura que tout était en bon état de manœuvrer, et enfin, à onze heures du soir, descendit pour prendre un peu de repos.

La nuit se passa sans encombre, et le 13 août au matin, lorsque l'enseigne de vaisseau Magdeleine vint prendre le quart à quatre heures, on croyait avoir depuis longtemps dépassé l'îlot de Mellish. Aussi, suivant l'usage, M. Magdeleine ordonna, vers quatre heures et demie, de commencer le lavage. Les vigies restèrent à leur poste, les hommes prêts à agir en cas de besoin, car il ne faisait pas jour encore. Pour laver d'abord le gaillard d'arrière, on relève les manœuvres et on les empile les unes sur les autres. Puis les seaux d'eau sont jetés sur le pont, et le travail commence avec activité.

Il durait depuis un quart d'heure à peine, quand tout à coup l'officier de quart entend le matelot Riques, de vigie sur le petit hunier, interroger l'homme en faction au bossoir et lui demander s'il ne distingue rien devant lui. Puis immédiatement le même matelot lance, du haut de la mâture, le cri terrible : *Tribord tout! Récifs devant!* On commençait à apercevoir une ligne blanchâtre qui se dessinait en avant du navire : il n'y avait pas une minute à perdre, car le *Duroc* avançait rapidement. Mais dans le premier moment de confusion, malgré la bonne volonté de tous, les mouvements sont contrariés, les voiles ne sont pas manœuvrées... Réveillé par les cris, le capitaine, qui ne dormait pas d'un sommeil tranquille, s'élance sur le pont, comprend la situation d'un coup d'œil, et jette d'une voix impérieuse et brève le commandement : *Aux bras de tribord derrière!* Cette manœuvre, c'est le salut; les matelots le sentent et se précipitent pour l'exécuter; mais il est trop tard!... Au dernier mot du capitaine répond une commotion terrible : le *Duroc* venait de talonner le récif!

Un second choc, encore plus terrible que le premier, vint secouer le navire dans toute sa longueur, et enlever tout espoir à l'équipage. La guibre fut coupée, la fausse quille arrachée, et le navire, pivotant sur sa proue, vint dans le vent, s'inclina et resta échoué sur le côté de bâbord.

Nous n'essayerons pas de retracer la scène émouvante dont le pont du *Duroc* fut en ce moment le théâtre : le lecteur peut se figurer aisément le désespoir et la consternation de tant de braves gens jetés inopinément dans un péril semblable. Enfin la mâle voix du capitaine domine le tumulte : les perroquets sont serrés, la bonnette du petit hunier rentrée, les huniers et la misaine cargués. Puis on s'occupe de mettre à la mer et à l'abri des vagues

les canots de porte-manteaux de tribord : opération difficile, mais de la dernière importance, et qui est heureusement couronnée de succès.

Ces premières précautions prises, le capitaine, s'avançant au milieu de
l'équipage, adressa à ses hommes une chaleureuse allocution : il leur dé-
montra que tout espoir n'était pas perdu s'ils ne s'abandonnaient pas eux-
mêmes; il leur rappela que les hommes de cœur pouvaient toujours compter
sur l'aide de la Providence, et ajouta que, chargé de l'honneur de les commander et de les mener à bon port, il se trouverait à la hauteur de cette
tâche s'il pouvait compter sur leur bonne volonté et leur dévouement. Ces
nobles paroles furent accueillies avec enthousiasme. Le capitaine profita de
ces heureuses dispositions pour faire élonger par le grand canot une ancre
à jet dans l'est du récif, et pour préparer un radeau. Ces préparatifs avaient
pour but de fournir au *Duroc* un point fixe de résistance, capable de l'arrêter
dans sa marche ascendante le long du récif, car la mer et le vent le poussaient de plus en plus, et toute la carcasse du navire tremblait sous les coups
terribles qui le frappaient sans relâche. D'un autre côté, la machine,
éprouvée par de longs services, était violemment ébranlée par les secousses
imprimées au bâtiment; les chaudières perdaient toute la vapeur : le capitaine ordonna d'éteindre les feux. Ici nous laisserons la parole à ce brave
officier.

« Le radeau fut péniblement construit dans le brisant par des hommes
dévoués, au milieu des requins qu'il fallait repousser à coups de gaffe; mais
les grelins des ancres à jet ayant été coupés par les coraux, le point d'appui
manqua. En même temps, le vent fraîchissait, la mer déferlait de plus en
plus; le radeau, habilement manœuvré, garni d'une ancre de bossoir et de
deux maillons de chaîne, prit le large avec succès, mais les canots furent
impuissants à le remorquer. Ayant à lutter contre la lame, le vent et le courant, il fut balayé par-dessus le récif, au grand péril de son armement. »
Le grand canot, plus heureux, parvint à franchir sans encombre les volutes
terribles qui se déchaînaient sur le récif, et que soulevait un vent du sud-est
toujours fraîchissant.

Pendant ce temps, une partie de l'équipage, habilement dirigée par Mme de
Lavaissière elle-même, qui donnait à tous l'exemple du courage (¹), et par le

---

(¹) On lit dans le rapport de M. Ducrest de Villeneuve : « Je pourrais ne pas vous rappeler un
fait qui s'est passé sur le *Duroc*. Je veux parler de la présence de la famille du capitaine à son
bord; mais comme il en a été fait mention et qu'un bien vif intérêt s'est porté naturellement sur
Mme de Lavaissière et son jeune enfant, je dois vous dire que la famille du capitaine du *Duroc* n'était
à bord que d'après une autorisation du chef de la station, et qu'ainsi les prescriptions légales et

commissaire du bord, M. Hervé, apportait sur le pont la plus grande partie des provisions sèches, légumes, biscuit, etc. Ces provisions, ainsi que des armes et une certaine quantité d'eau douce mise à la hâte dans des tierçons et des barils de galère, devaient être réparties entre les différents canots, si quelque accident imprévu forçait d'évacuer le *Duroc* avant d'être complètement préparé.

Enfin le jour parut, et chacun jeta avec anxiété ses regards sur le triste horizon qui entourait le navire brisé. Le spectacle qu'on avait sous les yeux ne laissait nul espoir : devant le navire, une longue traînée d'écume; en arrière, la mer irritée qui augmentait le péril de minute en minute. Il n'y avait plus à hésiter. M. de Lavaissière envoya l'enseigne de vaisseau Augey-Dufresse à la pomme du mât de misaine pour voir si la circonférence du récif ne renfermait pas un îlot de sable où l'on pût établir l'équipage ou du moins former un dépôt de vivres. Malgré les secousses terribles que le ressac imprimait au mât, le jeune officier remplit heureusement sa mission, et la joie de tous fut grande quand on l'entendit crier : « Terre dans l'ouest à environ trois milles. » Ce petit amas de coraux et de coquilles brisées qui surgissait au sein du lagon intérieur, et qui s'élevait à peine d'un pied au-dessus des eaux, c'était du moins un refuge provisoire, c'était peut-être le salut.

Mais il fallait d'abord s'assurer si cet îlot de sable était abordable. Pendant que le commissaire Hervé franchissait le brisant dans un youyou et sondait le chenal intérieur, l'enseigne Augey-Dufresse partit avec le canot-major pour reconnaître l'îlot. Il réussit dans sa mission, et revint bientôt annoncer que l'îlot était accessible par le côté intérieur, et qu'il était assez large pour qu'on pût y établir tout l'équipage.

L'évacuation du *Duroc* commença aussitôt.

Préoccupé avant tout des devoirs qui lui étaient imposés par son commandement, M. de Lavaissière confia ce qu'il avait de plus cher au monde à l'un de ses officiers. Un jeune homme plein de courage et de prudence, le lieutenant Éveillard (¹), reçut de son chef ce dépôt sacré, et jura intérieurement de sauver les femmes et l'enfant qu'on venait de lui confier, dût-il perdre la vie pour accomplir sa mission périlleuse.

les ordres de service du ministre à ce sujet ont été respectés. » Une note, jointe au rapport, ajoute : « Mᵐᵉ Lavaissière de Lavergne est originaire de Lima. Elle se trouvait dans sa famille, au Pérou, lorsque le *Duroc* eut ordre de rentrer en France. »

(¹) M. Éveillard est le fils de l'infortuné consul massacré à Djedda avec sa famille. Personne en France n'a oublié la conduite héroïque de Mˡˡᵉ Éveillard, aujourd'hui Mᵐᵉ Émerat, durant cette funeste journée.

Mme de Lavaissière, sa toute jeune fille âgée de quatre ans, la femme de chambre de ces dames, avaient été descendues dans le canot-major. On y mit aussi les malades, des vivres et de l'eau, des instruments nautiques et trois chronomètres qu'il importait de dérober d'abord à l'action désastreuse de la mer. Il fallait manœuvrer de telle sorte que le frêle esquif pût franchir les brisants sans être submergé et sans être mis en pièces sur les pointes aiguës des coraux qui tenaient enserré le *Duroc*.

Trois fois le jeune officier qui avait pris le timon de l'embarcation fut repoussé par la houle du point seul qui, en ce moment, offrait un moyen de salut; trois fois la pensée la plus désespérante fit couler la sueur de ce front généreux, car le gouvernail venait de se briser.

Le lieutenant Éveillard mesurait du regard l'étendue de sa tâche; l'admirable courage de Mme de Lavaissière et l'innocente tranquillité de l'enfant doublaient ses forces. Une de ces intuitions rapides, qui ne se font jour que dans le péril, lui montra subitement la manœuvre à suivre: à la troisième tentative, les brisants purent être franchis; mais tous les obstacles n'étaient pas surmontés, et il fallut plus d'une heure de manœuvres difficiles sur une mer tourmentée pour aborder l'îlot intérieur. Arrivées là, pour quelques jours du moins les voyageuses étaient sauvées.

Il faut s'être senti porté sur ces grandes vagues frémissantes, avoir mesuré du regard l'abîme qu'elles laissent entre vous et la terre, s'être pénétré, dans ce danger suprême, du regard d'un enfant bien-aimé, pour deviner toute la joie d'une mère qui se sent affranchie de cette horrible angoisse.

Il était environ midi quand l'embarcation, escortée de requins énormes qui flairaient une proie, atteignit enfin l'îlot de refuge. Une tente fut dressée à la hâte pour protéger les deux femmes et l'enfant contre les rayons d'un soleil brûlant, les vivres furent débarqués, et le canot repartit pour chercher d'autres naufragés. Toute la journée fut employée au transport des hommes et du matériel, et ce ne fut que le soir, à sept heures et demie, que le capitaine Lavaissière quitta le dernier son navire, qui était alors crevé dans les fonds, et qui pouvait être détruit dans la nuit si le vent continuait à fraîchir.

L'îlot de Mellish, asile de tout l'équipage du *Duroc*, et sur lequel ce désastre a depuis lors appelé l'attention publique, était inexactement indiqué sur les cartes, comme situé à 280 lieues environ dans le nord-ouest de la Nouvelle-Calédonie. En réalité, il se trouve par 17° 35′ de latitude sud et 153° 35′ de longitude est. C'est un récif à fleur d'eau, invisible la nuit, et qui se présente le jour sous la forme d'un îlot de sable de 200 mètres de longueur sur un diamètre de 100 mètres environ. Sa forme est circulaire, ou plutôt elliptique, et son grand axe court du nord-ouest au sud-est. Sa couronne de madrépores n'a que deux ouvertures dans les parties qui permettent de pénétrer à l'intérieur du lagon. Il est un peu plus élevé au centre que sur les bords, mais l'altitude la plus considérable ne dépasse pas un mètre. Sur ce petit sommet s'étend un plateau où poussaient quelques plantes maigres et rabougries, seule végétation de ce lieu désolé. Çà et là, sur les bords de la mer, on trouvait quelques débris de bois, quelques noix d'arec apportés par les courants, mais c'était tout : cette bande de sable, enfermée dans des rochers arides, n'offrait pas même de l'eau douce, si nécessaire sous ce ciel brûlant.

Du reste, grâce à l'ordre qui avait présidé au sauvetage, on avait pu réunir sur l'îlot des ressources précieuses : le four, la forge, les outils du charpentier. On construisit des tentes avec les voiles. La situation était aussi bonne que possible dans de telles circonstances, car le moral des naufragés n'avait pas été trop vivement affecté, et ils puisaient un nouveau courage dans la confiance que leur inspirait leur chef et dans l'attitude si pleine de fermeté de Mme de Lavaissière. Personne n'avait péri durant le naufrage ; un seul homme, le matelot de deuxième classe Dezon, avait eu l'épaule fracturée par la roue du gouvernail au moment de l'échouage ; on était suffisamment pourvu de vivres ; les malades avaient été heureusement transportés ; on avait des embarcations, un bon chirurgien, un charpentier habile : tout espoir n'était donc pas perdu.

Cependant, en dépit de toutes ces considérations et malgré le courage qu'il déployait, le commandant ne se dissimulait pas les difficultés de tout genre qui lui restaient à surmonter. A peine débarqué sur l'îlot, il réunit ses trois officiers en conseil et leur exposa ses projets. On ne pouvait songer à attendre le passage incertain de quelque navire traversant les parages où surgit cet îlot perdu dans l'immensité de l'Océan : on se serait exposé aux horreurs de la famine et à une perte presque inévitable. Bien qu'il y eût près de huit cents lieues à parcourir pour gagner Coupang, qui était le point le plus rapproché, il devenait urgent de répartir une partie de l'équipage dans les trois embarcations que l'on possédait, et de les envoyer vers cette île de la Malaisie avec des vivres suffisants, sous la conduite de deux officiers et du maître d'équipage. Les naufragés restés sur l'îlot pourvoiraient eux-mêmes à leur salut, en construisant une embarcation avec les débris du *Duroc,* si on ne venait pas à leur secours. Avant de se séparer, on sauverait et on déposerait sur l'îlot tout ce qui pouvait servir, en commençant par les vivres et en finissant par le matériel. Adopté par les officiers, ce plan, le seul praticable, fut communiqué à l'équipage, qui jura d'obéir toujours à ses chefs et d'avoir confiance en eux.

Durant le conseil, la nuit était venue, et depuis la veille au soir aucune distribution de vivres n'avait eu lieu. Pendant seize heures, les hommes avaient travaillé sans relâche sous un ciel en feu : tout besoin avait disparu devant l'impérieuse nécessité de s'assurer un lieu de refuge. Vers huit heures, on distribua à chaque homme environ cent grammes de biscuit et une ration d'eau-de-vie. Puis la misaine fut étendue à terre, et ce fut dans les plis de cette voile que chacun s'empressa de chercher le sommeil pour réparer ses forces et se préparer aux fatigues à venir.

Le 14, à la pointe du jour, commença une opération importante dont l'issue allait apprendre aux naufragés ce qu'ils pouvaient conserver d'espoir sur leur îlot de sable. Après une légère distribution de vivres, consistant en une galette de biscuit et une ration d'eau-de-vie à laquelle tout le monde participa, on fit partir un détachement de trente hommes pour se rendre à bord du bâtiment naufragé, qui gisait à quatre mille mètres environ de l'îlot du refuge. Ce fut l'enseigne de vaisseau Magdeleine qui en reçut le commandement, et le capitaine de Lavaissière lui donna l'ordre de travailler sans relâche à sauver les barils de farine qu'on n'avait pu emporter, et surtout cette cuisine distillatoire dont l'appareil si précieux en une telle situation pouvait approvisionner d'eau douce les malheureux que la soif allait dévorer (elle en donnait quatre cents litres par jour). On devait rapporter par la même occasion tous les objets de campement, car c'était d'eux que dépendait en partie la santé des hommes.

Il est aisé de comprendre ce qu'exigeait d'efforts un pareil sauvetage ; avec de l'énergie, soutenue d'une persévérance qu'agrandissait aux yeux du marin l'importance de la tâche, on vint à bout de tout. Dès le soir, les différents objets attendus se trouvaient réunis sur le sommet de l'îlot, et l'on n'avait même à regretter que la perte de deux barils de lard et de neuf barils de farine. Perte bien réelle, cependant, en de telles circonstances, puisqu'elle représentait plusieurs jours de vivres à ration entière.

Pendant que s'effectuaient ces divers voyages au navire naufragé, il s'en fallait bien que l'on restât oisif sur l'îlot ; le commandant, vaillamment secondé par M. Éveillard, s'occupait sans relâche du dressement des tentes, devenues si nécessaires désormais pour garantir son équipage de la fraîcheur des nuits et surtout des pluies abondantes : on sait qu'elles tombent surtout, dans ces parages, pendant les mois d'août et de septembre. Est-il besoin de dire ici que les convenances et la discipline militaire furent strictement gardées en cette occasion? On réserva pour le capitaine et sa famille une grande tente divisée de manière à former deux chambres. Sur la même ligne, et placée un peu en arrière, s'établit la tente réservée à l'état-major. A droite de celles-ci, on avait dressé un vaste abri pour l'équipage, et un peu plus loin se présentait la tente des sous-officiers. A gauche, la construction était d'un genre plus solide : on y avait réuni le dépôt des vivres, et un factionnaire relevé d'heure en heure veillait jour et nuit sur ce précieux établissement. L'approche même en était sévèrement interdite à tous ceux qui n'avaient pas rang d'officier. Enfin, pour en finir avec ces légers édifices qui, en quelques heures, s'étaient dressés sur l'îlot désert, un vaste abri fut réservé tout en avant du campement. Cette tente devait préserver du soleil l'embarcation qu'on avait résolu de construire.

Le lendemain, 15 août, les travaux avaient été menés avec un tel entrain qu'ils étaient pour ainsi dire terminés. Il y eut continuation du sauvetage. Tous les effets que M. Magdeleine pouvait dérober à la mer avec d'incroyables efforts étaient immédiatement emmagasinés. Les chocs répétés et violents des vagues menaçaient d'une ruine plus imminente le *Duroc;* on mettait à profit les moindres instants.

Chacun avait fait son devoir, et chacun avait le sentiment de l'avoir bravement accompli; et alors, par une de ces impulsions subites qui ne viennent qu'aux marins français, les soixante-quatre matelots se réunirent près des tentes de leurs officiers et chantèrent en chœur un hymne à la France. Ceci voulait dire, venant de ces braves, comptez sur nous, nous avons foi en vos lumières et en votre courage... Le capitaine comprit aussitôt ce qu'il y avait de grand et de touchant à la fois dans cet élan de ses hommes; c'était la foi jurée du cœur : il fit apporter une caisse de vin blanc, seul débris qui lui restât de ses propres approvisionnements, et il le leur fit distribuer; puis, tête nue, il s'avança au milieu du cercle, et après quelques chaleureuses paroles, vraie éloquence du marin, il porta la santé de l'Empereur. Trois acclamations lui répondirent; elles furent suivies du serment de tout faire, sans murmure et sans plainte, pour sortir de cette affreuse position. Désormais, matelots et officiers savaient à quel degré ils pouvaient compter les uns sur les autres. Le reste de la soirée se passa en répétant des refrains d'un autre genre; l'inépuisable gaieté du marin avait succédé aux généreux élans, et elle se prolongea longtemps encore. A dix heures, cependant, tout rentra dans l'ordre accoutumé, les oiseaux de mer interrompaient seuls de leurs cris rauques le silence de ces plages désertes, où tant d'émotions énergiques venaient de se manifester.

Le 16, quand le soleil se leva, les naufragés étaient déjà à l'ouvrage ; un immense travail dont dépendait l'avenir de tous allait s'exécuter sous les ordres du lieutenant Éveillard. En un pareil jour, c'était une haute marque de confiance que le capitaine accordait à ce jeune officier dont la capacité lui était connue. Il s'agissait d'enlever les trois bas mâts du *Duroc,* sans les entamer à la scie, et de les échouer sur l'îlot du refuge. Puis ce premier travail terminé, il fallait les débiter en planches minces, destinées à former les bordages de l'embarcation projetée. Ce travail gigantesque s'accomplit en huit jours. En dépit d'une mer toujours houleuse et avec les simples apparaux qu'on avait sous la main, les mâts furent successivement arrachés de leurs emplantures, déposés sur le récif, puis remorqués sur les canots jusqu'au lieu où se trouvaient disposés des chantiers de scieurs de long, là même où on allait construire la *Délivrance*.

Le 18, le sciage du mât de beaupré était commencé, et les gabiers, transformés en ouvriers charpentiers que dirigeait habilement le quartier-maître Enault, accomplissaient cette tâche ardue, aussi gaiement, avec autant d'adresse qu'on le fait en France dans nos commodes ateliers.

Divisés en escouades de quatre hommes, ces ouvriers improvisés se relevaient après une demi-heure d'un labeur soutenu, et les travaux ne discontinuaient pas. Mais qu'il nous soit permis d'insister sur ces faits, et, au milieu de douloureux détails que nous avons dû réunir, de faire comprendre l'action toute-puissante d'un humble outil qui, venant à manquer, eût retardé de bien des mois, sans doute, le jour du départ si ardemment souhaité de tous.

Lors de l'armement, à Cherbourg, une scie de long unique avait été délivrée au maître charpentier. Cette scie était presque neuve au moment où M. de Lavaissière ordonna qu'elle fût confiée à des mains tout d'abord inhabiles, puisque c'était celles de simples gabiers, si peu au fait du nouveau travail dans lequel ils s'engageaient résolûment ; mais que ne fait-on point avec le marin français? La bonne volonté suppléa à l'inexpérience, la scie résista aux périlleux tâtonnements de nos braves ouvriers. On frémit quand on pense que, cette lame d'acier si fragile venant à se briser, c'en était fait, pour ainsi dire, de la colonie du Mellish. Tout espoir d'amener à bien la construction de la *Délivrance* s'évanouissait, et l'on se demande avec terreur, au cas où un accident serait arrivé, quel aurait pu être le sort des malheureux isolés sur ce récif et jetés à plus de trois cents lieues de toute terre à laquelle on pût demander l'hospitalité.

Nous entendons d'ici plus d'une voix rappelant comment, en une foule de circonstances, un radeau habilement construit a pu sauver maint naufragé ; mais un radeau, quelque solide qu'il fût, ne pouvait être lancé sur cette mer toujours houleuse, si redoutable, d'ailleurs, par les bancs madréporiques qu'on y rencontre à chaque instant, et qui lui ont valu le nom de *mer de corail*.

Le sauvetage par le moyen d'un radeau est possible, sans doute, quand on a le malheur de naufrager près des côtes, quand, en un mot, on a à franchir une distance d'une faible étendue ; mais lorsqu'il faut entreprendre une navigation de plusieurs centaines de lieues, il y aurait folie à user d'un tel moyen de transport, et c'est ce qui rendait inestimable la lame si frêle du brave charpentier.

Ce premier travail, dont nous avons indiqué les éléments, travail le plus hardi, peut-être, qu'on ait tenté avec des ressources si minimes et en de telles conditions, se continua durant plus d'un grand mois. Les annales maritimes ont enregistré des noms moins méritants que ceux des braves marins qui se vouèrent à ce labeur. Qu'on se figure l'héroïsme persévérant de ces braves gens qui, n'ayant à la fin pour toute nourriture que cent grammes de biscuit par jour, et un seul verre d'eau distillée pour étancher une soif ardente, n'en travaillaient pas moins durant seize heures, sans prendre de repos, sans songer même à donner quelque trêve à ce rude labeur accompli sous l'action d'un soleil brûlant ! Et ces mécaniciens qui, durant cinquante-deux jours et en dépit des chaleurs tropicales, ne cessèrent pas de travailler à la forge, surent fabriquer plus de six mille clous à rivet (¹), et par une sorte d'enchantement battirent sur leur enclume improvisée une ancre de soixante-dix kilogrammes, comment leur refuser son admiration !

Tant d'occupations si arduës, si sérieuses qu'elles fussent, et bien que le cœur les animât, ne pouvaient empêcher qu'on ne trouvât horriblement lentes les heures qu'on passait sur l'îlot. Les moments consacrés au travail pouvaient être encore supportés, mais dès que le soleil avait disparu et que ses lueurs rougeâtres ne coloraient plus le vaste Océan, pour chacun des naufragés commençait l'heure des réflexions amères, des souvenirs solennels, des pensées désespérantes !

Chacun se demandait si tant de labeurs auraient leur récompense ; chacun était habile à se créer une série d'accidents imaginaires dont il cherchait la solution. Et que l'on ne suppose pas que les officiers, sur ce point, fussent les mieux partagés ; les loisirs apparents que leur laissait leur grade, le

____

(¹) Ils les obtenaient de la doublure en cuivre du *Duroc*.

sentiment de leur responsabilité, rendaient parfois intolérable le cortége de soucis qui les accablait. Quand la nuit était venue tout à fait, le brave commandant, réuni à Mme de Lavaissière et à ses officiers, commençait ce que dans l'affectueuse bonhomie de son langage, il appelait son tour de boulevard. Cette promenade si souvent renouvelée consistait à faire tout simplement le tour de l'ilot du refuge, et nous l'avons déjà dit, ce banc de sable n'avait pas plus de trois cents mètres de circonférence.

Durant ces interminables promenades au bord de la mer, de quoi parler, si ce n'est des travaux exécutés dans la journée et de ceux qui restaient à accomplir? Sur ce microcosme océanien, les moindres détails dont s'accidentait une vie monotone prenaient tout de suite une importance inimaginable. Rien n'échappait à l'inspection la plus minutieuse de chacun, tout pouvait devenir pierre d'achoppement; il semblait parfois que le moindre grain de sable, placé inconsidérément, dût entraîner la ruine de l'édifice. Et cependant le plan en avait été si sagement dressé par le capitaine, ce digne chef avait trouvé un si rare concours dans le zèle de ses officiers !

Mais pendant que ces monotones promenades se multiplient, nous entendons la voix de plus d'une mère nous demander ce qu'était devenu le petit ange visible de tous ces pauvres affligés. La gracieuse Rosita, ses blonds cheveux au vent, s'en allait poursuivant sans relâche les oiseaux de mer, dont l'ilot devenait surtout le refuge quand le soleil s'était couché. Parfois son rire joyeux apprenait aux graves promeneurs qu'elle était parvenue à s'emparer d'un fou que des ailes débiles n'avaient pu dérober aux étreintes de ses petits bras. Toute ravie de sa capture, la charmante enfant venait trouver alors sa mère et racontait les péripéties de sa chasse; puis, laissant envoler le jeune oiseau, elle courait à de nouvelles conquêtes. Cette gaieté, que d'ordinaire rien n'altérait, ranimait le cœur de sa mère, et chaque accent joyeux de Rosita arrêtait dans ses yeux une larme prête à s'échapper. N'était-ce pas déjà un bien immense que la Providence lui envoyait? Ne fallait-il pas remercier Dieu de cette allégresse de l'enfant?

Cependant il y avait des moments où Rosita se plaignait, où sa nouvelle habitation, quelque peu restreinte pour ses bonds, ne lui plaisait nullement; alors elle allait trouver son père et le suppliait de la reconduire à bord du *Duroc*, où, disait-elle, ses jouets l'attendaient. Le digne commandant prenait toujours la gracieuse enfant sur ses genoux, il baisait avec une indicible tendresse ses belles boucles de cheveux, et souvent, d'une voix remplie de larmes, qu'il essayait de rendre calme, il disait : « Vois donc, Rosita, comme ces matelots, tes amis, travaillent! Eh bien, quand cette embarcation qu'ils font là-bas sera achevée, nous quitterons ce vilain endroit... Va les trouver, ma fille bien-aimée, dis-leur tes soucis; ils seront contents de te voir et de les faire cesser, ils reprendront bon courage.

Et aussitôt Mlle Rosita agrafait à ses manches ses galons de caporal (il y avait deux ans déjà qu'on l'en avait décorée), puis elle se rendait gravement au chantier de construction et priait ses bons amis de la tirer *bien vite, bien vite* de cet endroit *où ne poussait pas seulement un petit arbre.* Et de quelle joie elle ranimait ces bonnes gens quand elle s'en allait de l'un à l'autre, jouant avec tous, montrant ses galons, et suivie de ces regards dévoués, dont la franchise laissait voir que nul, parmi ces marins, n'eût hésité à risquer sa vie pour sauver l'enfant.

Un jour, le maître charpentier Enault l'avait prise sur ses genoux, et il lui dit, avec sa grave bonhomie, que si elle voulait porter bonheur à la *Délivrance,* il fallait qu'elle attachât elle-même sa petite médaille de la bonne Vierge à l'étrave de l'embarcation (1). Aussitôt Rosita s'empara d'un marteau et cloua sa médaille, à la grande joie de ceux qui la voyaient faire; mais elle exigea par serment de ses bons amis les matelots que sa médaille lui fût rendue plus tard, quand le voyage serait fini. Est-il nécessaire de dire avec quelles joyeuses acclamations cette promesse fut faite à l'enfant? et qui pourrait douter du courage qu'elle inspira!

Quand le récit de cet incident parvint aux oreilles de Mme de Lavaissière, il lui causa une impression d'autant plus vive que, par son origine espagnole, par les sentiments pieux qu'elle a puisés à Lima, dans sa première éducation, elle devait voir dans le gracieux mouvement de son enfant une obéissance instinctive aux volontés de la Providence. Dès ce moment, elle eut visiblement plus de courage. Il n'était plus permis de faiblir; le doigt de Dieu marquait aux naufragés la voie de leur salut.

Mais tous n'avaient pas au même degré cette piété confiante; pour beaucoup les jours se suivaient, se traînaient avec une monotonie désespérante. A cinq heures les travaux étaient distribués : trente hommes de corvée, conduits par le lieutenant Éveillard, se rendaient à bord du *Duroc* pour continuer le sauvetage de ce qui pouvait être emporté; les scieurs de long continuaient sans répit leur pénible tâche. A midi avait lieu la distribution des vivres, puis un court repos d'une heure renvoyait bientôt chacun au travail qui lui était imposé. Ainsi que cela a lieu invariablement sous ces latitudes, dès que le coucher du soleil avait eu lieu, la nuit se faisait presque subitement; une bien

____

(1) C'est la pièce de bois courbe qui forme la proue d'un navire.

mince collation réunissait encore une fois les hommes, puis chacun regagnait sa tente, et Dieu sait quelles pensées amères le plus souvent l'y accompagnaient. Sous ce frêle abri, quelques-uns continuaient la veillée; au lieu de se livrer à leurs réflexions, ils cherchaient un refuge dans le travail : ce n'étaient pas les plus malheureux.

Mais si étroite que fût la ration distribuée journellement à chaque homme, les vivres mis en réserve n'en diminuaient pas moins d'une façon vraiment effrayante. Le projet de diviser la petite population de Mellish, qu'on avait agité déjà, ne pouvait plus être différé; il devenait de la dernière urgence d'expédier dans les trois canots restés disponibles la majeure partie des hommes.

Donc, après que le grand canot eut reçu une forte réparation, après que l'on eut tout disposé pour que le canot-major et la baleinière du commandant fussent en état de supporter une traversée de plusieurs jours, la séparation si longtemps différée reçut son exécution; un détachement composé de trente-six hommes, sous les ordres de M. Magdeleine, quitta l'îlot du refuge le 25 août, avec mission de chercher à atteindre l'île de Timor, en franchissant par la partie sud le détroit de Torres.

Chargé du rapport où le capitaine avait consigné les détails du naufrage, cet officier s'embarqua dans le grand canot avec quatorze hommes, neuf hommes montèrent le canot-major que commandait l'enseigne Augey-Dufresse, et neuf autres, sous les ordres du maître d'équipage Leroy, prirent place dans la baleinière. Le commandant resta provisoirement sur l'îlot avec trente personnes, au nombre desquelles étaient sa femme, sa fille et leur femme de chambre. Il garda aussi avec lui les malades, le chirurgien, le commissaire du bord et les ouvriers dont il avait besoin pour construire une embarcation, car il ne lui restait que le youyou.

Les trois canots, d'une très-faible dimension, étaient beaucoup trop chargés pour affronter une grosse mer, et pourtant on avait cherché à les alléger le plus possible en n'y mettant des vivres réduits que pour vingt-cinq jours et seulement deux rechanges d'effets par homme. Ils eurent tout d'abord à lutter contre une mer très-houleuse; ils embarquaient de l'eau à chaque lame, et il n'y avait dans chaque canot que deux ou trois hommes auxquels il fût prudent de confier la barre. Laissons M. Magdeleine nous raconter lui-même les périls qui l'assaillirent dès le début de cet aventureux voyage.

« Je dirigeai la route sur le cap Tribulation, qui avait l'avantage d'être à la fois le point le plus rapproché de la côte et en même temps le plus remarquable par la distance d'où il est ordinairement visible en mer, car ce qui rendait ma navigation le plus difficile était la nécessité de maintenir toujours en vue les trois embarcations, et je dus me résigner à être constamment de veille, la nuit principalement, pour prévenir une séparation qui eût été probablement fatale à l'embarcation commandée par le maître d'équipage. Le moyen que m'avait prescrit M. de Lavaissière, de prendre des remorques, fut reconnu impraticable, les bosses ayant cassé trois fois de suite, non sans me faire craindre pour la solidité des canots.

» Le 27, la mer augmenta tout à coup d'une manière des plus inquiétantes. Chaque canot dut songer à son salut personnel, et jeta à la mer tout ce qui n'était pas d'une nécessité absolue. Déjà une fois mon canot avait rempli à moitié; mais, après l'avoir allégé d'une manière notable, j'espérais éviter un pareil accident, que craignaient les hommes que j'avais avec moi et qui avaient l'habitude de la pêche dans les canots.

» Vers midi, pendant que je prenais la hauteur méridienne, je me sentis enlevé tout à coup par une lame énorme, et quand je reparus sur l'eau, j'étais à plus de vingt-cinq brasses de mon canot, ayant encore mon cercle à la main; je vis alors flotter à la mer les barils et les caisses contenant les vivres. Je croyais tout espoir de secours perdu, lorsque j'aperçus la baleinière qui était restée en arrière et qui, sur les indications fournies par le grand canot, se dirigeait à ma recherche. Je repris assez de force pour nager au-devant, et je fus recueilli au moment où, perdant toute vigueur, je disparaissais.

» Les premiers résultats de cet événement furent la perte de mes instruments, de presque tous les vivres contenus dans mon canot, des vêtements des hommes, du sac dans lequel j'avais renfermé mon uniforme, mes papiers et la correspondance du capitaine du *Duroc*, contenant son rapport sur le naufrage, des lettres officielles aux consuls et autorités des pays où je pouvais passer, enfin les livrets des hommes du grand canot.

» Pendant que la baleinière me sauvait d'une manière si inattendue, le patron du grand canot, le quartier-maître Lamy, aidé du matelot Burel, seuls, ne perdant pas un moment leur présence d'esprit, sautent l'un à la barre, l'autre à la voile qu'ils amènent, arment un aviron et réussissent à mettre le canot debout à la lame.

» En même temps, les autres hommes ont repris courage; tout est jeté à la mer; seaux, souliers, tout sert à vider l'eau qui avait rempli le canot jusqu'au bord; le salut des hommes et du canot est assuré, et bientôt il peut rejoindre les deux autres embarcations, réussissant à sauver sur sa route une caisse à foudre contenant vingt kilogrammes de biscuit, et le baril à eau. Ce ne fut que le soir que l'état de la mer me permit de reprendre le commande-

ment de mon canot; mais, privé de vivres et de presque tout ce qui m'était
nécessaire pour diriger la route, je dus, à partir de ce moment, me confier
aux observations de M. Augey-Dufresse. »

Le 30 au soir, la côte d'Australie était en vue : on apercevait le cap Tribulation. On débarqua pour faire de l'eau, malgré la présence de quelques
naturels, et on repartit le lendemain. Il restait alors aux trois embarcations
soixante-douze kilogrammes de biscuit, vingt litres d'eau-de-vie et soixante
litres de vin. Les canots longèrent la côte, se dirigeant sur le détroit de Torres
et recueillant autant que possible, sur le littoral, des coquillages, des poissons quand ils pouvaient s'en procurer, et des racines, afin de ménager leurs
vivres. On atteignit ainsi Albany, le 9 septembre.

Là, on ne trouva nulle trace de navires; on se décida à aller à Timor.
Comme les sources étaient taries, on se rendit le 10 septembre à l'île Possession, où l'on put renouveler la provision d'eau avec l'aide de naturels qui
paraissaient comprendre quelques mots d'anglais. Avant de se remettre en
route, M. Magdeleine partagea le biscuit, dont il ne restait que quarante-deux
kilogrammes. En comptant sur une traversée de dix à douze jours, ce partage
assurait à chaque homme environ cent grammes par jour.

Tout alla bien jusqu'au 17 septembre, quoique les hommes commenças-
sent à être affaiblis par les privations; mais ce jour-là un calme fatal, ayant
surpris les embarcations, vint retarder indéfiniment le terme du voyage et
remettre en question le salut des naufragés. En vain M. Magdeleine essaya,
le 18, de faire ramer : la chaleur et le manque d'eau eurent bientôt épuisé
les hommes. Le 19, la journée se passa dans la même anxiété; enfin, le soir,
profitant de la crainte que cette immobilité jetait dans le cœur des équipages,
et pensant d'ailleurs n'être pas à plus de trente lieues de l'île de Timor, le
jeune officier tenta un dernier effort. La grande chaleur du jour était passée :
M. Magdeleine se mit lui-même aux avirons, fit distribuer douze centilitres
d'eau, seule provision qui restât à bord, et par son ordre on nagea depuis
cinq heures du soir jusqu'au lendemain matin. Cette laborieuse nuit devait
avoir sa récompense : au point du jour, on aperçut la terre sur une étendue
de plus de vingt lieues. Ranimés par l'espoir d'une prochaine délivrance,
les matelots ramèrent vigoureusement, et, aidées par une faible brise, les
embarcations entrèrent le soir dans une ouverture pareille à l'embouchure
d'une rivière, près de laquelle s'élevait une immense fumée. Mais on ne put
se procurer en cet endroit ni vivres, ni eau; il fallut continuer de longer la
côte, et l'on trouva un point inhabité où l'on fit de l'eau le 21. Le 22 au
matin, il ne restait plus de vivres, mais le soir même les naufragés entraient

dans le port de Coupang, où l'honorable résident, M. Fraenkel, leur donna aussitôt des secours. Pas un seul homme n'avait succombé dans cette terrible traversée.

Mais revenons aux trente naufragés restés sur le récif avec le commandant de Lavaissière. Après avoir vu disparaître, vers quatre heures du soir, les trois embarcations qui emportaient leurs malheureux compagnons, ils se remirent à l'ouvrage pour hâter leur propre délivrance, car ils sentaient qu'ils devaient avant tout compter sur eux-mêmes. Sous l'impulsion du commandant, que secondait le lieutenant Éveillard, les travaux furent poussés avec ardeur; le commissaire Hervé continua d'être chargé de la surveillance et de la distribution des vivres, mission délicate d'où dépendait le salut commun, et qu'il remplit avec autant de zèle que d'énergie; le chirurgien Salaün déploya une activité au-dessus de tout éloge pour veiller à la santé des hommes affaiblis par les privations, la fatigue et une chaleur accablante; disons bien vite que ses soins furent couronnés d'un plein succès.

Jusqu'au 16 septembre, nul incident ne vint rompre la monotonie de cette triste vie. La construction de l'embarcation s'avançait rapidement; les trois bas mâts du *Duroc* avaient fourni les bordages extérieurs, tout paraissait marcher à souhait, lorsqu'un danger aussi imprévu que redoutable vint menacer les naufragés d'un irréparable désastre.

Dans la nuit du 16 au 17, un violent ouragan se déclara. Poussée par un vent furieux du sud au sud-ouest, la mer fit irruption dans le lagon intérieur du récif et envahit l'îlot du refuge, renversant les tentes et s'élevant même jusqu'au petit plateau où se trouvait la chambre de construction. Consternés, mais non découragés par l'imminence du péril, les hommes rangés autour de la *Délivrance* la défendaient de leur mieux; l'embarcation, parfois, était soulevée de son chantier par les lames qui arrivaient de la haute mer, et les hommes se cramponnaient à ses œuvres; qu'une vague puissante arrivât en effet et emportât l'embarcation, tout était fini... Nul ne se refusait à un suprême effort, on le pense bien. Mme de Lavaissière elle-même, portant sur ses bras sa petite Rosita et ayant de l'eau jusqu'aux genoux, avait quitté sa tente, et dans ce moment décisif relevait tous les courages par son énergie. Heureusement les lames arrivaient toutes chargées de sable qui formait rapidement des dépôts, la catastrophe apportait avec elle un secours inattendu, de sorte que, le 17 au matin, l'îlot se trouva considérablement augmenté du côté du sud. Cette heureuse circonstance sauva probablement les naufragés. Au jour, le vent tourna à l'ouest en mollissant; on rétablit les tentes, et les travaux furent repris avec une nouvelle ardeur, car le péril

auquel on venait d'échapper démontrait la nécessité d'un prompt départ.
Enfin, le 29 septembre, l'embarcation était terminée : on réussit à la

L'embarcation, parfois, était soulevée de son chantier par les lames
qui arrivaient de la haute mer.

mettre à flot, opération difficile en raison des nombreuses têtes de rochers qui
environnaient l'îlot. La *Délivrance* était un petit bâtiment ponté, long de
14 mètres, large de 2^m,90 et profond de 1^m,40; 6 500 clous à rivet, forgés

sur l'îlot, étaient entrés dans sa construction; elle portait deux voiles et un foc donnant 95 mètres carrés de voilure. Le 2 octobre on avait terminé l'embarquement des vivres, qui consistaient en quelques pains fabriqués à l'avance, six barriques d'eau et quatre sacs de biscuit. A dix heures, on procéda à l'appel des hommes : chacun se rendit à bord, une fois son nom prononcé. Mme de Lavaissière, sa fille et sa femme de chambre s'embarquèrent après l'équipage. Il ne restait plus que les officiers : avant de quitter cet îlot où, pendant cinquante-deux jours, ils avaient supporté tant d'épreuves, ils rédigèrent un procès-verbal du naufrage et des principaux événements qui l'avaient suivi. Cette pièce fut renfermée dans une bouteille bien cachetée qu'ils suspendirent à un mât planté dans le sol et portant le pavillon français. Puis ils partirent à leur tour, et, d'une voix émue, le capitaine donna l'ordre d'appareiller.

Ce fut un moment solennel : on commençait le voyage dont l'issue était le salut de tous, sans doute; mais le péril, il s'en fallait bien, n'était nullement passé. Il fallait d'abord franchir un espace de trois milles, semé de têtes de rochers et de récifs à fleur d'eau, dont les pointes auraient infailliblement crevé les flancs de la *Délivrance* si elles les avaient rencontrés. Il suffisait du moindre accident de ce genre pour tout perdre. Aussi, pendant une heure et demie qu'il fallut pour atteindre la haute mer, on n'entendit que la voix brève de M. Éveillard qui, debout à l'avant de la péniche, ordonnait de venir tantôt d'un bord, tantôt de l'autre. M. de Lavaissière lui-même tenait en main la barre du gouvernail, et ordonnait la manœuvre des voiles.

A une heure de l'après-midi, tout danger provenant des coraux et des roches avait disparu, la *Délivrance* flottait fièrement au milieu d'une mer libre, et les marins fléchirent le genou avec ferveur pour remercier la Providence qui les avait si visiblement protégés.

Les premiers jours se passèrent sans incident remarquable; mais dans la nuit du 6 octobre, un violent orage et un gros vent du sud-est vinrent fondre sur la *Délivrance,* en lui imprimant une vitesse de neuf nœuds. En même temps, une pluie glaciale tombait par torrents pendant huit heures sur ces malheureux épuisés par cinquante-sept jours de travaux et de privations, et renfermés sans abri, au nombre de trente et un, dans un espace de douze mètres de long sur trois de large. On avait dû réduire les vivres à soixante-quinze grammes de biscuit, et la ration d'eau à un quart par jour. Par suite de cette insuffisance de nourriture et du mauvais temps, les maladies se déclarèrent à bord, et le lieutenant Éveillard, qui avait jusque-là rendu tant de services par son énergique activité, fut un des premiers et des plus violemment frappés. Comme il était chargé des observations astronomiques, il fut remplacé dans ce poste important par le second maître de timonerie Libault, qui, le 10 octobre, à deux heures de l'après-midi, signala l'entrée du détroit de Torres.

Cette passe si dangereuse fut franchie avec bonheur et habileté. Le 11 au soir, on mouillait devant Fryingpan-Hill pour attendre le renversement de la marée. Les fusils furent chargés à balle, et le factionnaire eut ordre de faire feu immédiatement sur toute embarcation de naturels qui se dirigerait vers le bord. Cette précaution était indispensable, car les habitants de l'Australie septentrionale sont les plus féroces anthropophages du globe.

Le 12, à midi, on mouillait à Albany-Island. On échangea avec les naturels quelques mauvais couteaux pour de petites tortues de mer, mais on ne put se procurer de l'eau fraîche, dont on avait le plus grand besoin. Depuis huit jours, en effet, on ne buvait que de l'eau distillée, renfermée dans des barriques à vin : une sorte de fermentation s'était produite, et le liquide avait un goût affreux; il exhalait une odeur fétide.

On allait commencer la dernière partie du périlleux voyage. Il s'agissait d'une traversée de trois cent cinquante lieues sur cette mer de Timor si redoutée des navigateurs à cause de ses orages violents et de ses calmes prolongés.

On partit le 13 au matin; à midi on laissait à l'est l'île d'Albany et on donnait dans le détroit de l'Endeavour pour gagner la pleine mer. Les deux premiers jours furent encore heureux; mais le 15 octobre, vers le soir, la brise tomba peu à peu, et enfin le calme le plus parfait régna bientôt sur l'immense étendue des eaux.

Au loin, vers le sud, une longue ligne noire indiquait sans doute les côtes élevées du golfe de Carpentarie, mais on ne pouvait songer à aborder cette terre inhospitalière. Sous un soleil de feu, sur une mer immobile, la *Délivrance* semblait comme enchaînée; les voiles retombaient incessamment le long des mâts, sans que le moindre souffle vînt les gonfler. A peine M. Éveillard, dont la jeunesse avait dompté la maladie, et qui avait repris son poste, pouvait-il rendre un peu d'espoir aux malheureux naufragés en constatant, par de fréquentes observations d'angle horaire, l'existence d'un courant qui portait à l'ouest avec une force de vingt à vingt-cinq milles par jour.

Dans cette position désespérante, on songea à se servir des avirons fabriqués sur l'îlot avec les quatre vergues de perroquet du *Duroc*. On rama courageusement pendant six heures, et on obtint ainsi une vitesse de trois nœuds; mais les matelots étaient exténués, et le capitaine, reconnaissant l'impossibilité de continuer le voyage à la rame, fit rentrer les avirons. Les hommes s'étendirent sur leur banc, et chacun remit son sort entre les mains du Très-Haut, qui seul pouvait désormais sauver ces infortunés.

D'ailleurs ce n'était pas seulement la famine qu'on avait à redouter : pendant ce calme prolongé, les innombrables infusoires, les milliards de tarets qui pullulent dans cette région tropicale s'acharnaient après les œuvres vives de la *Délivrance,* et y pratiquaient une multitude de petites ouvertures par lesquelles l'eau s'introduisait et menaçait de submerger la frêle embarcation. La petite pompe placée au centre de la péniche ne suffisait pas pour étancher l'eau, et souvent on fut obligé de faire la chaîne avec les deux seaux que, par prévision, on avait placés à fond de cale.

Pendant dix jours, dix jours éternels, le ciel fut d'airain; la mer, que ne ridait pas une ondulation, brillait unie comme un miroir. On était arrivé au 26 octobre. Vers le soir, le commissaire Hervé annonça à voix basse au capitaine de Lavaissière l'effrayante réalité que tous redoutaient : les vivres et l'eau étaient complétement épuisés, et il ne restait dans la cale que des barriques vides! Le brave officier, qui avait traversé héroïquement tant d'épreuves, sentit, à ce dernier coup, son cœur se déchirer. Il fallait donc échouer malgré tant d'efforts, échouer en touchant au port! Ces hommes dont la vie lui était confiée, cette famille objet de toutes ses affections, allaient donc s'éteindre, sous ses yeux, dans les horribles tortures de la soif et de la faim! Si navrante que fût cette pensée, le capitaine dut se contenir, et, s'enveloppant de son manteau, il attendit. Dieu voulut-il récompenser cette sublime confiance en lui? On peut le croire, car le 27 au matin une brise subite du nord-est venait rider la surface de cette mer si longtemps immobile, et pousser la *Délivrance* vers l'entrée du détroit de Simao.

Bientôt une pluie bienfaisante survint, qui permit aux hommes de se désaltérer et de réparer leurs forces vraiment exténuées par la privation de tout aliment. Enfin, le 29 au soir, on donnait dans le détroit de Simao; on touchait au terme du terrible voyage, quand un dernier accident vint remettre tout en question. La brise, soufflant par rafales du haut des montagnes de Timor, soulevait la mer et imprimait au frêle esquif des mouvements désordonnés. Après une violente secousse de tangage, on reconnut avec effroi qu'un des bordages au-dessous de la flottaison s'était entr'ouvert et que deux rivets avaient sauté. La mer entrait rapidement par l'ouverture : on n'eut que le temps de jeter à l'eau les barriques inutiles et de redoubler le jeu de la pompe. Disons-le bien vite, grâce au dévouement du maître charpentier Énault, l'avarie fut promptement réparée ; et puis, dans la pensée du digne homme, la médaille de Rosita ne protégeait-elle pas le frêle esquif? Après une demi-heure d'efforts, ce sous-officier parvint à repousser de dedans en dehors quelques clous solides qui forcèrent les bordages à se rejoindre, et, comme on dit en langage de bord, il aveugla ainsi momentanément la voie d'eau. ·

Enfin, le 30 octobre, vers neuf heures du matin, la *Délivrance*, ayant le pavillon en berne au grand mât, jetait l'ancre devant la ville de Timor-Coupang. Elle venait de franchir huit cents lieues en vingt-huit jours, sans rencontrer une seule voile en route, et depuis trois jours les hommes qui la montaient n'avaient pas mangé.

Le résident hollandais, M. Fraenkel, et les officiers placés sous ses ordres s'empressèrent de porter secours aux naufragés, comme ils l'avaient déjà fait à l'arrivée de M. Magdeleine et de ses compagnons. M. de Lavaissière et sa famille furent logés dans l'hôtel du Gouvernement, et on rendit à Rosita sa médaille, qui, clouée sur la *Délivrance*, avait été regardée par tous comme une égide protectrice. Les officiers et l'équipage eurent pour logement une belle et spacieuse habitation au centre de la ville; on pourvut, en un mot, avec le zèle le plus cordial à tous leurs besoins.

Ces précautions n'étaient pas inutiles, car les infortunés arrivaient à terre dans un tel état de prostration qu'il fallut, pendant les premiers jours, observer les plus grands ménagements pour les nourrir. Quatre-vingts jours s'étaient écoulés depuis le naufrage, et malgré les épreuves de tout genre qui avaient assailli les soixante-sept passagers du *Duroc*, cinq seulement d'entre eux avaient succombé dans ces jours terribles.

Une de ces morts porte un cachet si triste, si étrangement douloureux, que nous ne saurions la passer sous silence. Au moment où la *Délivrance* venait de franchir la passe étroite de la rivière de Timor et où son équipage mettait pied à terre, comme le commandant se dirigeait déjà vers le palais de la résidence, un jeune timonier, nommé Pichard, s'approcha du lieutenant Éveillard qui, appuyé sur la balustrade du pont au moyen duquel se trouvent jointes les deux parties de la ville, surveillait le débarquement. Il lui demanda respectueusement la permission de l'embrasser; et comme le jeune officier accédait à cette demande avec une émotion bien naturelle : « Lieutenant, s'écria le timonier, je vous remercie de ce que vous avez fait durant nos fatigues et de vos bons soins pour nous tous... vous m'avez rendu ma mère! » Mais à peine achevait-il ces paroles que ses bras s'agitèrent, et que, sous le poids d'une joie trop émouvante, foudroyé sans doute par une congestion cérébrale, il tomba à la renverse. Transporté immédiatement à l'hôpital, il expira le lendemain, sans avoir repris connaissance. Ses funérailles eurent lieu avec pompe, et plus d'une larme s'échappa des yeux de ses compa-

..... Il lui demanda respectueusement la permission de l'embrasser.

gnons lorsqu'ils abandonnèrent sur une terre étrangère ce malheureux qui ne devait point, comme eux, revoir le sol natal, et qui durant la traversée n'avait cessé de les entretenir de cette pauvre mère dont le nom était venu se poser sur ses lèvres comme un suprême souvenir.

Après quinze jours passés à Timor, M. de Lavaissière put s'embarquer, le
13 novembre, sur le paquebot de Batavia; mais contraint par la violence de
la mousson d'ouest, il fallut rentrer trois fois en relâche à Macassar, et une
quatrième tentative ne réussit pas mieux. On resta donc un mois dans cette
dernière île, où les naufragés du *Duroc* achevèrent de se rétablir, grâce aux
secours que leur prodigua l'état-major de la frégate des Pays-Bas *le Palembang*.

Ils gagnèrent enfin Java, arrivèrent le 26 janvier à Sourabaya, et le 6 février
purent débarquer à Batavia, devant ce qu'on appelle le *Boom*. Dans cette
ville, le commandant répartit ses hommes sur les bâtiments. de commerce
français *l'Ardent* et *la Bayadère*, en partance pour Nantes, et prit passage lui-
même, avec l'officier d'administration Hervé et les maîtres, sur l'*Estelle-et-
Reine,* chargée pour Bordeaux. Arrivé en France, le 28 avril 1857, il se rendit
à Cherbourg, où se réunit le conseil de guerre assemblé pour le juger. Avons-
nous besoin d'ajouter qu'après une longue et minutieuse enquête le conseil
déclara, à l'unanimité, non-seulement que le brave capitaine était acquitté avec
honneur, mais encore que son admirable conduite méritait de l'avancement?
Le ministre sanctionna cette décision en appelant l'ancien commandant du
Duroc au grade de capitaine de frégate et aux fonctions d'aide de camp.

Ainsi se termina ce terrible naufrage qui, grâce à l'énergie des chefs et à
l'excellente discipline des hommes, ne coûta la vie qu'à cinq marins, et ne
servit qu'à mettre en relief la fermeté, disons mieux, l'invariable constance
des naufragés, auxquels la continuité des tribulations qui se succédaient n'ar-
rachait pas même un murmure. Pourquoi faut-il qu'en terminant ce récit
nous ayons à déplorer la mort prématurée de l'officier qui s'était montré si
digne d'un poste d'honneur? (¹)

(¹) Nommé capitaine de vaisseau le 27 juillet dernier, pour ses services en Cochinchine, où il
était chef d'état-major de l'amiral Bonard, M. de Lavaissière n'a pas même connu la nouvelle faveur
dont il était l'objet. Il est mort, le 5 août, à Port-Aden, d'un accès de fièvre pernicieuse, comme il
rapportait en France le traité franco-annamite, à la conclusion duquel il avait puissamment contribué. Il était né le 29 mars 1819. La France perd en lui un de ses plus brillants officiers de marine; et il ne faut pas oublier que cette mort n'est pas seulement un malheur public : qui ne s'asso-
cierait à la douleur de cette femme courageuse et à celle de cette jeune fille qui, il y a six ans,
souffraient avec tant de constance sur l'îlot de Mellish!

Nous nous arrêtons, et cependant, même en ces derniers temps, les hasards
de la mer ont multiplié les naufrages, les catastrophes, les existences solitaires passées sur des îles désolées. L'éternelle légende de l'Océan ne dit
jamais ni toute sa poésie, ni tous ses secrets.

Depuis Philoctète, le banni des dieux, jusqu'à ces temps de perpétuels
miracles, où toutes les puissances de la science, empruntées à un divin pouvoir, se conjurent contre les éléments, il y a eu en ce genre plus d'étranges
événements ignorés des hommes qu'il n'en a été révélé. Que de prières,
que de sanglots exhalés ainsi dans la solitude! que de larmes versées sur les
bords de la mer n'ont eu pour témoins que d'âpres rochers ou bien les flots,
répondant par leur gémissement éternel à ces pleurs inutiles! Dieu seul n'a
rien ignoré de ces douleurs, et lui seul les a pesées, afin d'en tenir compte
aux malheureux qui, ne pouvant plus se plaindre à leurs semblables, se plai-
gnaient ainsi à la nature. Pour quelques hommes dont nous savons les malheurs et la résignation, il y en a, hélas! des milliers dont nul n'a connu la fin
sinistre. On ferait donc un bien plus gros livre des aventures cachées que
de celles qui nous ont émus.

Paris est bien loin, sans doute, des solitudes où se passent ces sortes d'événements; mais comme si rien ne devait manquer à ce rendez-vous des nations,
à cet abrégé du monde, c'est dans un de ses faubourgs, non loin de la Seine,
qu'est venu mourir cette année même le dernier des Robinsons. Il s'appelait
Abder Conrad, ce malheureux; les journaux ont tracé rapidement l'exposé
de sa vie aventureuse. Jeté sur un îlot où son navire l'avait oublié, il aurait
vécu seul pendant deux ans, puis il serait parvenu à gagner avec un radeau
la côte d'Afrique, et après avoir traversé pédestrement des contrées inexplorées, il se serait embarqué pour l'Europe. Arrivé enfin à Paris, il aurait
mis fin lui-même à cette vie de troubles et de misères.

Abder Conrad résume en sa personne, qu'environnent tant de mystères, tous les maux qui suivent l'homme séparé violemment de l'humanité. Dans là série des tableaux sincères que nous avons mis sous les yeux du lecteur, on a dû le remarquer, une sorte de démence se mêle presque toujours à la solitude prolongée. De mensongères hallucinations tourmentent ceux dont l'âme ne rencontre plus la compassion d'autres âmes, ceux dont le cœur ne peut s'épancher dans un cœur ami. La solitude absolue, c'est pour ainsi dire la négation de la charité. La solitude, en un mot, est mauvaise, comme l'a répété avec tant d'éloquence l'auteur de *René*.

Daniel de Foë a si bien compris cette vérité, expression de la charité divine, que son œuvre fût restée imparfaite sans la présence du pauvre sauvage qui vient partager la vie du solitaire; c'est de lui qu'il se sert pour développer dans son héros les meilleurs sentiments de l'humanité.

NOTES ET ÉCLAIRCISSEMENTS

P. 7. — AVANT-PROPOS.

Nous aurions pu ranger aussi parmi les Robinsons mythologiques la victime de Thésée, la fille de Minos,

> Ariane aux rochers contant ses injustices.

Il nous a semblé pourtant qu'il suffisait de la mentionner ici en passant, d'abord parce qu'il entre dans notre plan de n'accorder qu'une place très-restreinte à la fiction, ensuite parce que la tradition, si précise sur Philoctète, est très-obscure sur le compte de l'amante délaissée du héros athénien. Il est certain que, partie de Crète avec Thésée, vainqueur du Minotaure, elle resta dans l'île de Naxos, une des Cyclades; mais ce point est le seul qui soit bien établi. Suivant la version la plus accréditée, Thésée l'abandonna volontairement parce qu'il lui préférait Phèdre, sa sœur, embarquée avec eux. On a encore expliqué la conduite de Thésée soit par un songe dans lequel Bacchus lui apparut et lui prescrivit d'agir ainsi, soit par la crainte de voir amoindrir la gloire de son triomphe s'il paraissait le devoir à une femme. Quelques écrivains, et notamment Péon d'Amathonte, ont prétendu que Thésée n'avait pas abandonné la princesse de son plein gré, mais que, poussé par la tempête dans les parages d'Amathonte, il l'avait déposée à terre à cause de son état de faiblesse et de souffrance, et n'avait pu l'emmener, par suite d'un coup de vent qui l'avait subitement entraîné au large. Malgré les soins empressés que lui prodiguèrent les femmes du pays, Ariane serait morte en couches, et Thésée, revenu pour la chercher, n'aurait pu que prendre des mesures pour honorer sa mémoire. Cette version, peu accréditée d'ailleurs, n'avait probablement été inspirée aux Amathusiens que par un sentiment de patriotisme local, et presque tous les mythologues sont d'accord pour transporter le lieu de la scène à Naxos; mais ils diffèrent sur le sort de la jeune Crétoise. Suivant les uns, elle fut retenue dans l'île par Artémis, et l'on connaît la funèbre signification de cette périphrase; suivant d'autres, Bacchus, revenant tout glorieux de la conquête des Indes, la rencontra gémissante et accablée de douleur, la consola, puis, la faisant monter sur son char, l'enleva au ciel, où elle fut changée en constellation; d'autres enfin prétendent que le dieu l'épousa et que les noces furent célébrées dans l'île de Naxos. Si la légende est poétique, elle le devient beaucoup moins en présence des explications impitoyables de la critique moderne, qui cherche dans tous les mythes le sens qu'on y a caché. Ariane consolée par Bacchus serait tout simplement une sorte de bacchante désolée qui aurait pris le triste parti de noyer ses chagrins dans le vin. Mieux vaut encore croire à l'intervention d'Artémis, c'est-à-dire à la mort de l'amante abandonnée.

P. 40. — SAINT BRANDAN ET SAINT MACLOU.

Les personnes qui voudront recourir au texte dont nous avons fait usage le trouveront dans la publication de M. Ach. Jubinal.

Tout ce que l'on a pu réunir sur la légende de saint Brandan a été rassemblé par M. Maillet et publié à Rennes, en un volume in-8; nous n'avons donc pas besoin de pousser plus loin nos investigations sur ce point.

Nous rappellerons seulement que saint Macloud, dont nous avons fait saint Malo, et qui ressuscite le solitaire de la légende, ne put pas accomplir ce miracle vers 570, comme on l'a parfois prétendu.

Plusieurs chroniques, et celle entre autres des Franciscains, nomment le Robinson du sixième siècle Mildus. C'est un géant aux plus robustes proportions, et il est représenté comme tel dans les admirables gravures qui reproduisent les saints de l'ordre des Franciscains.

Une tradition des bas siècles, une légende, si l'on veut, du moyen âge, se base d'ordinaire sur un fait réel exagéré ou faussement interprété. Dicuil, le géographe du neuvième siècle, nous parle des ermites qui vivaient aux îles Fœroer bien avant l'époque où il écrivait, au septième ou même au huitième siècle. Ces solitaires avaient abandonné leurs îles depuis qu'elles étaient en butte aux incursions des Normands. Ces reclus ont dû faire naître bien des Robinsons imaginaires. Mildus, par exemple, ne demeure pas toujours dans les belles régions où s'élèvent les îles Fortunées. En étudiant dans Sigebert de Gemblours la topographie de l'île d'Ima, cet écrivain nous fait voir comment saint Brandan et saint Malo durent se contenter, pour accomplir leur périlleux voyage, d'une petite barque d'osier doublée de cuir. Il y a loin de cette frêle embarcation à nos pyroscaphes doublés et chevillés en cuivre.

Saint Malo ou Maclou (*Maclovius*) était évêque d'Aleth, en Bretagne; il mourut en 565. Ses reliques n'existent pas dans la ville qui s'honore de porter son nom; elles sont dans la paroisse de Rouen placée sous son invocation.

Saint Brandan et saint Maclou ne sont pas les seuls, du reste, qui, durant le moyen âge, nous conduisent ainsi vers des régions inexplorées.

Si l'on s'en rapporte à Cardoso, l'agiographe portugais, saint Avitus aurait précédé Brandan et Maclou de plusieurs siècles dans leur voyage aux îles Canaries. Ce saint voyageur vivait, est-il dit, au temps des apôtres, et il aurait même subi le martyre en l'année 105. Il est vrai que notre agiographe invoque ici le témoignage de Dexter, l'ami de Prudence, qui mourut en 440, et que la chronique qu'on lui attribue passe pour avoir été fabriquée par Higuera. Cardoso fait ensuite voyager vers cet archipel saint Brandan avec son compagnon, et il les fait séjourner durant sept ans dans les îles.

Il y a peu de mythes qui aient autant fait de chemin que celui-ci. Au siècle de Louis XIV, vers 1690, on trouvait l'île de saint Brandan en parcourant la mer des Indes. Notre vieux voyageur Dechalles en parle. M. Thierry lui a consacré quelques lignes charmantes dans un de ses articles qui ont paru en 1856 : « Ce que cherche saint Brandan sur l'inconnu des mers, c'est une île vaguement définie où le soleil ne se couche jamais, où les arbres sont chargés de fruits, le sol sablé de diamants, où un jeune homme qui le salue par son nom dit au saint voyageur : « Voici l'île qui t'a si longtemps échappé, parce que Dieu voulait te découvrir tout ce qu'il a semé sur l'espace de l'immense Océan ; prends et emporte de ces fruits savoureux, de ces pierres précieuses, autant que contiendra ton navire. » (Voy. un article du *Moniteur* du 23 septembre 1856.)

Sous le titre de *Robinson de la légende,* le P. Mertian a donné les Voyages de saint Macaire, qu'il faut faire remonter au dixième siècle. Il paraît, bien qu'il soit honoré comme un saint chez les Grecs, que ce pieux personnage est fantastique comme le récit où il figure. Les frères Théophile, Sergius et Hygin s'en vont de Jérusalem en quête des saintes aventures, et ils trouvent enfin dans sa grotte le Robinson de la légende, qui demeure aux portes du paradis : « Ses cheveux, semblables à la blancheur du lait ou de la neige, mais flottant librement, couvraient son corps entier. »

Saint Macaire n'était qu'à 20 milles du paradis; il n'avait cependant pour se soutenir, dans sa grotte, que des glands, des racines et de l'eau claire. Il était fils d'un noble Romain, et c'était d'abord l'archange Raphaël qui l'avait conduit vers la solitude qu'il habitait. (Voy. les *Études religieuses, historiques et littéraires,* par les pères de la compagnie de Jésus. — Mai-juin 1862, n° 3.)

Nous rencontrons un mythe tout à fait analogue dans la Vie d'un saint très-vénéré des Portugais. Saint Amaro est essentiellement voyageur, il se met en route pour gagner le paradis, terrestre, *paraiso terrenal.* Pour parvenir à ce divin séjour, il faut qu'il traverse des régions plus froides que la terre Adélie, où tout est congelé. La mer elle-même se maintient dans une sombre immobilité. Il arrive enfin au terme de ses désirs, il voit les portes du *paraiso terrenal,* mais il ne lui est pas donné de pénétrer dans l'immortel jardin. La rédaction que nous avons consultée est espagnole. Cette plaquette de dix-sept pages porte au titre : *Historia de la vida del bienventurado san Amaro.*

Cette légende avait cours à la fin du quinzième siècle, car le plus célèbre des compagnons de Christophe Colomb, Pinzon, y fait allusion lorsqu'on pénètre dans des mers inconnues. (Voy. Humboldt, *Géographie du nouveau continent.*)

P. 12. — Dom Sébastien.

Ici le jeune souverain du Portugal reproduit un mythe vieux de bien des siècles; pour le rapporter en peu de mots, nous le citerons tel qu'il est donné par Giraud le Gallois :

« Les Bretons, amoureux des fêtes, et leurs chanteurs populaires avaient coutume autrefois de raconter dans leurs fictions qu'après la bataille de Camlam, où le traître Mordred fut tué et Arthur mortellement blessé, une déesse imaginaire, nommée Morgane, transporta le corps du prince dans l'île d'Avalon, où ses blessures devaient être guéries et d'où il devait revenir fort et puissant pour gouverner les Bretons. » (Voy. Hersard de la Villemarqué, *Contes populaires des anciens Bretons,* t. I, p. 35.)

Au temps d'Alain des îles *Alanus de Insulis,* que cite le même écrivain, quiconque eût nié l'histoire de la venue d'Arthur aurait couru le risque d'être lapidé. Nous ne savons si les sébastianistes exaltés seraient plus indulgents; l'*ilha Encoberta,* dans tous les cas, est une réminiscence de l'île d'Avalon. Le jeune roi, seulement, y semble plongé dans une solitude plus profonde.

On ferait un livre considérable des folies inventées par les sébastianistes, et elles ont cours principalement aujourd'hui dans les sombres forêts inaccessibles aux bienfaits de l'instruction. Ce qu'il y a de plus curieux, sans doute, c'est que la captivité du jeune roi fantastique, qui se prolonge ainsi dans l'île cachée (l'*ilha Encoberta*), est déplorée par les plus ignorants des hommes, comme elle a été rappelée en termes magnifiques par ceux dont s'honore la nation. On fait monter aujourd'hui le nombre de ces sectaires à dix mille environ; et il y en a qui ont une croyance si ferme dans la venue du jeune roi qu'ils vendent des marchandises dont le payement ne doit s'effectuer qu'à l'avénement du monarque attendu. L'illustre Vieira, dont on connaît les sermons magnifiques, était imbu de ces folies. La Bibliothèque impériale possède un manuscrit, qu'il a intitulé : o *Quinto imperio do mundo* (le Cinquième empire du monde), qui est rempli des rêveries sébastianistes. Ceci est fort innocent; mais ce qui l'est moins, c'est ce qui s'est passé, en 1838, dans l'intérieur de la province de Pernambuco. On vit alors l'un des plus redoutables adeptes du sébastianisme s'emparer complétement de l'esprit de ses compatriotes; cet homme finit par leur annoncer, au nom du jeune monarque mort depuis l'année 1578, qu'il s'était réveillé, qu'il quitterait bientôt sa solitude enchantée, et qu'il allait apparaître dans les forêts du Brésil à la tête d'une armée nombreuse et magnifique. João Antonio, c'était le nom de ce fou ou, si on l'aime mieux, de cet imposteur, se contentait d'annoncer ainsi la venue du jeune monarque dans son village de Pedra-Bonita, à vingt-deux lieues de Villa-de-Flores; mais un nouveau néophyte plus audacieux que lui se fit proclamer roi et probablement mandataire de dom Sébastien. Cet individu, nommé Jean Ferreiro, avait imaginé des rites sanglants à l'aide desquels il voulait consolider son empire. On devait sacrifier des victimes humaines qui conquerraient, au moment où elles étaient ainsi immolées, une existence immortelle à l'abri désormais des vicissitudes humaines, et couronnée par les splendeurs qu'avaient rêvées dans leurs forêts ces ardentes imaginations. Pedro Antonio, frère de l'ancien prophète, se débarrassa de celui-ci par l'assassinat. Il arriva alors un événement tragique dont nous avons signalé autre part le sanglant dénoûment. Cet homme « avait persuadé aux grossiers *sertanejos* (on appelle ainsi les gens de l'intérieur) que par son influence ils étaient devenus à la fois invulnérables et invincibles. Vingt-six gardes nationaux, sous la conduite du commandant Pereira da Sylva, marchèrent du bourg de Belem contre ces frénétiques, en tuèrent vingt-neuf sur le lieu de l'engagement, firent quelques prisonniers et dissipèrent les autres dans leurs forêts. » Là ils se trouvèrent en présence des plus tristes réalités, et ils reconnurent à leurs dépens ce que valait la parole de leur prophète. Selon cet homme, au jour de la délivrance, il devait lui suffire de frapper la terre du pied pour en faire surgir des armées nombreuses. (Voy. *le Portugal*, p. 306, et *l'Écho français* de Rio de Janeiro du 14 juillet 1838.)

<h3 style="text-align:center">P. 14. — Don Juan de Cartagena.</h3>

Il y a peu de Robinsons aussi bien caractérisés dans leurs malheurs que les deux infortunés abandonnés par Magellan à l'extrémité du continent américain. Pour faire comprendre les événements qui déterminèrent la décision sévère du grand homme par qui fut entrepris le premier tour du monde, nous renvoyons à l'article sur Magellan publié par l'un de nous dans la *Biographie générale*. On y verra que don Juan de Cartagena s'était fait condamner justement par son chef, en raison de ses prétentions excessives et de sa conduite arrogante. Nous entrerons ici, sur les exilés, dans des détails plus circonstanciés que nous n'avons pu le faire.

Il est bien certain que la vie de ces deux hommes dut être des plus pénibles, si l'on prend en considération la température qui se fait sentir dans ces parages. Le port de San-Julian, situé par les 49 degrés de latitude, était soumis à cette époque, comme il l'est aujourd'hui, aux plus horribles rafales, et le froid s'y maintenait avec rigueur.

Juan de Cartagena n'était pas un de ces marins endurcis à tous les travaux et capables de supporter toutes les vicissitudes, comme il y en avait tant au seizième siècle; c'était un homme qui avait vécu dans les villes les plus florissantes de l'Espagne, qui avait même hanté les cours. On peut imaginer aisément en quelle détresse il se trouva, lorsqu'il se vit déposé sur une terre absolument déserte, à l'entrée du détroit qui devait porter un jour le nom de son ennemi mortel. Pigafetta, qui aurait pu nous donner des détails si précis sur le banni, se tait prudemment toutes les fois qu'il s'agit des troubles intérieurs dont la violence cependant faillit compromettre tous les résultats du voyage : nous savons seulement qu'on lui laissa quelques caisses de biscuit et quelques bouteilles de vin. Son arquebuse, qu'on lui abandonna probablement, l'approvisionna de gibier.

Pour en revenir cependant au climat de cette partie de la côte, dont on nous a fait parfois une peinture si épouvantable, il n'est pas en réalité aussi rigoureux qu'on l'a prétendu. Dumont d'Urville en eut la preuve durant sa dernière exploration à bord de la *Zélée*. Les officiers qui faisaient partie de son expédition font remarquer, à bon droit, qu'il y a eu sur ce point d'étranges exagérations, et que d'heureuses entreprises coloniales pourraient être fondées sur ces rives en apparence si peu hospitalières. Nous ne disons pas cela, toutefois, pour atténuer l'horreur de la situation de Cartagena. Exposé sur une plage déserte, à l'extrémité du monde, sans espoir que le hasard amenât dans ces mers quelque embarcation, sa situation fut certainement horrible, et il put envier le sort d'un autre de ses compagnons qui avait été poignardé à l'improviste sur son bord. Une des plus douloureuses préoccupations de Cartagena, d'ailleurs (mais on ne saurait lui accorder sa pitié à ce sujet), fut de penser, dans son affreux désert, au triomphe complet de Magellan, dont il ne pouvait prévoir ni la gloire, ni la destinée funeste.

Si l'on s'en rapporte à certaines dépositions de marins consignées dans la collection de Navarrete, Sanchez de la Reina, le chapelain, aurait subi la flagellation avant d'être livré à l'exil. Son crime unique, est-il dit, avait été d'affirmer qu'on n'avait plus suffisamment de vivres pour poursuivre l'expédition. Il se serait refusé également à la révélation des confessions que lui faisaient les hommes de l'équipage. On fait remarquer avec raison qu'un tel motif de vengeance ne peut guère être admis. Magellan était un homme essentiellement religieux.

Les récits officiels, malheureusement, sont on ne peut plus avares de détails sur ces deux malheureux, qui finirent par se trouver réunis. On ignore si les Patagons les visitèrent, mais cela n'est guère probable. Nous voyons par les renseignements contenus dans la collection de Navarrete qu'ils durent être mis à terre le 22 août 1520. Ils furent recueillis au bout de peu de semaines par Esteban Gomez et Geronymo Guerra, qui, après avoir abandonné Magellan, arrivèrent au port de las Muelas, le 6 mai 1521.

Qui croirait que ce lieu d'exil dont nous nous faisons une idée si formidable a eu, dans ces derniers temps, des admirateurs à la tête desquels il faut mettre le célèbre commandant de la *Zélée*, Dumont d'Urville! M. E. de Bovis, qui a donné de si intéressants détails sur ce pays dans sa lettre au savant Daussy, dit positivement, en parlant du paysage : « C'étaient à chaque pas des spectacles admirables et une nature tellement différente de celle que nous connaissions que, malgré son inflexible rigueur, elle a pourtant des charmes. »

P. 15. — GONÇALO DE VIGO.

On a conservé très-peu de détails sur Gonçalo, mais les régions où il demeura, et sur lesquelles on possédait si peu de documents exacts, ont été admirablement explorées par l'un de nos plus savants marins, C.-L. de Saulses de Freycinet, mort en 1842, et qui, après avoir fait partie de l'expédition de Baudin, fit lui-même un si beau voyage de circumnavigation. Le nom du hardi navigateur qui osa suivre pour la première fois les traces de l'immortel Magellan est à peine connu; nous donnerons ici les traits principaux de sa biographie.

Garcia Jofre de Loaïsa était né à Ciudad-Real, au seizième siècle; dès le début de sa carrière, il s'était acquis de la réputation comme marin, et il était commandeur de l'ordre de Saint-Jean de Jérusalem lorsqu'on lui confia le commandement de l'expédition qui devait continuer les mémorables découvertes de Magellan, et même s'emparer des Moluques. La junte de Badajoz équipa dans ce but six navires, à l'armement desquels on pourvut avec toute sollicitude. Cette flottille partit de la Corogne au mois de juillet 1524, et elle se glorifiait d'avoir pour l'un de ses chefs ce Sébastien d'Elcano qui, le premier, avait fait le tour du globe. Loaïsa, son supérieur de fait, avait planté son pavillon à bord du *San-Gabriel*. Ce ne fut que le 26 janvier 1525 qu'il arriva à l'entrée du détroit de Magellan, au cap des Vierges; il entra résolûment dans ce canal, qui voyait les Européens pour la seconde fois, et il en sortit le 25 mai. Les fatigues qu'il avait fallu endurer, les tempêtes dont la flottille avait été battue, avaient tellement exténué les chefs intrépides de l'expédition qu'ils conservaient tout au plus assez de force pour la diriger. Le commandeur, étant parvenu dans l'océan Pacifique, sentit que son heure était arrivée; ne pouvant plus rien pour la mission dont il avait assumé le fardeau, il donna du moins la preuve de la plus noble résignation, et mourut à la fin de juin 1525. On était alors parvenu par les 4 degrés de latitude nord. Les instructions remises par la junte ayant été ouvertes, Sébastien d'Elcano se trouva être désigné pour prendre le commandement; il ne le garda que quatre jours, et, comme Loaïsa, il succomba. On trouve des renseignements précieux sur ces hommes si peu connus dans les ouvrages suivants : *Documentos ineditos para la historia,* etc. — Le président des Brosses, *Histoire des terres australes.* — Fernandez de Navarrete, *Historia de la nautica,* 1 vol. in-8.

P. 15. — Li-ma-hong.

Le vrai nom de ce célèbre pirate qui s'en alla mourir dans la solitude est *Li-ma-hong.* Sa biographie n'est pas encore bien éclaircie. Né durant la seconde moitié du seizième siècle, il paraît avoir été d'abord un simple brigand exerçant sur terre, avant d'écumer les mers. Il finit par avoir deux mille hommes sous ses ordres, et plus tard même il parvint à réunir une flottille qui se composait de quatre-vingt-quinze bâtiments. C'était, il est vrai, une réunion fort peu redoutable de petits navires. L'empereur de la Chine n'en envoya pas moins contre lui une flotte de cent trente bâtiments, montés par quarante mille hommes. Terrifié par cet armement imposant, Li-ma-hong quitta les mers où il était redouté, et il réunit ses forces pour aller attaquer l'établissement que les Espagnols avaient fondé récemment aux Philippines. Il se présenta le 30 novembre 1574 devant un fort qui ne renfermait cependant que soixante Espagnols; il brûla la ville, mais il fut repoussé avec perte. Ce fut à la suite de cet événement qu'il se retira dans une île.

P. 15. — Hernandez.

Dans l'histoire des colonies américaines, il en est peu d'aussi curieuses que celle qui se rattache à l'exil de Hernandez, et qui eut pour premier fondateur Sarmiento.

Ce marin, qui n'a point d'article dans la Biographie, était un homme infiniment habile; mais s'il avait des connaissances spéciales et un cœur résolu, il possédait une imagination beaucoup trop vive. Pedro de Sarmiento avait fait partie, en 1580, de la grande expédition de Diego Fariz de Valdez. Il avait exploré une première fois le détroit de Magellan, et sur ces plages désertes, habitées par de misérables Indiens dont notre habile compatriote Beauchesne-Gouin a si bien dépeint la misère, il avait vu des tours, des cités, des temples fantastiques; il peignit en traits de feu ces régions. Pour former un établissement durable dans ces pays magnifiques, on lui accorda une flottille de vingt-trois navires. Il partit bientôt du Pérou, et pénétra dans le détroit par la mer du Sud; mais la réalisation de ses projets ne put s'effectuer qu'en 1584. Lorsqu'il entra dans le détroit, il n'avait plus pour nourrir ses quatre cents hommes et les trente femmes qui n'avaient pas craint d'affronter de tels périls que des provisions restreintes et qui pouvaient soutenir l'établissement tout au plus durant huit mois.

La colonie *del Nombre de Jesus,* ou villa de Felippe, par les 53 degrés sud, n'en fut pas moins fondée au lieu qui porte le nom sinistre de port Famine. Nous ne répéterons pas ce que nous avons déjà dit à propos de l'effroyable fléau dont elle fut frappée. Hernandez, qui avait survécu à tous ses compagnons, fut recueilli sur le navire commandé par André Mérick, qui faisait partie de la flotte de Candish, en 1587.

P. 19. — Anna d'Arfet.

La légende si touchante d'Anna d'Arfet nous est parvenue sous plusieurs formes; l'une des plus anciennes, sans contredit, vient d'Antonio Galvam, qu'on a surnommé l'Apôtre des Moluques, pays dont il fut le gouverneur. Ce grand homme, né aux Indes orientales, mourut à Lisbonne, dans un état déplorable de misère, le 11 mars 1557; il était alors à l'hôpital. Le livre où il a parlé de nos deux jeunes exilés n'a jamais été traduit; la première édition porte au titre : *Tractado... dos diversos e desvairados caminhos por onde nos tempos passados a pimenta e especiaria veyo da India as nossas pártes,* etc. Lisbonne, 1563, in-8; réimprimé en 1731, in-fol. Rien n'est changé au fond du récit. La légende historique a reçu tous ses développements par Francisco Manoel de Mello, écrivain classique portugais dont la vie fut essentiellement aventureuse, et qui, exilé au Brésil, passa une partie de sa vie à voyager. Cet ami du spirituel Quevedo, si spirituel lui-même, mourut à Lisbonne, le 13 octobre 1666.

C'est dans celui de ses nombreux ouvrages intitulé si singulièrement *Epanaphoras* qu'il a consigné l'histoire d'Anna d'Arfet, qu'il tenait, dit-il, d'un manuscrit laissé par un jeune écuyer nommé Alcaforado. Les *Epanaphoras de varia historia portugueza* parurent pour la première fois à Lisbonne en 1660, in-4°. Ce livre précieux se trouve à la Bibliothèque impériale. C'est à lui que nous avons emprunté notre récit. Nous dirons en passant que son premier possesseur l'a enrichi d'une note curieuse du P. Berruyer qui explique le titre étrange du volume. Dans l'*Epanaphora* qui a pour sujet la découverte de l'île de Madère, Francisco Manoel raconte comment le manuscrit dont il a tiré son histoire vint en sa possession. Nous renvoyons pour cette discussion aux précieux renseignements donnés par M. d'Avezac.

L'île de Madère est si rapprochée de l'Europe qu'elle a dû être certainement visitée par certains navires emportés hors de leur route avant l'époque indiquée officiellement comme date de la découverte. On s'est même demandé si cette terre privilégiée n'est pas l'*isola delle Legname* du Portulan génois ou *Mediceo,* qui remonte à l'année 1351.

Les bois y étaient si abondants qu'au moment où l'on songea à coloniser l'île il fallut y porter l'incendie. Thevet, dont la carrière se prolongea si longtemps, avait vu encore plusieurs marins témoins de cet événement. « Ils y mirent le feu, dit-il, qui besoigna si bien du costé de l'est nord-est, que celuy à qui ceste partie estoit eschue fust contraint de s'enfuir et detraper pays estant de si près chassé de ceste furie de feu, que luy, sa femme et sa famille ne seurent où se sauver que dans les ondes de la mer, où ils demeurèrent deux jours sans boire ne manger, attendant que cela fut passé. — Et l'ay ainsi ouy compter (*sic*) à un vieil pilote portugais, il y a trente-sept ans, le quel me dist et affirma avoir esté présent à l'embarquement et lorsqu'elle fut peuplée. » Ceci nous reporte à l'année 1419, époque de la découverte portugaise, ou pour mieux dire à 1421, date de la colonisation. A cette époque, comme tout le monde le sait, Joam Gonçalvez Zargo et Tristan Vaz Texeira de Vasconcellos reçurent Madère à titre de concession du célèbre infant don Henrique.

Pour donner une idée du caractère pittoresque de l'île, nous nous contenterons de dire ici que la plus haute de ses montagnes n'a pas moins de 2 315 mètres de hauteur au-dessus du niveau de la mer. Le dernier historien de Madère, M. C.-A. Mourâo Pitta, a dit avec raison que la conformation de l'île est celle d'un quadrilatère oblong et irrégulier, et il ajoute : « La physionomie des montagnes, inégales et dentelées, est celle de masses volcaniques tourmentées par de violentes convulsions souterraines. » C'est ce qui donne un aspect si grandiose au paysage. « Les pics les plus hauts sont quelquefois dénudés, mais bientôt les montagnes se couvrent d'arbres de toute espèce; le cèdre y monte quelquefois à des hauteurs prodigieuses; les collines, admirablement cultivées, y présentent quelque chose de féerique. »

Un nom prononcé souvent dans notre légende est resté à l'un des quartiers de l'île : c'est celui quelque peu modifié de *Macham* ou *Machim;* l'une des plus anciennes capitaineries porte le nom de *Machico.* Un célèbre géographe portugais, du reste, habitant lui-même de Madère, ne met pas en doute le récit dont nous avons réuni les traits principaux; le savant Casado Giraldez ajoute même qu'il trouve sa confirmation dans l'opuscule d'un chanoine de la cathédrale de Funchal, nommé Geronymo Dias Leite, qui l'écrivit en 1579.

Le récit le plus ancien que présentent les collections anglaises est, à ce que nous croyons, celui d'Hackluyt; il est intitulé : *Makam's voyage to the island of Madere,* t. II, p. 2; mais en réalité ce n'est qu'une copie de celui de Galvam.

Tout le monde connaît la *Relation historique de la découverte de l'île de Madère,* traduite du portugais d'Alcaforedo (*sic*), 1671, in-12. Ce n'est autre chose qu'une traduction fort imparfaite de l'*Epanaphora* de Francisco Manoel de Mello. Casado Giraldez, que nous avons déjà cité à propos de la chronique, a donné le récit de Juan d'Amores dans l'ancien recueil publié par Férussac.

P. 28. — Fernand Lopez a Sainte-Hélène.

On connaît à peine, en France, le navigateur qui découvrit l'île de Sainte-Hélène ; une terre d'Afrique porte cependant son nom, et il jouit dans son pays d'une célébrité bien méritée. Nous allons répéter ici en partie la Vie abrégée que l'un de nous en a donnée dans la *Biographie générale,* en faisant observer que c'est surtout dans Barros qu'on trouve le développement de ses voyages.

Joam da Nova, surnommé le Galego ou le Galicien, était né dans la seconde moitié du quinzième siècle, mais on n'a aucun détail sur les premiers temps de sa carrière ; on ignore même à quelle portion de la Galice il appartenait, on sait seulement qu'il était d'une famille noble, et né très-probablement sur le territoire portugais.

Après avoir servi longtemps à bord des flottes portugaises, parce qu'il entendait à merveille les affaires de mer, nous dit Barros, il fut nommé alcaïde de Lisbonne : cette place lui avait été accordée en quelque sorte pour le récompenser de ses honorables services, elle était considérée comme une des premières charges de la grande cité, et fort recherchée de la noblesse. On était parvenu à la fin de l'année 1504, et Pedralvarez Cabral se trouvait encore dans l'Inde, on le supposait du moins, lorsque don Manuel fit équiper une escadre composée de quatre navires, avec un équipage de trois cent cinquante hommes qu'il destinait à aller secourir la flotte partie depuis deux ans ; le commandement de cette expédition fut donné à Joam da Nova, sous la direction suprême, néanmoins, de Pedralvarez ; les autres capitaines étaient Diogo Barbosa, Francisco de Novaes et Fernand Vinet, le marin florentin.

Après avoir visité le cap de Bonne-Espérance, il découvrit l'île de Sainte-Hélène ; elle était alors complétement déserte, et fut regardée dès cette époque comme une relâche excellente pour les navires qui devaient désormais se rendre aux Indes. Barros ne se lasse pas de vanter les ressources merveilleuses qu'elle offrait alors aux marins fatigués. Après cette découverte notable, Joam da Nova arriva en Portugal, le 11 septembre 1502. Le roi l'accueillit de la façon la plus distinguée et l'employa dans les guerres de l'extrême Orient, sans lui donner toutefois le commandement en chef.

Nova retourna par trois fois aux Indes, et son premier voyage, à la suite de son expédition, eut lieu avec le vice-roi Francisco de Almeida. En toute occasion il donna des preuves de la valeur la plus brillante. Vers 1505, devant Ormuz, il eut le malheur de se commettre dans une discussion orageuse avec le grand Albuquerque ; celui-ci le traita avec une violence qui ne lui était pas habituelle, probablement en raison des rapports que notre marin avait eus de tout temps avec son rival ; il lui permit toutefois de retourner aux Indes. En 1508, nous le voyons commander le vaisseau sur lequel était Almeida quand il défit les *Roumis,* peu de temps avant la catastrophe où il fut tué, sur les plages du cap de Bonne-Espérance.

A partir de 1508, on perd les traces de ce navigateur, et il n'est guère probable qu'il soit resté en Orient, où sans doute il se fût distingué par quelques nouveaux exploits.

Le découvreur de l'île Sainte-Hélène avait acquis, comme marin, une renommée vraiment populaire ; on l'appelait familièrement, dans la Péninsule, Joam Galego, Jean le Galicien. Il ne faut pas cependant le confondre avec un aventurier désigné en Portugal sous le même nom, et qui jouit d'une célébrité dont la tradition n'a pas perdu encore le souvenir, puisqu'elle est consacrée par de vieilles chansons.

P. 31. — Alonso Çuaço.

Quelque extraordinaires que puissent paraître les diverses circonstances qui accompagnèrent ce naufrage, le récit est de la plus complète exactitude, et l'on peut dire qu'il est contrôlé par l'historien le plus exact des colonies espagnoles. Les trois stations de Çuaço sur les îles désertes des Alacranes se trouvent parfaitement établies dans les Décades d'Herrera. On insiste dans ce récit sur la prodigieuse grosseur des tortues nourries sur ces écueils. On parle d'un de ces chéloniens qui supportait sur sa carapace six individus. (Voy. *Historia de las Indias occi-*

dentales. Déc. iii, l. V, p. 201.) Nous ferons remarquer en passant que Çuaço était beau-frère de Cortez, et que la sollicitude de ce dernier pour le naufragé devient dès lors toute naturelle.

Bien peu de temps après son naufrage, le licencié Çuaço fut appelé à jouer un grand rôle dans l'administration, lorsque Hernand Cortez s'en alla réprimer la révolte d'Olid dans le pays de Honduras : ce fut son allié qu'il chargea d'administrer la justice dans la capitale du Mexique. Çuaço était devenu le protecteur des Indiens, et l'on peut voir qu'en 1527 il fut nommé au gouvernement de Saint-Domingue pour remédier aux abus qui s'étaient multipliés dans l'administration.

P. 53. — MESTRE JUAN.

L'île Serrana ne devait pas encore porter ce nom, puisqu'elle ne le prit qu'à partir du moment où Pedro Serrano lui imposa le sien. Nous l'avons cherchée vainement sur les cartes si détaillées, du reste, d'Abraham Ortelius. Il serait possible que ce fût le *Mons Serrata* de ce vieux géographe. Le récit du naufrage de mestre Juan nous a été conservé intégralement par Antonio de Herrera, l'historiographe en titre de Castille, dont l'exactitude est si connue. Né à Cuellar en 1569, il mourut en 1625. Sa vie fut employée à compulser les archives du royaume et à rédiger ses nombreux écrits. On peut s'en rapporter à son témoignage.

P. 58. — PEDRO SERRANO.

L'ancien page d'Isabelle la Catholique, celui-là même qui était présent à Barcelone lorsque l'immortel Colomb se présenta devant la reine, Oviedo y Valdes, en un mot, est un des plus curieux narrateurs de son temps. Il n'avait pu entendre tant de glorieux récits, connaître tant de merveilleuses aventures, sans aller visiter les régions d'où venaient les navigateurs qu'il avait admirés. Fixé durant de longues années en Amérique, mais faisant de nombreuses excursions sur les points les plus intéressants du nouveau continent, il connut admirablement les hommes et les choses. Quand sa *Relacion sumaria* parut à Tolède, en 1525, elle produisit une vive impression. Cette sensation s'accrut plus tard, lorsqu'en 1546 parut à Salamanque l'*Historia general y natural de las Indias.* Jean Poleur, le valet de chambre de François Ier, en donna immédiatement une traduction que l'on recherche avec autant d'ardeur, pour ainsi dire, que l'original. Ces livres précieux ne sont plus aujourd'hui que de curieuses raretés. Oviedo avait laissé en mourant de nombreux manuscrits; c'est en ces derniers temps seulement que l'Académie de Madrid s'est décidée à en donner une collection complète. Ce vaste ensemble où sont consignés tant d'utiles documents et, il le faut dire aussi, tant d'amusants souvenirs, a été coordonné et publié en quatre volumes in-folio par M. Amador de los Rios. C'est de cette publication récente, faite sur des événements si anciens, que nous avons tiré le naufrage de Serrano, et plus tard celui du licencié Çuaço.

P. 72. — MARGUERITE ROBERVAL.

La rigueur qu'elle trouva chez son oncle s'explique par ce passage du *Grand Insulaire* d'André Thevet, que nous copions ici complétement : « Le capitaine Roberval estoit fort cruel à l'endroit des siens, les contraignant de travailler en leur vacation, autrement estoient privez du boire et du manger ; il vouloit que chascun vescut en paix selon les ordonnances par luy faites, lesquelles il faisoit garder fort soigneusement, car si quelqu'un défailloit, promptement il le faisoit pugnir. En ung jour il en fist pendre six, encore qu'ils fussent de ses favoris, entre autres un nommé Michel Galloy, Jehan de Nantes et autres, et quelques-uns qu'il fit exiler en une isle, ayant les fers aux pieds, pour avoir esté trouvés en larcin d'objets qui vaudroient cinq sous tournois; d'aultres furent fustigés pour même fait, tant hommes que femmes, pour s'estre battus et injuriés. »

Maître André Thevet, qui se dit l'ami de Roberval, ne le traite certes pas avec indulgence ; il nous révèle sur la fin du vice-roi des terres du Canada certains faits ignorés, nous devons le dire, des biographes. Après avoir raconté comme quoi l'humeur terrible du lieutenant de François Ier s'adoucit néanmoins au point de rendre la vie des exilés à peu près supportable, il ajoute : « Roberval leur avoit laissé plusieurs vivres et aultres commodités pour leur aider et servir en leurs nécessités, comme luy mesme me dit trois mois devant qu'il fust tué de nuict près Saint Innocent à Paris. Depuis le quel tems j'ay marqué et donné nom de Roberval à ceste présente isle et aussy marqué dans mes cartes pour la grande amitié que je luy portoys de son vivant. » Nous rappellerons ici que M. Fréville, dont le nom fait autorité, n'est point d'accord avec notre cosmographe sur la manière dont mourut Roberval ; il le fait périr en 1549, durant un naufrage. (Voy. *Mém. sur le commerce maritime de Rouen.*) L'île Roberval gît, dans le *Grand Insulaire*, par 58 degrés de latitude et 342 de longitude, et toujours selon Thevet ; cette île n'est autre que celle à laquelle l'usage avait imposé le nom de *la Damoiselle*. Pour dire toute la vérité, notre géographe des rois de France la place un peu plus loin, par les 53 degrés de latitude. La même terre porte aussi le nom d'*île des Démons*.

Cette dernière dénomination lui venait, selon notre cosmographe royal, des « afformidables visions qu'y avait eues la damoiselle... et à vray dire, continue-t-il, la solitude donnoit grande force à l'esblouissement de ces apparitions. »

Pour se faire une idée complète des terreurs qui durent assaillir l'infortunée Marguerite, il faut se rappeler aussi l'inquiétude que lui donnait la proximité du continent et la possibilité de voir les sauvages débarquer dans son île et l'emmener en captivité.

P. 84. — HANS STADEN DE HOMBERG.

Les aventures de Hans Staden de Homberg, longtemps négligées et publiées d'abord en allemand sous ce titre : *Wahrhaftige historie und beschreibung eyner landschaft der wilden, nacketen grimmigen Menschenfresser Leuthen in der newen Welt America*, etc. (Marburg, 1557, in-4°), ont conquis aujourd'hui une grande notoriété ; la phalange d'historiens brésiliens et de poëtes qui s'occupe aujourd'hui si activement des antiquités de ce beau pays s'appuie sur son témoignage ; il est cité comme une autorité par Adolfo de Varnhagen, Gonçalvez Dias, Magalhaens, Pereira da Sylva, Caetano da Sylva et un grand nombre d'autres écrivains. Il est peu de voyageurs, en effet, qui méritent autant de confiance que lui. Notre Jean de Léry, cet écrivain charmant que M. Auguste de Saint-Hilaire a surnommé à bon droit le Montaigne des vieux voyageurs, Léry qui se trouvait au Brésil à l'époque à peu près où il subissait sa douloureuse captivité, lui rend pleinement justice. Il voulut le connaître ; il eut avec lui une entrevue, et il se plaît à rendre hommage à la véracité de ses récits. Sa relation originale, enrichie de gravures si curieuses, est devenue infiniment rare ; M. Henri Ternaux-Compans a donc rendu un vrai service aux sciences géographiques en le traduisant et en lui donnant une place dans sa collection d'anciens ouvrages relatifs à l'Amérique. Nous savons de bonne part que M. Alfred d'Hérold veut le reproduire dans son texte primitif, et qu'il doit faire partie de la *Bibliotheca americana*.

P. 133. — ILE JUAN-FERNANDEZ.

Découvert en 1563 par le navigateur qui lui donna son nom, le groupe de Juan-Fernandez se compose de deux îles situées à trente-cinq lieues l'une de l'autre : chacune d'elles a reçu une dénomination qui atteste leur position en mer. La première, qui a environ quarante-deux milles de circonférence, est désignée sous le nom de *Mas-à-Tierra*, pour indiquer son voisinage du continent, dont elle n'est qu'à cent cinquante lieues. *Mas-à-Fuera* n'a qu'une lieue de longueur, et elle est plus éloignée des côtes. Sa solitude perpétuelle, ses forêts à peu près semblables à celles du Chili, et que l'on n'aperçoit pas en mer, parce qu'elles sont environnées de roches escarpées qui sortent presque perpendiculairement de l'Océan, ses vastes citernes naturelles où viennent se baigner les lions de mer, tout lui donne un caractère à part, et qui empêche qu'on ne la confonde avec l'île plus importante de Mas-à-Tierra.

C'est cette dernière qui servit d'asile à Selkirk ; elle est située par 33° 4' de latitude sud et par 80° 30' de longitude à l'ouest de Greenwich. Vue dans l'éloignement, elle se présente sous la forme d'un rocher plein de crevasses ; mais, à mesure qu'on approche, l'aspect change, et on découvre des forêts profondes qui composent un admirable paysage. Vue du côté de l'ouest, l'île paraît plus haute à son extrémité septentrionale ; elle s'abaisse vers le sud, où elle se termine, à une demi-lieue marine, par un gros rocher qu'on appelle l'île aux Cabris.

L'île de Juan-Fernandez a été bien diversement appréciée ; elle parut d'une extrême fertilité au commandant Laplace, qui, en 1832, la visita avec la *Favorite*. Elle est représentée comme un lieu de délices par les Sharp, les Dampier, les Cowley, les Woode-Rogers, et tous ces navigateurs qui, vers le milieu du dix-huitième siècle, venaient s'y ravitailler après de rudes et laborieuses campagnes. Ils vantent ses grands cèdres rouges qui croissent en abondance sur le revers des collines ; ses arbres à piment, dont la tête est si verdoyante et dont le bois est si recherché en Europe ; ses profondes citernes environnées de fleurs ; ses sources abondantes qui réunissent leurs eaux limpides pour tomber en cascades ; ses innombrables troupeaux de chèvres errant dans les vallées, où ne vit nul animal nuisible, et qui fournissent de si précieuses ressources aux voyageurs. Aujourd'hui, c'est mieux encore, car les jardins qui entourent la bourgade fondée en 1792 renferment presque toutes les herbes potagères cultivées au Chili. On y trouve aussi des figues, des cerises, des pommes de diverses espèces, des amandes et quelques autres fruits d'Europe. Cette herbe aromatique dont l'usage est si répandu dans une partie de l'Amérique méridionale et qui remplace le thé au Chili et au Paraguay, le maté vous est offert dans toutes les maisons où vous vous présentez. Les bestiaux transportés du continent se sont multipliés, et il y a, dit-on, quelques troupeaux de bœufs et de moutons. En un mot, l'île possède maintenant une faible industrie et une certaine culture.

Bien plus sombre est le tableau qui en a été tracé, il y a quelques années, par D. Juan Egana :

« Rappelez-vous cette île qui est le produit de quelque éruption volcanique, et dont on pourrait croire que l'intérieur est encore en combustion, tant est fatigante la chaleur que l'on y éprouve. Lorsque le calme s'y maintient, il semble que ce ne soit qu'une nuée épaisse où nous nous sommes plongés et où l'on peut regarder comme un prodige d'apercevoir une heure le ciel serein. En effet, les pluies sont si constantes et si répétées que, sans compter l'hivernage, j'ai vu pleuvoir à vingt-quatre reprises différentes en un seul jour d'été. Jamais il ne nous est arrivé de pouvoir nous éloigner avec quelque sécurité de nos misérables cabanes seulement à quelques pas ; encore bien moins pouvons-nous y trouver le repos. Les navires ne peuvent guère aborder ces plages sans grand péril, parce qu'ils courent risque d'être mis en pièces par les vents ; et il est arrivé fréquemment à ceux qu'on envoyait avec des vivres de ne pas avoir le temps de sauver leurs ancres et d'être emportés par la tempête. Aussi est-ce chose presque incroyable que la précipitation avec laquelle les pilotes se hâtent d'opérer leur déchargement, afin de s'enfuir du port. »

Ajoutons enfin que l'île est soumise à de fréquents et terribles tremblements de terre. Ainsi, le 24 mai 1751, une colonie naissante fut engloutie par une lame immense qui vint se briser sur l'établissement. Cette catastrophe coûta la vie au gouverneur, à sa famille et à trente-cinq personnes. En 1835, une éruption sous-marine vint encore y causer d'affreux ravages. L'île était occupée alors par une colonie de convicts qui, profitant de la circonstance, commencèrent à piller au risque de leur vie. Le gouverneur, T. Futcliffe, a publié le récit de cet événement à Manchester, en 1839.

Comme on pourrait le croire par ce qui précède, Juan-Fernandez n'est en réalité ni un séjour délicieux, ni un lieu d'horreur. Certaines parties sont favorisées ; d'autres cantons, surtout vers la côte, sont désolés par d'épouvantables ouragans. Le climat n'est pas partout le même : il suffit d'une chaîne de collines plus élevées, d'une forêt qui s'oppose aux orages, pour qu'on retrouve dans certaines vallées le climat tempéré du Chili.

A ceux qui voudraient prendre une idée exacte de la portion habitée de l'île nous signalerons le grand atlas dont M. Claude Gay a accompagné son savant ouvrage sur le Chili, écrit en espagnol ; nous signalerons également une fort jolie vue générale de l'île, prise sur nature par M. Lebreton.

Vers 1792, le gouvernement espagnol y a fondé un petit établissement : on renversa quelques forêts, on multiplia les arbres utiles, on cultiva quelques champs, on fit venir du Chili des troupeaux de vaches. Des fortifications s'élevèrent, et une batterie de cinq canons, établie à la pointe occidentale de l'île, commanda la rade. Une autre batterie de six canons domina le bourg et le mouillage. Quoi qu'il en soit, ce rocher basaltique, battu par de perpétuels orages, n'aura jamais une grande importance, mais il peut offrir du moins un point utile de relâche aux navigateurs.

Aux lieux mêmes où de Foë nous a représenté Robinson écrivant ses élucubrations mystiques, un jésuite chilien, ou plutôt castillan, Domingo Anthomas, alla volontairement, vers 1763, composer son *Arte de perseverar en gracia.* Ce petit ouvrage, écrit avec âme et d'une façon substantielle, est divisé en trois parties : la première explique et analyse la dignité de la persévérance ; la seconde indique les moyens de l'obtenir, et la troisième ceux de la pratiquer. Étrange traité écrit dans un lieu non moins étrange !

Bien d'autres solitaires, sans compter Selkirk, ont vécu à Juan-Fernandez ; nous en citerons quelques-uns dans l'ordre chronologique : tous sont antérieurs au héros de de Foë.

Avant 1680, il est fait mention par Ringrose d'un navire qui périt sur les brisants de cette île : un seul homme échappe au naufrage, et il vit cinq ans dans la solitude, jusqu'à ce qu'un autre navire le reprenne.

Le second habitant de Mas-à-Tierra est un Indien Mosquito que le capitaine Sharp y laisse en 1680, lorsqu'il vient relâcher dans cette île, à laquelle il lui plaît d'imposer le nom de la reine Catherine. Cet homme y vit seul, et il est dans l'île de Juan-Fernandez sans doute de son plein gré, car le capitaine Cowley nous apprend qu'à l'approche de ses navires il tua deux chèvres et les tint prêtes pour les servir aux équipages.

C'est le même individu qui s'est plu dans cette solitude sans doute, mais il y a erreur de date dans le journal de Dampier. Ce marin parle d'un Mosquito qu'il retrouva en 1684 dans l'île, et qui y avait été déposé en 1681, lorsqu'il était à bord du capitaine Watling. Il entre, comme on l'a vu, dans les détails les plus curieux sur la vie solitaire de cet homme et sur son admirable industrie.

Voici ce que dit à son tour Wafer, et son récit date de 1687 : « Trois ou quatre de nos compagnons de fortune, chagrins d'avoir perdu au jeu tout ce qu'ils avaient, et de sortir des mers aussi pauvres qu'ils y étaient venus, se décidèrent à rester sur l'île de Juan-Fernandez. Nous leur donnâmes un petit canot, une marmite, des haches, de grands couteaux, du maïs, et les provisions dont ils avaient le plus besoin. J'ai appris dans la suite qu'ils avaient planté de ce maïs, apprivoisé quelques chèvres, et vécu de poissons et d'oiseaux. »

Ces trois désespérés eurent le temps de faire de sérieuses réflexions sur le jeu et sur ses hasards : ils vécurent un ou deux ans dans la solitude qu'ils s'étaient choisie.

Ce ne fut qu'une vingtaine d'années plus tard qu'eut lieu l'aventure de Selkirk.

Terminons en mentionnant à Juan-Fernandez la présence de Robinsons plus modernes.

Il y a trente ans environ, un savant, M. Bertero, se confina volontairement dans cette île pour s'y livrer exclusivement à la botanique et étudier la flore de ces curieuses contrées.

En 1854, le navire le *Townsend,* parti de Boston le 23 février, et se trouvant le 13 mai dans l'océan Pacifique, fut dévoré par un incendie dont ne purent triompher les efforts de l'équipage. Quand tout espoir fut perdu, on mit les canots à la mer ; quelques hommes périrent, mais les autres, après dix jours de périls incessants, purent gagner Mas-à-Fuera, où ils restèrent quatre jours, se nourrissant d'écrevisses; ils gagnèrent ensuite Mas-à-Tierra, d'où on les transporta à Valparaiso.

P. 144. — Un solitaire omis.

Le livre d'Eyriès sur les naufrages, dont cette note a été extraite, est entre toutes les mains, et nous avions d'abord hésité à reproduire ici les aventures si intéressantes d'ailleurs de Philippe Asthon, de même que nous avons écarté le récit des souffrances de Mme Godin des Odonais et de celles de l'héroïque Mme Libarona (voy. le *Tour du Monde*). Cependant les circonstances exceptionnelles dont la fuite du marin anglais se trouve environnée, l'abandon prolongé de cet homme dans une solitude absolue, ont frappé notre esprit à une lecture plus attentive, et il nous a semblé que son absence parmi tous nos récits laisserait un vide regrettable. Nous comblons donc cette lacune en conservant l'ordre chronologique qu'il aurait fallu garder dans le cours du livre.

Philippe Asthon était un simple marin, comme Selkirk. Le 16 juin 1722, il se trouvait, avec le petit équipage de sa goëlette, consistant en quatre matelots et un mousse, à l'ancre devant le cap Rossarvay; tout à coup son navire fut subitement envahi par des pirates qui le firent prisonnier ainsi que ses compagnons. Toute résistance eût été inutile; il se vit forcé d'entrer dans leur troupe. Ces forbans, commandés par Low et Spriggs, tenaient surtout à recruter des hommes non mariés, et sachant qu'Asthon était célibataire, ils prirent mille précautions pour l'empêcher de s'enfuir; ils ne lui permirent en aucune circonstance de descendre à terre. Il fut donc, à son grand regret, forcé de les suivre dans leurs courses, et on était déjà parvenu au mois de mars 1723, sans qu'il pût entrevoir l'heure de sa délivrance.

A cette époque, Low et son lieutenant Spriggs, poursuivis vigoureusement par le navire de guerre anglais la *Sirène*, ne purent échapper au rigoureux châtiment qu'on leur réservait qu'en se séparant momentanément. Spriggs, qui commandait la goëlette où se trouvait Asthon, gagna Utilla, petite île de la baie de Honduras. Il y avait vingt-deux hommes à bord; huit tramèrent un complot d'évasion, mais ils furent trahis et ne purent mettre leur projet à exécution. Bientôt Low les rejoignit, et tous ensemble gagnèrent le port de Roatan, et de là la caye de Port-Royal, l'une des innombrables îles qui remplissent la baie de Honduras. On s'occupa aussitôt de radouber les bâtiments capturés dans la dernière campagne.

Le 9 mars 1723, le tonnelier partit avec six hommes pour aller à terre faire de l'eau dans la chaloupe. Par une faveur tout exceptionnelle, Asthon obtint la permission de l'accompagner. Peut-être pensait-on que, dénué de tout, il ne songerait pas à s'évader, n'ayant aucune ressource pour se fixer sur cette terre où l'attendait la misère la plus affreuse et probablement la mort. On se trompait, car le désir de la liberté était aussi vif qu'au premier jour dans le cœur du captif.

Il n'avait pour vêtements qu'une veste, une culotte longue et un bonnet; il ne possédait ni chemise, ni bas, ni souliers. Arrivé à terre, il montra beaucoup d'ardeur au travail, afin d'écarter les soupçons; puis il but plusieurs gorgées d'eau, comme un homme qui ne songe qu'à se rafraîchir; bientôt il s'éloigna insensiblement sur la plage en ramassant des coquillages. Comme il approchait des bois, le tonnelier le rappela, mais Asthon répondit qu'il voulait seulement cueillir quelques fruits en grimpant sur les cocotiers voisins. Bientôt, se sentant hors de la vue de ses compagnons, il prit sa course à travers les broussailles, se blottit dans un épais hallier, et y resta jusqu'au moment où il acquit la certitude du départ de ses camarades. Plus tranquille alors, il se promena sur l'île, et cinq jours après il eut la satisfaction de voir les navires s'éloigner : il était libre!

Il était libre, mais isolé et sans aucune ressource sur une île déserte. Il la parcourut pour se rendre compte de sa situation : le résultat de son excursion fut que l'île, située vers les 16° 30′ de latitude septentrionale, avait de dix à onze milles de longueur; qu'elle était complétement inhabitée, bien arrosée, remplie de hautes collines et de vallées profondes où croissaient en quantité des figuiers, des cocotiers, des vignes et d'autres arbres fruitiers; qu'il y avait aussi bon nombre de tortues et du gibier en abondance; mais ces animaux, dont en toute autre occasion il eût pu obtenir des ressources précieuses, devenaient à ses yeux pour ainsi dire inutiles, car il n'avait point d'armes pour tuer le gibier, point d'instruments de fer pour tourner et découper les tortues, point de feu pour faire cuire leur chair. Il lui fallait donc provisoirement se contenter des fruits.

Il découvrit aussi que l'île renfermait de nombreux reptiles, mais qui, par bonheur, n'étaient pas malfaisants; en revanche, il fut fort incommodé par des myriades d'insectes, et notamment par une sorte de petite mouche noire dont les persécutions incessantes sont insupportables. Il eut le bonheur, quelques jours après, de trouver dans le sable de nombreux œufs de tortue qui lui permirent d'apporter quelque changement dans sa nourriture jusque-là toute végétale. Pour éviter la chaleur du soleil et l'humidité des nuits, il se construisit une petite hutte avec des branches et des feuilles de latanier; plus tard même il éleva des abris de ce genre en différents endroits de la côte, afin de s'y réfugier quand la nécessité l'y obligeait.

Bientôt les insectes l'incommodèrent tellement qu'il résolut de chercher à gagner quelques-unes des cayes voisines, où il espérait trouver plus de repos. Malheureusement il n'était pas habile nageur, mais il suppléa à son inexpérience en se soutenant sur l'eau au moyen d'une forte tige de bambou. Grâce à cet appui, et aussi à l'habitude qu'il prit de nager presque tous les jours, il parvint en assez peu de temps à pouvoir aller d'une île à l'autre très-fréquemment, et c'est à peine s'il courut risque de se noyer une ou deux fois.

A partir de ce moment, il resta bien à Roatan pour s'y procurer de l'eau et des aliments, et la nuit pour dormir dans sa hutte, mais il passait le reste de son temps de préférence dans une petite île voisine, ayant trois ou quatre cents pieds de circuit; elle était plate, dénuée de broussailles et de bois, exposée à tous les vents, mais par cela même exempte d'insectes.

Ses pieds nus le faisaient beaucoup souffrir, car ils étaient souvent déchirés par les coquilles de la plage ou par des cailloux. Quand ces accidents arrivaient, il se trouvait dans l'impossibilité de marcher quelquefois pendant des journées entières. Un jour que l'angoisse qu'il recevait de tous ces maux l'avait plongé dans une sorte d'évanouissement, un cochon sauvage s'élança sur lui. Ne pouvant songer à se défendre, il n'eut que le temps de saisir, par un effort désespéré, une forte branche d'arbre et de s'y suspendre : l'animal passa en courant au-dessous de lui, enlevant avec ses défenses une partie de sa culotte. Le malheureux, cette fois, en fut quitte pour la peur.

Cependant ses souffrances augmentaient rapidement, et sous la double influence de la douleur physique et des privations, sa faiblesse faisait de rapides progrès. Il n'avait pu réussir à allumer du feu, et la saison des pluies avait singulièrement aggravé son état.

Depuis neuf mois il était dans cette affreuse solitude, ne comptant même plus les jours, et complétement abattu, lorsque, vers la fin de novembre, il vit s'approcher de l'île un homme qui montait une petite pirogue. Ce nouveau venu, originaire de la Nouvelle-Angleterre, assez âgé, à l'air grave et vénérable, au caractère réservé, lui cacha son nom, mais lui apprit qu'il venait chercher un asile à Roatan, de son plein gré, parce que les Espagnols, avec lesquels il demeurait depuis vingt-deux ans, voulaient le brûler en raison d'un crime dont on l'accusait et qu'il ne précisa pas. Il avait apporté pour toutes provisions du lard, des munitions et son fusil, et il s'était fait suivre de son chien.

Asthon fut enchanté de l'arrivée de ce compagnon qui, d'ailleurs, fut plein de bonté pour lui. Trois jours après son arrivée, l'étranger proposa à son nouveau camarade de l'accompagner dans sa pirogue pour aller tuer des cochons sauvages et des daims. Celui-ci était encore trop faible pour accepter une fatigante partie de chasse : l'Américain s'éloigna donc seul par un beau temps, lui promettant de revenir bientôt. Asthon ne le revit jamais, et il croit qu'il périt durant un violent coup de vent qui s'éleva environ une heure après son départ.

Le malheureux solitaire n'avait donc eu un compagnon que pour en être privé au bout de trois jours; il n'en sentit que plus vivement tout le prix de la société. Cependant il avait maintenant des ressources plus réelles que par le passé, car l'étranger lui avait laissé cinq livres de lard, un couteau, une bouteille de poudre à tirer, du tabac, des tenailles, une pierre à fusil qui lui permettait enfin de se procurer du feu. Grâce à ces secours, il reprit quelques forces, et se trouva bientôt de nouveau en état de marcher, quoique ses pieds fussent toujours endoloris.

Deux ou trois mois plus tard, une petite pirogue fut jetée à la côte. Asthon crut d'abord que c'était celle de son infortuné compagnon, mais il reconnut bientôt qu'il se trompait : il répara cette embarcation de son mieux, et s'en servit fréquemment pour multiplier ses voyages d'une île à l'autre. Bientôt même il songea à des excursions plus longues, et, s'étant muni de provisions, il partit pour visiter l'île de Bonaco, longue de quatre à cinq lieues, et située à six lieues de Roatan.

En s'approchant, il aperçut à la pointe orientale de l'île un sloop qu'il évita, ne voulant pas se montrer avant de savoir à qui il avait affaire. Il aborda sur le côté opposé, hala sa pirogue à terre, et se mit en route à pied pour traverser l'île. Il marchait avec tant de difficulté qu'il mit deux jours à faire ce court trajet, et fut quelquefois obligé de se traîner en se servant des mains aussi bien que des pieds. Arrivé à l'endroit où il supposait que le bâtiment était mouillé, il n'aperçut rien et supposa que le sloop était parti. Comme il était brisé de fatigue, il s'assit au pied d'un arbre et s'endormit profondément.

Il reposait depuis quelque temps, lorsqu'il fut éveillé par la détonation d'une arme à feu. Il se leva brusquement, et vit neuf grandes pirogues remplies d'hommes qui tiraient sur lui; il n'eut que le temps de s'enfoncer précipitamment dans les bois, en affrontant les balles qui sifflaient à ses oreilles. Après s'être caché longtemps dans cet épais fourré, il jeta enfin les regards autour de lui, et vit le sloop s'éloigner sous pavillon anglais, remorquant les pirogues, ce qui lui fit supposer que c'était un bâtiment anglais dont les Espagnols s'étaient emparés dans la baie de Honduras.

Il regagna sa pirogue après un pénible voyage de trois jours à travers les bois, et revint à Roatan, bien décidé à ne plus courir les aventures, et il resta ainsi dans une solitude absolue, menant toujours la même vie, jusqu'au mois de juin 1724.

A cette époque, il aperçut deux pirogues qui se dirigeaient vers Roatan. Il les aborda avec la plus grande précaution, car il se souvenait du danger qu'il avait couru à Bonaco; mais l'attitude des nouveaux venus le rassura, et il vit tout d'abord qu'il avait affaire, non à des pirates, mais à des Anglais qui venaient de la baie de Honduras. Il ne s'était pas trompé; ces gens le traitèrent de leur mieux et firent tous leurs efforts pour alléger un peu ses longues souffrances.

Ces Anglais, au nombre de dix-huit, étaient eux-mêmes des aventuriers qui, sous la conduite de Jean Hope, habitaient un établissement fondé par eux sur la côte de Honduras. Prévenus qu'ils seraient attaqués par les Espagnols et les Indiens, ils étaient venus chercher à Roatan un asile momentané. Ils donnèrent à Asthon des vivres et des vêtements, et bientôt, grâce à leurs bons soins, il fut suffisamment rétabli. Il passa ainsi avec eux six à sept mois, se trouvant fort content de son sort; un nouvel incident allait le séparer encore de ses bienveillants compagnons.

Il était allé un jour, avec trois d'entre eux, chasser à Bonaco. Leur pirogue, chargée de lard et de tortues, revenait le soir à Roatan, lorsqu'en approchant de l'île ils virent un grand feu et entendirent des décharges de mousqueterie. Nos Anglais prirent aussitôt la fuite, mais furent vigoureusement poursuivis, et ils n'échappèrent tous les quatre qu'en échouant leur pirogue et en se jetant dans les bois. Les assaillants étaient des pirates commandés par Spriggs, l'ancien lieutenant de Low, qui, avec deux bâtiments, l'un de 20 canons, l'autre de 12, s'était soustrait à l'obéissance de son ancien chef. Ils pillèrent tout ce qu'ils trouvèrent à terre, puis, au bout de quelques jours, mirent leurs victimes dans une petite barque pour qu'elles pussent retourner à Honduras, mais ils leur défendirent de s'approcher de l'île où Asthon s'était réfugié avec ses trois compagnons.

Ceux-ci, craignant de trahir leur présence en faisant du feu, se contentèrent pour toute nourriture de viande crue pendant cinq jours. Au bout de ce temps, les pirates ayant repris la mer, Hope ne tint pas compte de la défense qu'ils lui avaient faite, et vint retrouver ses compagnons. Il les emmena tous à Honduras, excepté un nommé Symond, qui voulut rester sur l'île pour chasser en canot, avec son nègre et ses deux chiens ; ce dernier décida Asthon à rester avec lui en l'assurant qu'il trouverait plus facilement à Roatan qu'à Honduras l'occasion d'un navire pour retourner à la Nouvelle-Angleterre.

Asthon resta donc avec lui trois mois encore, et leur vie fut assez heureuse, grâce aux ressources qu'ils purent se procurer. Au bout de ce temps, vers la fin de mars 1725, ils virent plusieurs bâtiments anglais qui faisaient route ensemble pour la Jamaïque, sous le convoi du vaisseau de guerre le *Diamant,* et qui venaient, après une tempête, se rallier à Bonaco. L'un de ces navires était un brigantin commandé par le capitaine Dove, de Salem, ami et voisin d'Asthon et de sa famille. Il s'empressa donc de prendre le naufragé à son bord, et celui-ci rentra dans le port de Salem, sans autre accident, le 1er mai suivant, deux ans dix mois et quinze jours après sa capture par les pirates, et après deux ans et deux mois de séjour sur l'île de Roatan.

P. 157. — LES ROBINSONS DE LAMPÉDOUSE.

Outre ses solitaires qui appartiennent à l'histoire, l'île de Lampédouse a eu toute une population de Robinsons fantastiques créés par la merveilleuse imagination du grand Shakspeare. On sait en effet que c'est sur ce rocher de la Méditerranée qu'il a transporté la scène de son beau drame de *la Tempête*. Sans doute une pareille invention, toute curieuse qu'elle soit, ne rentre point dans notre cadre, mais nous croyons devoir au moins signaler en passant cette ravissante fiction, dont les principaux personnages sont devenus des types immortels. C'est un insulaire de Lampédouse, cet affreux Caliban, ce monstre, fils d'une sorcière aussi hideuse que lui, ce type repoussant de laideur physique et morale, qui est resté comme une des créations les plus originales d'un poëte qui a tout créé. Lampédouse est aussi la patrie d'Ariel, l'être gracieux et charmant dont le nom harmonieux est devenu le synonyme du dévouement sans bornes et de la beauté idéale. C'est sur cette île perdue au milieu de la Méditerranée que, pendant douze ans, Prospero, dépouillé de ses États par la trahison de son frère, trouve un asile qu'il transforme en un lieu de délices, grâce à son pouvoir sur le monde des esprits ; c'est là qu'il élève sa fille Miranda, pure et ravissante enfant qui semble avoir emprunté leur grâce aux génies dont elle est entourée ; c'est là enfin que Prospero, tenant à sa discrétion tous ses ennemis, reprend ses droits, pardonne aux coupables et assure le bonheur de sa fille en la mariant à celui qu'elle aime et dont l'amour va lui donner un trône. Malheureusement les choses ne se passent pas ainsi dans la réalité ; il n'y a point de robinsonnade véritable qui ait eu un aussi heureux dénoûment et dont les héros aient si peu souffert ; mais nous tenions à rappeler ici une fiction célèbre qui, malgré son caractère purement fantastique, s'attache désormais au souvenir de la petite île, et lui donne une poésie qui vivra aussi longtemps que le nom de Shakspeare.

P. 187. — ADAMS.

De l'avis d'un de nos meilleurs marins, le commandant Bligh était d'une sévérité exagérée, qui explique sans l'excuser la conduite des hommes placés sous ses ordres. Ce qui eut lieu à bord de la *Bounty* se renouvela à la Nouvelle-Hollande, quelques années après sa première mésaventure. Bligh ayant été nommé gouverneur de Sidney, ses administrés s'emparèrent de sa personne et le renvoyèrent en Europe. (Le commandant de Laplace, *Voyage autour du monde de la* Favorite, t. IV, p. 59. Paris, 1835.)

P. 206. — LE SAUVAGE DE L'AVEYRON.

L'histoire du sauvage de l'Aveyron offre d'étonnantes et nombreuses analogies avec celle d'une jeune fille trouvée dans les bois à l'âge de dix ans, et dont les aventures ont été publiées par Mme H.....t (Hecquet), qui, malgré les dénégations d'un homme célèbre du dernier siècle, n'a vraisemblablement donné au livre que son nom, l'auteur véritable devant être, dit-on, la Condamine. Quoi qu'il en soit, au mois de septembre 1731, cette jeune créature fut découverte dans le bois de Songi, en Champagne, à quatre ou cinq lieues de Châlons. Elle ne se laissa prendre qu'avec la plus grande difficulté : elle était retournée complétement à l'état sauvage, si elle n'y avait toujours été, courant nue, grimpant agilement aux arbres, nageant fort bien, attrapant le poisson dans l'eau, mangeant la viande crue, se montrant insensible aux intempéries de l'air, et enfin ne faisant entendre que des sons gutturaux mal articulés. Elle fut recueillie par le vicomte d'Épinoy, propriétaire du château de Songi, et l'on commença son éducation, qui fut longue et difficile. Au bout de quelque temps, quand elle fut en quelque sorte apprivoisée et qu'elle put s'exprimer en français, quoique d'une manière très-imparfaite, on la baptisa, le 16 juin 1732, dans l'église Saint-Sulpice de Châlons. Son acte de baptême indique qu'elle reçut les noms de Marie-Angélique-Memmie ; que le 30 octobre précédent elle était entrée à l'hôpital général de Saint-Maur, et qu'elle eut pour parrain M. Memmie Lemoine, administrateur de cet hôpital, et pour marraine la supérieure du même hôpital, Mme Marie-Nicole d'Halle.

Les souvenirs de la jeune Memmie sur son passé étaient très-confus. Elle se rappelait seulement un voyage sur mer après avoir quitté une contrée où il y avait des cabanes grossières et des arbres ; son séjour, assez court du reste, chez une dame d'où elle s'échappa la nuit, ses pérégrinations en compagnie d'une autre enfant avec laquelle elle se battit et qu'elle blessa grièvement d'un coup de bâton (on assure, en effet, qu'elles furent vues toutes deux au-dessus de Vitry-le-Français, quelques jours seulement avant la capture de Memmie, et que sa compagne disparut). Memmie ajoutait qu'elles avaient passé ensemble à la nage une grande rivière, trois jours auparavant, et l'on a cru pouvoir en conclure que cette rivière était la Marne. D'après ces faibles indices, on a pensé que cette jeune fille avait été apportée en France du pays des Esquimaux ou du Groënland, qu'elle s'était échappée, et avait traversé la Lorraine en errant dans les bois. Nous n'avons pas besoin d'ajouter que c'est une pure hypothèse.

Quoi qu'il en soit, Memmie, qu'on appelait aussi Mlle Leblanc, probablement par antiphrase, resta en communauté, soit à Châlons, soit à Vitry-le-Français, tant que vécut M. d'Épinoy, son protecteur. Elle contracta plusieurs maladies graves, et on ne put jamais, à cause de son état de faiblesse, la faire renoncer complétement à l'usage de la viande crue. Elle allait se faire religieuse au couvent de Chaillot, lorsqu'une fenêtre, lui tombant sur la tête, la blessa dangereusement. D'après l'avis de son médecin, le duc d'Orléans la fit transporter alors aux Hospitalières du faubourg Saint-Marceau, où elle eut beaucoup de peine à se rétablir. Elle y resta, quoique s'y trouvant assez mal, car le prince venait de mourir et elle était fort malheureuse lorsque Mme Hecquet la visita, en 1752. Toujours souffrante, d'ailleurs, par suite du régime qu'elle avait trop longtemps suivi dans son enfance, elle mourut quelques années plus tard.

A ce récit nous en joindrons un autre tiré du *Journal de Verdun*, année 1755. Il s'agit encore d'une pauvre créature trouvée, en 1718, dans l'Over-Issel, près de Crauembourg. Cette fille avait environ dix-huit ans ; elle fut rencontrée dans une montagne proche la seigneurie que nous venons de désigner. Elle était toute nue, « n'ayant qu'une espèce de ceinture de paille. Sa peau, continue le *Journal de Verdun* qui cite un document contemporain, est rude et presque noire ; elle parle un jargon que personne ne peut entendre. » La fille d'Anvers (elle était originaire de cette ville) fut reconnue plus tard par sa mère. Volée par des mendiants, le 5 mai 1700, elle avait été abandonnée par eux. Le *Journal de Verdun* se tait sur son sort ultérieur, et nos recherches n'ont pu rien nous procurer à ce sujet.

Nous avons été plus heureux en ce qui concerne les dernières années de l'élève du docteur Itard, que l'on peut considérer comme un contemporain. Nous devons à l'obligeance de M. Weys, l'habile professeur des sourds-muets, la note suivante :

« Le sauvage de l'Aveyron, dont le développement fut assez remarquable par rapport à son point de départ, ne franchit pourtant pas les premiers degrés de la civilisation, et finit par rester stationnaire. Parvenu à l'âge viril, sans aucune chance d'un progrès ultérieur, Victor (c'était le nom donné par le docteur Itard à son élève) ne pouvait sans inconvénient être conservé dans une maison d'éducation. Bicêtre devait le recueillir ; mais grâce à l'intervention de son protecteur, Victor fut mis en pension chez Mme Guérin, qui avait été jusqu'alors sa gouvernante au sein de l'établissement des Sourds-Muets. Il mourut chez elle (impasse des Feuillantines, 4) au commencement de l'année 1828. »

(Voy. la Notice biographique sur le docteur Itard, publiée par M. Édouard Morel dans ses *Annales de l'éducation des sourds-muets et des aveugles*, 2e année, n° 2, 1845.)

Il faut ranger dans la même catégorie une pauvre créature retournée à l'état sauvage et connue sous le nom de Mme Budoy. Elle fut trouvée, en janvier 1814, sur les hautes montagnes du canton de Vic-Dessos, département de l'Ariége. (Voy., à son sujet, le rapport de M. Bascle de Lagreze, sous-préfet de la ville de Foix.)

P. 233. — LESQUIN DE ROSCOFF AUX ILES CROZET.

Crozet, sur lequel on a si peu de détails, ne peut être mis, sans doute, sur la même ligne que Marion du Fresne ; il n'était toutefois nullement dépourvu de mérite. Nommé capitaine de brûlot en 1774, à la suite du mémorable voyage auquel il avait pris part, il reçut l'ordre de servir en cette qualité dans la baie de Bayonne. Il commanda l'*Ajax* deux ans environ ; puis il alla dans l'Inde, à bord de l'*Élisabeth*. Il mourut à Paris, le 24 septembre 1782. Nous devons ces renseignements à l'obligeance de M. P. Margry, archiviste adjoint de la marine.

L'infortuné Marion, dont le nom se trouve sur plusieurs cartes à côté de celui de Crozet, périt le 12 juin 1772. Ces îles ont également reçu le nom de M. de Chabrol.

P. 271. — LA DELPHINE.

C'est Adrien Balbi qui a proposé le premier d'imposer le nom d'archipel Patagonien au groupe dont l'île Campana fait partie. On trouvera de précieux renseignements sur les archipels voisins dans l'ouvrage suivant : Agueros, *Descripcion del archipiélago de Chiloe*. Madrid, 1791 ; in-4°. — Voy. aussi Duboc, *les Nuées magellaniques ;* 1853, 2 vol. in-8.

P. 355. — NAUFRAGE DU DUROC. L'ILE DE TIMOR.

L'île de Timor, dont on parle si peu en France et qui a donné l'hospitalité à nos naufragés, est une terre fertile qui n'a pas moins de soixante lieues de long sur dix-huit de large. Les Portugais en partagent la possession avec la Hollande. On récolte dans ce beau pays le sandal blanc et rouge, ainsi qu'une grande quantité de cire. L'or, le cuivre et le tombac y sont répandus. Ceux de nos lecteurs qui souhaiteraient des détails précis sur Coupang en trouveront qui sont à la fois exacts et intéressants dans le grand ouvrage publié par la commission scientifique des Indes néerlandaises.

TABLE DES MATIÈRES

FIN DE LA TABLE.

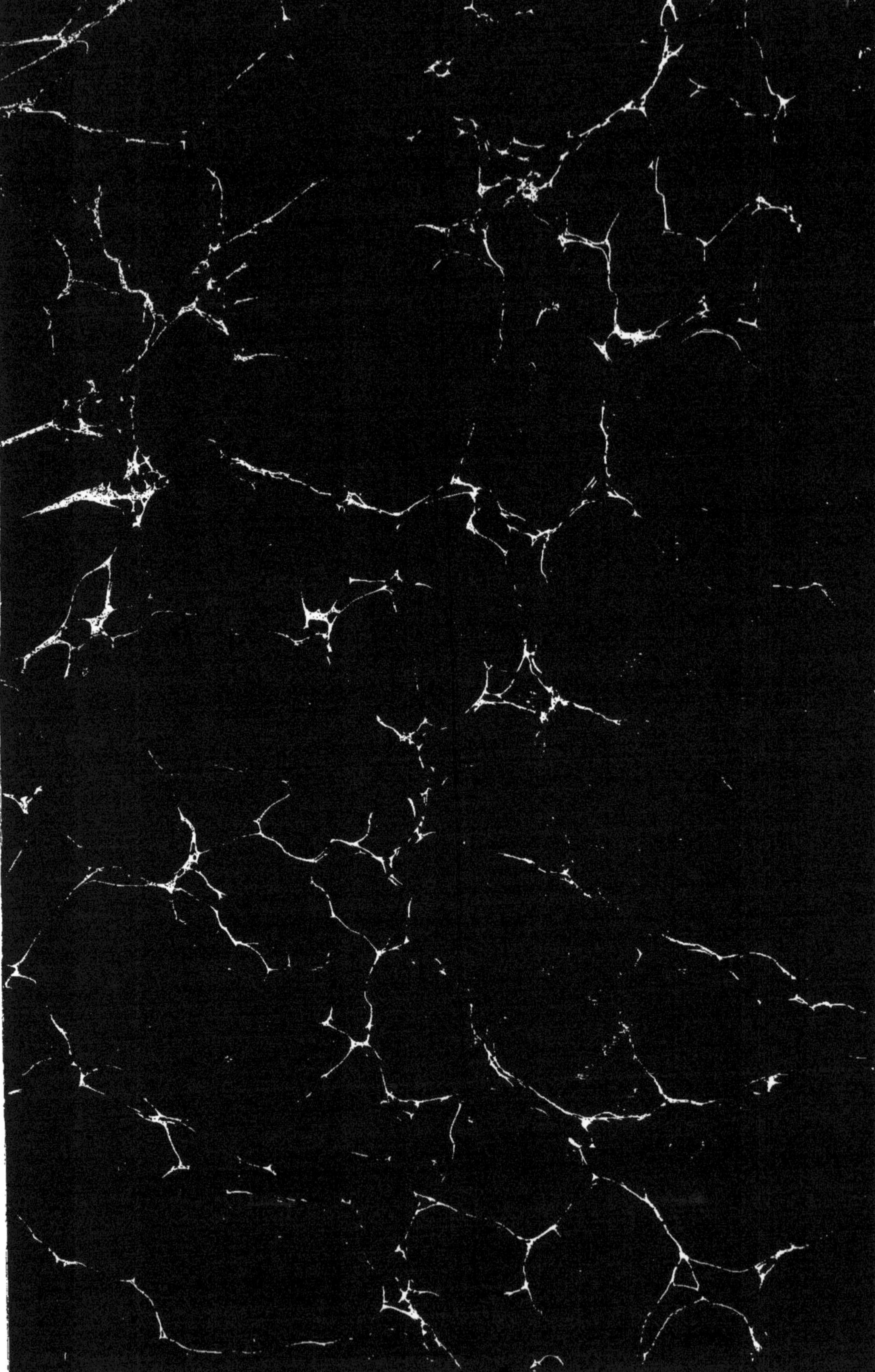

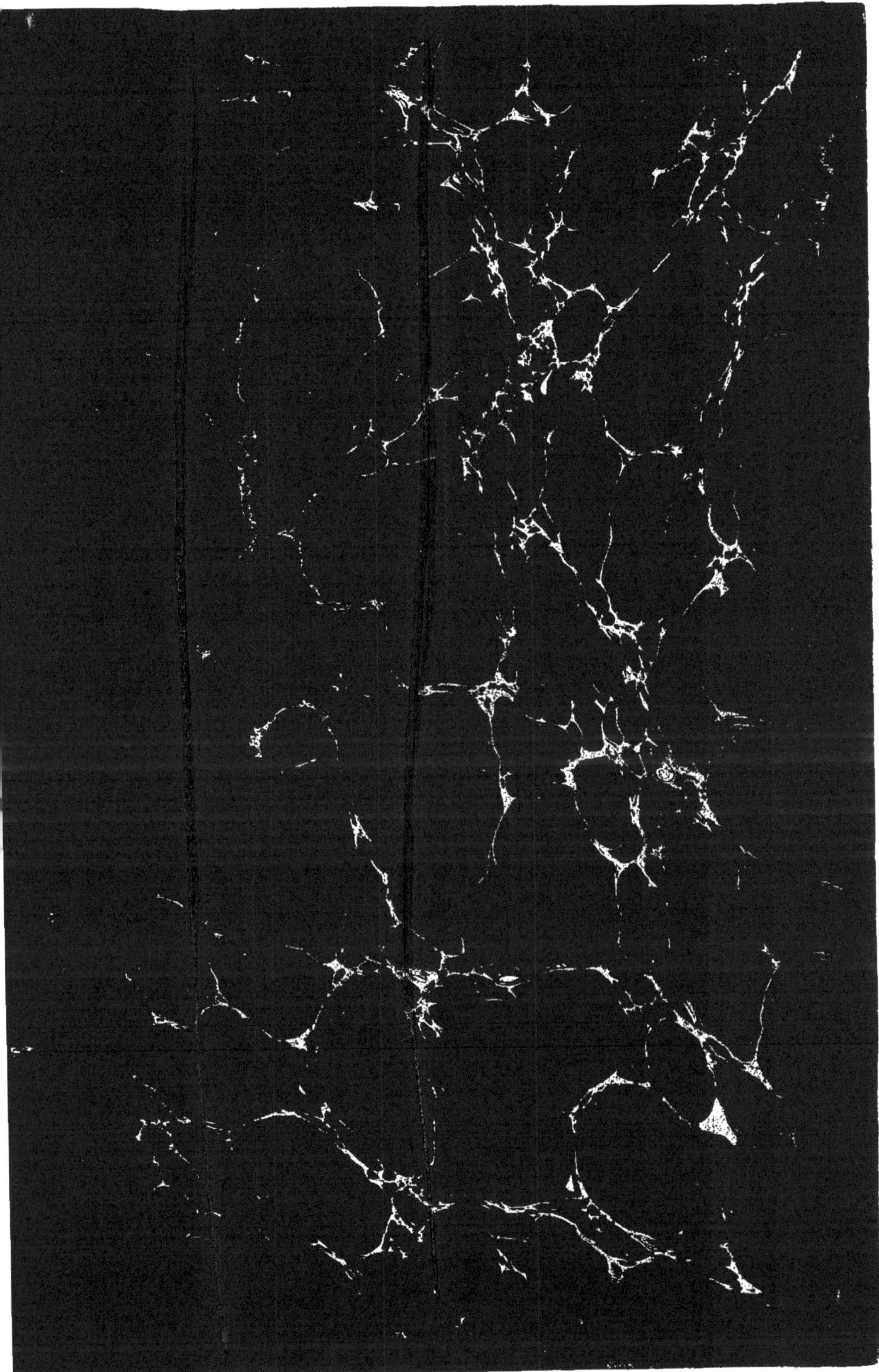

www.ingramcontent.com/pod-product-compliance
Ingram Content Group UK Ltd.
Pitfield, Milton Keynes, MK11 3LW, UK
UKHW020117130726
13696UKWH00001B/80